新编公共管理学系列教材

Construction and Management of Rural Communities（2nd Edition）

农村社区建设与管理

（第二版）

谷中原 ◎ 主编

图书在版编目(CIP)数据

农村社区建设与管理 / 谷中原主编. -- 2 版. -- 北京：北京大学出版社，2024.2. -- (新编公共管理学系列教材). -- ISBN 978-7-301-35581-7

Ⅰ. D669.3

中国国家版本馆 CIP 数据核字第 2024MC8420 号

书　　　名	农村社区建设与管理(第二版) NONGCUN SHEQU JIANSHE YU GUANLI(DI-ER BAN)
著作责任者	谷中原　主编
责 任 编 辑	武　岳
标 准 书 号	ISBN 978-7-301-35581-7
出 版 发 行	北京大学出版社
地　　　址	北京市海淀区成府路 205 号　100871
网　　　址	http://www.pup.cn
新 浪 微 博	@北京大学出版社　　@未名社科–北大图书
微信公众号	北京大学出版社　　北大出版社社科图书
电 子 邮 箱	编辑部 ss@pup.cn　　总编室 zpup@pup.cn
电　　　话	邮购部 010-62752015　　发行部 010-62750672 编辑部 010-62753121
印 刷 者	北京虎彩文化传播有限公司
经 销 者	新华书店
	730 毫米×980 毫米　　16 开本　　26.5 印张　　454 千字 2012 年 12 月第 1 版 2024 年 2 月第 2 版　2025 年 8 月第 3 次印刷
定　　　价	79.00 元

未经许可，不得以任何方式复制或抄袭本书之部分或全部内容。
版权所有，侵权必究
举报电话：010-62752024　电子邮箱：fd@pup.cn
图书如有印装质量问题，请与出版部联系，电话：010-62756370

前　言

在农业社会向工业社会转型的进程中,在工业化导向政策和资本逻辑的作用下,农村资源不断向工业领域转移,农村人口大规模向城市、经济发达地区流动,出现农村社区劳动力结构恶化、村落空心化、土地弃耕、公共设施脆弱、公共产品供给不足、公共事业滞后、城乡居民收入差距扩大等问题。这些社会转型中出现的农村社区问题严重阻碍着农村的发展,也影响到国家的现代化发展。农业丰则基础强,农民富则国家盛,农村稳则社会安;没有农村的小康,就没有全社会的小康;没有农业的现代化,就没有国家的现代化。基于对农村社区之于国家和社会发展的农产品供给价值、生态产品供给价值、社会稳定价值的考虑,治国必须重视农村社区建设。2005年10月,党的十六届五中全会审议通过《中共中央关于制定国民经济和社会发展第十一个五年规划的建议》,提出要按照"生产发展、生活宽裕、乡风文明、村容整洁、管理民主"的要求,扎实稳步推进社会主义新农村建设。2018年9月,中共中央、国务院印发《乡村振兴战略规划(2018—2022年)》,提出"按照产业兴旺、生态宜居、乡风文明、治理有效、生活富裕的总要求","科学有序推动乡村产业、人才、文化、生态和组织振兴",到2050年我国要全面实现"农业强、农村美、农民富"的农村建设奋斗目标。

20世纪80年代我国出现的农村人口大规模流动,给农村基层社会原有的垂直化行政管理模式造成了较大冲击。对人口流出较多的农村社区来说,出现"无人管事、无钱办事、无章理事"的难题;对人口流入的农村社区来说,垂直化领导的行政管理模式无法对非本地户口的流入人口实行有效管理。为了适应这种变化以及推动村民自治，必须将农村社会垂直化领导的基层行政管理模式转变为村民自治的社区治理模式。

正是在这些背景下，国家提出了农村社区建设的主张，希望通过推动农村社区建设构建富强、民主、文明、和谐的新型农村社区。2006年，党的十六届六中全会提出推进农村社区建设。民政部于2007年3月29日印发《全国农村社区建设实验县（市、区）工作实施方案》，决定从全国有条件的县（市、区）中确定一批"全国农村社区建设实验县（市、区）"，用1—2年时间开展农村社区建设实验活动。自此，农村社区建设开始在中国广大农村地区铺展开来。

截至2022年底，我国共有约3.8万个乡级行政区，47.8万个行政村，233.2万个自然村。其地理环境、经济状况、历史文化、交通条件等乡情村况，千差万别，但是都在遵循农村社区建设的生成逻辑，开展社区建设活动，形成了丰富多彩的农村社区建设经验，探索出各具特色的农村社区建设模式。

农村社区是在乡域空间的、由诸多要素构成的，以农村居民为主体、以农业为产业特质的生活共同体。从方法论上讲，建设农村社区，肯定应重视农村社区的构成要素。农村社区构成要素是农村社区发展的内因，农村社区构成要素的发展，就意味着农村社区的发展。随着农村社会的运行和演化，农村社区的构成要素日益增多，当下比较突出的农村社区构成要素主要包括人口、空间、生产、生活、文化、设施、组织、服务、治安、交往、市场、交通、教育、规范、资财、社会网络、社会资本等。农村社区的构成要素都是依赖自然环境并在人类历史长河中逐渐萌发的，每类衍生要素都依赖根生要素而发育壮大，它们之间存在时间顺承关系和空间结构关系。

人口群体、地理空间、生产劳动、生活行为、社区文化是农村社区的根生要素，是与农村社区共始终的原生要素。五类原生要素都是由若干元素构成的，人口群体中的能力元素是其核心要素、地理空间中的生态元素是其核心要素、生产劳动中的生计元素是其核心要素、生活行为中的消费元素是其核心要素、社区文化中的农耕元素是其核心要素。五类原生要素在运行过程中形成自组织机制和相干机制，即有活动能力的人口群体立足于地理空间通过生态活动、生产劳动和文化活动获取并消费天然生活资料、人工生活资料、精神生活资料，形成稳定的充满活力的生活保障系统。只要由这五类原生要素形成的动能系统不瓦解，农村社区就会一直存在；只要农村社区的动能系统在运行，农村社区就会发展；只要农村社区的动能系统在发展，农村社区就会繁荣昌盛。

设施、组织、服务、治安、交往、市场、交通、教育、规范、资财、社会网络、社会资本等要素，都是应对原生要素之间的能量需求以及在其相互作用过程中出现的生活问题而逐渐萌发的衍生要素。它们是进一步巩固生活保障系统和更好地满足农村社区居民生活需要的后起设置。这些衍生要素只有在由原生要素支撑的农村社区里发挥能量供给功能和消解生活问题功能，才能得到壮大。从构面上看，这些衍生要素处于原生要素构架内，不仅与原生要素存在结构化映象，而且相互之间也存在结构化映象。也就是说，农村社区的衍生要素不仅与原生要素保持功能关系，而且相互之间也保持功能关系。

因此，遵循农村社区的"原生要素发育于先，衍生要素兴起于后"的生发逻辑，按照历史与逻辑统一的方法论，确立"先建设原生要素，后建设衍生要素"的农村社区建设原则；遵循农村社区构成要素的延存逻辑，按照自组织理论，尤其按照协同理论，确立"统筹规划、同步实施、协调发展"的农村社区建设原则。然后，根据这两个原则，设计农村社区建设内容，安排建设顺序，确定建设步骤，调配农村社区建设资源，动员农村社区建设主体，合力协同地、持续地、高质量地开展农村社区建设。

本书按照次序建设和协同建设逻辑构建农村社区建设与管理的研究框架，构筑了较完整的农村社区建设与管理的知识体系，内容丰富，突出强调逻辑性与系统性的统一、理论性与实践性的结合、传承性与创新性的贯通。适合高校公共管理类和社会学类专业本科生、研究生以及相关实务工作者阅读。

本书是《农村社区建设与管理》的第二版，贯彻了第一版的基本精神，把质量放在首位，坚持系统性、科学性、实用性、前沿性的基本原则。首先，按照次序建设和协同建设逻辑，重新安排了知识框架和章节结构。其次，丰富了农村社区建设的研究内涵，从建设主体、建设内容、建设模式三方面介绍了农村社区建设理论知识。最后，更新了农村社区人力资源开发、生态环境建设、生计体系建设内容，增补了农村社区生活消费内容，完善了农村社区衍生要素建设与管理章节结构。本版吸收了农村社区建设与管理领域的优秀学术成果和实务素材，强调了农村社区建设与管理研究的学术规范，合理处理了农村社区建设与管理的传承与更新关系，突显了农村社区建设与管理知识的创新性。

本书分工如下：谷中原（中南大学）撰写第一章、第二章、第八章；成飞（长沙职业技术学院)撰写第三章;张桂蓉(中南大学)撰写第四章、第十二章;谷钧仁(中南大学)撰写第五章、第七章;彭远春(中南大学)撰写第六章;谢新华(中南大学)撰写第九章;董伟(中南大学)撰写第十章;伍如昕(中南大学)撰写第十一章;石方军(河南师范大学)撰写第十三章;颜敏(中南大学)撰写第十四章。各章作者完成初稿后,由谷中原进行修改、统稿、定稿。

感谢各位作者的合作,感谢北京大学出版社武岳及其同仁为编辑此书付出的劳动。欢迎高校师生及其他读者提出批评意见,以便本书不断修订完善。

谷中原

2023 年 11 月 29 日于长沙

目　录

第一章　农村社区　/1
　　第一节　农村社区研究　/1
　　第二节　农村社区的演化与类型　/15
　　第三节　农村社区的构成要素　/26
　　第四节　农村社区的功能　/45
　　复习思考题　/50

第二章　农村社区建设的主体与机制　/51
　　第一节　农村社区建设的主体　/51
　　第二节　农村社区多主体合力协同建设机制　/63
　　复习思考题　/70

第三章　农村社区建设模式　/71
　　第一节　民国时期农村社区建设模式　/71
　　第二节　新中国成立后的农村社区建设模式　/84
　　第三节　国外农村社区建设模式　/105
　　复习思考题　/129

第四章 农村社区管理 / 130
  第一节 农村社区管理理论 / 130
  第二节 农村社区管理主体与客体 / 136
  第三节 农村社区管理体制 / 140
  第四节 农村社区管理模式 / 146
  复习思考题 / 152

第五章 农村社区人力资源开发 / 153
  第一节 农村社区人力资源开发理论 / 153
  第二节 增强农村社区居民体质 / 160
  第三节 开发农村社区智力资本 / 165
  第四节 发展农村社区教育 / 172
  复习思考题 / 186

第六章 农村社区生态环境 / 187
  第一节 农村社区生态环境理论 / 187
  第二节 农村社区生态环境的应对图式 / 194
  第三节 农村社区生态环境建设类型 / 205
  第四节 农村社区生态环境管理措施 / 219
  复习思考题 / 223

第七章 农村社区生计体系 / 224
  第一节 农村社区生计保障理论 / 224
  第二节 农村社区生计途径 / 234
  复习思考题 / 268

第八章 农村社区生活消费 / 269
  第一节 农村社区生活消费理论 / 269
  第二节 农村社区生活消费建设 / 276
  第三节 农村社区生活消费管理 / 294
  复习思考题 / 300

第九章　农村社区文化 / 301

第一节　农村社区文化理论分析 / 301

第二节　中国农村社区文化的变迁与认同危机 / 311

第三节　当今中国农村社区文化建设策略 / 313

复习思考题 / 317

第十章　农村社区公共设施 / 318

第一节　农村社区公共设施理论分析 / 318

第二节　农村社区生产设施标准化建设 / 322

第三节　农村社区生活设施建设 / 325

第四节　农村社区公共设施管理 / 328

复习思考题 / 330

第十一章　农村社区组织 / 331

第一节　农村社区组织理论分析 / 331

第二节　农村社区党组织与村民自治的关系 / 336

第三节　农村社区管委会与村"两委"的关系 / 340

第四节　农村社区中介组织与非营利组织 / 343

第五节　农村社区持续发展型社会组织 / 352

复习思考题 / 360

第十二章　农村社区服务 / 361

第一节　社区服务理论 / 361

第二节　农村社区服务的特质 / 365

第三节　农村社区服务体系建设 / 369

复习思考题 / 373

第十三章　农村社区治安 / 374

第一节　农村社区治安理论 / 374

第二节　农村社区治安综合治理 / 379

第三节　农村社区治安调解　/386
　　第四节　农村社区矫正　/391
　　复习思考题　/397

第十四章　农村社区管理现代化　/398
　　第一节　农村社区管理现代化理论分析　/398
　　第二节　农村社区管理法治化　/403
　　第三节　农村社区管理科学化　/407
　　复习思考题　/409

参考文献　/411

第一章 农村社区

学习要点

农村社区研究简况,农村社区的概念,农村社区的特性,农村社区的演化,农村社区的类型,农村社区的根生要素,农村社区的衍生要素,农村社区的功能。

关键概念

社区、农村社区、游群社区、收割社区、地理空间、人口群体、生产劳动、生活行为、社区文化、社区设施、社区组织、社区服务、社区治安。

第一节 农村社区研究

界定农村社区是建设农村社区的逻辑前提,从实践角度对农村社区进行界定有利于农村社区的建设和管理。农村社区的内涵是随社区研究的发展逐步丰富起来的。

一、社区研究

社区研究已有百余年历史。19世纪末20世纪初,英、法、德国的学者非常关注社区底层居民的生活状况以及与之有关的社会问题,其研究涉及社会底层市民的生活状况、城市社区的卖淫问题、贫困问题、移民问题等。代表性成果有:法国学者帕朗-迪沙特莱(Parent-Duchatelet)的《关于巴黎城里的卖淫》,英国学者查尔斯·布思(Charles Booth)的《伦敦人民的生活与劳动》、亨利·梅休(Henry Mayhew)的《伦敦劳工与伦敦穷人》,德国学者斐迪南·滕尼斯(Ferdinand Tönnies)的《共同体与社会》。滕尼斯的工作对社区概念的形成有划时代意义,在《共同体与社会》中,他第一次对社区概念进行了系统研究。他首次将"Gemeinschaft"(共同体,也译为社区)界定为具有共同价值取向和强烈归属感、成员彼此亲密无间的社会生活共同体。他还指出这类共同体产生于对亲属联结的依赖以及血缘关系的延伸,是超乎人们的选择而自然形成的,它必向社会发展。

随着工业化和城市化的加快,人类的亲密关系和归属感在减弱。滕尼斯提出的社区概念逐渐为社会学家和人类学家所接受。因英文"community"一词源于拉丁语"communitas",有"公社""团体""共同性""联合"或"社会生活"的意思,较接近滕尼斯的社区概念,所以,美国社会学家卢米斯(C. P. Loomis)将德文"Gemeinschaft"英译为"community"。此后,美国社会学家罗伯特·帕克(Robert E. Park)[1]和他在芝加哥大学社会学系的同事将"community"确立为美国社会学的中心概念。帕克在《人文区位学》("Human Ecology")一文中将"community"看作:(1)以区域组织起来的人群;(2)他们程度不同地深深扎根于居住的地盘;(3)人们生活在多种多样的依赖关系之中,这种相互依存关系与其说是社会的,不如说是共生的。[2] 显然,帕克对社区的理解不仅继承了滕尼斯的亲密关系和生活共同体的含义,而且赋予了社区地域性的内涵。

中国社会学家对社区的定义源自英文"community"一词。1932年底,帕克应吴文藻之邀,来燕京大学讲学,"community"一词由此被引入中国。后来,该校社会学专业师生将"community"一词译为社区。其过程,据费孝通回忆:帕克教授结束讲学后,燕京大学社会学系的学生准备翻译帕克的社会学论文集,以此来纪念他在燕大的工作。然而,在翻译他的"A society is not a community"一句话时,卡壳了。因为在以往的汉语里只有村落、社稷一类的词,到近代引入

---

[1] 帕克与当时和自己齐名的重视归纳及统计分析的哥伦比亚学派领军人物吉丁斯(F. H. Giddings)不同,属于认识方法上的唯实论者,认为只有从事实入手才能获得真正的知识,主张通过体验了解社会事实,提倡社区研究方法。
[2] 冯钢、史及伟主编:《社区:整合与发展》,中央文献出版社2003年版,第18—19页。

"社会"一词后,"society"和"community"都被译为社会。但此处如按旧译,意思不通。于是,他们只好揣摩帕克教授的人文区位学的含义,取社会的"社"字以示人群之意,取区位的"区"字作为群体的空间坐落,以此创造"社区"这个新词,来解释"community"。这样一来,帕克教授的原话就可译为"一个社会并非一个社区",也算通顺。此后,国内有了社区概念,其意指特定地域里的生活共同体。对燕大社会学专业学生翻译的社区概念,吴文藻在发表于1935年的一篇文章中有所解释。他说:"'社区'一词是英文'community'的译名。这是和'社会'相对而称的","这个译名,在中国词汇里尚未见过,故需要较详细的解释"。[①] 综上所述,社区概念在从德文"Gemeinschaft"到英文"community",再到中文"社区"的发展中,其核心内涵从社会类型转变为地域社会。

1958年,美国学者桑德斯(I. T. Sanders)在《社区》一书中将社区作为一个整体系统看待,社区包含的主要体系有家庭、政治、经济、教育、宗教、社会、卫生、福利及娱乐等,而每一主要体系又包含若干次体系,如政治体系之中就有政党、官吏、警察等次体系。[②] 这种社区系统理论得到了广泛认可,形成了社区研究的系统分析范式。桑德斯将社区视为社区居民互动的场所,强调社区的社会要素而不是它的自然要素。

自滕尼斯界定社区概念以来,在不同国家、不同文化环境以及不同历史阶段,社区研究有不同发展路径,学者对社区概念的界定多种多样。到1981年,华裔美国社会学家杨庆堃统计发现,有关社区的定义已增至140多种。有的从社会群体、社会过程的角度界定社区;有的从社会系统、社会功能的角度界定社区;有的从地理区划的角度界定社区;有的从归属感、认同感及社区参与的角度界定社区。虽然不同学者对社区概念的理解和表述不同,但其主要含义差别不大。将它们概括起来,所有社区定义可归纳为两类。一类突出社区的功能性内涵,认为社区是由有共同目标、有共同利害关系的人组成的社会共同体。这类定义,继承了滕尼斯的传统,将地域要素排除在社区内涵之外。另一类突出社区的地域性内涵,认为社区是在同一地域内共同生活的有组织的人群。这类定

[①] 吴文藻:《现代社区实地研究的意义和功用》,载《吴文藻人类学社会学研究文集》,民族出版社1990年版,第144页。

[②] 中国大百科全书总编辑委员会:《中国大百科全书·社会学》,中国大百科全书出版社2002年版,第365页。

义,发扬了滕尼斯的社区定义,为社区概念增加了地域性内涵。实际上,社区作为人类生活的基本单位,不仅有地域特点,也有功能特点,只不过这些性质在不同的社区生活中表露的程度不同而已。所以,我们将社区定义为:在一定地域内,按一定的社会制度和社会关系组织起来的具有共同人口特征的生活共同体。从本义上讲,社区是由许多人构成的以生活为根本活动的实体单位。为了生活,具有相同人口特征的人群,在具体的地理空间内开展具有关联性的经济活动和社会活动,形成相同的价值观念、相似的认同意识以及其他社区文化,逐渐形成一个相互依赖的生活共同体。

从20世纪50年代开始,西方发达国家的社会学家开始关注社区建设问题。西方社会学的社区建设研究源于社区行动研究。20世纪50年代,美国学者哈罗德·考夫曼(Harold F. Kaufman)提出衡量社区行动的标准:追求利益与满足需要的程度;行动认同于地方性的程度;居民参与的人数、状况和程度;当地社团参与的数目及其重要程度;行动改变社区的程度;行动的组织程度。60年代,美国学者格林(J. W. Green)与梅奥(S. C. Mayo)提出一套从时间顺序上研究社区行动的标准,即行动的引发、目标确定及其实现计划、计划实施、目标实现及其后果。此后,越来越多的社区研究者开始重视社区建设的研究工作。70年代,沃伦(R. L. Warren)提出社区是社会的次体系,社会变迁使社区依存于社会,社区是社会的映象;社区建设的任务就是增强社区在宏观体系中扮演的角色,任何社区既存在各单位和次体系同社区之外诸体系之间保持结构功能关系的纵向格局,也存在各单位和次体系彼此之间保持结构功能关系的横向格局;任何社区都具有经济(生产、分配、流通、消费)、社会化、社会控制、社会参与以及相互支持的功能,这些功能是由社区的典型单位及其典型的纵向格局与横向格局发挥出来的。1989年,菲利普·库克(Philip Cooke)呼吁社区建设重视社区居民的整合和认同、社区的稳定和持续性,不必培养社区居民的创新能力和促成社区变化。1998年,美国德鲁克基金会组织了十几位管理学家就"未来的社区"撰写文章,他们对社区建设提出了很有见地的观点,包括:人类会在21世纪建构理想社区(Stephen R. Covey);非营利性社会部门和组织将成为21世纪社区建设的主体(Peter F. Drucker);社区必须发展经济和进行长期投资(Lester C. Thurow);社区建设要确立共同目标,利用好激励机制,营造共享和平等的环境,在内部建立非营利性机构,给予社区居民安全感和爱(Gifford

Pinchot);建构成功社区的基石是"决策机制"、"社区工作组织"、"和谐的社区生活"、"创建公众领导力的广泛途径"和"培养下一代的策略"(Suzanne W. Morse);未来社区的发展趋势是社区居民将把他们的精力更多地投入自己生活和工作的当地社区,不再有意识形态和阶级的区别,并联合起来推进公共福利事业(Richard F. Schubert & Rick R. Little)。①

二、农村社区研究

系统化的农村社区研究源于美国。19世纪后半期,美国农业萧条、乡村凋敝、农村经济衰退、农民生活困苦,且当时美国的经济政策和制度利于工业发展而不利于农业发展,这些因素促发了规模宏大、持续时间长的格兰其运动②,给美国社会造成了严重的社会危机。正是这场旷日持久的农民运动引起了当时美国政府和一些学者对美国农村问题的关注。可以说,美国的格兰其运动直接促使农村社会学在美国诞生。农村社区研究在这种社会背景下兴盛起来。

1894年,亨德森(C. R. Henderson)在芝加哥大学社会学系以"美国农村生活的社会环境"为名开设了世界上最早的农村社会学课程,并编写以"农村社区"为名的专业教学讲义。1906—1912年,吉丁斯在哥伦比亚大学担任社会学教授期间,指导其研究生西姆斯(N. L. Sims)、威尔逊(W. H. Wilson)、威廉斯(J. M. Williams)以农村社区为研究内容做博士论文,他们从社会学角度,使用统计法、历史法、现场访谈法等研究方法研究美国农村社区,并在美国第一次发表了美国农村社区问题调查研究论著。1915年,威斯康星大学农业经济系主任加尔平(C. J. Galpin)教授发表了《一个农业社区的社会剖析》研究报告。这份研究报告全面研究了美国农村社区的农民生活,提出农村社区的概念,第一次以农民的商品交易圈为依据划定具体的农村社区。他以一个村镇为中心,将中

---

① 参见德鲁克基金会主编:《未来的社区》,魏青江等译,中国人民大学出版社2006年版。
② 美国格兰其运动是一个以农民为主体的、反抗不合理剥削的维权运动。1867年,以曾供职于联邦政府农业机构的奥利弗·赫德森·凯利(Oliver Hudson Kelley)为首的一群有识之士建立了农业保护者协会。凯利很早就意识到了美国的农村问题,于是创立了农民组织格兰其。工业越发达,农村问题越严重,格兰其运动就越发展。到1874年,美国全国约有2万个格兰其组织,会员超过80万人。格兰其的初建宗旨是教育农民,促其合作互助,摆脱困境;促使农场主集资收购、运输农产品,建造谷仓和银行,出售农耕具,保护农业。随着运动的深入,在后来的岁月里,格兰其逐渐变了一个全国性的从事政治活动的社团,开始在法律和政治上保护农民权益。(详情请参阅董晓璐:《简析19世纪晚期美国格兰其运动》,《合肥学院学报(社会科学版)》2012年第1期,第105—108页。)

心周围农户交易行为所能到达的最远点为限而连成的由教堂、学校、银行、牛奶站、仓库等服务设施组成的不规则的贸易圈或服务圈作为一个农村社区,从而使农村社区研究进入可操作的经验研究领域。他的研究成果被认为是首创的、合乎科学的、系统性的、有分析的,被看成农村社会学在美国成为一门独立学科的标志。

20世纪七八十年代,美国农村社会学家罗杰斯(E. M. Rogers)和伯奇(R. J. Burdge)致力于农村社区研究。他们在《乡村社会变迁》一书中较详细地研究了农村社区。他们认为农村社区是一个地域性群体,农村社区的边界很难精确划定,在以农业为主的不发达国家,农村社区的边界变化很小。一个农村社区包括许多邻里。当农村社区人口增加时,社区倾向于聘请受薪管理人员处理社区管理事务;当人口减少时,社区趋向于将服务业联合起来;农村社区也会对土地利用进行规划。农村社区由中心区和外围区构成。外围区的居民依靠中心区的设施提供服务,如学校、商店、教堂等。农村社区的变化表现为:第一,随着商业区或工业的发展,农村的小社区可能变成大社区;第二,社区规模可以稳定不变;第三,随着经济支柱的倒闭或搬迁,农村社区可能被废弃。农村社区一般分为散居型、集居型、条状型三种类型。农村社区的权力往往集中在少数几个人手中,社区事务决策一般经历刺激、设计、合法化、决定、行动五个阶段。

1985年,日本社会学家鸟越皓之出版《日本社会论——家与村的社会学》,该书分为"家的逻辑""村的结构""生活组织"三章。前两章专门研究农村家庭和村落问题,其中阐述了村落社区。他从"各家的聚集"定义村庄,认为自然村是自然形成的农民聚居地,村与村结成村落共同体。日本村落共同体有不同类型,也有不同的合作方式。该书详细研究了日本村落社区的结构与类型、范围及构成、组织与运营等问题,是全面了解村落社区相关知识的农村社会学著作。

法国农村社会学对农村社区的研究比较突出的特点是把社区作为分析农村社会的路径,用社区分析方法研究农村社会。1960年,法国农村社会学研究所(后为巴黎第十大学社会学研究所)提出用社区分析的方法研究农村社会的特征。社区分析首先将社区划分为农村社区和城市社区两种类型,主张村庄、村镇等都可构成独立的社区单位。社区分析应从较具社区特征、技术上较易观察调查的农村社区开始。法国社会学家用社区分析方法对农村社会发生的一些重大变革如农村人口外流、乡村劳动力结构和人口结构发生显著变化、农业经营资本主义化、传统农村社会结构解体等进行研究。他们在法国各地十几个不同类型的村庄或村镇分别定点调查,以直接观察、访谈和问卷、长期追踪、分析历史资料等多种形式进行研究,探讨农村社会的特征,解释农村社会的变化。法国社会学家对农村社会的社区分析,经历了三个阶段:20世纪50年代末到60年代中期,注重类型学的分析;从1968年起,社区分析从特征比较转为社区变化评价;从20世纪70年代末开始注重社区内部因素研究,如对地区权力、生活方式、社会关系的分析。①

中国的农村社区研究源自美国和英国,因为美国的社会学家和从美英两国留学归来的中国社会学家在中国农村地区进行过系统的社会调查研究。他们的工作对中国农村社区研究的影响是深刻的。中国的农村社区研究约始于20世纪20年代。这个时期的代表成果有:1918—1919年,上海沪江大学美籍教授葛学溥(Daniel Kulp)两次带领学生到广东潮州凤凰村进行调查,后写成调查报告《华南的乡村生活》一书;1923年,陈达组织的北京成府村调查;等等。这些都是我国早期农村社区描述性研究的范本。1929年7月初到9月底,陈翰笙率大型调查团在江苏无锡农村首次进行大规模的农村社区调查。在3个月内,调查了8个农村市镇的工商业、55个村子的概况以及22个村庄的1204户农家。1930年,他又与北平社会调查所合作,对河北省保定县进行了更大规模的农村社区调查,参加调查者68人,调查了6个农村市场、78个村子和11个村中的1773个农户。1933年11月到1934年5月,他主持中山文化教育馆和岭南大学合作实施广东农村经济调查,考察梅县、潮安等16个县的农村经济概况,详细调查番禺县10个代表村的1209户人家,同时进行了50个县335个村的通信调查。这三次规模空前的农村社区调查,为陈翰笙搞清中国社会的性质和发展趋势提供了详尽的第一手资料。

20世纪30年代,我国农村社区研究有了质的发展,主要是吴文藻等人为使社会学理论和方法同中国实际相结合,大力提倡社区研究。1935—1936年,吴文藻发表了一系列介绍社区研究的文章,有《现代社区实地研究的意义和功用》《西方社区研究的近今趋势》《中国社区研究计划的商榷》等。他还鼓励学生到不同类型的农村社区和民族地区进行实地考察和研究,如徐雍舜在北平郊县、

---

① 胡韦:《法国社区分析的发展》,《中山大学学报(哲学社会科学版)》1987年第2期,第133—138页。

林耀华在福州义序、黄华节在河北定县、李有义在山西徐沟、黄迪在北平清河、费孝通在广西大瑶山等。在他的学术思想引导下,当时的农村社区研究取得了一些成果,如林耀华于1935年完成的《义序的宗族研究》、费孝通于1936年出版的《花篮瑶社会组织》等。另外,在20世纪二三十年代,中国出现了西方社会学家没有开展过的乡村建设运动。① 当时一批中国的文化学和教育学学者,在社会动荡尤其是农村凋敝的时代,力图重建农村社区,为广大村民保存一个相对完整和独立的地域性社会生活单位,为居住于社区内的村民提供交往场所、便利的生活设施和地域归属感。他们从建设的角度推动了当时中国农村社区研究的发展,尤其是梁漱溟发表的《乡村建设大意》《乡村建设理论》等著作开了农村社区建设实验的新风。

20世纪40年代,海归派社会学家把自己的研究限定在特定的农村社区,利用参与观察的方法进行实地研究,从社会组织、文化、制度层面剖析中国农村社会,形成了一批有影响力的农村社区研究成果,如费孝通的《生育制度》《乡土中国》《乡土重建》《禄村农田》、张之毅的《易村手工业》和《玉村农业和商业》、蒋旨昂的《战时的乡村社区政治》、杨懋春的《一个中国村庄:山东台头》、田汝康的《芒市边民的摆》、林耀华的《凉山彝家》等。这些成果在加速农村社区研究本土化方面做出了突出贡献。

20世纪50—70年代,因社会学学科在院系调整中被取消,我国农村社区研究成果较少,较有代表性的是费孝通于1957年对江苏吴江县开弦弓村展开的第二次调查并写成《重访江村》一文。1957年6月1日,《人民日报》正面报道了他重访江村的结论:要增加农民收入,光靠农业增产是不行的。② 1979年,社会学恢复重建,农村社区研究随之重新起步。20世纪80年代以来,我国的农村社区研究表现为深入农村社区调查,开展乡村建设实验,探索农村发展道路和

---

① 乡村建设运动是20世纪上半期在中国农村许多地方开展的一场声势浩大的、由知识精英倡导的乡村改良实践探索活动。其代表人物有王恒源、梁漱溟、晏阳初、李景汉、陶行知、梁耀祖、孙则让等,尤以梁漱溟和晏阳初最为突出。晏阳初1926年在河北定县开始乡村平民教育实验;1929年又开始实施"乡村建设"计划,在定县农村开展文艺、生计、卫生、公民"四大教育",以求实现政治、教育、经济、自卫、卫生和礼俗"六大整体建设",从而达到强国、救国的目的。20世纪20年代中期,以梁漱溟为代表的一批知识分子选择了农村救国的基本主张。1929年,他参与筹办河南村治学院;1931年,又在山东邹平创办了山东乡村建设研究院。他提倡通过文化改造救活农村,主张改变农村组织结构,以农业促进工业,知识分子要下乡为农民工作,建设农村社区。

② 谢言俊:《费孝通和他的江村经济之路》,《新京报》2005年4月26日。

发展模式。突出成果有二。一是费孝通等人于 20 世纪 80 年代初对江苏吴江开弦弓村进行的第三次调查,并发表了《三访江村》,提出在农村经济的新结构中,发展前途最大的是工业;充分肯定苏南农村兴办乡镇工业的发展模式,认为这样的地区已发生质变,再称其为农村不太合适。他的这种在农村发展乡村工业的观点在当时引发了学界和政界的激烈争论。二是辛秋水在安徽岳西县进行的农村社区文化扶贫和村委会组合竞选制试验。1980 年,他深入岳西贫困山区调研,向社会披露岳西县头陀区头陀大队人均年收入只有 42 元的贫困状况。1987 年,他又带着一个考察组,用十余天时间,在岳西县南庄乡调查了 73 户农民。这次调查使他认识到扶贫要先从提高人的综合素质入手,并促使他拟定《以文扶贫 综合治理——对一个山区贫困乡的扶贫改革试点方案》,该方案得到安徽省委领导的批示后,他到岳西县莲云乡进行了长达 8 年的文化扶贫试验。① 试验获得了成功,受到了安徽省委肯定,并在全省普及推广。② 为了提高村干部的素质和工作积极性,并约束和监督村干部的权力,防止干部腐败,他又提出"文化扶贫,扶贫扶人"的农村社区治理理念。在这个理念指导下,他决定在莲云乡开展村民委员会"组合竞选制度"的村民自治试验,同样获得了成功。后来村民委员会"组合竞选制度"得到社会和国家认可,演变为我国的村民自治制度。辛秋水的"文化扶贫,扶贫扶人"的农村社区治理理念以及文化扶贫和村委会组合竞选制试验,为我国新时期农村社区建设探索出一个经济建设、文化建设、民主建设协同发展的成熟模式,是我国改革开放后农村社区研究的重要成果。有学者撰文将他的成就提升到与梁漱溟和费孝通同等的地位:"梁先生、费博士和辛教授三人在各自特定的历史时期,以自己高度的社会责任感、敏锐的社会观察力,抓住了农村历史前进的主方向,暗示并引导了历史向更高层次发展。"③

---

① 胡海燕、樊世明在《士当以天下为己任——走近社会学家辛秋水》中说:从 1988 年起,辛秋水办起了莲云乡第一个文化站,建立了一个实用技术培训中心、一个图书室、35 个阅报栏等三个科技文化扶贫基地。效果是非常明显的:全乡人均收入从 1987 年的近 200 元到 1995 年底已达到 900 多元。(见《江淮文史》1997 年第 5 期,有修改。)
② 当时的《文汇报》、《求是》、中央电视台、安徽电视台等媒体对其进行了报道,在全国产生了广泛影响。
③ 郭帆:《中国农村社会学发展的新篇章——从梁漱溟、费孝通到辛秋水》,《福建论坛(经济社会版)》1993 年第 8 期,第 57—60 页。

进入21世纪以来,随着当代中国农村人口发生大规模流动,为了适应这种变化和推动村民自治的发展,农村社区的基层行政管理模式应逐渐转变为村民自治的社区治理模式。为此,民政部于2007年开始进行农村社区建设实验。在此背景下,我国越来越多的学者开展了农村社区建设研究。研究内容涉及农村社区建设定义、农村社区建设原则、农村社区建设模式、农村社区建设主体、农村社区建设路径、国外农村社区建设经验的介绍、农村社区建设问题的总结、克服农村社区建设问题的对策等。这些研究主题除定义研究外,都属非常具象的实践问题,这些研究成果反映出我国农村社区建设研究的蓬勃发展,但也暴露出一些问题:认识尚未统一,学术兴趣不一致,理论体系建构较弱,处于零散的经验研究状态,尚未形成中国农村社区建设研究范式。不过,在农村社区建设经验研究的过程中,我国不少学者在农村社区建设实验对理论的呼唤和学术自省双重拉力的推动下,开始关注农村社区建设中的形而上问题,注重农村社区建设研究成果的系统性和理论性。如郎友兴、周文开展的社会资本与农村社区建设的可持续性研究[1],项继权开展的中国农村社区及共同体的转型与重建研究[2],李增元开展的农村社区治理转型与共同体构建研究[3],孙亚军开展的新型农村社区建设理论研究[4]等,这些研究体现出我国农村社区建设研究建构普适性理论的发展趋势。

三、农村社区的概念

农村社区研究为农村社区概念的形成提供了丰富的理论素材。随着农村社区研究的深入和发展,许多学者从不同角度给农村社区下了定义。综合起来,大体可分为五类。第一类强调组织制度的内涵。如美国农村社会学家德怀特·桑德森(Dwight Sanderson)认为,农村社区是在农村社会中散居在田场或村镇的农村居民的共同活动中心,是同一社区内居民的交感关系及其各种社区组

---

[1] 郎友兴、周文:《社会资本与农村社区建设的可持续性》,《浙江社会科学》2008年第11期,第68—74页。
[2] 项继权:《中国农村社区及共同体的转型与重建》,《华中师范大学学报(人文社会科学版)》2009年第3期,第2—9页。
[3] 李增元:《农村社区建设:治理转型与共同体构建》,《东南学术》2009年第3期,第26—31页。
[4] 孙亚军:《新型农村社区建设理论探析》,《北京农业》2012年第18期,第204页。

织制度。① 第二类突出职业特征的内涵。如赵莉红、罗学刚认为农村社区是由同质性(以种植和养殖为主)农业劳动人口组成的、在一定地域生活的相对独立的社会共同体②;李守经认为农村社区是农村社会区域共同体,是以主要从事农业劳动为特征的居民聚集在一定区域内,具有一定社会组织、社会制度、活动中心、认同意识的人群共同体③;程继隆认为农村社区是以各种农业生产和其他活动为基本特征,由同质性劳动活动人口组成的,社会关系比较简单,人口相对稀疏的区域社会④;张海鹰将农村社区定义为大多数人从事生产食物、纤维和原料的社区,即以农业生产劳动为主的社区⑤。第三类注重生活共同体的内涵。如刘豪兴认为村庄社区是一定地域的农村居民的生活共同体⑥;谷中原认为,既然社会学自创始以来都是将社区定义为"生活共同体",那么应将农村社区界定为农村生活共同体⑦。第四类凸显文化共同体的内涵。马芒将农村社区定义为一定地域范围内,以小城镇为中心地,以自身为腹地,具有一定互动关系和共同文化维系力的人口群体,并进行一定的社会活动的社区类型⑧;徐云池将农村社区定义为一定范围区域内,农民共同生活、学习、工作和栖息的一个有秩序的空间群落,是由有共同地缘的农村文化、习惯、信仰、价值观念、消费习惯、基本生活设施、经济社会生活所构成的地域空间⑨。第五类偏重地域共同体的内涵。如徐勇认为传统农村社区是一种文化共同体,但进入现代社会以来,其已发生重大变化,随着现代国家的建构,外部性因素日益向乡村社会渗透,农村社区不再是自然状态,而是一种国家规划性制度变迁的产物。农村社区已不再是仅仅依靠传统维系的文化共同体,而是具有多样性共同联系的地域共同体。⑩

可见,对农村社区的定义分歧较大,难以统一。怎样给农村社区下定义?

---

① 李守经主编:《农村社会学》,高等教育出版社2000年版,第132页。
② 赵莉红、罗学刚主编:《农村社会学》,经济科学出版社1996年版,第153页。
③ 李守经主编:《农村社会学》,高等教育出版社2000年版,第135页。
④ 程继隆主编:《社会学大辞典》,中国人事出版社1995年版,第598页。
⑤ 参见张海鹰主编:《社会保障辞典》,经济管理出版社1993年版。
⑥ 刘豪兴主编:《农村社会学》,中国人民大学出版社2004年版,第25页。
⑦ 谷中原:《农村社会学新论》,武汉大学出版社2010年版,第39页。
⑧ 马芒:《农村社区发展的特征与功能》,《中国发展观察》2005年第10期,第22页。
⑨ 徐云池:《农村社区组织行为研究》,《中国统计》1999年第7期,第13—15页。
⑩ 转引自韩进锋、晋风:《当前新型农村社区的功能探讨与发展》,《河南城建学院学报》2011年第4期,第70—74页。

我们觉得应考虑两个原则:(1)要与学术发展历史保持一致,尊重学术传统。在社会学史上已成定论的公理性概念应得到继承。既然社会学自创始以来都将社区定义为"生活共同体",也应将农村社区界定为农村生活共同体。(2)须显现农村社区的实践价值。要保证农村社区概念在农村社区管理、建设、运行等现实的具体的实践活动中具有操作性。鉴于此,界定农村社区的含义:第一,须突出其地域性,将农村生活共同体界定在具体的地理空间内;第二,须凸显农村社区与城市社区之区别,农村社区是以农业为根本产业的社区,而城市社区是以非农产业为根本产业的社区,故农村社区应是从事农业生产的社区;第三,将农村社区的界限限定在乡域层面,不要把其界限扩大到县域层面。①

基于如上原则以及社会学界将地域、居民、依赖关系公认为社区的基本元素和将生活共同体视为社区的根本属性,我们将农村社区定义为:位于乡域空间,以农业为根本产业,由农村居民构成并以血缘、姻缘、地缘等情感关系为纽带而形成的生活共同体。这样界定农村社区,既强调农村社区的地域性,也突出农村社区的功能性,还能与国家在农村社区建设民主治理模式的实践要求保持一致,使农村社区概念具有明显的实践性。

四、农村社区的特性

从理论上全面把握农村社区概念,仅认识农村社区的本义还不够,需了解农村社区的其他特性。于此,我们借用麦基文(R. M. MacIver)在《社区》一书中使用的对比分析法,通过与乡村社会、农村行政区划、城市社区比较,从不同角度认识农村社区的特性。

1. 农村社区不同于乡村社会

关于社区与社会的区别,滕尼斯在其成名作《共同体与社会》一书中做了阐述。他认为社区是聚居在一定地域范围内的居民以血缘、感情和伦理团结为纽带所组成的生活共同体;社会则是工业资本主义的产物,是以利益及契约为联

---

① 将农村社区的界限限定在乡域层面,理由有二:一是农村居民习惯将县政府所在地称为城,把乡政府所在地称为乡。二是县城里的职业和社会运行模式都与城市社区没有本质差别;而乡镇治所除几十个乡镇干部做管理工作外,其他居民基本上都做农业,而且乡镇干部的社会行为模式必须与农业生产和乡村生活协调一致。

结纽带形成的人群组合。虽然两者都是人群组合，且都是人类的基本社会生活形式，但是社区强调人群的本土性、情感性、认同性；而社会强调契约性、利益理性、异质性。据此，我们认为农村社区是由乡域空间内的居民构成的生活共同体，是建立在血缘、地缘、姻缘、友情关系基础上的人群组合。农村社区的运行离不开本土文化、情感归属和集体认同。乡村社会则是一种以个人的思想、意志、理性契约和法律为基础的人际关系集合，其成员的活动和权力领域相互之间有严格的界限。

2. 农村社区不同于行政区划

（1）形成方式不同。农村行政区是国家为管理农村社会而划定的管理界限。农村地域较散较广，只有将农村地区分成不同层次、不同空间，才能进行有效管理。国家根据经济、历史、文化、地理条件等因素划定农村行政管理区。为节约管理成本、提高管理效率，国家一般将地理条件、经济状况、文化传统、历史背景相同的地方划归为同一行政区。然后，设置管理机构，再根据个人能力和专长，选派管理人员进行管理。故农村行政区是人为划定的，还会根据发展需要和国家管理职能转变而进行调整。农村社区是农村居民根据生活需要，以家庭居住点为轴心，不断向外界扩大活动范围直至找到能满足生活各方面需要的服务设施为止而形成的活动区域。故农村社区是自然形成的，无人刻意划定活动范围。（2）空间规定不同。为便于管理，国家严格、精确划定行政区界。一是方便行政区管理人员明确管理对象和范围；二是方便上级管理机关考核行政区管理效率、追究行政责任，保证农村行政正常运转；三是确定农村地区自然资源所属区域，防止不同区域居民为自然资源的开发利用发生冲突。故国家严格精确规定农村行政区界，农村行政区的边界线清楚明了。农村社区无法规定具体活动范围，否则有限制居民生活活动的嫌疑，因为规定某人只能在某个范围内活动就是拘禁。这并不合理，从法理和情理上说不过去。但农村社区也有相对固定的空间范围，因为农村社区居民也是理性人，他们会考虑生活活动的交通成本和时间成本，会就近选择生活服务网点。站在居民个人的角度看，以家庭为轴心、为满足生活需求而往来于服务设施之间所形成的活动范围，是农村社区的空间范围；站在社区角度说，农村社区是围绕一个服务中心而形成的连接每个农户家庭的生活活动区域。可以说，农村社区的边界是模糊的。农村社区只有边际，没有边界。那么是否可以说，农村社区就没有客观因素限制其边际呢？实际不然，如地形、地貌以及当地的交通状况就对农村居民的生活活动空间有明显的限制作用。(3) 管理方式不同。农村行政区采取行政管理办法进行管理，而农村社区以自我服务和互助方式进行治理。

3. 农村社区不同于城市社区

(1) 生活主体不同。城市社区的生活主体主要是市民，而农村社区的主要生活主体是农民。农民的职业主要是务农，市民的职业主要是在非农产业。农民的住所空间形态与市民的住所空间形态不同。分散农户的居住空间形态为住房建在生产区域中，房前屋后为耕地；集中农户的居住空间形态为一栋住房挨着一栋住房，沿着河流、交通线路、山坡紧凑地排列，或在一块水源充足的平坦地带集中建房居住，每家离生产场地较远。农民住所空间较开阔；而市民密集地住在一栋栋高楼大厦的公寓里或居住在住宅小区里，住所空间较狭小。城乡居民的职业和居住空间形态的差别决定了城乡社区公共服务设施布局的不同。(2) 影响社区的地理因素不同。农村社区是以农业为主业的社区，它较依赖地理空间里的自然因素，受自然生态环境制约明显，不同的地势、地形、地貌、自然资源、气候、生物状况等直接影响农村社区居民的生产和生活。城市社区以第二产业、第三产业为主业，一般在人控环境下生产和生活，人文地理要素如交通状况、供排水设施、商场位置、文化娱乐场所、物流设施是否发达和方便，对其居民的生产生活影响更明显。(3) 公共设施不同。农民以农为业决定着农村社区的公共服务设施须方便农耕生活，除修建一些满足居民生活需要的公共服务设施如百货商店、邮局、车站、休闲场所外，还需修建粮食加工厂、农资销售商店、农产品收购点、农具修理厂等。又由于农村居民居住密度较小、居住空间较大，农村社区的公共服务设施在数量上比城市社区少。(4) 公共服务内涵不同。农村社区不像城市社区那样拥有发达的社会分工，许多社区服务项目没有被社会化，农户家庭担负着更多的服务和福利责任。我国农村社区家庭需要承担以下服务和福利责任：第一，老年人服务项目，许多农村社区没有敬老院、托老所、老年人公寓、老年人活动中心、老年人婚姻介绍所等；第二，残疾人服务项目，许多农村社区没有建立福利企业、特殊教育机构、残疾儿童看托所、残疾人康复中心等；第三，青少年服务项目，许多农村社区没有青少年宫、校外辅导站、失足青少年帮教组；第四，民俗服务项目，许多农村社区没有婚丧服务设施，红白喜事需要家庭负责，这项公共服务主要由家族或宗族承担。而上述公共服务项目，在城市社区都有专门的机构承担。(5)互助方式不同。作为生活上互动、互助的社会单元,农村社区与城市社区的互助方式有很大差别。农村社区一般是家庭自助,在家庭无法自助的情况下,以家族或宗族为互助主体;而且在相互提供公共服务的过程中,不采取有偿服务方式提供公共服务,而是采取人情交换①方式提供,农村社区的熟人性、血缘性、地缘性决定了这种互助方式长期存在。正如费孝通在《乡土中国》中所说的,农村社区是"没有陌生人的社会"及"熟悉的社会",基层社会结构是"一根根私人联系所构成的网络"。城市社区是建立在业缘关系基础上的社区,市民之间要么相互不认识,要么没有深交,只有利益上的合作,故市民选择公共交换、利益交换的方式互助。市民遇到什么困难一般求助公共服务机构,公共服务机构将市民的互助行为变为间接的互助关系。

第二节 农村社区的演化与类型

弄清社区演化规律和对社区进行分类有利于人们根据社区发展规律和基本特质进行社区建设。建设农村社区、管理农村社区,不仅要研究农村社区的演化规律,也要对农村社区进行科学分类。

一、农村社区的演化

农村社区是人类社会中最早出现的社区形式,是城市社区的母体,农村社会学很重视农村社区的演化问题。许多农村社会学家都在自己的相关专著中讨论了农村社区的形成机制。从演化角度看,农村社区是伴随着原始农业的出现而出现的。

1. 农村社区源于原始人的群居生活

原始人选择群居,理由有三。一是人类从猿进化而来,猩猩、大猩猩、黑猩猩等巨猿天生就是群居动物,猿人自然继承了这种生活方式。二是人类繁育后代的乳婴期较长,母子需要他人照顾,他们不会离开成年人,易结成群体。三是

---

① 所谓人情交换就是在家族或宗族甚或在地缘范围内,农村居民在生产生活上受情面支配的、必须适时回报他人的解困帮忙的现象。如张甲为王乙家的红白喜事帮了一回忙,那么,张甲家有了红白喜事,王乙也应主动去帮忙。

人类有求生本能，人类的身体结构和体能与大型食肉动物不同，只有以群体方式才能在弱肉强食的自然环境里生存，才能保障生命安全。"最初的社区可能是为防御外界天敌的侵犯而形成的。归属的互补意义也促使社区的形成。"[①]

原始人的群居生活很简单。一般几十人在一起生活，往往寻找既能提供丰富食物，又能防御外敌侵袭的地方作为生活的固定处所。他们一般选择密林、山洞、崖洞等地方作为住地，形成原始的巢居群体、洞居群体、崖居群体。原始人群共同劳动，共同享有劳动成果。为了生存，他们不得不进行简单群内分工，一般是小伙子去打猎，妇女和较大的孩子去采集食物，老人留在住所照顾小孩、看管火种、制造工具。妇女用手中的骨棒或木棒挖取植物块根、扒鼠洞；她们经常把采集的经验传授给孩子们，教他们辨别各种植物的方法。原始人分工劳动，保障了群居生活的延续，促使农村社区发育。中国古代传说中的有巢氏教民筑屋是原始人定居、形成村落的适变成就。

原始社会中，人类只能靠狩猎、捕鱼、采集野果为生。食物只有在一定季节和一定地域才能找到。为了维生，人类祖先分散居住，迁徙不定，当原来的住区没有食物可采、没有野兽可猎、没有鱼可捕，他们就要迁徙到另一个食物丰富的地方。原始人群的这种因"逐水草而居"、不断迁徙而形成的生活住区是最初的农村社区，被农村社会学家称为泛群社区或游群社区。[②] 根据生产力的发达程度，我们将其称为旧石器时代的流动性农村社区。这个阶段的农村社区，以氏族为单位，以捡来的石头、棍棒为劳动工具，食物得不到保障，人们生活水平很低。

2. 原始农业促使人类祖先定居生活

约1万年前，昔日的渔猎和游牧活动被农业所取代，四处奔波的渔民、猎人和牧民逐渐定居下来，并被固定的住所联结在一起，形成村落。将原始人逐水草而居的游居生活转变为定居生活的主要力量是原始农业。原始农业是原始人用简单工具和方法种植粮食作物和饲养动物的生产行为，以动植物的驯化为先决条件。在长期的采集过程中，原始人认识到野生植物的生长成熟周期规律，进入野生植物收割生活时期。后来他们开始将这些野生植物移栽于住区附

[①] 〔美〕埃弗里特·M.罗吉斯、拉伯尔·J.伯德格：《乡村社会变迁》，王晓毅、王地宁译，浙江人民出版社1988年版，第162页。

[②] 李守经主编：《农村社会学》，高等教育出版社2000年版，第131页。

近,培育成粮食作物。驯化植物的种植行为与将捕获的、没有吃掉的野生动物驯化的家养行为,一起建构了原始农业。野生植物收割和原始农业具有定居生产的特点,促使原始人群选择定居生活方式。因为植物是在特定地理环境和固定地区生长成熟的,原始人须在收割植物区生活下来,才能按时收割成熟庄稼,由此形成收割社区。

收割者的聚落一般比采猎者的住区大,是游群社区进化的体现。原始收割人能收割庄稼,说明他们已掌握管理作物的技能,知道收割时节和食物加工(如脱粒、去壳、磨粉、烤制)以及去毒方法,甚至出现灌溉的雏形,会筑水坝防止土地干裂。在近东地区,一些原始收割人的野生小麦和大麦收割面积可达数平方千米。只不过他们不懂土地备耕和栽培技术而已。[①] 相比之下,原始农业人群已掌握这些技术,且已发明许多从事农业生产和满足生活需要的简单工具,如点种棒、锄、耙、铲等石制和木制生产工具,研磨、杵臼等粮食加工工具,贮藏谷物、饮料、煮食物的陶器。进行原始农业生产须定居,因为用来种植作物的土地和饲养家畜的地点是不能迁移的。故可把从游群社区演化而来的、在固定地域从事农作物种植和动物养殖的原始生活群体称为收割社区或农业社区。由于1万年前的石器是简单的粗加工石器,属新石器时代早期,原始的畜牧业和刀耕火种的农业还不能满足原始先民的生活需要,原始先民还有迁徙的可能,所以,这个时期的农村社区属于半永久性的村落式农村社区。这种农村社区早在1万年前的古埃及就有。

3. 定居生活催生农村社区要素

6000 年前,母系氏族公社进入繁盛时期。这个时期,人类不仅学会了制造精致的石器,且已开始使用金属工具,发明了犁,属新石器时代晚期。新石器和金属工具使农业生产日益专门化,加剧了人类社会劳动大分工,农业和畜牧业逐渐分离。在农业发展的基础上,人类历史上出现了真正的人类群体聚落——以农业生产为主的永久性居民点,人类真正的定居生活从此开始。农业聚落的形成使人类进入具有相对完整性的"农"和"村"的社区生活时代。

这个时期,人类开始建造永久性住房。原始先民吸收巢居和洞居等栖居所之长处,发明防侵袭的半洞穴式泥草房、干栏式木房,修建圈养家畜的栅栏、贮

[①] 《中国农业百科全书》(农业历史卷),中国农业出版社 1995 年版,第 246 页。

藏谷物的仓房及祭祀房等,以及修建集会、娱乐场所。这些生活设施的建设为农村社区的基本形成奠定了物质基础。原始先民在农业生产和居住生活区域,日复一日,进行农业生产、社交、原始宗教活动、日常生活、娱乐集会活动,创造了族群文化。当这些要素组合起来,形成了稳定结构,就意味着原始农耕生活共同体的诞生。真正的农村社区,在我国大约出现在距今五六千年前。据对西安半坡遗址的考证,整个遗址占地面积约为5万平方米。当时的氏族村落盖起了半洞穴式的泥草房,有住区,有地窖、灶坑,人们已广泛开展农业、制陶、纺织等生产活动,有氏族聚会活动场所和男女分葬的集体墓地、各种生活用品等,是一个氏族共同体的农耕生产生活聚居地。该遗址已具备构成社区的基本要素,是一个典型的原始农村社区。

4. 农村社区的发展

农村社区虽不像城市社区那样日新月异,但也在不断发展。这是因为任何一个农村社区都不是与世隔绝的社会单元,总处于与其他社会要素的相互联系之中,是人类社会系统网络中的一个节点。农村社区四周的关系要素都在变化,它们给农村社区的各个组成要素提供能量,促使农村社区发展。促使农村社区变迁的因素主要有产业、交通、国家控制、居民的生活需求等。

一个地方的产业结构发生变化会改变社会的劳动结构和职业结构。不同职业者的生活方式不同,作为生活共同体的社区必然发生适应变化,否则无法为本社区居民提供生活便利。从古至今,农村社区的产业一直在变:在农业社会时代,农村社区的产业变化表现为农业内部分化;在工业社会时代,农村社区的产业变化表现为农业、工业、服务业的比重变化。当然这种变化也需农村社区做适应性改变。

交通是实现人、物、信息空间位置转换的社会活动,随着工业文明的进步,人类制造出了大量新型机械化交通设施和交通工具,极大地克服了地理障碍,缩短了人们发生空间位置转移所需要的时间,改变了人们的时空观。现代交通文明进入农村社区,扩大了农村居民的生产生活空间,使农村社区的地理空间范围不断向外扩展。

表面看来,国家控制与农村社区变迁并无关联,实际不然。国家在农村划定的行政区域,虽不与社区边际重叠,但并不意味着国家会放弃对农村社区的管控。恰恰相反,在不同阶级社会形态中,甚至在不同朝代,国家对农村都实行了不同程度的管控。如商周时期,乡邑、县邑为较大居民点,邑中居民按一定编制划分为里。《国语·齐语》云:"五家为轨,轨为之长;十轨为里,里有司";"制鄙。三十家为邑,邑有司"。《周礼·地官》云:"五家为邻,五邻为里。"秦汉在农村实行乡里制,以五家为伍,十家为什,百家为里,里之上为乡。北魏农村实行三长制,以五家为一邻,二十五家为一里,百二十五家为一党。隋朝在农村实行里一乡二级制,以百家为里,以五百家为乡。唐朝在农村实行邻保制,四家为邻,五家为保;百家为里,五百家为乡。宋朝在农村实行保甲制,十家为一保(甲),五十家为一大保,十大保为一都保。元朝实行村社制度,县以下设村社和里甲,常由蒙军驻村社实行军事统治。明清两朝实行里甲制,十户为一甲,一百一十户为一里,以确保国家的赋税征收。

农村社区居民的生活需求影响农村社区变迁。随着生产力进步、劳动方式改变、物质生活水平提高,农村社区居民的生活需求在变化,一般表现为在物质生活需要被满足以后开始追求精神生活。这时要求农村社区修建图书馆、运动场、电影院等文化娱乐中心、信息通信设施等,要求改善社区环境,要绿化、美化、亮化、序化农村社区环境。农村居民生活需求的变化最终促使农村社区发生改变。

二、农村社区的类型

社区建设与管理涉及的都是具体而细微的工作,只有了解不同社区的特质和基本情况,其主体才能有效开展社区建设与管理。故开展农村社区的分类研究很有必要。

1. 农村社区的地理类型

按地理位置划分,农村社区分为平原社区、高原社区、山地社区、丘陵社区等。(1)平原社区。这是处于平原地区的农村社区。这类社区地势平坦,水域较多,农业灌溉方便;人口较多,人口密度较大;农业开发比较早,种植业和农业文化较发达;交通便利,社区公共服务设施较多。(2)高原社区。这是地处高原地区的农村社区。这类社区日照辐射较强,植被多为草甸和灌木,水域较少,灌溉不便,畜牧业较发达;人口密度不大,人口相对较少,社区流动性较大;社区公共服务难建立。(3)山地社区。这是地处山地的农村社区。这类社区地形复杂,气候多变;植被较丰富,多为乔木,植被随着地势升高而变化,立体生态环境较好,动植物资源较多;水利资源较丰富;适合立体经营和多种经营;人口较少;社区服务设施不多,比较分散。(4)丘陵社区。这是地处丘陵地区的农村社区。这类社区所处地区的海拔在200米以上、500米以下,相对高度一般不超过200米,地势高低起伏,坡度较缓,地形上看由连绵不断的低矮山丘组成;居民点建在日照时间充足、水源丰富、背风的地区,丘陵社区居民点样式多种多样。田野面积一般比较小,每块田地里的作物不同,粮食、蔬菜、水果等混合种植;丘陵社区水量丰富,是人类的重要栖息地。

2. 农村社区的农经类型

按经济功能分,农村社区分为农业社区、牧业社区、渔业社区、林业社区等。(1)农业社区。这是居民以从事农业生产活动为主要谋生手段的农村社区。这类社区是农村社会最早的社区,种植养殖业较发达,一般以平原、丘陵地区为主要聚落。在农村功能社区体系中,农业社区对国家财政、工业、城市的贡献最大,是粮食供给基地,是农耕文化的发源地,也是家庭手工业最发达的地区。农业社区人口较多,人口密度较大,社区服务设施相对其他功能社区而言要发达些。在传统农业社会,农业社区生产以家庭为主要单位;在现代社会,农业社区的生产单位将转变为企业和家庭并存的形式。(2)牧业社区。这是居民以从事畜牧业生产活动为主要谋生手段的农村社区。这类社区,家庭是畜牧业生产和社会生活的基本单位,由原来粗放的自由放牧逐渐过渡到定居放牧、半舍饲养殖方式和工厂式经营方式。牧业社区人口自然增长与移民数量增多以及超负荷放牧易造成草场破坏、生态环境恶化,故牧业社区要加强生态环境建设。该类社区是畜产品的主要产地。游牧文化是牧业社区的文化根基。(3)渔业社区。这是居民以从事渔业生产活动为主要谋生手段的农村社区。这类社区以水域为核心建立生产、生活区域。渔业社区由内陆水域社区和沿海滨海社区组成;其产业结构由水产养殖和捕捞构成。其中,滨海社区及海洋捕捞业为渔业社区的主要区域和产业。世界上一些国家采取近海生态环境保护措施保障海洋捕捞业的持续发展,推动渔民转产转业,当起滩涂、网箱养殖户,在近海区域发展网箱养殖。渔业社区的生产和生活方式与农牧社区差别较大。(4)林业社区。这是居民以从事林业生产活动为主要谋生手段的农村社区。这类社区是为人类提供生态保护和林木产品的社区,林区居民生计高度依赖森林。林业社区经营的林地分为防护林、特种用途林和用材林,只有用材林才允许采伐。林业社区以林场为生活单位,林场农民属工人群体。林业社区人口较少,一般地处偏僻,居民不集中,服务设施较缺乏,居民业余文化生活较贫乏,需要加强社区公共服务设施建设。

3. 农村社区的村态类型

按村落形态分,农村社区分为散村社区、集村社区、集镇社区等类型。(1)散村社区。这是以孤立农舍为基础的零星分布的点状村落。其人口聚落密度较小。小型散村一般只有3—5户人家;大型散村有上千户人家,范围可达5—7平方千米。散村社区居民经济文化落后,与外界联系少,封闭性较强,生活较艰苦。同一散村的居民同操一业,经济活动单一,社会结构简单。(2)集村社区。这是聚集人口较多、规模较大的村落。就其区位结构看,既有沿路、沿街、沿河建成的线状聚落式集村,又有建筑物采取行列式、有规则朝向布局的块状聚落式集村,也有依山取势、自由布置建筑物的集村。集村一般有几十户到几百户乃至上千户人家。由于集村人口较多,村内各户多以杂姓共居为主,人际交往关系较散村复杂,居民认同意识较散村弱,因而集村社区组织及社会制度较散村健全。同时,由于集村规模较大,村与村间距较远,村内多设有商业服务网点、学校以及各种手工业、加工业场所等。(3)集镇社区。这是以一个集镇为中心连同周围若干村落社区形成的社区。它一般通过商品集散、政治或军事机构的设立和工业发展等途径而形成。集镇是城乡的连接点,是乡村走向城市的过渡形态,是农业人口和非农业人口混合居住的社区。其生活方式趋于城市化,拥有多功能的社会经济实体,在农村社区中有突出地位。

4. 农村社区的层次类型

按层次分,农村社区分为自然村社区、行政村社区、乡域社区。其中,自然村社区是农村地区的底层社区;乡域社区是农村地区的高层社区;行政村社区介于二者之间,为中层社区。

(1)自然村社区。这是处于农村地域、由族户经过长时间聚居而自然形成、以农业为主要生产方式的群落居住社区。自然村社区是农村社区的基础部分。在我国,自然村是一个或多个家族聚居的居民点,故多用家族姓氏命名。如谷家坪、刘家屯、高家庄、李家峪、廖家村等如此称呼的村,就是典型的自然村社区。自然村社区是农民日常生活和交往以及从事农业生产的单位,不具有社会管理的职能。自然村社区规模不一:大者,族户达百余;小者,为单家独户的孤村。表面看来,平原地区的大规模自然村比山地丘陵地区多。实则不然,如湖南怀化通道侗族自治县是典型的山区县,但该县 50 户以上的大团寨有 200 多个,100 户以上的大团寨有 80 余个。在许多人眼里,自然村一定比行政村规模小,但实际情况是,我国农村地区存在自然村规模大于行政村、自然村包含行政村的现象。如通道侗族自治县独坡乡的骆团侗寨,为了便于管理,被乡里分成新丰村、骆团村两个行政村。骆团侗寨无行政管理权,不行使行政管理职权,只有新丰村、骆团村有资格行使此种职权。不过,自然村的规模小于行政村更常见。在我国,通常的做法是让自然村作为村民小组隶属行政村管辖。总的来讲,全国各地的自然村,其经济结构和社会结构较简单,但文化积淀深,乡土情感浓郁,特性差异明显,且对村民行为的影响直接有效。自然村社区的建筑结构、村落形态以及村落景观千姿百态,反映出我国地理环境和农耕文化的复杂性。

(2)行政村社区。这是处于农村地域的、由一个大一些或几个小一些的自然村组成,以农业为主要生产方式、具有行政管理职能的村落社区。它是村落社会的轴心,掌管着村落社会的政治资源,拥有辖区资源的处置权。在我国,行政村是政府为了管理乡村而设定的位于乡镇下一级的管理机构,是国家按法律规定设立的农村基层管理单位,是中国行政区划体系中最基层的一级。相对于自然村社区而言,行政村社区在满足居民生活和生产需要的基础上,增加了满足上级行政部门对辖区居民进行有效管理的需要,具有政治功能。20 世纪 80 年代前,我国行政村社区受乡镇政府垂直领导;20 世纪 90 年代后,行政村社区依据全国人大常委会颁布的《中华人民共和国村民委员会组织法》(后文简称《村民委员会组织法》)①实行自治。可以说,行政村社区既是农村的基层管理

---

① 《中华人民共和国村民委员会组织法》历经 30 年才确定。20 世纪 80 年代初,广西罗城、宜山一些地方的农民自发组建村委会。这种村委会因在组织群众发展生产、兴办公益事业、制定村规民约、维护社会治安上发挥了显著作用而得到国家的肯定。1982 年 12 月 4 日,五届全国人大五次会议通过的《中华人民共和国宪法》明确地给予村委会群众性自治组织的法律地位。1987 年 11 月 24 日,六届全国人大常委会第二十三次会议通过《中华人民共和国村民委员会组织法(试行)》,公布自 1988 年 6 月 1 日起试行。1998 年 11 月 4 日,九届全国人大常委会第五次会议通过《村民委员会组织法》。2010 年 10 月 28 日,十一届全国人大常委会第十七次会议通过了修订后的《村民委员会组织法》。2018 年 12 月 29 日,十三届全国人大常委会第七次会议通过《关于修改〈中华人民共和国村民委员会组织法〉〈中华人民共和国城市居民委员会组织法〉的决定》。

单位,又是农村群众自治组织的依托,设有村民委员会或村公所等机构,建有党支部,实行自主管理。村民委员会是基层群众性自治组织,管辖所属村民小组,是民主选举、民主决策、民主管理、民主监督等自治制度的实施者。从新中国成立到现在,中国行政村的政治模式已完成从"村政"到"村治"的转变。行政村社区自主管理的范围很广,包括社区经济、社区政治、社区文化、社区教育、社区发展规划、社区服务、社区公共产品、社区治安等诸多方面,是当前中国农村社区建设运动的重要主体和具体事务的责任者。

(3) 乡域社区。这是因国家设置基层政权而形成的、以农业为主导产业的、由若干行政村组成的乡镇社区。它是农村社区的外层,一头连着城市社区,一头连着村落社区,在农村乃至整个国家发展中发挥着基础作用。乡域社区的行政区划单位,有的地方叫乡,有的地方称镇[1],在内蒙古自治区则为苏木[2]。乡域社区拥有完整的行政区域、适度的人口规模、有序的管理层级、合理的机构设置、科学的职能定位、规范的组织制度、固定的政权名称。乡域社区的治理方式与行政村社区不同,前者实行行政管理体制,被称为"乡政",与村落社区的"村治"形成鲜明对比。虽然乡域社区的政治和管理功能十分突出,但它也是农村社区体系中的综合性社会区域。乡域社区设有党委、人大主席团、政府等机关机构,负责乡域各项事务,促进乡村社会、经济、政治、文化、生态等各项事业的协调发展。行政村社区和乡域社区都是人为规定的,主要是依据行政管理需要而设置,均属法定社区。其边界据管理需要而定,但在很多情况下,又以自然社区为基础。这样就出现了自然社区与法定社区相重合的现象。法定社区与自然社区的区别是社区内是否设有相对规范的行政管理机构。法定社区是党和政府推动社会经济发展和实施社会管理的基本单位,其中,行政村社区是国家进行社区建设的可操作单元。

---

[1] 镇政府与乡政府是同级别的基层政府,但在总人口、非农人口、街区规模和其他经济社会指标等方面有一定差别。大致来说,镇的人口规模比乡大,非农人口比例较高,工商业比较发达。乡、镇虽然都是我国农村现行体制下的行政区划单位,但镇除了有乡的基本特征外,它更是一个经济区域内工商业的中心,是商品生产的集散地和商品交换的场所,是政治、经济、文化的中心区。

[2] 苏木来源于蒙古语 cym,其含义为高于村级的行政区划单位。在我国内蒙古自治区的牧业地区设置苏木,与汉族地区的乡政府同级。

5. 农村社区的形成类型

早在 1929 年,社会学家杨开道就在其著作《农村社会学》中探讨过农村社区是如何形成的这一问题。他认为农村社区有三种形成途径:一是因自然起源而成,由一个农业家庭因人口增加而演化成为一个单姓村落,自然而然地形成一个农村社区;二是因社会组合而成,若干农业家庭由于迁移等原因汇集于一特定地理空间,一起从事生产和生活,并相互交往形成一个农村社区;三是因农村建设而成,这是因有意识有组织的群体运动汇集于一个地理空间,用人为的力量建设起一个农村社区。故依形成机制分,可将农村社区分成自然社区、组合社区、移建社区等三种类型。

(1) 自然社区。这是处于农村地域、伴随单一宗族繁衍壮大而自然形成、以农业为主导产业、以血缘关系为纽带的村落社区。自然社区是典型的血缘共同体,属单姓社群。在农村地域,每个单姓社群在长期的共同生活中其成员逐渐增多,一代代在自己生产生活的地理空间里建造公共设施、创制族群文化,使社区要素丰富并结构化,形成自然社区。这类社区有天然边界,常以河流、湖泊、空地、山林等自然要素为标志。自然社区的凝聚力和村社认同感较强,其内生惯例和制度把族群成员紧密联结在一起。就社会关系而言,自然社区是一个场域,在共同的内生机制和生存条件的基础上,社区居民形成他们作为个人以及团体成员的认知和选择,追求集体利益,通过共享规则和目标界定自己的特定角色来进行互动。自然社区的组织基础是由父系或母系纽带连接的继嗣群体,社区的社会结构由血缘原则建构起来。在传统社会,社区权力掌握在德高望重的、受制于村规和集体约束力的族长手里;在现代社会,社区权力掌握在族群精英手里。这类社区在形成过程中,没有受到外部因素的干扰,从形成过程看,自然社区实际是宗族社区。林耀华曾说:"宗族乡村乃是乡村的一种"[1];"义序一方面全体人民共同聚居在一个地域上,一方面全体人民都从一个祖先传衍下来,所以可称为宗族乡村"[2]。看来自然社区的宗族性已为前辈所认可。

(2) 组合社区。这是若干农业家庭为躲避天灾人祸迁移汇集于一特定农

---

[1] 林耀华:《义序的宗族研究(附:拜祖)》,生活·读书·新知三联书店 2000 年版,导言第 1 页。
[2] 林耀华:《从人类学的观点考察中国宗族乡村》,《社会学界》1936 年第 9 卷,第 128 页。

村地域、在长期的农业生产和农耕生活以及相互交往过程中逐渐形成的以地缘为纽带的村落社区。农村的组合社区是典型的地缘共同体,属多姓社群。此类社区,不存在相沿成习、首尾相从的宗族文化。组合社区的每个家庭要对原属文化进行时间上的切割,按新生活要求对各自的文化基因进行必要调整和重组,结合成新的生活共同体,并建成必要的生产和生活设施。对每个家庭而言,不是选择习性而是选择理性。他们要么同舟共济,共同创造一套为大家所共享的社区文化和运行机制;要么采取开放心态,接受其他家庭的行动、观念和习惯。对组合社区而言,文化调适比结构形塑更重要。组合社区只有在运行中增强自己的调适功能,使每个成员度过情绪上的危机期,加强社区居民的人际联系,形成文化共鸣,塑造成员的社会性,才能增强社区的凝聚力和满足居民生产生活的需要。组合社区因其成员的异质性较强,在文化形态上呈现出复杂性、多样性和开放性,但地理环境的唯一性使社区的生产活动差异性不大。组合社区的家庭来自五湖四海,直接产生了两种积极意义:造成社区成员的体质基因差别,为提高近地通婚的优生质量提供了生物性保障;造成社区权力与宗族的分离,为社区实施现代民主政治提供了群众基础。相对而言,组合社区出现的时间比自然社区晚。

(3) 移建社区。这是处于农村地域、以农业为主导产业、为满足建设需要让施建区域内的所有农村家庭搬迁并择地安置而形成的村落社区。就当代中国情况而言,移民搬迁的原因比较复杂:有的是为了当地乡村脱贫致富,有的是为了改善当地生态环境,有的是为了兴建大型水利工程,有的是为了避免地质灾害,等等。移建社区的居民是典型的外来群体,他们是在政府的动员下才来到了新居社区。他们不仅会遇到各种搬迁风险和损失,而且新据点百业待兴。所以,移建社区的建设工作远比自然社区和组合社区急迫。政府搬迁农村社区的原则是"以土为本,以农为主",将移建社区安置在主要道路、城镇或产业集聚区边缘地带,且须避开地震活动断层分布带和可能发生洪涝灾害、地质灾害的地理位置。政府在移民入住前在新居社区按规划设计修建标准住房和居住区以及公共设施。移建社区须注重如下内容的建设:消除社区居民生活、生存、生产习惯和方式转变带来的心理困惑;培养社区居民的社会心理承受能力[1];重建社区和社会支持网络[2];加速社区嵌入当地社会结构的步伐[3];建构新的生产和生活体系以及社区文化;增加移民发展经济的机会和提高移民开拓新业的能力[4];等等。农村移建社区在形成时间上晚于自然社区和组合社区。

第三节 农村社区的构成要素

农村社区是乡域空间里的农耕生活共同体,是空间性要素和社会性要素的集合体。农村社区结构就是由农村社区的空间性要素和社会性要素构成的稳定、持续、重复的社会联系。从其形成、延存、能量、功能等维度,可将农村社区的构成要素分成根生要素和衍生要素两大类。

一、农村社区的根生要素

农村社区的根生要素就是农村社区的地理空间、人口群体、生产劳动、生活行为、社区文化等原生类要素,它们具有原发性、内源性、恒存性、增殖性等特质。作为特定地域的生活共同体,农村社区必须占据一定的地理空间;必须有一定规模的人口,而且地理空间内的人口群体必须从事生产劳动,才能获得天然生活资料和人工生活资料;必须日复一日、年复一年地消费生产劳动得来的

---

[1] 移民所处的自然环境、人文环境、生存状态会发生深刻变化,使他们不得不面临背井离乡、难以融入当地主流文化、亲情断裂、水土不服、社交困难、经济压力大、新建生产体系、改变生活秩序和改变习惯等实际困难以及生活困扰,容易产生情绪问题甚至心理疾病,如悲观失望、忧郁症、躁郁症、精神分裂症、人格障碍等。因此,需要政府关注他们的社会心理问题,提高他们的安全感和生活信心,培养他们的社会心理承受能力。

[2] 对移民来说,以血缘、地缘、业缘等为基础,由亲戚、朋友、邻居等各种复杂关系构建起来的原有社会支持网络,难以继续为其提供经济帮助和情感交流渠道。生产习惯和生活方式的改变,对新的生产环境的不适应,加上自身自助能力比较低,可能会导致移民产生生产劳动方面的困难。因而,需要社会为他们建立新的社会支持网络。迁入地政府尤其是基层移民办、基层移民安置工作者要想方设法广开致富门路,组织生产技术扶助,构建移民社会保障、社区服务、社区援助体系。为经济困难移民户中的毕业生的就学和升学提供补助。

[3] 这类工作包括开展社区融合活动,通过举办社区活动促进移民与当地人相互了解、交流和合作,使其进行良性互动,改善社会关系,减少摩擦,帮助移民创造更好的治安环境和人际环境,加强移民对安置区的归属感,鼓励移民与当地居民通婚,增加移民融入当地社会的机会。

[4] 这类工作包括为移民提供农业科技培训、邀请专家现场指导和聘请农业农村科技人员辅导移民农业生产、扶持推广优良品种、开展就业技能培训、提供生产方面的优惠政策、开展项目扶持、帮助移民提高生产技能、恢复和重建其经济生活。

天然生活资料和人工生活资料,才能"生下来,活下去",才能繁衍生息。因此,可以说,农村社区是由地理空间、人口群体、生产劳动、生活行为、社区文化等根生要素构成的五位一体的农耕生活共同体。根生要素是农村社区的基柱,是支撑农村社区永续运行的机制和持续发展的决定力量。

1. 地理空间

地理空间是农村社区的地域要素。农村社区的地理空间指农村社区所处的地理位置以及由地域内的各种自然要素如气候、地形、地貌、耕地、山体、林地、草地、空地、水体、矿藏、植物、动物及由这些要素形成的自然生态环境或生态系统所组成的,为其居民提供生产和生活条件的区域。生态环境或生态系统是其核心要素。生态环境是人类的生存和发展的根基,是人类谋生的依靠。地理空间及其生态环境是为农村居民提供天然生活资料的根生要素,是农村社区乃至整个国家和社会运行的生态基础,是农村社区存在和发展的基本物质条件。一定的人群须在一定的地理空间内才能进行物质生产和社会生活,故由农村居民形成的农村社区必定存在于具体地理空间及现实的生态环境里。

地理空间具有特殊作用:(1)为农村社区居民提供天然生活资料以便满足其对天然生活资料的消费需求;(2)为包括农村居民在内的所有国民谋生提供生态资源和生产资料;(3)影响社区居民的体质和心理素质以及身体健康;(4)影响社区人口的流动和迁移;(5)影响农村社区产业结构和社区经济发展速度。由于自然地理空间是自然界运动的结果,是无法被任何社会主体按自己的意志彻底改变的,故农村社区居民只能适应和选择所处的自然地理空间。农村社区的地理空间也是一个承载力有限的生态系统。就地表资源而言,若开发程度超过其再生速度,就会枯竭,再也无法恢复供养其居民生存的能力。

2. 人口群体

一个社区须有一定人口。人口指居住在一定地域内或生活在一个集体内的生命个体总数。人口是社区形成的基本条件。作为社区的基本构成要素,人口应该包括数量、质量、结构、能力、分布、迁移等元素。其中,能力特质是社区人口的根本。社区人口会以多种方式形成不同群体。就农村社区而言,会形成家庭、朋友、亲戚、家族、宗族等初级群体,以及村党支部、村委会、村妇联、民兵组织、农业生产合作社、集体企业、农场、农民协会、志愿组织、治理委员会等次级群体。农村人口以及由此形成的各种农村社会群体是农村社区生产生活的主体要素,也是农村社区形成和延存的重要条件。

按照是否从业来区分,农村社区人口有从事生产劳动并取得劳动报酬或经营收入的从业人口,以及不从事生产劳动而受生产劳动人口供养的受养人口。按照年龄划分,农村社区人口分为少儿人口、青年人口、中年人口、老年人口。按照受教育程度划分,农村社区人口可分为文盲人口、小学文化人口、初中文化人口、高中文化人口、中专文化人口、大学及以上文化人口。

农村人口组合起来的社区群体,也可以分成不同种类。按从事的职业划分,农村社区群体有专门从事农业生产的农业群体和专门从事非农生产的非农群体。按成员出生归属划分,农村社区群体有以婚姻关系为基础、以血缘关系为纽带而形成的家庭群体;以血缘关系为基础的由同一血统的几代人组成的家族群体;由同姓九族中的直系血亲、旁系血亲及其配偶组成的宗族群体;由共同语言、共同地域、共同经济生活、共同文化、共同心理素质等社会特征归界的民族群体;还有以居住地为纽带、各个家庭在同一地域上靠近的邻里群体。按从事的产业划分,农村社区群体分为从事农业生产的农业经济组织;从事工业生产的乡村工业经济组织;从事商业、服务业等产业的乡村三产经济组织。按政治权力划分,农村社区群体有贯彻上级党委指示和管理乡域党务的乡镇党委;管理乡域政务的乡镇政府;在行政村开展党务工作的村党组织;进行自我管理、自我教育、自我服务的村委会;此外,还有介于农村社会的"权力"组织与家庭之间对农村社会活动产生影响的民间组织,如农民协会、农民专业合作组织、生产合作社、行业协会、生态环保志愿组织、村妇联等,它们围绕农村经济、社会事业开展工作。

农村社区人口及其形成的群体在农村社区中发挥着主要作用。(1)农村社区人口为农村社区建设和发展提供人力资源。农村人口是农村社区人力资源的来源;农村社区人力资源是农村社区人力资本的来源。农村社区的生态环境和生计体系的建设离不开农村劳动者,农村社区人力资源越丰富、人力资本质量越高,农村社区建设得就越优美、发展就越快。(2)农村社区人口是农村社区生活和供给社区公共产品、开展公共事业的主体基础。农村社区的各种日常生活、社会活动、公共产品供给、公共事业的开展都是由社区居民和相应群体完成的。没有一定量的农村人口以及由此组成的社会群体就不可能有农村社区的发展。(3)农村人口也是农村社区成员构成的必要条件。如果农村人口达不到一定的数量、质量、密度等指标要求,且在文化、年龄、性别、职业、思想、信念、价值观等方面没有形成良好的互补关系,难以形成对社区运行和发展产生支撑作用的人口结构,就很难形成农村生活共同体。

3. 生产劳动

农村社区的生产劳动指农村社区居民为了谋生利用社区物质资源创造物质生活资料和利用社区文化资源创造精神生活条件的活动。从要素上看,农村社区的生产劳动包括农村社区的劳动者、劳动工具、劳动对象、劳动管理、劳动技能等劳动要素;从行业上看,农村社区生产劳动包括农村社区的农业、工业、商业、服务业、文化产业等行业;从环节上看,农村社区生产劳动包括农村社区的生产、交换、分配、消费等生产环节。利用各种劳动要素,在各种行业里和所有生产环节上谋取生活来源的生计体系,是农村社区生产劳动的关键要素。

随着工业化、现代化的发展,人类对人工生活资料的依赖日益增强。没有生计体系与失去生态环境一样,进化后的人类同样难以延存。因此,农村社区必须建构必要的生计体系,不仅使之具有提供丰足人工生活资料的能量,而且使之具有吸引生态环境建设投资的能量,以便不断增强生态环境的调节与循环机能,保证生态环境持续地为谋生提供生态资源。农村社区居民为了生存和生活,必须利用社区地理条件和劳动工具建立发达的生计体系。虽然谋生活动不是农村社区居民的本能活动,但它是决定农村社区存亡的物质活动,是给农村社区居民提供衣、食、住、行、用等人工生活资料的根本活动,是农村社区其他活动得以持续开展和社区持续运行的前提条件。因而,生产劳动以及由此建立起来的生计体系是农村社区不可或缺的要素。

生产劳动本是一个综合的和动态的概念,包含丰富多样的活动类型,其内涵会随着社会发展发生变化,但农村社区是以农业为主导产业的社区,从事农业生产劳动是人类社会赋予农村社区的神圣义务,是社会分工的必然结果。社会系统或一个国家在确保生态安全和粮食安全的前提下才会鼓励个别或少数农村社区发展非农产业,但绝不会支持所有农村社区都去从事非农产业,否则城市社区和非农人口甚至整个人类社会将面临生态产品和农业产品匮乏,进而面临整个人类社会的崩溃。因而,国家对农村社区发展非农产业需要进行科学规划和有效调控,为保障衣食供给和生态产品供给,在留足粮食生产、棉花蚕丝生产、生态产品生产的土地的前提下,才允许农业资源禀赋不足的农村社区发展非农经济;在保证和落实粮食及生态产品供给的前提下,才鼓励农村社区发展满足社区居民生活和农业生产需要的服务业。从谋生角度和站在农户立场来说,农户从事非农产业无可厚非,但是从维护国家安全和社会稳定的角度以及站在国家甚至整个人类社会的立场来说,政府有责任干预或调控非农生产,要保证一定规模的农业劳动力从事农业生产,要保证农业与非农业的平衡、农村地理空间与城市地理空间的平衡。

农村社区发展农业生产,从种类上讲,包括四大类,即种植业、林果业、畜牧饲养业、水产业。种植业又称作物栽培业,是利用植物的生理机能,通过人工培育而获得物质生活资料和生产资料的产业,为人类提供粮食、蔬菜、饲料、绿肥、食用菌以及经济作物产品。林果业是利用植物的生理机能,通过人工培育和保护而获得林果产品,保护和改善自然生态环境的产业,为人类提供木材、药材、水果、香料等产品以及经济林和防护林。畜牧饲养业是利用动物的生理机能,通过人工饲养和繁殖而获得肉、蛋、奶、皮、毛产品的产业。水产业是利用水资源,通过捕捞和养殖鱼类及其他水生动物以及藻类等水生植物而获得水产品的产业。但具体到某个农村社区,到底适合发展哪种农业生产,要据其所处地理位置和农业资源禀赋来决定。从活动过程来讲,每个农业产业都包括生产、交换、分配、消费的过程。故在农村社区,除发展农业生产外,还要建立农产品交易场所,仓储、运输、信息等物流系统和从事分配与消费的服务系统。从产业链条讲,需要围绕农业生产环节,既发展上游环节,如农技服务、农业生产资料供应等,又发展下游产业,如农产品加工、贸易等,不断拓展农业产业链条,增加农业收入。

农村社区生产劳动活动有如下特点:第一,农业经营主体朝多样化发展。在自然经济时代,农业经营主体是农户家庭;在产品经济时代,经营主体是生产队;在商品经济和市场经济时代,经营主体不仅有农户,还有企业。第二,农业经营活动具地域性和差异性。不同地理纬度和地形上的农村社区所开展的生产劳动以及产业结构都不同,其生产的产品在品种和品质上有明显差异。第三,农业生产劳动出现分化,"自耕自有,自成体系"的"小而全"的小农经济在市场经济模式推动下,在向规模经济、商品经济转化,农业生产出现专业分工,农村社区出现许多专业户,为社区农业生产走上"一村一品"特色经济道路打下主体基础。

农村社区的生产劳动对农村社区运行和发展具有重要作用。(1)为农村社区居民源源不断地供给人工生活资料,是农村居民成长与繁衍的物质保证。(2)为农村社区人力资源开发、生态环境建设提供资金,是农村社区运行与发展的经济基础。农村社区的生产力越发达越先进、劳动能力越强,农村社区就越繁荣、发展就越快。(3)为农村社区各种衍生要素的发育与发展提供物质建设资金,是农村社区衍生要素繁荣昌盛最有力的物质基础和最强大的支撑力量。

4. 生活行为

农村社区的生活行为指农村社区居民为人口蕃庶而开展的各种活动,包括消费、繁衍、养育、修身、家政、出行、互动、娱乐、保健等等。当代农村社区生活行为,从属性维度来划分,可分为物质生活活动和精神生活活动;从主体维度来划分,可分为个人生活活动、群体生活活动;从品质维度划分,可分为科学与非科学生活活动、文明与非文明生活活动、健康与非健康生活活动;从时代维度来划分,可分为园艺社会生活活动、农业社会生活活动、工业社会生活活动、信息社会生活活动。

农村社区的生活消费行为是农村社区生活行为体系中最基础、最关键的构成要素,是满足农村社区居民自身生活欲望的一种生活行为,同时,也是农村社区再生产过程中的重要环节。因为只有持续地消费天然生活资料和人工生活资料,才能保证生命的延续和人口再生产与人力资本增殖。从这个角度讲,生活消费是农村居民出于延续生命和发展自我的目的,有意识地、有计划地、重复地、持续地消耗天然生活资料和人工生活资料的能动行为。生活消费的持续增长取决于天然生活资料消费水平和人工生活资料消费水平,而天然生活资料消费水平受制于生态环境建设水平,人工生活资料消费水平受制于生计体系建设水平。由此可以说,农村社区生活消费行为的持续演进取决于农村社区生态环境建设水平和农村社区生计体系建设水平的提升。

农村社区的生活消费行为对于农村社区运行和发展有特殊价值:(1)农村社区的生活消费行为是将农村社区生活资料的物质能量转化为生态环境与生计体系建设能力的能量转换器。因为生产是为了生活,但是有劳动能力才能生产,这需要生活消费行为将生活资料的物质能量转换为劳动能力。农村社区的生活消费也是农村社区运行和发展的重要决定因素。(2)农村社区的生活消费行为满足了农村居民对物质和精神的需求,而且是农村居民身份、价值追求、审美取向的象征。(3)农村社区的生活消费是农村社区经济活动再生产的重要环节,是在农村社区生产、交换、分配、消费四个环节中不可缺少的经济行为,对生产有重要的反作用,能有效拉动经济增长,促进生产发展。(4)农村社区的生活消费为农村社区经济创造出新的劳动力,能提高劳动力质量,提高劳动者的生产积极性,有利于农村社区人力资源的开发。

5. 社区文化

文化是社会主体创造出来的满足自身生存与发展需要的各种支持系统。[①]农村社区文化就是农村社区居民在生产、生活、生态活动中创造出来的对自身生存与发展起重要作用的各种物质结晶和精神结晶。

农村社区文化也是农村社区的根生要素。从文化史角度看,农村社区文化有一个数量由少到多、结构由简到繁、层次由低到高的演进过程。最早的农村社区文化产生于原始人群的生产、生态、生活活动,故最早的农村社区文化就是园艺社会的采集、狩猎、捕鱼经验;继而产生于人类同自然的生存斗争和改造社会的活动中,故农村社区文化随之表现为原始工具的发明与使用、动植物的驯化和培养、陶器的发明与使用、冶金术、文字的发明与使用、青铜器的发明与使用、耕作、养殖、手工艺发展、礼器、礼制、乐律、道路建设、畜力交通工具的发明与使用等;最后产生于制造业、加工业和生态环境治理活动中,农村社区兴起织布、染色、农产品加工、农业科学技术发展、农产品贸易、生态环境保护与建设等工业社会的新兴农村文化类型。农村社区文化创造有无意创造和刻意创造两种形式。无意的文化创造是指创造者本人并没有意识到自己的行为是一种文化创造活动,但他的行为或活动客观上对某种文化的产生起到了重要作用。无意创造出来的文化因子非常多,如风俗、习惯、时尚、亲属制度、礼节等,都是人类成员无意识地创造出来的。其中,有的纯属人类本能行为所致,有的则是人们在模仿或潜移默化中形成的。一种文化在它萌发时往往存在着无意识的致因。但在文化创造的中后期,文化创造大多是有目的、有计划地进行的。刻意的文化创造是指创造者为了解决某个问题而有目的、有计划地进行文化创造活动,这种文化活动自始至终为人类所掌控,人类对其整个过程进行监测、修正,引导该过程朝既定目标发展。世界各民族在生产、生态、生活活动上毕竟有许

---

① 谷中原、方凯:《论人类开展的主要文化活动形式》,《云南师范大学学报(哲学社会科学版)》2007年第2期,第87—93页。

多共同之处,所以会出现许多不同的农村社区分别独立创造出特性相同的文化。农耕文化就属于这种文化平行创造现象,如农作物的栽培既出现于古老的中国农村社区,也可能出现于古老的印度农村社区,尽管出现时间不一样,但双方无关,完全是独立产生的。①

从发展形态维度划分,农村社区文化分为园艺社会文化、农业社会文化、工业社会文化、信息社会文化;从属性维度划分,农村社区文化分为物质文化、精神文化、制度文化;从兴盛维度划分,农村社区文化分为依赖根生要素产生的根生文化和依赖衍生要素产生的衍生文化;从价值延存角度划分,农村社区文化分为一直存续的历时性文化和仅存于特定历史阶段的共时性文化;从创造维度划分,农村社区文化分为由古人创造的传统文化和由今人创造的现代文化;从影响程度划分,农村社区文化分为对农村社区运行与发展起主导作用的主流文化和对农村社区运行与发展不起主导作用的非主流文化;从来源维度划分,农村社区文化分为产自本地的本土文化和源自外埠的外传文化。对农村社区文化进行分类并把握农村社区文化的类型,对于制定农村社区文化建设策略有重要意义。

农村社区文化对于农村社区运行和发展具有特殊作用:(1)农村社区的精华文化具有传递文明的作用。精华文化内含和承载着先辈创造的文明,不仅能够用于当时,而且能够延续并泽及后人。文化的这种功能,使农村社区居民可以在较短的时间内掌握祖先在较长的时间中积累的经验、知识和价值观念,成为创造优秀新文化的社会主体。(2)农村社区的精神文化是社区治理的工具。精神文化对社区居民的影响和控制不具有强制性,其作用发挥的过程是社区居民思想和行为从内而外的转化过程,具有稳定性和持久性。农村社区的精神文化一旦形成,便总能以其无形的力量渗透到社区行为中,能发挥居民价值建构功能、居民冲突整合功能、社区发展导向功能、社区居民互动功能、规范居民行为功能、凝心聚力功能。(3)农村社区文化是农村社区经济的促进力量。一是文化环境利于社区经济健康运行,社区居民对社区经济规律进行理解和再创造,利于社区劳动者更科学地开展经济活动。二是文化创新决定着社区生产发展的速度,新的经营理念利于社区产业结构的优化并提高社区生产的发展速

---

① 谷中原、方凯:《论人类开展的主要文化活动形式》,《云南师范大学学报(哲学社会科学版)》2007年第2期,第87—93页。

度。三是在市场经济发展中产生出来的新科技、新观念、新模式利于克服生产经营的自发性和盲目性,保证社区经济的健康发展。(4)农村社区文化是社区运行和发展的促进力量。社区的正义、公平、效率思想,促使社区居民追求更高的社区发展目标,将至真、至善、至美作为生产、生态、生活活动的最高追求;将社区居民基本生存状态作为自身的最高关注对象并建构基本的生活价值;把提升社区居民的精神境界、润泽社区居民的心灵作为终极目的;克服社区活动的自发性、盲目性,限制社区出于狭隘功利目的对人的损害,从而维护社区居民的基本权利;培养社区居民的责任感,使社区居民超越单纯的、具体的、分散的功利追求。[①] 这一切都有利于社区的正常运转和健康发展。

二、农村社区的衍生要素

农村社区衍生要素指农村社区由根生要素衍发繁育出来的设施、组织、服务、治安、交往、市场、交通、教育、规范等派生类要素。相对农村社区根生要素而言,农村社区衍生要素具有后生性、暂时性、外部性、衰变性等特质。农村社区的衍生要素是在农村社区根生要素及其相互作用的发展过程中发育并壮大起来的,是顺应农村社区发展需要和在农村社区根生要素供给繁育资源的条件下萌发、兴盛的。相对根生要素而言,衍生要素是农村社区的新要素,并且随着农村社区的发展还会增加。衍生要素对农村社区的发展具有重要的现实意义,发挥着不断完善和丰富农村社区功能的促进作用。但要特别强调的是,虽然衍生要素对农村社区的运行和发展非常必要,但是相对根生要素而言,其作用是次要的。因为衍生要素不仅是顺应根生要素的需要发展起来的,而且是依赖根生要素提供的人力、资金、空间资源构建起来的,更是由根生要素持续供给这些资源来维系的。如果没有资金和生活资料的支持和维系,农村社区的制度、习惯、约定等各种规范就难以被遵守,教育、服务就难以为继,设施、交通、坪场就难以维修,交往、安保就会停止。可见,农村社区构成要素及由此形成的社区结构的发展也是遵循历史唯物论的。所以,我们应该用历史唯物论指导农村社区建设与管理的研究。在农村社区现有的衍生要素体系中,设施、服务、组织、安保等要素,对当今农村社区居民的生产生活以及农村社区的运行与发展更为重

---

① 董四代、冯宏良:《从现代化视角认识文化对经济的作用》,《攀登》2003年第4期,第45—47页。

要。故本部分专门介绍农村社区的设施、组织、服务、治安等衍生要素。

1. 社区设施

农村社区设施指农村社区利用社区资源建立起来的,保证社区生产、生态、生活正常运转和发展的服务系统。农村社区的生产生活设施是产生比较早的社区衍生要素。农村社区的各种设施产生于:(1)根生体系。为了完善与强化生态系统对社区运行与发展的支撑功能,社区居民会进行生态服务设施建设。一是为了满足饮水需要,农村社区居民会修建水井、水池、水坑等社区饮水设施;二是为了满足生产用水需要,农村社区居民会修建水渠、水沟、水槽、涵洞等社区灌溉设施。为了完善与强化种植业生计体系对社区运行和发展的支撑功能,社区居民会修建围栏、温室、大棚,并进行育种、制肥、仓储、运输、销售、加工等社区生产设施建设。为了完善与强化生活行为体系对社区运行与发展的支撑功能,社区居民会进行服装加工、食物加工、饭店、住房、公共交通、机动车修理、家电修理、垃圾处理、商场超市、娱乐休闲、卫生保健、养老院、福利院等社区生活设施建设。为了完善与强化人口群体对社区运行与发展的支撑功能,社区居民会建设私塾、学堂、幼儿园、社区学院、培训机构、技艺传习所、农民夜校等社区人力开发设施。(2)根生要素相互作用的过程。譬如,人口群体利用生产劳动获取衣、食、住、行、用等人工生活资料,以满足对优质人工生活资料或生计产品的消费需求,为此,农村社区居民会建设就业培训机构、职业介绍机构、劝业场、产业园、商业街、创业园、农技推广服务站等生计设施。人口群体需要利用生态环境获取新鲜空气、洁净饮水、安全食物等天然生活资料,以便满足对优质天然生活资料或生态产品的消费需求,为此,农村社区居民会修建废气处理装备、污水处理厂、固态垃圾处理厂、农田退水与地表径流净化工程、生态安全缓冲带、生态走廊、森林公园、生态功能区等生态设施。

按其功能划分,社区设施可分为生产设施和生活设施。社区生产设施是农村社区修建的为生产服务的工具系统,包括农业和非农业各个生产环节的设施;社区生活设施是社区修建的为居民生活服务的工具系统,包括公共交通、机动车修理、垃圾处理、商场超市等各种物质生活设施等,以及祠堂、教堂、棋牌室、文化广场、网吧等各种精神生活设施。按其归属划分,社区设施可分为私人设施和公共设施。社区私人设施是农村社区的家庭修建的为自家生产和生活服务的工具系统,包括农家猪圈、牛圈、羊圈、仓库、农具存放室、磨坊、豆腐坊、柴房、厨房等设施；社区公共设施是农村社区修建的为社区生产和生活服务的工具系统，包括社区道路交通、生态环境、农田水利、农品仓储、冷链物流、文化广场、公园、路灯、路牌、垃圾站、污水处理厂、学校、运动场、诊所、敬老院、幼儿园、公共水电网等设施。

农村社区的生产生活设施在农村社区运行和发展过程中发挥着特殊作用。第一，农村社区的生产生活设施是应农村社区人力资源开发、生态环境、生计体系、生活消费等根生要素的发展要求建设起来的，是农村社区根生要素进一步发展的外部力量，有利于加固农村社区根生要素的基础。第二，农村社区的生产和生活设施也是适应农村社区根生要素相互输送发展能量的需要建设起来的，是农村社区根生要素之间的桥梁和相互传输发展能量的驿站。第三，农村社区建设生产生活设施的目的在于服务社区居民、满足社区居民的生产生活需求，故生产生活设施给社区居民带来生产生活上的便利，可降低社区农户家庭的生产和生活成本、减轻农民的生产和生活负担。同时生产生活设施还能增强社区居民的生活满足感、获得感、幸福感、安全感，还能产生审美视觉效应，陶冶社区居民的情操，增加社区居民的愉悦感。第四，农村社区生产生活设施具有保护功能，既能保护社区生态环境、生产环境、人文环境，还能保护社区居民的经济利益和社会利益，避免公共伤害，增强社区运行和发展的活力。第五，农村社区生产生活设施具有象征意义，能够树立社区的文明形象，体现了社区的文明程度和对社区居民的关爱。

2. 社区组织

组织是为履行特定功能或达到某种目标而建立，由若干成员组成且分工明确、高度配合的高级社会群体。农村社区组织就是农村社区中按照一定方式建立起来的、具有特殊功能的、承担一定社会职能的、旨在实现特定社会目标的高级社会群体。

根据规范程度分，组织有正式组织和非正式组织；根据控制程度分，组织分为强制组织、功利组织、规范组织等；根据社会功能分，组织分为经济组织、政治组织、文化组织、生态环保组织、维权组织、人权组织、和平组织、慈善组织等；根据主体划分，组织分为宗族组织、宗教组织、妇女组织、工人组织、农民组织、社区居民组织、儿童保护组织、青少年组织、残疾人组织等；根据行业划分，组织分为工业组织、农业组织、商业组织、服务业组织、教育组织、科技组织、军事组织等;根据筹资方式划分,组织分为公募组织和私募组织等。

农村社区的正式组织主要有村党支部、村委会、村妇联、村民兵连等。这些组织是按照政府提出的规则,为管理村内公共事务,正式组建起来的具有特殊结构、目标和特定功能的行为系统。它们都有明确的目标、任务、结构、职能和成员的权责关系以及成员活动的规范。村党支部和村委会是农村社区最重要的正式组织。村党支部是党在农村的最基层组织,是本村各种组织和各项工作的领导核心,是团结带领广大党员和群众建设中国特色社会主义新农村的战斗堡垒。根据2018年12月起施行的《中国共产党农村基层组织工作条例》,村党组织的主要职责是:宣传和贯彻执行党的路线方针政策和党中央、上级党组织及本村党员大会(党员代表大会)的决议;讨论和决定本村经济建设、政治建设、文化建设、社会建设、生态文明建设和党的建设以及乡村振兴中的重要问题并及时向乡镇党委报告;领导和推进村级民主选举、民主决策、民主管理、民主监督,推进农村基层协商,支持和保障村民依法开展自治活动;加强村党组织自身建设,严格组织生活,对党员进行教育、管理、监督和服务;组织群众、宣传群众、凝聚群众、服务群众,经常了解群众的批评和意见,维护群众正当权利和利益,加强对群众的教育引导,做好群众思想政治工作;领导本村的社会治理,做好本村的社会主义精神文明建设、法治宣传教育、社会治安综合治理、生态环保、美丽村庄建设、民生保障、脱贫致富、民族宗教等工作;等等。村委会是行政村的村民选举产生的群众性自治组织。根据2018年修正的《村民委员会组织法》,村委会的主要职责是:(1)支持和组织村民依法发展各种形式的合作经济和其他经济,承担本村生产的服务和协调工作,促进农村生产建设和经济发展;依照法律规定,管理本村属于村农民集体所有的土地和其他财产,引导村民合理利用自然资源,保护和改善生态环境;尊重并支持集体经济组织依法独立进行经济活动的自主权,维护以家庭承包经营为基础、统分结合的双层经营体制,保障集体经济组织和村民、承包经营户、联户或者合伙的合法财产权和其他合法权益。(2)宣传宪法、法律、法规和国家的政策,教育和推动村民履行法律规定的义务、爱护公共财产,维护村民的合法权益,发展义化教育,普及科技知识,促进男女平等,做好计划生育工作,促进村与村之间的团结、互助,开展多种形式的社会主义精神文明建设活动;支持服务性、公益性、互助性社会组织依法开展活动,推动农村社区建设;多民族村民居住的村,村民委员会应当教育和引导各民族村民增进团结、互相尊重、互相帮助。(3)遵守宪法、法律、法规和国家的政策,遵守并组织实施村民自治章程、村规民约,执行村民会议、村民代表会议的决定、决议,办事公道,廉洁奉公,热心为村民服务,接受村民监督。

农村社区的非正式组织则主要包括宗族组织、宗教组织、专业合作社、环保组织、民事理事会、慈善组织、农业科技推广组织等。这些组织是村民自愿组成的、不以营利为目的的、主要开展公益性或互益性活动的组织,也叫社会组织和民间组织。现在对农户发展经济来说,最能发挥作用的非正式组织就是农村社区的各种专业合作社。20世纪80年代后,中国农村社区逐渐进入市场经济环境,农产品的生产和销售由市场调节,出现农户经营与市场需求之间的矛盾。单个农户很难应对大市场,农户从事农业生产需要社会化服务,于是农民自发组织起来,建立农工商合作社、农业生产专业合作社、农业生产专业互助社等各种专业合作组织,依靠专业合作组织解决农资供应、生产技术辅导、产品包装、冷藏运输、销售等实际问题。

现如今,农村社区非正式组织的兴起和发展有着复杂的经济、政治和社会动因,是多种因素综合推动的结果。① 从经济根源分析,农村社区非正式组织兴起与发展是20世纪80年代以来我国农村社区的农业和非农业生产力发展的结果,是市场经济模式渗透到农村社区的产物。从政治根源分析,农村社区非正式组织的兴起与发展是国家开始实施村民自治制度和发展基层民主制度的产物。1988年6月1日起,我国试行《村民委员会组织法(试行)》,该法明确村民委员会是村民自我管理、自我教育、自我服务的基层群众性自治组织。这为农村社会主义民主政治建设、增强农村干部和农民群众的法律意识和民主意识、扩展农民权利、推进农村社区治理良性发展奠定了法治基础,也为农民建立非正式组织创造了政治环境。从社会根源分析,农村社区非正式组织兴起与发展是农村社会控制和基层正式组织弱化,农民寻求社会互助、社会认同和维护自身权益的产物。20世纪80年代后,随着家庭联产承包责任制的实行以及人民公社解体,我国很多农民不得不走向非正式组织来寻求社会互助和维

---

① 周健:《论现代社会组织兴起的动因》,《井冈山大学学报(社会科学版)》2017年第4期,第55—60页。

护自身权益。① 这客观上为农村社区非正式组织的兴起和发展提供了社会空间和社会环境。

农村社区非正式组织对农村社区运行和发展具有特殊价值：(1)农村社区非正式组织对于社区居民的生产生活具有特殊意义。农村社区非正式组织有利于维护市场秩序和弥补市场及乡镇政府力量的不足，促进经济的发展；农村社区的宗族组织、专业合作组织为农民生产提供了帮助；维权组织维护了农民的合法权益；宗族组织和宗教组织为农民生活提供了归属感和安全感，满足了农村居民的精神需求。(2)农村社区非正式组织对于农村社会秩序建构具有特殊意义。主要表现在能促进农村社区和谐、推动农村社会多元化发展、有助于政府参与农村社区治理和营造社区民主环境、改善农村社区脆弱群体的生活状况、维护农村社区的公平正义。(3)农村社区非正式组织有利于培育农村社区居民拥有良好的品德、促进农村社区道德水平的提升，以及社区生态环境的保护、人与自然和谐共处和社区生态伦理的普及。②

3. 社区服务

社区服务是指具有服务能力的各种主体利用社区资源在社区范围内开展的、旨在维护生活状态和提高生活质量的公共服务活动。社区服务也叫生活帮扶，是巩固和再生产生活共同体的必要机制，因为社区内部总有生活脆弱群体和生活困难群体，他们确实需要别人提供生活帮助才能生活下去。从这个角度而论，社区服务是伴随社区存在而产生的，并非当代社区建设和服务业发展的产物。农村社区服务就是在农村社区范围内营建起来的生活帮扶机制，是保障社区成员基本生活需要和提高其生活质量的生活援助措施。

社区服务经历了满足社区成员基本生活需要和提高社区成员生活质量两个发展阶段。社区服务最初产生于人类氏族部落。原始社会的氏族部落为了繁衍壮大和进行劳动力再生产，氏族部落的青壮年成员必须保护氏族内部的儿童、孕妇、老人等生活脆弱成员和伤员、病人、残疾人等生活困难成员。首先要为他们提供安全的避险所，其次要为他们提供维持生命和促进生长发育的食

---

① 何兰萍、陈通：《农村社会控制弱化与农村非正式组织的兴起》，《理论与改革》2005年第5期，第58—61页。
② 康宗基：《试论中国社会组织的兴起及其伦理意蕴》，《大连海事大学学报(社会科学版)》2012年第4期，第92—96页。

物,最后要恢复伤员、病人的体力和健康,要传授给儿童生活技艺。在满足社区成员基本生活需要的发展过程中,社区服务的项目、设施、资源、策略会不断增多;社区服务的追求会不断提高,推动着社区服务的发展。随着生产能力的进步和劳动水平的提升,人类开始在满足基本生活需要的基础上,追求生活质量。这时农村社区的生活服务或生活帮扶机制跨入了提高社区成员生活质量的新阶段。在提高生活质量的阶段,社区服务的服务对象由生活脆弱群体和生活困难群体扩大到所有社区成员。服务项目增多,服务更周到,生活保障力度和福利待遇得到提高,用于提升生活质量的服务资源更多。而且在服务机制上,兴起了生活服务机构和组织,生活服务业务运行日常化、规范化、秩序化,出现了生活福利制度。农村社区的生活服务满足社区成员基本生活需要的阶段,大致处于园艺社会、农业社会、工业社会的早期;农村社区的生活服务提高社区成员生活质量的阶段大致出现和兴盛于工业社会中期以降。

就当代社区服务现状而言,依据服务模式划分,农村社区服务可分为互助性社区服务、公益性社区服务、福利性社区服务、商业性社区服务。依据服务类型划分,农村社区服务可分为利民便民服务、家政照料服务、医疗保健服务、环境卫生服务等。依据服务产业划分,农村社区服务可分为家政服务业、便民服务业、应急服务业、中介服务业、公共设施服务业、公共环境服务业、养老服务业、儿童服务业、保健服务业、托管代办服务业、家教辅导服务业等。

社区服务对农村社区运行与发展具有重要作用:(1)具有排忧解难的作用。社区服务能满足社区居民的生活需求,解决社区生活脆弱成员和生活困难成员的生活难题,利于社区生产力的发展。(2)具有提高生活质量的作用。社区服务能让社区居民拥有更多的闲暇时间,将社区劳动者从繁杂的家务中解放出来;可以使社区成员拥有更多的公共服务、社会福利;可以更丰富、更方便和更及时地解决社区居民许多特殊的生活问题,利于提高社区居民的生活质量和生活水平。(3)具有塑造社区形象的作用。社区服务项目越多,服务水平越高,就越能扩大社区的社会影响力,树立社区的良好社会形象。(4)具有凝心聚力的作用。社区服务解决社区居民生活之忧,等于围绕生活保障建构了一个促使社区居民互动的平台,有效整治了社区居民的涣散心理,增强了社区的凝聚力和居民的认同感、信任感。(5)具有增加劳动收入的作用。社区服务促使社区的服务业兴起,运用市场经济的手段推动社区服务产业化、集约化发展,能为社区劳动者创造就业机会和提高劳动收入。(6)具有促进社区文明发展的作用。社区服务对社区物质文明建设与精神文明建设有着很大的推动作用,通过动员社区成员的参与,培养出一种高尚的、良好的道德和风尚;有利于培育社区居民的主体意识、互助意识、人文精神,有利于提高社区居民的思想素质。(7)具有稳定社区秩序的作用。社区服务将相当数量的社区居民动员和组织到自助及互助的生活活动中,将服务精神变成组织化、制度化的公共行为,利于社区稳定和社区秩序建构。如养老服务、残友服务利于协调生活脆弱群体的人际关系;生活互助服务可以协调邻里关系,减少生活矛盾和纠纷;治安、卫生、生态环境等公共环境服务利于营造良好的社区公共秩序。这些都是社区服务的特殊功能的体现。

4. 社区治安

治安一词源自春秋时期军事家管仲的一篇文章《管子·形势解》的观点:"治安百姓,主之则也。"治安就是治理和安定的意思。治安的现代意义就是安宁的公共秩序。农村社区治安指农村社区组织协助政府公共安全部门对社区内的人身、财物、秩序、通勤、消防等安全要素进行治理,以满足社区居民安全保障需求的公共活动。社区治安属于社区公共活动,是社区服务与治安管理的有机统一,既具有治安管理活动的非竞争性和福利性,其提供的治安服务为社区范围内的所有居民共享,又具有社区服务的排他性和经营性,社区居民可以按照自己的意愿和经济能力去提高社区范围内的治安服务质量。[①]

根据治理对象划分,农村社区治安可分为防范与治理社区违法犯罪行为、伤风败俗行为以及灾害事故等。根据管理业务划分,农村社区治安可分为管理社区秩序、治安事件、危险物品、特种行业、火灾隐患、交通道路、人身安全等。根据工作目的划分,农村社区治安可分为建立健全社区治安防控网络、强化社区治安责任、拓宽社区治安领域、维护社区稳定、化解社区居民矛盾、增强社区居民法治意识等。

农村社区治安自古有之,因为只要有住区的地方,其居民就会有对人身财产安全保障和和谐安详环境的要求。古代统治者也十分重视自然村落、小集镇的治安,不仅设置乡村社区治安组织,还发明了许多社区治安的办法。就乡村治

[①] 曾少鹏、王娜:《外籍人员社区治安服务供给研究》,《武警学院学报》2020年第7期,第16—22页。

安组织而言,自春秋以降中国就有称为"乡""里"的基层组织,如秦汉,县下设有"乡""亭""里"等基层组织。"乡"设三老、啬夫、游徼等乡吏:三老掌教化,啬夫职听讼、收赋税,游徼徼循禁贼盗。乡以下以五家为一伍,设伍老;二伍为一什,设什典;若干什组成"里"。里的负责人为里正,里正与什典、伍老一起维持社区治安,其主要职责是户籍登记、查验和追捕盗贼。里长调停一般民事诉讼、轻微的治安案件。乡村中每十里设一"亭",设亭长一人,亭长以下有两卒,其中一个是亭长缉捕盗贼的助手,另一个负责开关居民点的大门和扫除居民大街。古代中国统治集团实施的农村社区治安措施有很多,如"编户""连坐""家法""联防"等制度,以及"通行""路条""通缉""宵禁""打更""看门""巡夜"等手段。就"编户"而言,户籍登记措施是中国古代统治者维持社区治安秩序的重要措施。战国时期,许多诸侯国就建立了"五家为伍,十伍为里"的户口登记制度,户籍登记中什、伍单位的人员都有告发犯罪的义务。户籍还具有将籍民强制束缚在土地上的作用,如有籍民脱籍或犯罪逃亡,可依据户籍资料进行追捕。统治者利用这种手段使生活在同一社区中的百姓相互告奸、监督,以维持一方的治安。就"连坐"而言,其源于秦朝的商鞅变法时实行的什伍连坐法,即将居民五家或十家结为一体,使之互相监督,若发现不轨的人或事,必须及时报告官府,或自行制止,否则一律同罪连坐。宋朝将连坐法加以发展,宋神宗熙宁二年(1069)王安石变法,次年颁布并推行保甲法。规定相邻十家结为一小保,五小保结为一大保,十大保结为一都保,分别设立保长、大保长、都保正。保甲有保丁,并置备弓箭,练习武艺,制止犯罪。夜间由大保长差派保丁巡逻地界,维持治安秩序。同保内有犯罪者,须报告官府。若知而不告,则按伍保连坐法处罚。由于此法适合维护社区基层治安,为以后各代所仿效。"家法"是古代社会管理社区基层治安的非正式控制手段。中国古代农村以家族聚居并形成村落社区,久而久之形成家法、族规、族权。家族推举族老为族长和房长,用家法族规约束族众的日常行为。统治者促使基层政权与家族族权在村落社区合而为一,族长、房长担任里正、甲首。族长、房长有调解和裁判族众纠纷的权力。大小纷争首先由族长、房长进行调解,以达到息争止诉、家族团聚的目的。凡房人事有不平,无论大小,先鸣本房房长处分,如处分不当,许鸣族首,凭族理处,不可动辄兴讼。只有在案件重大、族长裁判的确不公的情况下,才能经官理诉。这样,族长、房长就能把族众牢牢地控制在手中,不致因平时纷争而破坏治安秩序。统治者把管理社区基层治安的职权下放给族长。族长、房长来处理族众间的争执、斗殴等纠纷和户婚、田土等案件,就等于由官府处理社区纷争了。就"联防"而言,为了建立满意的农村社区治安秩序,统治者以村落为单元组建半军事化的、非官方的族民联防治安队伍,平时防卫家族,打更敲梆、巡逻守夜,一旦遇到窃盗、贼匪,就鸣锣报警村族丁壮,齐出捉拿。族民联防治安队伍,在北宋就是编练的保丁和乡兵;在元朝,就是村内巡防弓手;在明代就是民兵、民壮、义勇;在清代就是团练。保丁、乡兵、巡防弓手、民兵、民壮、义勇、团练等都是同一性质的维持村落社区治安的非官方半军事化力量,对社区治安发挥着重要作用。①

我国现代意义的农村社区治安,可溯至20世纪50年代。当时,我国公安机关开始在城乡地区建立公安派出所。派出所作为公安机关的基层组织,遍布城乡社区,扎根群众,为民办事。② 20世纪60年代初,浙江省绍兴市诸暨县枫桥镇总结出"发动和依靠群众,坚持矛盾不上交,就地解决,实现捕人少,治安好"的社会治安综合治理经验。毛泽东知道"枫桥经验"后,非常重视,于1963年11月20日亲笔批示"要各地仿效,经过试点,推广去做"。1964—1965年,全国公安系统大力推广"枫桥经验",依靠群众,共同维护社会治安。这是我国社区治安的开端和基础。而当今的社区治安是国家推行社区建设和公安工作下沉至社区的产物。1991年,民政部提出"社区建设是健全、完善和发挥城市基层政权组织职能的具体举措,是建立'小政府、大社会'的基础工程"。1998年,民政部"基层政权建设司"变更为"基层政权与社区建设司",其中设置农村社区建设的处室,农村社区建设被纳入国家行政职能范围。1999年,民政部制定《全国社区建设试验区工作实施方案》。2000年,民政部在《关于在全国推进城市社区建设的意见》中明确,"社区建设是指在党和政府的领导下,依靠社区力量,利用社区资源,强化社区功能,解决社区问题,促进社区政治、经济、文化、环境协调和健康发展,不断提高社区成员生活水平和生活质量的过程"。这是社区治安实践逻辑的现实基础。

2002年3月,全国公安派出所工作会议在杭州市召开。之后,公安部作出改革和加强公安派出所工作的决定,要求派出所发展社区警务。此后,社区警

---

① 浦建兴:《中国古代社区基层治安管理的特点》,《上海公安高等专科学校学报》2000年第2期,第23—26页。

② 李忠信、赵可:《中国社区警务的发展趋势》,《政法学刊》1998年第1期,第12—15页。

务工作得到全面展开,各地公安机关积极开展社区警务活动,很快呈现出依靠社区自治强化社区治安,强调社区治安的群众性,普遍在社区建立警务室,社区民警成为社区社会工作者,社区警务室成为派出所联系社区居民的站点和社区民警联系社区居民的固定场所的局面。① 杭州全国公安派出所工作会议可视为中国社区警务兴起的标志。

2006年,中共十六届六中全会提出"农村社区"概念,开始在全国范围内开展农村社区建设。农村社区建设就是在政府的支持下,农村社区依靠自己的力量去改善辖区的生态、生计、生活、人力状况,以促进社区全面发展的过程。这为社区警务和社区治安在农村社区的发展提供了社会环境。

2018年12月29日,第十三届全国人民代表大会常务委员会第七次会议通过修正《村民委员会组织法》的决定。现行的《村民委员会组织法》规定村民委员会要调解民间纠纷,协助维护社会治安;根据需要设人民调解、治安保卫、公共卫生与计划生育等委员会。现在我国的行政村都设置了辅警岗位,有的农村社区还设置了警务室。作为一种嵌入力量,社区警务室和社区辅警应积极开展社区治安业务,全面开展治安管理与防范工作,减少或杜绝社区出现作奸犯科现象,保证社区生产、生态、生活活动秩序的安定。随着社区建设的发展,社区功能逐步增多,社区民警在社区治安活动中发挥着主导作用。随着社区建设与社区警务进一步结合,全国各地农村社区纷纷创建安全文明社区的社区治安模式。该模式旨在动员社区居民参与社区的文明建设、公益事业、治安活动。社区警务和安全文明社区建设,促使警察工作社区化、警务工作自治化、警察形象柔性化、警民关系伙伴化,成为当今农村社区治安运行的新状态。

农村社区治安对农村社区运行和发展具有重要意义:(1)社区治安能维护和稳定农村社区生产、生态、生活活动秩序,保障社区居民的安定团结,增强农村社区居民的安全感。社区治安越强化,社区秩序就越好,社区居民就越有安全感。社区治安是农村社区居民安居乐业的重要保证,是农村社区秩序稳定的前提条件。(2)社区治安利于农村社区的经济发展。农村社区要发展集体经济、家庭经济,要引进外资,要鼓励农民创业,这都需要良好的社区环境。这需要通过社区治安活动,树立公序良俗,保护经营者的合理利益,消除妨碍社区经

---

① 刘宏斌:《中国社区警务发展的新趋势》,《中国人民公安大学学报》2004年第4期,第18—24页。

济发展的不良风气。(3)社区治安利于防范社区犯罪。村委会、社区民警、志愿组织、家庭等主体开展治安宣传、治安巡逻、社区矫正、打击网络诈骗、化解矛盾纠纷、应对突发事件、维护公共秩序等治安活动,能有效防范社区成员犯罪,也可以在犯罪分子面前建立起一堵防范墙。(4)社区治安利于监控社区环境。社区进行治安巡逻、危险品管控、定期消防安全检查、治安检查、打击犯罪、管理车辆秩序、管理交通设施等,能有效监控社区出现危险因素。

第四节 农村社区的功能

从理论角度看,任何共同体都有特殊功能。不能发挥功能的共同体必将消亡。每个农村地域的各种要素在运行中相互作用,相辅相成,结成农村社区,形成满足农村居民需要的生活共同体。农村社区之所以产生、之所以长期存在并得到发展,根由在于它们不仅具有满足自身生存与发展需要的自我功能,且具有满足外部世界和其他各种社会共同体生存与发展需要的社会功能。

一、农村社区的自我功能

不断发挥自我功能是农村社区生存与发展的自我保障措施。归纳起来,农村社区的自我功能体现在如下四方面。

1. 确保农村居民社会化的功能

个人社会化是在人与社会的相互作用中,生物意义上的人转变为社会意义上的人并不断适应社会、创造新文化的过程。农村社区是农村居民获得社会化的摇篮,社区通过社区教育、家庭教育、成员互动、社区管理、提供就业机会等途径:促进社区成员个性的形成和发展;培养社区成员的生活技能;使社区成员接受社区文化;提高社区成员对社会生活、组织关系和运行过程的认识;从社会的角度培养社区成员的价值取向及归属感;使社区成员熟悉社区生活方式、行为方式;使社区成员掌握劳动技能并在劳动中创新社区文化,变成社会人。

2. 适应环境的功能

任何一个农村社区作为一个地域单位,都处在整个地理环境之中,只有融入和适应周围的地理环境,才能从中获得生存与发展需要的自然资源。任何一个农村社区作为一个生活共同体和具体的社会单位,都处在整个社会环境中,只有融入和适应周边的社会环境,才能从中获得生存与发展需要的社会资源。农村社区通过建立与周围自然环境相兼容的生产劳动体系,从周围自然环境中获得生活资料和生存与发展资源。农村社区通过建立与外部社会环境相兼容的各种互动关系,与外界进行资源交换,从外部社会环境中获得生活资料和生存与发展资源。

3. 实现目标的功能

农村社区是在农村地区占有特定地理空间、由农村居民构成并通过互动方式形成稳定依赖关系的生活共同体。持续不断地满足社区居民的生活需要是农村社区的根本目标。由于人的需要是多方面的,就物质生活需要而言,至少包括衣、食、住、行、用等需要;就精神生活需要而言,至少包括休闲、娱乐、安全、情感、归属、尊重、求知、成就、自我实现等需要。因而,农村社区的根本目标须分解成生产发展或者经济目标、生态建设目标、物质和精神生活设施建设目标、社区服务目标、社区教育目标、社区秩序建设目标等。农村社区的各种组织和群体以及骨干成员在社区运行机制的作用下,立足社区条件,利用各种资源,动员社会资本和各方力量,开展社区建设,实现社区各项具体目标,最终将本社区建设成居民安居乐业的幸福家园。

4. 整合成员的功能

农村社区具有巨大潜质将社区成员整合为一个生活共同体:第一,农村社区内生的风俗习惯、地缘关系、亲缘关系、血缘关系具有消减社区居民分歧和冲突的特殊功效;第二,农村社区组织通过感情、思想、观点、信息的交流,统一社区居民的认识;第三,农村社区组织通过制定乡规民约和利用国家法律规范社区居民的行为;第四,农村社区管理者通过贯彻村民自治制度,组织社区居民共同决定社区事务、计划、行动策略,统一社区居民的行动方向、方式和步调;第五,农村社区管理者通过开展互助互惠活动,增强社区凝聚力。这些途径一方面使社区成员的活动由无序状态变为有序状态,另一方面可以把分散的个体黏合为一个新的强大的集体,把有限的个体力量变为强大的集体合力,使社区达到有序化、统一化、整体化。

5. 维持秩序和保持安定的功能

良好的社区秩序可减少社区居民的活动成本,让社区居民有信心预见自己行为的结果,增加居民对社区的信赖感、安全感和归属感。

农村社区内生的民风、风俗、禁忌、习惯法、村规民约等非正式制度文化及与居民生活贴近的准法规和"地方性知识",在很大程度上维持着农村社区的自然秩序、和谐运转与稳定。马林诺夫斯基认为,习惯、民风和风俗等可谓成一个连续体,"'习惯'是个日用而不知的沿袭的规则,到'民风'时,便具有规范的性质","一旦变成'风俗',便有相当明确的规范",①能够约束社区成员的恶行。禁忌是一种靠世俗权威或人们内心确信的超自然力的报复性惩罚措施维持和保证遵守的禁止性的规范,用来调整社区成员的行为,限制其行为选择和行为范围,促使其形成内聚与认同,产生祈求生活平安、吉祥、幸福的愿望,以及为人谦和的社交态度。习惯法是农村社区居民在生产和生活中据事实、经验和传统习惯而形成的共信共行、共同遵守,并由社区正式组织或非正式组织保证强制实施的行为规范,用来调整社区成员的群体行为,是农村社区独有的社会控制方式。村规民约是经过村民大会或村民代表大会讨论通过,对全体社区居民有约束力的行为规范的总称,既吸收国家法的精神,又将其与当地风俗习惯相结合,以制度形式为村民参与公共事务和行使民主权利提供制度保证和组织渠道,是解决农村社区治安问题的有效方法。② 农村社区的这些非正式制度文化能约束破坏社区秩序的行为,是农村社区维持自身秩序和安定的工具,对农村社区自我管理、自我约束发挥着重要的作用。

在市场环境里,农民的跨区流动越来越频繁,农村社区对外资的引入和对外来流动人口的吸纳度在加强,农村社区正经历从"敬礼俗,重情义"的熟人社区转变为生人社区的过程。在该过程中,原本建立在熟悉、情感和信任基础上的规范与习惯失去了滋养它们的土壤,农村社区秩序面临挑战。越来越多的农村社区正在通过建立现代化的社会信任体系和社区教育体系、引进国家法律、树立社会公德来建设并维持适应市场经济的社区新秩序。其中,建立社区信任体系是核心问题,实施社区教育、引进国家法律机制、树立社会公德、修建社区互动空间是建立社区信任体系的手段。信任是建立在对另一方意图和行为的正向估计基础之上的不设防心态。培养农村社区居民的这种心态,有以下办法:第一,通过建立守信得利、失信受损的信任机制,为社区居民提供倡导信任

---

① 〔英〕马林诺夫斯基:《原始社会的犯罪与习俗》,原江译,云南人民出版社2002年版,第113页。
② 覃主元:《布努瑶民间法及其和谐社区秩序的构筑——以广西都安瑶族自治县下坳乡加文村为例》,《民族研究》2007年第3期,第42—53页。

的社区环境。第二,通过建立社区成员角色的约束机制,增加社区居民的角色责任感,并制定各种法律、政策、规章、规则,把社区成员的角色互动安排在相互依赖、相互监督的社会结构中;建立社区法律援助中心,为社区居民维权提供法律援助;组建社区居民纠纷调解机构,调解矛盾、定分止争;成立社区警务室,开展治安巡防、及时查办案件、杜绝刑事案件发生,维护社区治安秩序。第三,培育社区居民讲究信任的社会公德,签订诚信公约,利用舆论工具和宣传手段谴责批评失信行为,利用激励机制引导社区居民守信。第四,开办社区学院,将诚信素质和契约精神教育作为重要课程对社区居民宣讲,在社区居民心里树立内生性诚信规范和准则、培育契约精神,尊重契约关系。第五,建设社区居民互动空间,修建社区小公园、社区小广场、社区文化活动中心等公共场所,为社区居民交往、联络情感、协商议事提供互动空间,利于社区生人变熟人,使社区居民在互动中提升信任度、责任感和集体观。这些措施对农村社区建立植入式社区秩序、维护社区安定也起着重要作用。

二、农村社区的社会功能

相对整个国家或社会而言,每个农村社区是社会系统的一个构成部分、构成要素,须发挥外在的社会功能,满足城市社区、其他农村社区乃至整个国家和社会发展的需要,才能得到社会的认可并从外部获得利于自身发展的资源。与城市社区比较,农村社区具有如下不可替代的特殊社会功能。

1. 保障食物供给

食物是人类生存最基本的需求,是维持人类生命、高于一切的需求。农村社区通过发展农业生产和农业经济为整个社会提供食物保障。从这个角度看,农村社区的社会价值是最重要的。纵观人类的历史,农村社区的食物供给能力越来越强,养活的人口也越来越多。

2. 营造乡村景观

乡村景观是以山川、河流、植被等自然地理要素,分散的农舍以及提供生产和生活服务功能的村庄、集镇等人文聚落要素为主要构件的,具有田园特征的景观区域。农村社区通过农业生产营造乡村景观。一是通过一年四季的农业生产塑造生动的劳动场景,如耕地田园中生长的庄稼禾苗、果树花开花落和硕果累累构成的一幅幅美景图。二是通过不断修缮和扩建住房、畜圈禽舍、校舍、祠堂、商店、圩场等，进而形成乡村聚落景观。三是通过传承祖辈创造的风俗习惯、民间节庆、山歌小调、地方戏剧，保护历史遗迹、宗教活动、民间手工艺，使乡土文化代代相传。四是通过植树造林、封山育林、修整塘坝堤岸等活动，以及崇敬山、河、土地、树等自然物，保护社区地形地貌、植被和群落状态、水体形态。正是农村社区对乡村景观的营造和保护，使乡村景观类型多、稳定性和空间透视性强、无视觉污染、醒目程度高、可视面广、境域层次明显、动静形象逼真。农村社区不仅为农村居民提供食物和居住地，而且为市民提供丰富的观光游憩资源和旅游休闲乐园。

3. 为发展工业积累建设资金

世界上只有少数国家是靠发展农业进入现代化行列的，大多数国家是通过工业化运动成为现代化国家。一个国家从农业社会进入工业化社会，需要大力发展工业。工业相对农业来说是资金密集型产业，需要大量资金投入。如果在发展工业的初级阶段没有外部资金的支持，工业就不可能发展起来。发展工业的原始资金只有靠农业。中国的农村社区通过发展农业生产和农业经济为工业经济提供大量建设资金。据统计，从20世纪50年代到1978年，我国农业部门为国家工业化提供的积累约为4500亿元[1]，其中农村社区的贡献最大。

4. 为轻工业提供原材料

农村社区为服装工业提供棉花、蚕丝、麻、兽皮、树皮；为食品工业提供生产饼干、酒的各种粮食，提供生产软饮料、果脯的水果；为糖业提供甜菜、甘蔗等；为医药工业提供药材；为造纸工业提供植物原材料；为橡胶工业提供胶汁；为家具业和建筑业提供木材。可以说，没有农村社区提供的原材料，轻工业便难以发展起来。

5. 为工业发展提供劳动力

工业生产未实现机械化以前，需要大量的劳动力，实现机械化以后，劳动力需求才有所减少。一个国家在工业化初期需要大量的工人，他们也只能从农民群体中转移过来。农村社区是国家发展工业和国民经济其他部门所需劳动力

---

[1] 1978年以前，农业部门为国家工业化提供的全部积累为6058亿元，其中以剪刀差形式提供5239亿元，以农业税形式提供819亿元。其间，国家财政对农业的投入累计为1577亿元，扣除这一数字后，得到约4500亿元。（转引自李迎生：《为了亿万农民的生存安全——中国农村社会保障体系研究》，安徽人民出版社2006年版，第61页。）

的主要来源。工业和国民经济其他部门的发展,需要不断增加新的劳动力,农村社区通过不断提高农业劳动效率产生剩余劳动力,满足城市社区工业生产和其他行业对劳动力的需求。

6. 为国民提供优质生态产品

生态产品是由自然生态环境直接提供的天然生活资料和由人类利用自然生态资源间接提供的人工生活产品。① 2016年,《中华人民共和国国民经济和社会发展第十三个五年规划纲要》明确提出要为人民提供更多优质生态产品。供给新鲜空气、洁净饮水、安全食物等优质生态产品的自然生态环境以及有机农业食品、园林园艺产品、植物装饰产品、生态旅游和生态养生服务产品依赖的生态资源主要分布在广大农村地区。农村社区拥有供给优质生态产品的生态系统和多样性的生物。农村社区的森林覆盖率较高,生态环境质量优良,是国家生产生态产品的主战场。农村社区不仅可以通过建设社区自然生态环境供给优质生态产品,而且可以利用植被、动物、水体、地形、地貌、气候、光照、气温等生态资源,发展生态农业、有机农业、自然农业,为国民提供优质生态产品。②

复习思考题

1. 你从农村社区研究发展过程得到什么启发?
2. 分析农村社区以乡镇地域为地理界线的合理性。
3. 如何认识农村社区的特性?
4. 用不同依据对农村社区进行分类有什么研究价值?
5. 如何评价根生要素在农村社区发展中的作用?
6. 如何评价衍生要素在农村社区发展中的作用?
7. 如何看待农村社区的自我功能和社会功能?

---

① 谷中原:《乡域生态产品四方协同生产机制建构与运作》,《湖湘论坛》2022年第2期,第53—65页。
② 谷中原:《社区生态保障》,社会科学文献出版社2022年版,第30—31页。

第二章 农村社区建设的主体与机制

学习要点

农村社区建设的概念,农村社区建设主体的建设责任,农村社区多主体合力协同建设机制。

关键概念

农村社区建设、社区居民、基层政府、社区组织、驻区企业、社区乡贤、农村社区多主体合力协同建设共同体。

第一节 农村社区建设的主体

农村社区建设指农村社区村"两委"(村党支部委员会和村民委员会)动员各种社会力量、集聚各种资源,有计划地对农村社区构成要素进行建设,不断增强农村社区生活保障功能的促进过程。2006年10月,中共十六届六中全会审议通过《中共中央关于构建社会主义和谐社会若干重大问题的决定》,明确提出"积极推进农村社区建设,健全新型社区管理和服务体制,把社区建设成为管理有序、服务完善、文明祥和的社会生活共同体"。2008年10月,中共十七届三中全会审议通过《中共中央关于推进农村改革发展若干重大问题的决定》,进一步提出"坚持服务农民、依靠农民,完善农村社会管理体制机制,加强农村社区建设,保持农村社会和谐稳定"的明确要求。此后,民政部开始推进农村社区建设实验,推动全国农村社区建设。2015年5月31日,中共中央办公厅、国务院办公厅印发的《关于深入推进农村社区建设试点工作的指导意见》中明确提出,"农村社区建设要在党和政府的领导下,在行政村范围内,依靠全体居民,整合各类资源,强化社区自治和服务功能,促进农村社区经济、政治、文化、社会、生态全面协调可持续发展,不断提升农村居民生活质量和文明素养,努力构建新型乡村治理体制机制"。这极大地推动了农村社区建设。农村社区是乡域空间内的农耕生活共同体,农村社区是自然空间性和社会人文性要素的结合,因此,建设农村社区既要建设其场所也要建设其场域,既要建设其物理空间也要建设其社会空间。唯如此,才能将农村社区建设成为美丽、富饶、祥和、幸福的生活乐园,促使农村社区走上科学、全面、协调、内源、持续发展的轨道,使农村社区更好地满足农村居民生产、生态、生活方面的需求。这些目标的实现需各类建设主体付出艰辛的努力。固然,农民群体是农村社区建设的核心力量、是农村社区发展的内在因素,但是农村社区建设不能故步自封,必须聚多体之气、借八方之力;必须速度更快、更持续、更有潜力;必须有新思想、新高度、新起色。农村社区建设的主体主要是农村社区居民、基层政府、社区组织、驻区企业、社区乡贤等。

一、社区居民

农村社区居民就是拥有农村户口、现居住在农村社区的家庭及其成员。为了由村民依法办理自己的事情,促进社会主义新农村建设,根据宪法制定了《村民委员会组织法》。村民是农村社区的长久居民,应是农村社区建设的当然主体。不过,在社会转型和逆城市化过程中,出现外地人口到农村社区居住的现象,这些新居民也应该承担起当地农村社区建设的任务,因为他们也是社区生活共同体的成员。

社区居民属个人力量,虽不及政府、企业、社区机构的能量,但却是分布最广、数量最多的社区建设主体。社区居民应参与社区建设的理由是:(1)社区生态产品、社区设施、社区文化、社区道路、社区治安、社区服务、社区教育等都是公共产品,社区居民积极参与提供这些公共产品等于是为自己创造生活条件和生活环境。如居民建设社区生态环境、生产生态产品,就是为自己提供天然生活资料。况且,这是增加他人生活福利而不减少本人生活福利的公益活动。

(2)社区居民从事家庭生产生活,不仅会消费社区公共产品,而且还会对社区公共产品造成一定程度的破坏。如社区居民采用私人交通方式出行造成了较严重的空气污染,生产或使用汽车、拖拉机、农用机械排放出固体悬浮微粒、一氧化碳、碳氢化合物、氮氧化物、铅及硫氧化物等尾气,污染社区生态环境。又如社区居民居家生活会产生大量的生活污水,用洗涤剂洗菜、洗衣、拖地而产生的家庭生活污水,如果随意排放,流入河流或其他水域,会造成较严重的水体污染。再如社区居民的居家生活产生的生活垃圾是土壤污染之源,如果露天存放,产生有害液体,渗入土壤,会造成土壤污染。社区居民从事化学农业生产,使用化学肥料、化学农药都会造成土壤污染。因此,农村社区居民应积极参与社区生态环境保护和建设。

社区居民参加社区建设的主要领域有:(1)参与社区生态环境保护与建设。居民应积极参与生态保护活动,如积极响应社区废旧物回收利用活动、积极参加保护母亲河的志愿活动、自觉参与社区义务植树活动等。居民应成为社区生态环境的保护者:自觉践行绿色交通方式;安置家庭生活污水处理装置或修建家庭生活污水处理设施,对家庭生活污水进行过滤和净化处理,达到规定标准之后才能排出室外;进行垃圾分类投放,改变不良的生态行为习惯,杜绝随意丢弃生活垃圾的不良行为;最重要的是改变化学农业生产方式,大力发展功能农业,改变耕地污染、水体污染、生物多样性破坏的现状。(2)参加社区道路交通建设。一是通过义务工方式参与社区道路的修建与维护活动。二是尽量选择公共交通工具出行或使用新能源交通工具出行,为发展社区绿色交通体系尽微薄之力。(3)参与社区生产生活设施建设。对于建设社区公共性生产设施来说,社区居民应参与社区水利设施的建设和维修,参与农产品分拣、包装、冷藏货场建设,这有利于家庭农业生产的发展。对于建设社区公共设施来说,社区居民应参与社区自来水设施、电力设施、网络设施的维护。(4)参与社区文化建设。创新农业生产技术、传承社区优秀文化;积极发展和经营文化产业;积极建设社区文化设施等。(5)社区治安。参与社区治安宣传活动,参加社区治安巡逻志愿组织并开展志愿活动,自觉维护社区秩序。(6)社区服务。经营和发展社区商业性服务产业;参加社区公益服务志愿组织并开展公益服务活动;关心社区生活脆弱群体和困难群体并参加爱心活动。(7)社区教育。参加社区教育基础设施建设;积极报名参加社区学院举办的农业技术培训;自觉接受社区学院开展的社区精神文明教育。这些领域相对农村社区的其他根生要素和衍生要素而言,更具公共性,属于纯公共产品,而且需要长期建设和维护才能发挥其特有功能。

社区居民参加社区建设可能会出现失灵现象。(1)参与社区建设活动,具有随意性。社区居民参与社区建设没有计划性,完全是随遇而为,往往据闲时、闲钱、闲地的情形而定。正因为具有随意性,社区居民参与社区建设,一般难以持续。所以,社区居民参与社区建设需要乡镇政府和村"两委"动员、组织和安排。(2)社区居民参与社区建设,具有私利性。社区居民根据家庭的需要参与社区建设,选择性地参与建设对自己有利的社区领域和项目。如社区居民为饮水、用水而保护生活水源,为美化家园而种植观赏植物。至于对自己及家庭没有好处或利益比较小的社区建设项目,采取旁观态度。(3)社区居民参与社区建设的规模较小。就投入劳动力而言,往往只出一个劳动力参与社区项目建设。就投入资金而言,一些农民及其家庭因经济收入不多,无法支持社区公共产品生产。就投入土地资产而言,只能分出一小块承包地支持社区公共产品生产。就支持社区生态产品生产而言,一般只在房前屋后以及小块自留地植树、种菜、种水果;在承包的山林植树造林或休樵还植,而留下大块耕地进行农业生产。(4)甚至有部分社区居民不配合社区建设,如少数农村社区居民不配合生态保护活动,有随意丢弃生活垃圾的不良行为;仍然奉行"靠山吃山、靠水吃水"的生活习惯,不尽生态保护之责,偷伐、偷猎、倒卖稀有、濒危动植物,破坏生态环境;部分农民仍然用化学农业生产方式进行农业生产,在农业生产中长期使用化肥、化学农药、化学激素、地膜,伤害水土、植被、昆虫以及生物多样性;部分农村社区居民还有过度使用生态资源的冲动和污染生态环境的不良动机,盲目参与对江湖河流、草场草地、空间空气等公共生态资源使用的竞争,加剧了生态环境的恶化。这些表现是政府组织农村社区建设必须面对的现实问题。

二、基层政府

在我国行政体系里,基层政府就是乡镇政府。按照第一章对农村社区的分类来理解,乡域社区也属于农村社区的地域范围,故乡镇政府也是农村社区建设的重要主体。《村民委员会组织法》第五条规定,乡、民族乡、镇的人民政府对村民委员会的工作给予指导、支持和帮助。第三十七条规定,人民政府对村民委员会协助政府开展工作应当提供必要的条件;人民政府有关部门委托村民委员会开展工作需要经费的,由委托部门承担。农村社区建设是党中央、国务院的一项重要战略部署,乡镇政府应将所辖农村社区的建设作为重要工作任务。

乡镇政府应成为农村社区建设主体并承担起农村社区建设责任的理由是:(1)乡镇政府是乡域公共利益的代表,满足农村社区居民对社区公共产品的需求是乡镇政府应尽的义务。(2)乡镇政府是乡域公共财政的掌控者,乡镇政府可以从高一级政府获得农村社区建设政策、资金的支持,相对农村社区居民而言,具有社区建设的财力。(3)乡镇政府是农村社区建设战略和政策的执行者,乡镇政府具备促使农村社区公共产品供求均衡的能力。(4)乡镇政府是农村社区持续发展的谋划者,只有乡镇政府才能保证农村社区公共产品供给的代际公平。

乡镇政府承担的农村社区建设责任包括:(1)将农村社区建设纳入乡村治理范畴,加强对农村社区建设的顶层设计和组织领导,编制并执行好农村社区建设规划。(2)加快制定和完善农村社区建设制度,推进辖域农村社区建设体制改革;实施农村社区建设评比制度,加大农村社区建设力度;确立先建设社区根生要素、后建设社区衍生要素的基本原则;确定农村社区建设领域和基本要素。(3)建立农村社区建设监管体系,加强以行政村为单元的农村社区建设监督管理工作,加快行政村改建成农村社区的速度。(4)探索农村社区良性运行和持续发展机制,把辖域内的农村社区建设成为美丽、富饶、祥和、幸福的生活乐园。

乡镇政府参加农村社区建设也可能会出现失灵现象。(1)难以全面地了解农村社区居民对社区建设的具体要求。农村社区建设的根本任务是建设农村社区的构成要素,但是农村社区的居民对社区要素的建设要求并不相同、并不一致。若乡镇政府对社区居民的建设要求不做细致的调查,不做周到的沟通,盲目地将政府意志强加于社区居民身上,会让居民产生抵触甚至发生抵抗和冲突。如某些政府官员在生态产品供给决策中为了追求个人利益最大化或屈服于某些利益集团的压力,制定出的生态产品生产政策与社区居民的想法相去甚远,容易损害社区居民的生态利益,必然导致生态产品供给上的冲突。(2)社区建设工作效率低下现象。一是因乡镇政府工作人员没有实施"高效率,高报酬"

制度，而社区建设工作出现失误会被追责，故乡镇政府工作人员通常会选择按部就班式的工作方式，常导致社区建设上的违规行为无法得到及时处置；二是因缺乏社区建设节约成本的激励导向，容易出现社区建设项目投资的浪费现象。(3)容易滋生社区建设领域的寻租现象。主要是乡镇政府采用的一些干预社区建设的方式方法不科学、不完善，容易引发寻租现象。就干预社区生态产品供给的方式而言，发放经营许可证、配额、执照、授权书、特许经营证等，人为制造出生态产品的稀缺并产生潜在的租金，容易导致生态企业使用寻租手段，牟取超常利润，造成生产资源的浪费。这是乡镇政府引导和调控社区建设过程中要事先预防的问题。

三、社区组织

社区组织是指由一定数量的社区成员按照一定的规范、围绕一定的目标聚合而成的次属社会群体。农村社区最重要、最有影响力的公共组织就是村"两委"，即行政村的党支部委员会和村民委员会。现行的"乡政村治"的体制和民意的双重授权决定了村"两委"在农村社区的主导地位和其在农村社区建设中起到的重要作用。农村社区的各种农业生产合作组织也能产生一定的影响。社区是特定地域的生活共同体，追求美好生活和优质生活资料是社区居民的根本需求。

农村社区党支部和村委会应承担起社区建设的责任。(1)农村社区村"两委"是掌管社区资源的实权主体。一个行政村拥有一定地域面积和地理空间，拥有进行社区建设的自然资源、生态资源、农业资源、人力资源、政治资源，有些经济发达的行政村还拥有经济资源。《村民委员会组织法》赋予了村"两委"管理村内公共资源的权力。村"两委"获得掌控社区公共资源和调动配置社区公共资源的法律保障。也就是说，村"两委"可以调动社区公共资源进行社区建设。(2)农村社区村"两委"是农村社区建设的真正规划者。乡镇政府干部不如行政村的"两委"干部了解社区实情，因此，农村社区建设规划由行政村的党支部负责比较合适。因为村党支部成员都是农村社区居民，农村社区是他们长久居住的地方，他们是农耕生活共同体的重要成员，对本村的实际情况、对村民的社区建设诉求和想法比较了解。更重要的是村党支部成员是社区的永久居民，能将本村的社区建设规划持久地执行下去。(3)村"两委"具有进行社区建设的动员能力,拥有乡镇政府无法比拟的情感机制和人脉关系,具有开展社区建设的低成本动员能力,是开展社区建设和防治不良行为的合适主体。

社区村"两委"和社区的农业生产合作组织也要承担起社区建设的责任。(1)必须确立"先建设社区根生要素,后建设社区衍生要素"的建设原则。这是理论逻辑与实践一致的建设理念,是遵循社区发展规律的范型,而且唯如此,才能保证农村社区具有持续发展潜力。因为地理空间、人口群体、生产劳动、生活行为、社区文化五类根生要素是农村社区的根基,只有根基稳固,才能为所有衍生要素的建设和发展持续有力地提供肥沃土壤、源源不断地提供建设资源,才能保证衍生要素枝繁叶茂。农村社区村"两委"只有遵循这个次序原则才能保证农村社区走上内源、持续、全面、协调的发展轨道。(2)承担构建农村社区协同建设机制的责任。行政村是实施农村社区建设的物理空间、受益区域,村"两委"是农村社区中的管理权威和具有最大影响力的属地主体,村"两委"必须在农村社区建设中担当重任,但是大多数村"两委"都缺乏社区建设资源,只有构建农村社区协同建设机制才有可能使村"两委"获取本村社区的建设资源。(3)制定科学的、行之有效的、具有前瞻性的社区发展规划。村"两委"应从整体综合的角度,运用宏观与微观结合、定性与定量相结合的方法,据本村实情,确定社区发展的大方向、总目标、主要步骤和重大措施。制定社区建设规划应把握如下要求:一要确保社区建设的战略性,要依据社区发展的主体性原则和根本规律,对社区的发展从总体上客观地作出科学的战略性部署;二要确保社区建设的地域性,据本村社区的自然和社会条件以及历史背景,作出具有地域特色的建设规划;三要确保社区建设的综合性,使社区具有综合功能,应综合考虑、全面统筹、合理布局,使社区各领域各方面相互配合、协调发展,满足社区居民的多种需求。农村社区建设规划应包括如下基本内容:一是社区发展目标,要使本村社区建设有步骤、有计划地展开,应在目标指导下,制订实现目标的具体方案;二是社区发展指标,即确定能够精确、科学检测社区发展水平及发展过程的科学概念和数值;三是社区发展内容,包括人口发展规模、生态环境建设与保护、社区经济与生计体系、社区教育、健康保护、社区福利、社会秩序、公共设施、道路交通、社区文化与社区精神塑造等;四是社区发展的主要步骤、重要措施和建设策略等。

社区组织参加农村社区建设可能会出现失灵现象。(1)存在沟通协调困难。农村社区建设需要基层政府、社区居民、驻区企业、社区乡贤等相关主体的鼎力支持和倾情帮助。这需要农村社区村"两委"将这些重要的依靠力量组合起来,形成社区建设的合力,这样才能更快更好更高效地建设社区。但是村"两委"在协调组合这些有生力量时,存在力不从心的尴尬。一是乡镇政府党委和政府是其上级领导机关,村"两委"没有对上的行政权,不可能对其下指令;二是居住在社区的企业不是村"两委"的下属单位,村"两委"也难以命令和安排驻区企业的行动;三是除了在场新乡贤,很多新乡贤只是从社区走出去到外地工作生活的老乡,根本不住在本村,与其互动比较少,沟通起来比较困难。因此,村"两委"安排社区建设存在沟通协调的困难。(2)缺乏建设资金。农村社区有自然资源、生态资源、人力资源、文化资源,但许多行政村缺乏建设资金。因为多数农村社区的集体经济比较落后,没有打牢农村社区建设的经济基础,缺乏开展农村社区建设的公益资金积累。需要政府以及其他社会力量给予资金帮扶,否则会出现因财力不足社区建设项目难以为继的局面,导致社区建设停滞不前,半途而废,甚至功败垂成。(3)缺乏建设技术。虽然村"两委"成员都是农村社区的精英,但基本上都不是科研人员,甚至没有接受过高等教育,没有开展过社区建设研究,不了解社区建设内在机理和建设技术。村"两委"组织社区建设需要引进社区建设技术或聘请社区建设专家进行技术指导。

四、驻区企业

驻区企业是指建立在社区的、以营利为目的、通过提供产品或服务获取收入的经济实体。驻区企业之所以应承担社区建设责任有以下原因:(1)驻区企业需要社区提供生产生活服务。不管是本地企业还是引进的企业,只要常驻社区,都需要社区一直供给廉价劳动力、经营场地、原材料、社会资本、水电网、道路交通等。此外,农村社区还能为驻区企业提供厂院美化、绿化服务;社区家庭还为进入驻区企业上班的劳动者提供饮食、住所,这为驻区企业降低了生活成本。因此,驻区企业支持本地社区建设,实际上,是为自己建设生产和生活环境,改善企业的生产和生活条件。(2)驻区企业是社区生态产品的重要消费主体。就拿驻区工业企业耗水而言,驻区企业需要冷却用水、工艺用水、锅炉用水、原料用水、冲洗用水、空调用水、消防用水等。从享受社区生态福利与应尽生态义务对等的角度来要求,驻区企业应该承担生态产品的生产责任。(3)驻区企业是损害社区生态环境的潜在主体。如果驻区企业没有安装废气处理塔,燃料燃烧和生产流程中会产生二氧化碳、二硫化碳、硫化氢、氟化物、氮氧化物、氯、氯化氢、一氧化碳、铅汞、铍化物、烟尘及生产性粉尘,这些都是危害较大的空气污染源;没有采取处理措施的电子、塑胶、电镀、五金、印刷、食品、印染之类的驻区企业产生的废水、污水和废液是危害较大的水体污染源;没有回收利用措施的驻区企业排放出的有毒、易燃、腐蚀性、易导致传染疾病的、有化学反应性的以及其他有害的固体废渣是危害较大的土壤污染源。治理"三废"(废气、废水、废渣),保护社区生态环境,是驻区企业应尽的义务、应付的成本。

驻区企业应承担起社区建设的责任。(1)自觉遵循社区建设规划,响应村"两委"的社区建设号召,鼓励企业员工争当社区建设志愿者,力所能及地为社区建设提供公益服务和公益支持,尤其在社区建设缺乏资金时捐助建设资金。(2)建立处理生产中产生的"三废"的治理系统,严格按国家规定的排放标准排放废气、废水、废渣,为社区生态环境建设承担应有的责任。(3)建构节能、降耗、减排、零污的低碳生产体系,对生产过程进行碳源治理;对厂区进行全域绿化,扩大厂区绿化面积,对生产环境进行碳汇治理。

驻区企业参加农村社区建设可能会出现失灵现象。(1)缺乏参与社区建设的动机。受逐利秉性制约和受投资公共产品难以获得利润的影响,驻区企业从本质上讲不乐意投资得不到回报的社区公共产业,不会主动生产具有公益性的、会产生效益外溢现象的社区建设项目。(2)存有过度使用社区公共产品的冲动和降低生产成本的动机。一是因为社区的公共资源,如江湖河流、草场草地、空间空气等,不仅难以在技术上划分归属,而且在使用中不宜明晰所属;二是因为尽管驻区企业清楚长远利益的保障需要合理使用社区公共资源,但市场机制不能提供约束规范,且驻区企业担心其他企业过度使用社区公共资源,自己吃亏。这种负面机制易造成社区公共资源使用上的盲目竞争,易导致驻区企业对社区公共资源的过度使用,出现"公地悲剧"现象。(3)习惯用商业思维对待社区建设参与活动,容易与村"两委"就社区建设项目讨价还价,要求社区给予相应回报。

五、社区乡贤

乡贤是属于农村社区的一种人才。乡贤一词最早出现于东汉末年,"东汉孔融为北海相,以甄士然祀于社。此称乡贤之始"①。古代的乡贤指本乡本土有身份、有社会地位、有势力、有权威、有财富、有声望、有作为而深受当地乡民敬重的贤德贤才之人,正如明代汪循所言,"古之生于斯之有功德于民者也,是之谓乡贤"。历史上的乡贤往往是退职官员、富商鸿儒、宗族领袖等乡村贤达。② 随着社会的不断发展,乡贤的内涵发生了变化,有了新时代的标签,古乡贤演变成新乡贤。相对古乡贤而言,当今社会的新乡贤具有新思想、新观念,有资财、有知识、有德贤。新乡贤是具有一定知识和才能,品行高尚,具有一定口碑威望,心系乡土、有公益心的社会贤达,一般包括经济能人、社会名流和文化名人。以是否在场为依据,可将新乡贤分为:(1)在场新乡贤,主要指生于本土、扎根本土、服务本土,其品德才学受到村民普遍推崇的乡村贤达人士,如乡村老党员、老村干部、老教师、复退军人、致富能手、道德楷模、宗族族长及现任村干部等。(2)不在场新乡贤,主要指曾经生活在乡村,后因求学、招工、经商等原因进入城市,但是关心支持家乡建设,并愿意奉献自身力量的贤达人士,如机关干部、企业家、文化名人、法律工作者、医疗工作者、教学科研人员等。(3)"外来乡贤"是指此前并没有在所建设乡村的生活经历,而是基于业缘关系到农村投资建设的外来生产经营人员和农村公共事务管理人员,这些人进入乡土后迅速融入其中,愿意为乡村建设贡献自己的力量。如,来到乡村开发旅游的企业、租用民居开办农家乐的人员、驻村第一书记、农村志愿服务工作者等。③

乡贤群体应承担社区建设的责任有:第一,多数乡贤都是从本乡本村走出去的能人,社区是他们生于斯长于斯的地方,是养育他们的家乡,他们仍未断开与乡村的联系。④ 乡贤拥有一定人脉关系、社会资本、技术资本、经济资本,具有支援家乡建设的能力。第二,他们的许多亲戚还生活在家乡社区,亲戚是他们的牵挂,家乡的社区建设好了,会给他们的亲戚带来生产上的便利和生活上的福利。第三,他们的祖先安葬在农村社区,他们对家乡存有思念之情,有浓厚的

---

① 梁章钜:《称谓录》(卷二十五),天津市古籍书店1987年版,第1240页。
② 孙丽珍、毛茹茹、吴子扬:《正确处理新乡贤参与乡村振兴的五大关系》,《湖州师范学院学报》2022年第1期,第88—93页。
③ 参见陈寒非、高其才:《新乡贤参与乡村治理的作用分析与规制引导》,《清华法学》2020年第4期,第5—17页。
④ 龚丽兰、郑永君:《培育"新乡贤":乡村振兴内生主体基础的构建机制》,《中国农村观察》2019年第6期,第59—76页。

乡土情结,需要每年回乡拜祭先祖。第四,新乡贤具有"魅力型权威"[1],能够在参与农村社区建设中得到村民的普遍认同和广泛拥护;拥有济世安民、反哺乡梓的抱负[2];具有丰富的知识技能和广阔的眼界[3],能更好地为农村社区建设服务。总之,新乡贤有反哺桑梓、泽被乡里的理由。

新乡贤群体承担农村社区建设的责任包括:(1)改善农村社区人力结构。受当代中国城乡二元经济结构、国家农村土地家庭联产承包责任制以及国家城镇化政策的影响,两亿多优质农村劳动力进入城市和经济发达的农村社区务工或做生意,造成经济相对落后的农村社区劳动力结构恶化,出现"38、61、99"[4]劳动群体。技能匠人、经济能人、专家教授、农技推广人员、企业家、外来客商、侨胞等新乡贤,回到农村社区,一定程度上改善了农村社区的劳动力结构并缓解了农村社区空心化、人口老龄化、留守儿童缺乏社会化等现象。(2)扶持社区发展经济。一些离土乡贤、外来乡贤以及在场经济能人都是商界成功人士,拥有一定的经济实力,在管理经验、技术创新、生产销售、市场融资、社会资本等方面也有丰富经验。新乡贤可以利用自己的经济资源扶持本乡本村发展集体经济,尤其是技能匠人、经济能人、返乡创业的企业家以及外来投资客商能够为农村社区经济发展提供资金、技术、人才、管理、销售、物流、组织、市场等方面的扶持,能够促进社区产业结构多样化。如可以促使社区的种植业向旅游农业、生态农业、有机农业、能源农业、文化农业、创意农业等转变,还可以在村里投资办厂,成立集技术化、专业化、市场化为一体的社区经济发展合作社等。有助于创造社区就业岗位,吸引外流劳动力返乡,增加农户收入,增强农村社区经济基础。[5](3)促进农村社区精神文明建设。新乡贤在维护乡村社会稳定、推进乡村道德文化建设上起着重要作用。[6]重塑乡村精神文明建设需要以魅力凝聚乡邻、凝聚人心,以道义整合利益,以自身的道德引领建立一套村民认可并参与其

---

[1] 张颐武:《重视现代乡贤》,《农村工作通讯》2015年第21期,第56页。
[2] 吕霞、冀满红:《中国乡村治理中的乡贤文化作用分析:历史与现状》,《中国行政管理》2019年第6期,第63—68页。
[3] 张颐武:《重视现代乡贤》,《农村工作通讯》2015年第21期,第56页。
[4] "38、61、99"是指留在农村社区生产生活的劳动群体是妇女、儿童、老年人等。
[5] 孔新峰、齐高龙:《推进新乡贤融入农村基层治理的思考》,《北京行政学院学报》2022年第1期,第40—46页。
[6] 李雪金、贺青梅:《新乡贤参与乡村治理的困境与出路》,《特区经济》2020年第9期,第124—126页。

中的乡村行为规范体系。① 文化学者、道德模范、退休干部、老教师等新乡贤大多数具有较高的文化素养,同时品德端正、正直善良、办事公道、受人尊敬。他们参与农村社区,有助于提升社区文明程度,形成健康的乡风、村风、民风、家风,形成文明的生活方式,弘扬现代公民精神,进而提升村民的思想文化道德素质和农村社区精神文明水平。②

　　新乡贤群体参与农村社区建设可能出现失灵现象。(1)多数新乡贤不是本地户口,其人事关系也不在农村社区,村"两委"无法对其进行行政管理,容易产生监督盲区,这造成新乡贤拥有过大的权力。如果新乡贤不能正确使用手中的权力,将对农村社区建设产生不良影响。(2)少数新乡贤参与农村社区建设存在动机不纯、认知脱轨、角色失当、定位偏离等问题。如果部分新乡贤与当地的"村霸"等黑恶势力、家族势力"强强联手",在农村基层民主选举、民主管理方面"一手遮天",操控选举、专断决策,仰赖其自身经济实力和社会资本,在农村社区建设中假公济私、以权谋私,甚至成为黑恶势力的"保护伞",会导致农村社区治理由"民主制"蜕化为"家长制","新乡贤"蜕变为"新乡霸",进而阻碍农村社区治理系统的良性运转。③ 为了防止新乡贤变成伪乡贤、新劣绅:一要加强农村社区党支部对新乡贤的约束,防止其"野蛮生长";二要建立新乡贤准入退出机制,警惕政治道德有短板的伪乡贤混入新乡贤队伍;三要防止新乡贤成为某些利益集团的代言人;四要加强群众监督,用抑恶扬善的主流舆论引导新乡贤朝着积极健康的方向发展。④ (3)多数新乡贤属于农村社区的外部人力资源,属于农村社区编外人员,难以纳入社区科层制管理结构。所以,他们参与农村社区建设,不能日常化、规制化,需要村"两委"通过劝说、沟通、协商、约定等方式进行动员;需要村"两委"分别与群体中的每位成员建立交往联系,为各类新乡贤群体搭建更为立体、广泛、多层次的参与渠道。如建立参与社区建设的乡贤组织:成立由专家、学者、媒体人等群体组成的文化型新乡贤组织,由此类组

---

① 胡鹏辉、高继波:《新乡贤:内涵、作用与偏误规避》,《南京农业大学学报(社会科学版)》2017年第1期,第20—29页。
② 孔新峰、齐高龙:《推进新乡贤融入农村基层治理的思考》,《北京行政学院学报》2022年第1期,第40—46页。
③ 同上。
④ 孙丽珍、毛茹茹、吴子扬:《正确处理新乡贤参与乡村振兴的五大关系》,《湖州师范学院学报》2022年第1期,第88—93页。

织负责挖掘、整理、汲取和研究社区文化,开展社区文化建设;成立由退休干部、老教师、技能匠人、道德模范等群体组成的道德型新乡贤组织,由此类组织负责调解平息村民纠纷和生活矛盾,促进社区精神文明建设;成立由经济能人、企业家、技术人员、海外侨胞等群体组成的经济型新乡贤组织,由此类组织为社区提供资金、技术、信息、管理、销售、物流等方面的帮扶,推动社区经济发展。[①]

第二节 农村社区多主体合力协同建设机制

截至2022年底,中国约有47.8万个行政村,而绝大多数行政村属于经济基础比较薄弱的社区,缺乏开展社区建设的资金。而农村社区建设是一项长期的、全面的、综合的、艰巨的任务,需要大量的资金支撑。农村社区建设属于社区公共产品生产范畴,由此带来的福利必将惠及社区居民、基层政府、社区组织、驻区企业、社区乡贤等各类社区主体,因此,各类社区主体都应积极参与农村社区建设。又鉴于供给社区公共产品需要多方出力,"建设家园,人人有责",因此,构建农村社区多主体合力协同建设机制,建立农村社区多主体合力协同建设共同体,是比较合理的建设模式。

一、农村社区多主体合力协同建设共同体

以行政村为单元治理农村社区已成为中国农村社会治理的传统体制。如果以自然村为单元进行农村社区建设,其力量太单薄、资源集聚空间小;如果以乡域为单元进行农村社区建设,其力量容易分散,阵地太广,协调难度增大;而行政村是联络沟通乡镇政府、驻区企业、社区居民、社区乡贤等社区建设主体的最佳场所,是社区组织与乡镇政府、驻区企业、社区居民、社区乡贤等社区建设主体互动最频繁、距离最近、沟通最直接的地理空间,所以,以行政村为单元组建农村社区多主体合力协同建设共同体是低成本、高效率地建设农村社区的适宜策略。农村社区多主体合力协同建设共同体就是以行政村为单元建立起来的,由基层政府、驻区企业、社区组织、社区居民、社区乡贤等社区主体组成的,旨在协同建设农村社区的行动主体。这种社区建设机制不仅能改变目前农村

---

① 孔新峰、齐高龙:《推进新乡贤融入农村基层治理的思考》,《北京行政学院学报》2022年第1期,第40—46页。

社区建设力量分散、各类参与主体缺乏良性互动的情况，而且会在农村社区建设过程中发挥特殊的重要作用。因为这种建设机制的形成不仅有现实基础，且有发挥特殊功效的社会环境。首先，它适应公共产品供给模式。只有各类主体都参与农村社区建设，才能保障农村社区公共产品的有效供给和促进农村社区的良性运行、持续发展。其次，它能消弭各种参与主体在农村社区建设问题上的矛盾和差异、克服不同参与主体在社区建设上的失灵现象，而且是参与主体相互沟通、增强建设能力的互动平台。在农村社区多主体合力协同建设共同体中，乡镇政府可发挥引领作用、社区组织可发挥担纲作用、社区居民可发挥配合作用、驻区企业可发挥支援作用、社区乡贤可发挥助力作用。五类参与主体相互配合、取长补短、求同存异、相互支持，将参与意识和建设能量集中在合力点上，整合社区建设力量，为高效建设农村社区做好人力保障。最后，它使农村社区建设事业贴地而行、扎根基层、深植民间，能扩大农村社区建设的社会影响；有利于将各类参与主体的建设行为纳入农村社区建设共同体；能提高农村社区建设的社会信用水平和社会公信力。

二、构建农村社区多主体合力协同建设机制

政府和民间主体在参与生产生态产品的过程中，如何形成生产合力？民间主体与基层政府如何通力合作？这是合力生产机制发挥效能的关键。

1. 凝聚合力的主要措施

第一，统一农村社区建设思想。乡镇政府工作人员、村"两委"班子成员、驻区企业员工、社区居民、社区乡贤都要统一到党中央的农村社区建设决策和战略部署上来；要认识到农村社区建设的重要意义，要认清农村社区根生要素和衍生要素在农村社区运行与发展中的不同价值，要把握"先建根生要素，后建衍生要素"的建设逻辑和建设原则。

第二，组建农村社区合力协同建设共同体。乡镇政府、社区组织、驻区企业、社区居民、社区乡贤等主体都有自身特征、建设优势、建设诉求，也有一定的不足。只有将各种参与主体整合起来，才能相互取长补短，形成农村社区的建设合力，才能产生协同建设效应。整合这五类主体的参与能力必然产生一个结果：形成一种具有更强建设能力的农村社区建设共同体。农村社区合力协同建设共同体须建立日常工作机制,围绕农村社区发展规划的制定、农村社区建设资源的动员、农村社区建设项目的确定、农村社区建设策略的执行等要事,建立沟通机制、协商机制、运行机制,将农村社区建设工作常规化、务实化,提升农村社区建设速度、建设质量、建设水平。

第三,明确参与主体在建设共同体中的角色分工。乡镇政府承担农村社区建设政策的制定角色、农村社区建设的供资角色、农村社区项目建设的监察角色、农村社区建设成效的验收角色、不法建设行为的制裁角色。村"两委"承担农村社区建设规划的制定角色、农村社区建设资源的动员角色、农村社区建设参与主体的联络角色、农村社区建设利益的协调角色、农村社区建设的策划角色、农村社区建设项目的发布角色。驻区企业承担农村社区的建设角色、农村社区建设项目的投资角色、农村社区生态与生计要素的发展角色、农村社区建设规则的践行角色。社区居民承担农村社区建设的参与角色、农村社区建设规则的践行角色。社区乡贤承担农村社区资源的引进角色、农村社区建设的参谋角色、农村社区建设项目的投资角色、农村社区建设的外宣角色等。要强化不同角色主体在农村社区建设中的责任担当,促使责任主体加强对担当角色的体会,强化农村社区建设不同主体的角色意识,了解农村社区建设的角色期待,遵循农村社区建设的角色规范,克服农村社区建设的角色履责缺陷,在克服各类参与主体履责失灵方面上发挥特殊作用。

第四,赋予农村社区建设共同体应有的事权。赋予农村社区建设共同体以建设规划的制定权、建设效果的评价权、建设项目的确定权、建设资源的开发利用权。农村社区建设共同体要实时开展项目状况与进度分析、讨论建设项目筹资事宜等。农村社区建设共同体应实施建设巡查制度,对各责任主体履责情况、建设情况、不良行为等进行全域的、无死角的日常检查,并进行定期通报,促进社区建设的健康运行。建立社区建设的沟通机制、协商机制、运行机制,将社区建设工作常规化、务实化。搭建社区建设信息共享平台,为不同主体开展业务以及提高其履责能力提供智慧支撑。

2. 劳动群体合力协同建设农村社区的保障措施

农村社区合力协同建设共同体建立后,需要各类参与主体保持日常的和谐互动,进行密切合作。这是合力协同建设共同体良性运行的关键。农村社区建设参与主体互动合作的保障措施有以下几个方面。

第一,进行群体沟通。群体沟通是使农村社区合力协同建设共同体的成员相互进行日常情感、思想和信息交流,产生和谐互动和密切合作效果的保障措施。群体沟通可由农村社区合力协同建设共同体的领导者组织,也可让群体成员自发进行。为了加强农村社区合力协同建设共同体的运行效果,农村社区合力协同建设共同体应常召开社区建设情况通报会,在会上传信息、听意见;也应常举办联谊会,给农村社区合力协同建设共同体成员提供宽松的、自由的交流社区建设信息和想法的机会。

第二,组织群体决策。群体决策是把农村社区建设的重要问题交给农村社区合力协同建设共同体的成员来讨论,达成共识、形成决策的保障措施。它可以把每类参与主体的每个成员掌握的社区建设知识和建设信息结合起来,成员相互启发、相互补充,从而提出更多可选择的实施方案。更重要的是,通过农村社区合力协同建设共同体成员参加生产决策,满足其要求,增强其责任感,使其接受并自觉执行建设决策。这种措施可通过三个环节实施:第一个环节是导向环节,它引导农村社区合力协同建设共同体成员交换建设信息和看法以达到对建设问题的清晰了解;第二个环节是评估环节,它要求农村社区合力协同建设共同体成员发表意见并对各种意见进行分析;第三个环节是控制环节,它将所有意见或行动方案按某个依据进行优劣排序,控制成员在择优思维方向上进行互动,促使农村社区合力协同建设共同体成员意见达成一致进而形成科学决策。[①]

第三,制定群体规范。群体规范是利用共同观念和行为准则来直接制约农村社区合力协同建设共同体成员的个体行为,使成员形成建设合力的保障措施。实施这个措施的关键是确立合理的规章制度和价值观念,然后通过宣传学习使它们内化为农村社区合力协同建设共同体成员的行动信念和行为惯性。[②]

第四,强化角色意识。强化角色意识是使农村社区合力协同建设共同体成员对自己担当的工作角色的性质和重要性、角色期望、角色行为模式、角色成功

[①] 郑杭生主编:《社会学概论新修》,中国人民大学出版社2003年版,第156—157页。
[②] 谷中原:《社会学理论基础》,中南大学出版社2004年版,第125—126页。

扮演所需方法有进一步领悟和体认。通过角色领悟尤其是在工作中对角色的进一步认识,农村社区合力协同建设共同体成员才能清楚自己承担的角色的重要意义、更清楚地知晓角色的根本性质;了解对工作有约束作用的角色期望的真实内涵和根本要求。在农村社区建设中,强化共同体成员的角色意识能使他们产生角色心理,从内心深处产生角色感觉、角色知觉、角色情感,还能使农村社区合力协同建设共同体成员提高履责的自我评价技能、专业技能、沟通技能,防止角色扮演出现偏差。[①]

第五,建立安全阀制度[②]。农村社区建设参与者在农村社区合力协同建设共同体中工作,不可能不出现不满情绪和不发生矛盾,有了情绪和矛盾就要排解掉,否则日渐积累,会变成内部冲突,从而产生不良后果——不仅降低工作效率,还有可能导致农村社区合力协同建设共同体的瓦解。正如高压锅需要在顶部设置一个排气阀排气,否则,在蒸汽过多的情况下,就会发生爆炸。故农村社区合力协同建设共同体需针对参与主体出现不满情绪和矛盾的可能性,建立一种消除非现实性冲突的群体安全阀制度。其办法有:设立农村社区合力协同建设共同体领导接待日、公布领导邮箱、设置群众意见收集员岗位,为每个参与农村社区建设的成员表达敌对情绪、发泄不满提供一种渠道。这些办法能达到增强农村社区合力协同建设共同体内聚力、促进和谐互动、加强密切合作的效果。

三、构建农村社区建设合力筹资机制

农村社区建设最大的困难是建设资金的筹集,如果没有筹集到足够的资金,农村社区建设项目就难以实施。因此,农村社区合力协同建设共同体的基本使命就是筹措建设资金。第一,积极申报农村社区建设项目,通过项目制途径获得上级政府的财政支持。第二,建立农村社区建设融资的PPP(public-private-partnership)模式。PPP模式是指政府与社区主体(驻区企业、投资人、农户、乡贤)平等协商,就农村社区建设项目实施建立起的共担经营风险、共享经营利益的长期资本合作关系。采用PPP模式有以下好处:一是既可减轻政府财

---

① 吴铎:《社会学》,高等教育出版社1992年版,第98—100页。
② 参见谢立中主编:《西方社会学名著提要》,江西人民出版社1998年版,第234—235页。

政压力，又能给企业、个人资本提供增殖的机会；二是可减少社区建设项目的成本，实现建设资源配置效率的最大化；三是所有农村社区建设主体都能参与建设项目的筹建过程并全程跟进，进行全面合作，从而降低社区建设项目的实施风险；四是能提高政府对农村社区建设资源的管理效率和管理水平，能提升驻区企业、村"两委"、社区居民、社区乡贤的社会影响力。对于农村社区合力协同建设共同体而言，PPP模式是通过市场机制解决社区建设资金短缺问题的有效方式。在PPP模式运作中，村"两委"一般负责确定社区建设项目的价格，同时负责用竞标方式选择具有运营和投资能力的企业资本、社区资本、民间资本。然后，通过平等协商签订合作协议，明确双方的权利与义务，并对合作的社区建设项目进行全程质量监管。而驻区企业、村"两委"、投资人会承担社区建设项目的设计、建设、运营、维护等业务，并在社区建设项目完工、运营阶段向消费者收取应付的费用，或者接受村"两委"的付费，获得经营回报。常见的PPP运作模式主要有建设—运营—移交、建设—拥有—运营、移交—运营—移交、改建—运营—移交、购买—建设—运营等及其组合。具体的社区建设项目的实施，可以根据自身的特点选择适合的运作模式。通过塑造农村社区建设的发展机制，可消除不必要的生产代价，提高社区建设责任主体参与社区建设的积极性，也可提高农村社区建设参与主体的履责能力。第三，打造农村社区建设的村企合作机制。农村社区拥有一定的自然资源和人力资源，有与驻区企业进行合作的基础。农村社区通过举办集体企业，或引进外埠企业，或扶持农户企业，与驻区企业进行合作，这是农村社区积累公益资金和筹集社区建设资金的新机制。村企合作有"村企联建""村企结对""村企一体化"等治理模式。村企合作虽然是市场化改革的产物，但涉及乡镇政府、驻区企业、社区组织、社区居民等多主体之间的利益关系。这些关系并非总是协调一致的，农村社区建设共同体对利益主体间的行为形成规制约束，是村企合作得以继续的根本保障。

  首先，要在产权上建构村企合作利益分配格局，驻区企业经营农业的首要前提是获取必要的土地使用权，这需要农户将承包地流转给驻区企业，使承包权股份化、资产化，构建承包地经营权交易平台；实施承包地入股制度和土地承包经营权处置措施，明确分红比例，进行风险控制；解决集体经济组织成员身份界定、股权收益分配标准、社区集体组织民主管理等问题。

其次,在企业管理方面,驻区企业应在股份合作制基础上充分吸纳社区精英参与企业治理,淡化社区和驻区企业之间的组织界限,降低村民入企工作的准入门槛,凝聚村企合作力量促进社区建设发展。一是要时刻提防在社区和驻区企业合作过程中会出现"社区弱—企业强"的互动局面,要防止资本过度支配社区资源、干预社区建设的情形发生,因此,要规定驻区企业人员不得以任何形式进入村"两委"班子。二是要求合作主体基于明确的权利与义务关系参与企业管理和规划,以减轻乃至消除非制度化规则的负面影响,要把民主治理观念贯彻村企合作的始终,要保障社区和村民对企业重大决策的知情权、参与权和监督权,要建立起企业治理权的监督机制,以防止村干部和企业管理者的利益合谋行为以及宗族、家族势力干扰企业经营。三是驻区企业应采取奖惩机制激励本土化管理者和入企工作村民做出符合企业期待的职业行为。

再次,在经营风险规避方面:一是村"两委"要严格资本入区的审查机制,要对入区企业进行事前审查,评估企业资质是否满足相关要求、经营范围是否与法律相冲突、信用体系是否达到标准等;要强化引导和监管,在土地利用、设施建设、产业发展等领域确定适当的经营内容和许可项目,严格土地用途管制。二是建立事前土地流转审批备案制度及事后土地流转风险补助金和社区保障金制度;进入生产运营阶段,融资困难和不可确定的市场风险则要求驻区企业具备较强的资本运作和市场把控能力。三是从增能和赋权两个层面为土地流转户的生活和发展提供必要的制度支持,这要求驻区企业为失地农民提供必要的就业岗位和相应的培训机会,预留企业利润保障失地农民享受基本的养老、医疗和就业服务;保障失地农民以土地、劳动力、资金等要素入股企业的基本权利和在此基础上产生的股权收益,赋予社区居民作为股民应有的参与决策权、民主监督权。

最后,要促使村企合作机制保障社区集体在资产增殖和收益合理分配的基础上为社区建设提供稳定的、预期的建设资金。为此要设置制度底线,不能损害农村土地集体所有制,严格耕地保护和生态保护制度,维护农民的合法权益;必须将村企合作纳入法治框架,运用法治思维进行村企合作制度安排;用法治方式解决村企合作面临的矛盾和棘手问题;构建自治、德治与法治融合发展的社区建设体系。① 村企合作是农村社区建设最稳定、最可靠、最持久的内源性筹资机制,中国不断涌现的"经济百强村"就是其典型注脚,是通过发展社区经济的途径开展社区建设的成功范本。

复习思考题

1. 农村社区建设主体有哪些?各有哪些建设优势和缺陷?
2. 如何利用农村社区多主体合力协同建设共同体进行农村社区建设?

---

① 唐惠敏:《村企合作的生成逻辑、政策需求与理想类型》,《北京社会科学》2021年第11期,第94—105页。

第三章 农村社区建设模式

学习要点

民国时期晏阳初的定县平民教育模式、卢作孚的北碚民生实业模式、梁漱溟的邹平乡村文化复兴模式,新中国成立后的新农村建设模式、民政农村社区建设模式、乡村振兴建设模式,国外的韩国新村运动、日本乡村振兴运动、德国乡村重振运动。

关键概念

平民教育模式、民生实业模式、乡村文化复兴模式、"1.5次产业"、"一村一品"。

第一节 民国时期农村社区建设模式

20世纪30年代初的中国,政治秩序动荡,军阀混战,匪患遍地。天无宁日,农村日益凋敝,农民生活不得温饱,土地抛荒现象严重。农民身体病弱,农村文盲充斥、科学落后、卫生不良、陋习盛行、公德不修。这引发了中国知识分子对国家前途的担忧,他们认为民穷即国穷,农村衰败即国家衰败,他们救济农村即拯救国家的农村建设意识被激发,掀起了一场具有深远影响的农村社区建设运动。20世纪30年代,全国从事乡村建设工作的团体和机构有600多个,先后设立的各种实验区有1000多处,比较有代表性的有晏阳初的定县平民教育、卢作孚的北碚民生实业、梁漱溟的邹平"村治"、陶行知的晓庄"生活教育"、黄炎培和江恒源的徐公桥职业教育、高践四和俞庆棠的无锡民众教育。各地乡村建设实验区的切入点不同,建设者的理论学识、所处环境、建设信仰、建设模式也不同。这里择要介绍晏阳初的定县平民教育、卢作孚的北碚民生实业、梁漱溟的邹平"村治"。

一、晏阳初的定县平民教育模式

晏阳初(1890—1990),四川巴中人,中国平民教育家和乡村建设家。1913年考入香港圣保罗书院(香港大学前身)。1916年赴美国耶鲁大学留学,主修政治经济学。1918年毕业,获学士学位。1919年入普林斯顿大学研究院,攻读历史学,后获硕士学位。毕业后立志献身平民教育。著有《平民教育的真义》《农村运动的使命》等。

晏阳初深谙"民惟邦本,本固邦宁"的古训,认为要改造国家,必先改造人,而实现"民族再造"的最有效方法莫若"教育"。他曾经说过:"物质的改善只是一种方法,人的改造才是最高终极目的。乡村固重要,乡民尤其重要。如果乡民不经教育、训练、改造,乡村改造也不会有效并且持久。而国家的改造必然是全体人民改造的结果。"[①]1920年,晏阳初回国在上海基督教青年会全国协会智育部主持平民教育工作,编印刊行《平民千字课》等教材。1922年,晏阳初发起全国识字运动,号召"除文盲,做新民",后又到湖南长沙组织平民教育讨论会,并在长沙推行《全城平民教育运动计划》,他将长沙分为52个单位,发动400名小学教师以游行、散发传单等方式宣传平民教育。不久后,又筹资组建200所平民学校,先后招生2500余人。这在当时产生了很大的影响。1923年,晏阳初联络张伯苓、陶行知、朱其慧等人,于北平成立中华平民教育促进会(简称平教会),晏阳初任总干事。同年8月,通过《中华平民教育促进会总会组织大纲》,该会以"适应失学人民的实际生活,研究并实验平民教育学术,协助国家教育民众,培养全民修齐治平的真实能力,发扬中国文化,促进世界大同"[②]为宗旨。平教会成立后先后在华北、华中、华东、华西、华南等地开展义务扫盲运动。后来,平教会意识到中国是个以农立国的国家,中国的大多数人民是农民,农村是中

---

① 吴相湘:《晏阳初传——为全球乡村改造奋斗六十年》,岳麓书社2001年版,第166页。
② 乡村工作讨论会编:《乡村建设实验》第2集,中华书局1935年版,第508页。

国 85% 以上的人民的着落地,大部分的文盲不在都市而在农村,要想普及平民教育,教育者应走出书斋深入农村实际,共同改造农民生活。在改造生活的实践中开发民力,发扬民德,造就一批新农民,成为建设国家的凭依。

1924 年 11 月,平教会开始在河北保定农村推广平民学校,把工作重点由城市转向农村。① 1926 年,平教会在河北定县设办事处,以翟城村为试点,晏阳初率领一批志同道合的知识分子,开展以村为单位的平民教育实验。他们依据现代社会调查的科学原理、方法技术,进行长时间、多角度的系统性社会科学调查。通过调查,晏阳初等人发现中国农村的问题虽然千头万绪,但最根本的是"愚、穷、弱、私"。"愚"指农民缺乏知识,是目不识丁的文盲;"穷"指农民的生活是在生与死的夹缝里挣扎着;"弱"指农民是病夫,根本谈不上科学治疗和公共卫生;"私"指农民不能团结,不能合作,缺乏道德陶冶和公民训练。他认为"愚、穷、弱、私"交叉影响农民生活,要想克服任何一种病害,必须把其他三种病害联系起来一并解决。通过研究和实验,平教会找到了解决这四个问题的方案,即制订出"一项以整治四大病害为目的,又须从文化、经济、卫生和政治四个方面整体救治,可行的建设计划"②。晏阳初主张对乡村进行整体改造,对农民实施文艺、生计、卫生和公民"四大教育",以培养农民的知识力、生产力、强健力和团结力,使农民成为具有"四力"的新民并成为推动经济建设的根本动力。为实施"四大教育",晏阳初又采取了"学校式教育""社会式教育""家庭式教育"三大教育方式。通过三大教育方式对农民进行"四大教育",有序推进实验研究、分类培训、表证推广三项科技工作,整体实施政治、教育、经济、自卫、卫生、礼俗六大建设。③

在文艺教育方面,编写了 600 余种平民读物,选编了包括鼓词、歌谣、谚语、故事、笑话等在内的民间文艺资料,搜集民间实用绘画、乐谱等,组织歌咏比赛、农村剧社,举办各种文艺活动。④ 到 1934 年,定县有 476 个村庄共开办了 3844

---

① 苟翠屏:《卢作孚、晏阳初乡村建设思想之比较》,《西南师范大学学报(人文社会科学版)》2005 年第 5 期,第 129—135 页。
② 宋恩荣主编:《晏阳初全集》(第 1 卷),湖南教育出版社 1989 年版,第 259 页。
③ 张秉福:《民国时期三大乡村建设模式:比较与借鉴》,《新疆社会科学》2006 年第 2 期,第 97—103 页。
④ 萧光畔:《民国时期的乡村建设运动》,《中国乡村建设》2009 年第 4 期,第 149—153 页。

个识字班,平民学校毕业人数总计 10 万人以上,扫除文盲成绩居全国 1900 多个县之冠。①

在生计教育方面,组织力量进行农业科学研究。举办实验农场,改良猪种和鸡种、改良麦种、改种美棉;设立毛纺织厂和棉纺织厂;复兴家庭棉纺织业;对农民进行生计训练,如推广良种、防治病虫害、科学养猪、科学养鸡、科学养蜂;组织农民成立自助社、合作社、合作社联合会,开展信用、购买、生产、运输方面的经济活动;平民教育促进会还与金城银行、南开大学经济研究所一起组建"华北农产研究改进社",帮助农户改进农业生产以及农产品销售,帮助农民增加收入。

在卫生教育方面,注重农村医疗保健体系的建设。平教会针对广大农民清洁习惯不良、环境卫生不良、医药状况不良、妇婴卫生不良、传染病处置不良的情况,根据实际设计了村、乡、区(县)三级保健制度,1932 年开始建设。村设保健员,由各村平民学校毕业同学会选举产生,保健员在区保健所接受十几天的训练后开始工作,主要职责是:报告出生死亡情况;进行水井改良,减少饮用水传染的疾病,指导农民修建井盖与围圈,适时消毒灭菌;普及种痘、宣传卫生常识以及进行简易和急救治疗。保健员管理一个价值 3 元的药箱,内置常用药品 12 种,每年需要补充;管理装有种痘针 5 根、棉花球半盒的种痘盒一个,由平教会赠给同学会,痘苗由同学会自购;管理生死记录表若干张。乡保健所设有医生一人、助手一人,其职责是进行保健员的培训和监督、医治保健员无法处理的病人、开展卫生教育、预防传染病、控制天花病流行、治疗沙眼和皮肤病等,训练公立师范学生与平民学校学生进行免疫接种;训练助产士代替旧式产婆,向旧式产婆普及医学常识等。在县城设立保健院,保健院为平教会健康建设、卫生教育的总机关,是实行"医疗""预防""教育""训练"整个卫生制度的总枢纽,其主要职责是执行卫生行政,开展卫生教育,防治流行病,推广卫生学校,建立各区保健所,培训合格医生;从平民学校毕业生中培训各村诊所的护士与公共卫生护士、助产士和助理员,治疗住院病人等。院内有专科医生,分科负责,内设办公室、病房、儿童养病室、妇女病房、化验室、药房、手术室、浴室、消毒室等,规

---

① 张忠民:《和谐的努力与幻灭——略论近代中国的"乡村建设运动"》,《社会科学》2008 年第 7 期,第 140—149 页。

模甚为宏大。① 1934年,定县全县基本建成农村医疗保健体系。②

在公民教育方面,出版多种公民教育材料,进行农村自治研究,指导开展公民活动和家庭教育,建设农村政治。

可见,晏阳初的定县平民教育模式是重点建设农村教育、生计、治安、卫生、文化、政治等要素的农村社区建设模式。从本质上看,定县平民教育实验注重通过面向农民的"生计教育"发展农业经济,通过教育提高劳动者的文化素质和农业科学技术,以推动农村的经济建设,而不是走乡村城市化建设的道路。③ 定县平民教育实验取得了一定成就。如在经济建设上推广优良品种,每亩粮食比原来增产18%—20%,棉花增产56%④;全县初步建立了村、乡、县三级卫生保健体系,天花已经绝迹⑤。1937年,抗日战争全面爆发,平教会撤离定县,定县实验被迫终止。后来,平教会迁到北碚,为了培养平民教育人才和乡建人才,晏阳初在卢作孚等人的帮助下,于1940年成立了中国乡村建设育才院。1945年,中国乡村建设育才院改名为乡村建设学院,晏阳初任院长。1943年,晏阳初被美国学界推选为"现代世界最具革命性贡献的十大伟人"之一。1945年抗日战争结束,晏阳初前去游说美国总统杜鲁门和美国国会议员为中国乡村教育运动提供资助,最终美国国会通过了一条名为"晏阳初条款"的法案,法案规定从"四亿二千万对华经援总额中须拨付不少于百分之五、不多于百分之十的额度,用于中国农村的建设与复兴"。这足见晏阳初的平民教育模式产生的国际影响。

---

① 参考孔雪雄编著:《中国今日之农村运动》,中山文化教育馆出版物发行处1934年版,第89—91页。

② 萧光畔:《民国时期的乡村建设运动》,《中国乡村建设》2009年第4期,第149—153页。

③ 苟翠屏:《卢作孚、晏阳初乡村建设思想之比较》,《西南师范大学学报(人文社科版)》2005年第5期,第129—135页。

④ 但据当时亲身参与定县实验的社会学家李景汉的统计,定县平民教育实验收到的效果并不理想。1933年冬,定县连盐都吃不起的人口占总人口的20%;乞丐大量增加;1931年因债务而被债主没收家产的有50户左右,1932年增到约300家,1933年达到2000家,欠债户占全县总户数的20%。在文化教育上,到1935年,全县6—12岁学龄儿童中失学者仍高达60%,其中女童失学者达84%。(参见萧光畔:《民国时期的乡村建设运动》,《中国乡村建设》2009年第4期,第149—153页。)

⑤ 张忠民:《和谐努力与幻灭——略论近代中国乡村建设运动》,《社会科学》2008年第7期,第140—149页。

二、卢作孚的北碚民生实业模式

卢作孚(1893—1952),重庆合川人,民生公司创始人,被誉为"中国船王""北碚之父"。1910 年加入同盟会,参加四川保路运动,投身辛亥革命,先后担任合川中学教师、报纸编辑、主编、记者等。1925 年,卢作孚在重庆创办民生实业股份有限公司。1938 年秋,他领导民生公司组织指挥宜昌大撤退,挽救了抗战时期整个中国的民族工业,受到国民政府嘉奖。抗战胜利后,在广州、香港等地设立办事处,经营远洋航运。1950 年 6 月从香港回到内地,任全国政协委员、西南军政委员会委员。卢作孚在"革命救国""教育救国""实业救国"三大领域卓有成就。代表作有《乡村建设》《四川嘉陵江三峡的乡村运动》《两市村之建设》《建设中国的困难及其必循的道路》等。

早年间,卢作孚主张"教育救国",认为国内兵匪、政治纠纷等诸多问题不能解决,根本原因在于缺乏教育。为实现其"教育救国"的理想,卢作孚不断探索。在他担任泸州永宁道尹公署教育科科长和成都通俗教育馆长期间,都大力提倡新教育,主张改革学校教育,积极开展民众教育、通俗教育,进行了改革教育的大胆尝试。但是,这些尝试终因"纷乱的政治不可依凭"而被迫中止。这使卢作孚认识到,依靠军阀办文化教育的路根本行不通。他努力寻求"教育救国"背后的强大支柱,转而选择了兴办实业。1925 年,他以一艘 70 吨小客轮起家,积极发展以川江航运为中心的交通运输业及相关的各种产业,走上了发展实业之路。当全国乡村教育、乡村建设思潮兴起时,卢作孚把乡村建设作为探索救国道路的一次新尝试,他把兴办实业和兴办文化教育事业紧密地结合起来,走出了一条独具特色的乡村建设之路。[①]

1927 年,卢作孚开始着手以北碚为中心的乡村建设实验。1930 年 1 月 7 日至 2 月 8 日,卢作孚基于自己在北碚实验中的经验和思考写成的题为《乡村建设》一文在《嘉陵江报》上发表,这是民国乡村建设运动中第一次明确使用"乡村建设"的提法。有学者将卢作孚的乡村建设思想归纳为以下几点:(1)乡村现代化是国家现代化的基础。1934 年 10 月,卢作孚提出"中华民国根本的要求是要赶快将这一个国家现代化起来。所以我们的要求是要赶快将这一个乡村现

---

① 荀翠屏:《卢作孚、晏阳初乡村建设思想之比较》,《西南师范大学学报(人文社会科学版)》2005 年第 5 期,第 129—135 页。

代化起来"。1944年,他提出"我们希望中国能够建设起来,先曾以北碚这个小小的地方作一度经营的实验,悬出了一个理想,叫做'将来的三峡'"。(2)乡村现代化的重点是人的现代化。1934年3月,他指出"今天中国什么都不缺乏,只缺乏人——只缺乏有训练的人,所以,根本在先解决人的问题——解决人的训练问题"。(3)秩序建设是乡村建设的根本问题。1930年,卢作孚指出:"无论何种事业,秩序建设不起来,绝对不会有良好结果的。我们对于任何事业,事前应有精密的计划,事后应有精密的整理,其性质都是建设秩序。秩序问题,是包含着自治事业的经营问题和组织问题,是乡村建设中不可避免亦不可疏忽的根本问题。""我们向来亦都知道教育、交通、经济事业是建设上重要的问题。然而此外还有更重要的问题,是根本、是解决一切问题的前提,我们却忽略了,便是如何建设秩序的问题。要这一个问题有法解决,其余一切问题才可以迎刃解决。不管教育也罢,交通也罢,经济事业也罢,如果秩序建设不起来,任何事业也是建设不起来的。"1934年,他再次强调"现代是由现代化的物质建设和社会组织形成的",这一工作"要在安定的秩序下面才能前进起来,所以首先要创造的尤其是安定的秩序"。(4)组织建设是实现乡村建设目标的桥梁。1934年,他提出要让整个中国实现现代化,应重视社会组织建设,"我们觉得复兴中华民国只有这一条道路,只有运用中国人比世界上任何文明民族更能抑制自己、牺牲自己,以为集团的精神,建设现代的集团生活,以完成现代的物质文明和社会组织的一个国家"。①

卢作孚坚持基于国家的现代化要以乡村现代化为基础的乡村建设思想。他认为乡村现代化是现代生产方式和生活方式的统一,要实现乡村现代化必须建设乡村现代生产方式和生活方式。乡村现代生产方式要求"办大工业",使"一切产业都工业化",用工业解决一切生产问题、政治建设和文化建设问题②;乡村现代生活方式要求破除中国旧文化所衍生的"两重集团生活",即"只知有家庭,不知有社会"的家庭生活及由家庭生活扩大而成的亲戚邻里朋友关系,代之以超越这两重狭隘生活的"现代集团生活"③。基于这种认识,卢作孚确立了

---

① 熊亚平:《卢作孚乡村建设思想的历史定位——从乡村建设最早提出者问题谈起》,《福建论坛(人文社会科学版)》2014年第4期,第88—94页。
② 凌耀伦、熊甫编:《卢作孚文集》,北京大学出版社1999年版,第603页。
③ 同上。

谋"民生"、保"民享"的乡村建设宗旨,在《建设中国的困难及其必循的道路》中,他划定了北碚乡村建设实验的范围:"以嘉陵江三峡为范围,以巴县的北碚乡为中心。始则造起一个理想,是要想将嘉陵江三峡布置成一个生产的区域、文化的区域、游览的区域。"在《四川嘉陵江三峡的乡村运动》中,卢作孚对北碚乡村建设做出规划:(1)经济方面。建设煤厂、铁厂、磺厂等矿业;建设农场、果园、森林、牧场等农业;建设发电厂、炼焦厂、制碱厂、酸厂、造纸厂等工业;建设轻便铁道、汽车路、电话、电报、邮政等乡村交通和通信事业。(2)文化方面。开展生物研究、理化研究、农林研究、医药研究、社会科学研究等研究事业;举办实验小学校、职业中学校、完全大学校和图书馆、博物馆、运动场等教育事业。(3)生活方面。要让人民皆有职业、皆受教育、皆能为公众服务、皆无不良嗜好、皆无不良习惯;地方皆清洁、皆美丽、皆有秩序、皆可居住、皆可游览。这些内容,后来大多在北碚实验区变成了现实。[①]

　　卢作孚在北碚开展的民生实业实验工作有:(1)教育。1930年秋,卢作孚创办北碚兼善中学,兼善中学办有农场、餐厅、公寓和石灰厂等实业,充做培育学生的劳动基地。1936年,嘉陵江三峡实验区共有学龄儿童1万多人,设义务小学70余所,在校学生近3000名,占学龄儿童总数近25%。到1949年时,全区在校学生超过1万人,占学龄儿童总数的85%以上。(2)经济。实施稻麦选种、玉米育种、小麦选种、改良鸡鸭品种、推广安哥拉兔、预防蚕病等。1928年成立北碚农村银行,到1937年前,该行历年放款达3.8万元。1933年,将北川铁路沿线的五个较大的煤厂合并,成立天府煤矿公司。抗战时,天府煤矿采用矿灯照明和绞车提升,设备、器材和技术得到加强,产量大大提高,为战时首都重庆供煤量达其总用煤量的45%。1930年10月,三峡染织工厂成立,卢作孚任董事长,该厂是四川第一个机械织布厂。该厂后来演变成大明纺织染厂,1949年时有纱锭6700枚、织布机210架、工人1020人。1937年前,已建成嘉陵煤球厂、利华玻璃厂、广益化学工业厂、自然电池厂等。(3)交通通信。1927年,从上海聘请丹麦工程师耶斯佩尔·守尔慈(Jesper J. Shultz)勘测设计修建北川铁路,该铁路总长16.5千米,于1935年3月全线通车;1928年,开始安装电话;1930年,成立北碚三等邮局,陆续开办全区乡村邮路;开通合川—北碚—重庆嘉陵江航

[①] 张秉福:《民国时期三大乡村建设模式:比较与借鉴》,《新疆社会科学》2006年第2期,第97—103页。

线;修建公路,至1949年,全区公路达38千米。(4)医疗。1927年,用旧庙作院址,建成峡区地方医院,并在所属各镇设分诊所,以"情系民生,追求卓越"为办院理念,"为远近的人民治疗疾病"。1936年,举办敬老会,"提倡健康的人生"。(5)文化。一是建立中国西部科学院。1930年3月,将火焰山东岳庙上殿改建为博物馆。在蔡元培、黄炎培、翁文灏等支持下,于同年9月成立中国西部科学院,卢作孚任院长,有风物、卫生、煤炭等陈列室。随后,设立地质、生物、理化和农林等研究所。二是建立北碚图书馆。1928年,在北碚关庙,利用捐赠的400本书,办起峡区图书馆。三是修建北碚体育场。1927年,卢作孚在北碚鞍子坝租地,建体育场,于第二年建成,命名为"北碚体育场"。1929年4月下旬,在北碚体育场举办嘉陵江运动会,来自重庆、江北、巴县、璧山、合川和北碚的近40个单位及社会团体的1000多名运动员参加比赛。四是于1928年创办《嘉陵江报》,后于1931年改名为《嘉陵江日报》。(6)生态环境。整治村庄环境卫生,拓宽道路,广植花草树木。1927年,利用缙云山下的温泉寺创办嘉陵江温泉公园,增建温泉游泳池、浴室、餐厅等设施;在北碚火焰山上修建平民公园,修建北碚街心花园,并在北碚周边种植梧桐树,使北碚具有花园城市的雏形。据不完全统计,仅1927年到1935年,北碚有统计的植树量达7万余株。北碚面貌焕然一新,基本实现了"皆清洁、皆美丽、皆有秩序、皆可居住、皆可游览"的理想。①

可见,卢作孚的北碚民生实业模式是重点建设农村教育、经济、交通通信、医疗、文化、生态环境等要素的农村社区建设模式。卢作孚的北碚民生实业模式不仅得到了国内许多知名人士的高度赞扬,也得到国外媒体的好评。1939年,晏阳初到北碚参观卢作孚的乡村建设成果后说,"北碚有卢作孚先生所热心经营的乡村建设区,他无论如何要我和梁漱溟先生前去参观一下,我看到那里的工矿经济建设,都很有成绩"②。1944年,美国一家杂志撰文称赞"北碚是迄今为止中国城市规划最杰出的例子"③。卢作孚的民生实业实验成就显著,曾获得毛泽东的高度评价。

---

① 熊亚平:《卢作孚乡村建设思想的历史定位——从乡村建设最早提出者问题谈起》,《福建论坛(人文社会科学版)》2014年第4期,第88—94页。
② 宋恩荣主编:《晏阳初全集》(第2卷),湖南教育出版社1992年版,第122页。
③ 刘重来:《论卢作孚"乡村现代化"建设模式》,《重庆社会科学》2004年第1期,第110—115页。

三、梁漱溟的邹平乡村文化复兴模式

梁漱溟(1893—1988),蒙古族,原籍广西桂林,生于北京,因系出元室梁王,故入籍河南开封。梁漱溟是我国著名思想家、哲学家、教育家、社会活动家。出版有《乡村建设论文集》《中国民族自救运动之最后觉悟》《乡村建设大意》《乡村建设理论》等著作。

梁漱溟的乡村建设思想,集中体现在他的《乡村建设大意》和《乡村建设理论》中。他主张:(1)重视乡村文化建设,认为乡村建设不是单纯的乡村救济,或经济、政治和教育的建设。(2)乡村建设应以儒家的"理性"为基础,要从社会组织构造入手,主张通过办"村学、乡学"建立集政、教、养、卫为一体的村社组织,重振中国固有的伦理情谊和道德精神。(3)以农立国,以农为本,先振兴农业,并吸取西方文化中的科学技术,走"从农业引发工业"的经济发展道路,反对从商业发展工业的做法。(4)提出乡村建设成功的保证是农民自觉、乡村自救。他认为解决乡村问题一要靠农民,二要将有知识、有眼光、有新办法新技术的人与农民结合起来,对农民进行教育,"启发农民的智慧"。

梁漱溟确定在山东邹平开展乡村文化复兴实验,经历了一个探索过程。

(1)1927—1929年在广东进行乡治讲习工作。1927年,梁漱溟受李济深之邀到广东开办乡治讲习所,讲授乡治主张和办法。李济深为了避免广东的民团(地方绅士建立的武装力量)、商团(商界建立的武装力量)、农团(农协建立的革命武装)发生武装冲突,计划建立"地方武装团体训练员养成所",训练一批人,毕业后到各县地方当武装训练员,把民团、商团、农团团结起来,便邀请梁漱溟开办讲座。梁漱溟以"乡治十讲"为题,作了十次讲演,讲了乡治的意义和办法。听讲的训练员有千余人。因蒋介石把李济深软禁在南京汤山两年,梁漱溟的乡治计划失败。1929年正月,梁漱溟离开广州北上,沿途考察了江苏昆山、河北定县和山西的乡村建设工作。

(2)1929—1931年在河南开展村治教育工作。当时阎锡山在山西搞村政运动,省政府设有村政处。村政处的任务主要有二:一是禁吸毒品,二是禁妇女缠足。1929年,梁漱溟受邀接办了《村治月刊》,并在北京出版发行。阎锡山资助了该刊物的出版。同年,冯玉祥受王鸿一的鼓动,开办河南村治学院,聘请彭禹廷为院长、梁耀祖和王怡柯为副院长、梁漱溟为教务长。梁漱溟负责主持学

院日常工作,起草《河南村治学院旨趣书》,阐明河南村治学院的宗旨;起草村治学院的章程,规范村治学院的运行。1929年底,村治学院招收第一批学生,有400人左右。后因蒋、阎、冯中原大战爆发,河南是主战场,村治学院难办下去,学生学习了不足一年,草草结业,1930年10月学院停办。

(3) 1931—1937年在山东邹平开展乡村文化复兴实验。河南村治学院结束后,梁耀祖向韩复榘报告河南村治学院的情况。韩复榘对梁耀祖讲:欢迎大家到山东,在山东继续村治教育事业。梁耀祖到北京邀请梁漱溟,将原河南村治学院人员聚集山东。1931年6月,山东乡村建设研究院正式成立,梁仲华任院长、孙则让任副院长、梁漱溟任研究部主任。不久,梁仲华、孙则让相继调任济宁专区专员等职,梁漱溟接任院长,并开办《乡村建设》半月刊①。山东乡村建设研究院分乡村建设研究部、乡村服务训练部、乡村建设实验区和附属农场。乡村建设研究部是高级研究机构,任务是研究乡村建设理论,招收大学毕业生学习一年(后改为半年)。研究部先后招收过三届学生,共有近百人。乡村服务训练部的任务是培训乡村建设干部,训练到乡村服务的人员,招收的学员都是有相当于中学文化程度的年轻人(20岁左右),每期约300人。乡村建设实验区是山东乡村建设研究院为了实施乡村建设计划,经山东省政府同意在邹平县建立的实验区,其任务是开展乡村建设实验推广工作。邹平县的自然条件、地理位置都较好,交通方便,在胶济铁路沿线,县城离周村火车站只有15千米左右。邹平实验区面积不大,区内有约17万人。实验区全部事务都由研究院管理,县长由梁漱溟等人提名,省政府照提名任命。县政府的机构设置、行政区域的划分,完全由乡村建设研究院根据需要决定。全县划分为十个区,县城内一个区,县城外九个区。邹平乡村建设实验区开展的具体工作如下:

第一,掌握县情。实验区确定后,对全县情况进行了全面了解,对人口作普查。县政府设立户籍室,掌握全县的户籍情况。各区政府都与县政府装有直通电话,各区政府及时报告本区人口变动情况。全县的户籍情况,户籍室都有档案。有两种人作为特殊人口另立卡片:一种是有文化的人,即受过小学以上教

---

① 《乡村建设》半月刊从1931年创刊到1937年停刊,刊出了大量宣扬乡村建设的文章,其中梁漱溟自己的文章就有49篇之多。这些文章系统地阐述了梁漱溟推行乡村建设的主张,为散布在各实验区的乡村建设者提供了必要的理论和方法指导。(张秉福:《民国时期三大乡村建设模式:比较与借鉴》,《新疆社会科学》2006年第2期,第97—103页。)

育的;一种是乡村中的坏人和不务正业的人,像流氓、盗窃分子、赌徒、好吃懒做的人等。建立卡片方便对他们进行管理。

第二,建立乡农学校。乡农学校是集政、教、养、卫于一体的农村基层"新的社会组织构造"。乡农学校分村学、乡学两级,列甲、乙两项工作,由"学董"即乡村领袖人物、"学长"即乡村品德高尚人士、"学众"即一乡一村之众、"教员"即从事乡村运动服务人员构成。其中甲项工作侧重学校式教育,兼行职业培训;乙项工作侧重社会式教育,兼行本乡、本村社会改造与经济建设。[①] 乡农学校以一定范围内的农户为基本单位,先设立校董会,推选校董会常务理事以及校长;校董会某种程度上起着相当于乡公所、区公所的作用,校董会常务理事相当于行政上的乡长;乡民学校的学生为该学校范围内所有农户;乡民会议由全体学众组成,是代表地方民意的立法机关。"乡学""村学"行使包括教育在内的各项社会、行政功能。

第三,发展生产。邹平县是产棉区,通过举办农产品展览会,展示新的品种和技术,吸引农民改良棉种,推广优良麦种和畜禽良种,最受欢迎的是美棉,每大亩可收获籽棉300—400斤,还引进无毒优良蚕种,试养乳牛、乳羊、蜂群、种兔等。植树造林,疏通河道;发展生产,改善农民生活。引进、推广农机设备和先进耕作技术,由农林事务所派专员巡回指导,所有种子、苗木、肥料、药品均免费供给,并分期给付租金,由土地所有人负责管理。实验区内所有生产收入全数归管理农户,提高了农家收入。

第四,发展农业合作社。为了克服农民的分散性,推广农业合作化,1935年7月,邹平合作事业指导委员会成立,加快了合作化的步伐。到1936年底,全县共有美棉运销、蚕业产销、林业生产、信用庄仓、信用、购买六类合作社。在合作社范围内,重点进行了农作物优良品种的推广。为了支持发展生产合作社,1933年成立农村金融流通处,开展借贷业务,截至1936年6月,放款达85 584元;同时,给合作社借款,以资助集体引进和使用新式科学技术发展生产,从而达到使农村"富起来"的目的。

第五,发展公共卫生事业。1934年,山东乡村建设研究院与齐鲁大学医学院合作,在邹平开办医院,在其他13个乡中的6个乡各设立卫生所1所。卫生

[①] 张秉福:《民国时期三大乡村建设模式:比较与借鉴》,《新疆社会科学》2006年第2期,第97—103页。

所也设有病床,医院的大夫均聘请自齐鲁大学医学院毕业生。这些都为预防疾病、提高农民的健康水平起到了重要作用。

第六,建立自卫组织。1931年邹平社会治安很差,土匪猖獗,还常有日本浪人勾结地痞流氓贩运毒品,或者进行娼赌盗匪活动。地方治安,人人有责,针对以上情况,通过征调训练、编制服务、集合检阅等使全县壮丁都经过训练并纳入组织后,等盗匪及贩毒者基本肃清。

第七,革陋俗、树新风。各种乡村建设组织都开展了这项工作。邹平实验县对社会风俗的改良措施是:一方面利用村学、乡学大力宣传复兴传统良风美俗,如敬老爱幼、礼贤尚义、恤贫睦邻、扬善抑恶、勤劳俭朴等;另一方面禁止陈规陋习,如妇女缠足、早婚、吸毒、赌博等,提倡"伦理情谊",鼓励"人生向上"。为配合政府各项条例的实施,各乡学相继开展清查工作,查出的吸毒者送入县戒烟所戒毒,对贩毒者则进行制裁。乡学村学学董会相继召开会议制定禁赌办法,采取教育劝导与查禁处罚并行措施,由乡村学校负责向村民宣讲赌博的危害,由自卫队负责夜间查赌抓赌,对聚赌者实行罚款。

可见,梁漱溟的邹平乡村文化复兴实验是重点建设农村的教育、生产、组织、卫生、治安、乡风等要素的农村社区建设模式。这种建设模式取得了一定成绩,并产生了影响。一是自邹平实验开始,实验区迅速扩大。1933年7月增加了菏泽13个县;1935年又增划济宁14个县为实验区。在不到四年的时间里,乡村建设实验由邹平一个县扩展到了整个鲁西南地区。二是训练部在数年间,为各个实验区培训了2400多名从事乡村建设实验的骨干。[1] 三是合作社促进了经济的发展。以棉花运销合作社为例:1934年,脱籽美棉扩大到4万余亩,较1933年增加15倍;成立新社213处,社员5975人;村庄增加到200余个,发放棉籽20余万斤。在引进农业技术和增加农民收入方面均卓有成效。[2] 四是在乡村教育方面。1937年前,邹平全县351个自然村中,有322个村设有小学。1935年6月时,全县有在学儿童10 044名,占学龄儿童总数的近50%。五是在

---

[1] 张秉福:《民国时期三大乡村建设模式:比较与借鉴》,《新疆社会科学》2006年第2期,第97—103页。

[2] 秦文平:《梁漱溟从事邹平乡村建设运动始末(1931—1937)》,《哈尔滨学院学报》2018年第2期,第108—112页。

合作社方面。截至 1936 年底,邹平共有美棉运销、蚕业产销、林业生产、信用庄仓、信用、购买等六类合作社 307 所。①

但邹平乡村文化复兴实验并没有改变农民被剥削被压迫的处境,农民的经济、政治地位并没有得到多大的改变。乡村文化复兴实验没有受到农民的欢迎和支持,农民对种种改良措施只是消极合作,态度并不积极。乡农学校与当地老百姓之间甚至还发生过冲突。② 1937 年 11 月,日军进攻山东,韩复榘不战而退。沈鸿烈继任山东省政府主席后,以"违背法令及为社会诟病"为由,撤销了全省各县乡全部乡学、村学,恢复了原来的区、乡建制。至此,梁漱溟的山东邹平乡村文化复兴实验完全失败。③

第二节 新中国成立后的农村社区建设模式

农村社区是承担供给农产品和生态产品责任、将农业和生态产业当作主要产业、专门从事农业生产和生态产品生产、以农业生产和生态产品生产为主要谋生方式的生活共同体。农村社区良性运行和健康发展关乎国家粮食安全、食品安全、生态安全和社会稳定,因此,农村社区建设意义重大。各种建设主体在特定场景下,平衡农村社区各种要素、不同群体的利益诉求,积极探索解决农村社区运行与发展问题的思路,形成了解决农村社区运行与发展问题的具有推广运用价值的实践方案和建设模式。

一、新农村建设模式

纵观人类历史,农村对国家和社会的发展具有特殊的农产品供给价值、财源价值、富国价值、维稳价值、生态产品供给价值,因此,必须重视农村建设。只不过,因为不同时代的国家统治者对农村特殊价值的追求不同和对农村的期待不同,出现了不同的农村建设模式。

中华人民共和国成立以后,20 世纪 50 年代,社会主义新中国就提出了"社

---

① 熊亚平:《卢作孚乡村建设思想的历史定位——从乡村建设最早提出者问题谈起》,《福建论坛(人文社会科学版)》2014 年第 4 期,第 88—94 页。
② 周晓庆:《对民国乡村建设运动的再认识》,《古今农业》2013 年第 1 期,第 98—104 页。
③ 萧光畔:《民国时期的乡村建设运动》,《中国乡村建设》2009 年第 4 期,第 149—153 页。

会主义新农村"的概念。其目的是引导全体农民走向社会主义和共产主义。①合作化之后建立的以工农商学兵相结合、政社合一为特征的农村人民公社更被誉为"社会主义新农村"的高级形式。20世纪60年代,在党中央明确建设社会主义"四个现代化"目标之后,建设"社会主义新农村"的主要内涵其实是在农村建立社会主义生产关系。20世纪90年代,使广大农民的生活"达到小康水平"之类的提法逐渐盛行,强调建设"富裕民主文明的社会主义新农村",因此,建立"社会主义新农村"又成为实现小康社会的重要条件。

进入21世纪后,我国国民经济的主导产业已由农业转变为非农产业,经济增长的动力主要来自非农产业,我国已经跨入工业反哺农业的新阶段。然而,"三农"问题日益突出,农业和农村发展处在艰难的爬坡阶段,农业基础设施薄弱、农村社会事业发展滞后、城乡居民收入差距扩大等影响到国家发展。农业丰则基础强,农民富则国家盛,农村稳则社会安;没有农村的小康,就没有全社会的小康;没有农业的现代化,就没有国家的现代化。因此,必须在新的历史时期、新的历史高度、新的历史要求的前提下建设社会主义新农村。建设社会主义新农村,利于农村剩余劳动力流动、创造更多就业机会、持续地增加农民收入、刺激农村消费需求,也利于缓解国家的产能过剩、通货膨胀、经济下滑等现象。②

2005年10月11日,党的十六届五中全会通过《中共中央关于制定国民经济和社会发展第十一个五年规划的建议》,提出要按照"生产发展、生活富裕、乡风文明、村容整洁、管理民主"的要求,扎实稳步推进社会主义新农村建设。2005年12月31日,中共中央、国务院公布《关于推进社会主义新农村建设的若干意见》,要求"各级党委和政府必须按照党的十六届五中全会的战略部署","切实把建设社会主义新农村的各项任务落到实处,加快农村全面小康和现代化建设步伐"。中国特色社会主义新农村建设是在中国共产党的领导下,中国政府动员社会力量和全体农村公民利用农村社会发展规律科学地推动农村进行经济、政治、文化和社会等方面的现代化建设的运动,不同于民国的乡村建设

---

① 1953年2月通过的《中国共产党中央委员会关于农业生产互助合作的决议》最后强调,要"实现我们在农村中的最后目的——引导全体农民走向社会主义和共产主义"。
② 李爱明、高春颀:《林毅夫披露"建设新农村"建议幕后》,《中华工商时报》2005年12月13日,第2版。

运动。当代社会主义新农村建设,是党中央立足农村现实作出的符合国情、利国强农的重要部署,是改善城乡关系与工农关系、发展农村社区公共服务和基础设施、增加农民收入的战略安排,是加强农业、繁荣农村、富裕农民的重大举措,在新中国农村社区建设发展史上具有伟大的历史意义。这种农村社区建设模式相较以往的农村建设而言,有以下特点:拥有"以工促农、以城带乡"的新背景;确立了统筹城乡发展的新思路;提出了农村社区经济、政治、文化、社会协同发展的新要求;实施工业反哺农业、城市支持农村、全社会广泛参与的新机制。它的建设性质、要求、内容、方法和属性都有新规制。

1. 新农村建设的性质

社会主义新农村建设与民国乡村建设运动相比,有以下不同:(1)具有不同的社会特征。民国时期乡村建设的主体是知识分子群体;当今中国社会主义新农村建设的主体是中国共产党领导下的各级政府、行政村和农民群体。可以说,当今中国社会主义新农村建设运动是在中国共产党领导下,按照可持续发展要求进行的,政府利用优越的社会主义制度和全社会力量,动员全体农民参加,建设成果为全体农村居民共享的农村建设过程,具有完全不同的社会特征。(2)具有不同的时代特征。进入21世纪后,中国的综合国力得到提升,经济实力有所增强,农村经济结构发生了重大变化,农民的物质、精神生活需求提高了,所以,当今的新农村只能按当代要求进行建设。当今新农村建设与过去的乡村建设运动不同,立意更高远、内容更丰富,而且随着时代发展在不断增加新的内容。(3)具有不同的综合特征。民国时期知识分子开展的乡村建设运动虽然具有综合特点,但是没有涵盖政治文明和生态文明的内容;而今天的新农村建设涵盖了农村社会的物质文明、政治文明、精神文明、社会文明、生态文明等五个文明建设的所有内容,是更高层次的多种文明建设的有机结合和综合协调的农村建设运动。(4)具有不同的联动特征。与民国乡村建设运动不同,当今中国新农村建设是以城市社会发展为标准、以"以工辅农"为途径的城乡互动过程;在建设含义和工作部署上,是城乡融合、二者作为一个系统工程来考虑的,而不是就农村论农村、就农业抓农业。

2. 新农村建设的新要求

党的十六届五中全会对新农村建设提出了"生产发展、生活宽裕、乡风文明、村容整洁、管理民主"的20字方针,这是社会主义新农村建设的新要求。第一,生产发展。新农村建设的首要任务是发展生产。这需要开发农村人力资源,激活农村劳动力;发展各类经济组织,提升农民的组织化程度;疏通剩余劳动力转移渠道;大力建设农村生产基础服务设施;开发并广泛应用新型实用的农业科技;转变农业经济增长方式;调整农村经济结构,加快农业产业化步伐,健全农村市场体系;力保我国的粮食安全。第二,生活宽裕。这需要多思路开辟各种增收渠道;健全农村市场体系;扭转农村资金外流现象,建立农村融资体制,成立惠农金融系统;建立农村生活服务体系;建立农村消费经营网络。把增加农民收入与方便农村居民生活结合起来。第三,乡风文明。这需要持续开展农村精神文明建设;修建各种农村文化娱乐设施;开展各种乡村文化活动;完善乡规民约;持续进行乡村法治教育;建立移风易俗管理组织和乡风文明监督小组;成立农村社区警务室,开展社区治安巡逻,打击各种社区犯罪活动。第四,村容整洁。这要求在修建农村社区需要的现代生活设施的同时,改变农村社区的"露天厕、泥水街、压水井、鸡鸭院"的生活设施;进行社区发展规划并按规划进行房舍街道建设;发展农村社区交通,修建垃圾处理设施,成立清洁卫生队;修建农村社区美化、绿化、亮化设施。第五,管理民主。进一步完善村民自治制度,建立村民自治管理程序法规,建立破坏村民自治制度的防范机制。

3. 新农村建设的新内容

根据"生产发展、生活宽裕、乡风文明、村容整洁、管理民主"的新农村建设20字方针,新农村建设的新内容是:

(1) 建设农村社区"新设施"。新设施指的是城市社区拥有而农村社区没有的,但对于农村居民生产生活又是不可缺少的那些设施,主要是道路交通、电力、电信、水利、供排水设施、垃圾处理设施、文化娱乐设施、农业基础设施等。在建设过程中要针对不同社区的经济结构、地理环境、居民生活习惯、文化传统选择具体设施来进行建设。

(2) 建设农村社区"新环境"。新环境是指在农村社区建设出与原来不同的生产生活环境。其基本特征是良好的生态环境、整洁的生活环境。为此,新农村建设要致力于农村物质环境的改善,修建一些有利于农村环境改善的新设施,尤其要修建一批恢复农村生态环境的生态工程。

(3) 建设农村社区"新房舍"。新房舍是指不同居民在共同居民点建造起来的、风格一致的、美观实用的房舍。建设新房舍需要改变农户原来的分散建房以及风格不一致的、不美观的建房习惯。新房舍在建设方式上与新设施和新环境的建设有所不同：新设施与新环境建设要求集体行动，而新房舍建设主要是靠农户自己的选择，政府一般只提供社区房舍建设规划、指导和培训。

(4) 建设农村社区"新公共服务"系统。总的来讲，农村社区的公共服务设施较为落后，所以，建设农村新公共服务系统就是要彻底改变农村缺乏公共服务的现象。在农村社区普遍建设服务于农村居民生产和生活的公共设施及相关制度，包括：农民职业培训、农业科技推广体系、医疗卫生体系和各项文化事业等，加快发展农村义务教育；大规模开展农村劳动力技能培训；积极发展农村卫生事业。农村新公共服务体系的建设，既要求深化体制改革和全面规划，也迫切要求各级政府尤其是上级政府加大财政投入的支持力度。

(5) 建设农村社区生活保障制度。农村社区生活保障制度是不同于农村家庭保障制度的社会保障制度，前者主要包括生态产品供给、生计产品供给、就业保障制度、养老保险制度、医疗保险制度、工伤保险制度、最低收入保障制度、贫困救济制度、灾民补助制度、留守群体关爱制度、社区福利制度等。建设农村社区生活保障体系主要通过政府支持、社区自力更生发展集体经济、农户发展家庭经济来实现，具体有以下措施：加强农民急需的生活基础设施建设；加快农村饮水安全工程建设，保障农村居民饮水安全；修建集中式供水设施，提倡饮用水和其他生活用水分质供水；推广沼气、秸秆气化、小水电、太阳能、风力发电等清洁能源技术；改善人居环境，加强人居环境治理。

(6) 建设农村社区"新精神风貌"。所谓新精神风貌就是追求进步、崇尚科学、健康文明的精神风尚。建设社区新风貌包括民主和法治建设，移风易俗，培养文明、科学、健康的生活方式，用先进文化武装广大农村居民。

(7) 建设农村社区"新管理模式"。农村社区运行需实施民主制度，建设农村社区的民主治理模式是新农村建设的政治保证，显示了对农民群众政治权利的尊重和维护。只有进一步扩大农村基层民主，完善村民自治制度，真正让农民群众当家作主，才能调动农民群众的积极性，真正建设好社会主义新农村。

4. 新农村建设的新方法

(1) 因地制宜地开展新农村建设。我国农村地域广阔，各地情况千差万别，建设新农村的基础条件很不相同。因此，必须根据各地的地理环境、经济发展水平、地域文化等情况进行规划建设，不可能全国各地统一标准，只能在宏观政策、财政资金安排方面达到统一。必须坚持科学规划,实行因地制宜、分类指导,有计划有步骤有重点地逐步推进。

(2) 利用合力建设机制开展新农村建设。由于在具体的新农村建设中,村民、行政村、乡镇政府在建设意识上有共性也有分歧,在建设能力上有优势也有缺陷,这决定了新农村建设不能搞"单干",须将这三类建设主体结合起来,成立由村民、行政村干部、乡镇干部组成的新农村建设共同体,建立新农村合力建设新型机制。新农村建设的合力建设机制产生凝聚力的措施有:统一建设思想,整合行政村和基层政府的建设能力,建立项目合作与任务分解的工作机制,合理分配建设共同体的群体角色,并通过群体沟通、群体决策、群体规范、强化角色意识、建立安全阀制度来保障新农村建设共同体和新农村合力建设机制的高效运作。同时,新农村建设共同体利用合力建设机制开展每项新农村建设工作时:要正确认识合力建设机制;要充分尊重村民的主体地位,发挥各方面的积极性;必须坚持依靠农民辛勤劳动、国家扶持和社会力量的广泛参与,使新农村建设成为全党全社会的共同行动。

(3) 追求实效地开展新农村建设。按每个行政村的实际条件和需要规划本村新农村建设方案,然后按建设规划进行施工。建设速度和规模要量力而行,不搞冒进和攀比。更不能搞长官意志,强迫命令,违背农民的意愿,做一些表面文章和形象工程。上级政府部门要切实加强对下级部门的监督和考察,实事求是地评价后者在推进新农村建设方面的作用。

(4) 城乡互动开展新农村建设。要按照"工业反哺农业、城市支持农村"和对农民坚持"多予、少取、放活"的方针,进行新农村建设。过去一直是农村支持城市建设,农业支持工业建设,而现在大多数农民家庭收入不高,大多数行政村都没有充足的财力。党和国家要建设新农村,应动员城市支援农村建设,利用工业积累起来的财政支援农业建设。基于此,国家和政府要考虑城乡和工农业如何在新农村建设过程中密切配合的问题,建立良性互动机制。

(5) 环保与节源相结合开展新农村建设。当今的新农村建设是中国共产党领导下的农村建设,要在可持续发展的前提下进行新农村建设,要防止各地把新农村建设当成一场耗资的开发运动。整个建设过程不能忽视环境保护和资源节约问题。要减少农业面源污染,恢复农村生态环境,保障食品安全;杜绝农村工业出现高投入、低产出，高耗费、低收益，高排放、低利用的现象。

（6）以经济建设为中心开展新农村建设。有条件的地方可以发展农村工业、服务业，但是要保持其与农业的平衡，要使农村地区的第一、二、三产业保持必要的合理平衡。要防止出现单纯追求第二、三产业而完全放弃农业生产的情况，至少在全国范围内保证三个产业的平衡，保障国家粮食安全。建设社会主义新农村，就地建立农民收入增长的长效机制，应鼓励农村走农业与非农产业相结合的道路。农村的发展，宜农则农、宜工则工、宜第三产业则第三产业。既要不断巩固农业基础，又要因地制宜大力发展非农产业，不断壮大农村经济实力。加强农村现代流通体系建设，建立乡域农产品批发市场，促进入市农产品质量等级化、包装规格化。发展农产品流通业，积极发展农产品、农业生产资料和消费品连锁经营，建立以集中采购、统一配送为核心的新型农产品营销体系。实施家电下乡政策，对农民购买纳入补贴范围内的家电产品予以一定补贴。培育和发展农村社区经纪人队伍。建立健全县域农产品检验检测体系，提高农产品质量安全水平。发展农业产业化经营，积极引导和支持农民发展各类专业合作经济组织，建立有利于农民合作经济组织发展的信贷、财税和登记等制度。拓宽农民增收渠道，构建"一村一品"农业生产机制，实现产品增值增效。大力加强农田水利、耕地质量和生态建设。

5. 新农村建设的社区建设属性

新农村建设本不是农村社区建设，因为社会主义新农村建设是党和国家推进小康社会建设和实现社会现代化的战略部署。不过，生产、生活、乡风、村容、管理也是农村社区的构成要素，促进农村"生产发展、生活宽裕、乡风文明、村容整洁、管理民主"的总体要求必将落实到农村社区，也必将对农村社区的发展产生积极影响。故新农村建设具有农村社区建设的属性和功能。徐勇认为，积极推进农村社区建设是社会主义新农村建设的基点和平台，也是社会主义新农村建设的需要。① 2007年10月，党的十七大报告也明确要求，"把城乡社区建设成为管理有序、服务完善、文明祥和的社会生活共同体"，这其实就是把农村社区建设纳入社会建设的总体格局。实际上，"生产发展、生活宽裕、乡风文明、村

---

① 徐勇：《在社会主义新农村建设中推进农村社区建设》，《江汉论坛》2007年第4期，第12—15页。

容整洁、管理民主"的新农村建设要求的落实,深刻影响了农村社区建设的角度和侧重点。可见,肇始于21世纪初期的中国特色社会主义新农村建设模式是重点建设生产、生活、乡风、村容、民主等要素的农村社区建设模式。

二、民政农村社区建设模式

2006年,党的十六届六中全会作出"积极推进农村社区建设"的决定。民政部于2007年3月29日印发《全国农村社区建设实验县(市、区)工作实施方案》,决定从全国有条件的县(市、区)中确定一批全国农村社区建设实验县(市、区),用1—2年时间开展农村社区建设活动,并要求农村社区建设实验县(市、区)承担如下任务:(1)推动农村社区管理体制和工作机制创新;(2)制定农村社区发展规划,探索农村社区建设的主要内容;(3)推进公共服务向农村延伸;(4)开展农村社区互助服务;(5)组织农村社区建设宣传和培训;(6)进行农村社区社会工作人才队伍建设政策研究,积极推进农村社会工作发展。继而,2009年3月6日,民政部发布《关于开展"农村社区建设实验全覆盖"创建活动的通知》。该通知要求以邓小平理论和"三个代表"重要思想为指导,深入贯彻落实科学发展观,以农村社区建设规划为引领,以农村社区公共服务设施建设为抓手,以提高农村社区管理和服务能力为重点,以完善农村基层社会管理体制为保障,深入推进农村社区建设实验工作。其创建标准包括:领导协调机制的全覆盖、社区建设规划的全覆盖、社区综合服务设施的全覆盖、社区各项服务的全覆盖、社区各项管理的全覆盖。由于要进行督促检查,这五项创建标准实际上扩展为各地农村社区建设的实验内容。

1. 建立领导协调机制

民政部要求县乡两级建立由党委政府领导、民政部门牵头、有关部门协同、社会力量参与的农村社区建设领导体制和工作机制。各地开展农村社区建设的县乡两级政府都会成立由党委政府领导任组长,有关部门主要负责人参加的农村社区建设领导小组及工作机构,负责对农村社区建设工作的领导、指导、协调和监督。建立健全农村社区由党委领导、政府主导、民政牵头、部门配合、两委主办、社会协同、村民参与的工作机制,确保农村社区建设工作健康高效运行。一般由民政部门作为农村社区建设的牵头单位,加强对农村社区建设的组织协调、工作指导、政策制定、督促检查和业务培训等工作;组织、人事等部门承担农村社区工作者队伍建设的责任;教育、科技、卫生、文化、体育、建设、国土、规划、城管、公安、生态环保、劳动保障等部门负责将服务职能延伸到农村社区;发展改革、财政、工商、税务等部门负责落实农村社区建设的政策措施,形成推进农村社区建设的整体合力。如宁夏吴忠市的青铜峡市,在2009—2011年开展农村社区建设时,成立了由市长任组长,政府分管领导任副组长,市委组织部、财政局、民政局等30个单位主要负责人为成员的青铜峡市农村社区建设领导小组,各乡镇相应成立了农村社区建设组织机构,围绕"居住小区化、生活城市化、管理社区化、服务社会化"的目标,重点建设农村社区组织、社区设施、社区服务。同时要求村一级成立相应的协调共建机制。农村社区建设工作纳入党委政府重要议事日程,纳入本地区经济社会发展规划。制定农村社区建设考核指标体系,把农村社区建设纳入年度经济社会发展综合考核。由各级农村社区建设领导小组办公室牵头,组织有关部门对农村社区工作情况进行考核验收,考核结果列为单位绩效考核的重要内容。制定出台农村社区建设奖励办法,定期表彰在支持农村社区建设方面做出突出贡献的单位和个人。

2. 编制社区建设规划

民政部要求实施农村社区建设的行政村制定出农村社区建设规划,要有明确的农村社区建设的指导思想、工作原则、目标任务和保障措施;要选定农村社区的设置模式、分布范围、功能定位;要确立社区服务设施建设标准和投资方式;要安排好农村社区建设的步骤。自2009年以来,全国各实验县(市、区)从实际出发,在城郊结合型、集镇中心型、传统村庄型、经济发达型、经济欠发达型、文化特色型、生态特色型等不同类型的村庄开展了社区建设实验工作,按照地域相近、规模适度、群众自愿、便于管理服务、优化资源配置的原则,各地探索农村社区布局和制定建设规划,形成了"一村一社区""多村一社区""一村多社区"等多种社区设置形式,都按照规划要求开展了农村社区建设实验工作。如宁夏吴忠市的青铜峡市2009—2011年开展农村社区建设时,市政府颁发指导农村社区建设的政策文件,按一个行政村设置一个农村社区的要求,每个行政村都制定了社区建设规划和工作方案,整合资源、加大投入,各单位各司其职,动员全村劳动力参加社区建设,取得了一些成效。

3. 建设社区公共设施

民政部要求农村社区全部建有或规划建有综合服务中心,初步形成了以综合服务设施为主体、专项服务设施为配套、服务站点为补充的社区服务设施网络。社区服务设施辐射半径一般为2—3千米,社区居民步行前往一般不超过20分钟。进行社区建设的乡镇一般选择人口相对集中、集体经济较发达、村民素质较高、已通水电路网的村庄,修建集管理、服务、教育、活动等功能于一体的农村社区服务大楼,并修建社区办公室、会议室、图书阅览室、医疗卫生室、警务室、室内文化活动场所、室外休闲广场、室外健身场所、农民学校、政策宣传栏、村务公开栏、农资商贸超市等配套的公共服务设施。具体落实到不同县乡村,建设社区公共设施是因地而宜的。如宁夏吴忠市的青铜峡市2009—2011年开展农村社区建设时,是以改善农村社区居民的生产生活环境为突破口,采用"先试点,后实验,再推广"的建设方法,实施"四通""三改""三化"工程,修建农村社区的交通、通信、电力、水利等生产设施;通过结对帮扶方式,为农村居民修建房屋场地、社区活动场所、卫生医务室、室内健身室等生活设施。同时,按照统一规划设计、统一标志牌匾、统一建设标准,实行农村社区设施建设的规范化管理,为农村社区居民创造了优越的生产条件和方便、就近、快捷的生活服务。

4. 开展社区公共服务

民政部要求农村社区建设要初步构筑起社区基本公共服务、志愿服务和互助服务、社区服务业相衔接的农村社区服务体系。一些开展农村社区建设的行政村,首先成立社区服务中心,社区服务中心既是一个服务设施,也是一个服务组织机构。社区服务中心设主任、副主任和一些符合实际需要的具体服务组织,并进行职能分工。社区服务中心组织机构在村党支部领导和村委会指导下开展工作,承担具体组织开展社区服务的职能。具体到各地农村社区,开展的社区公共服务有所不同。如江西九江市在农村社区建设中建立的村级社区服务中心,下设新农村新社区建设服务所、公共事务代办服务所、农业生产指导服务所、卫生医疗保健服务所,通过四大服务所开展社区服务;然后,组建社区志愿者服务队、文化娱乐队、环境保洁队、治安巡逻队、山林巡逻小组等公共服务组织,开展群众性的志愿服务和互助服务活动;兴建了一批有助于改善社区居民生产和生活条件、方便满足消费需求的农资供销、农产品经营、农村金融、农业机械工具、农业科技类社区服务业网点,并提供相应的生产服务。又如宁夏吴忠市的青铜峡市进行农村社区公共服务建设,设立社区服务中心"一站式"服务大厅,开展生活救助、生活福利、建房审批、社会保险、司法服务、文化体育、信访接待等便民服务;利用现代远程教育设备开展社区劳动力培训、提供就业信息;开展环境卫生、预防保健、全科医疗、健康教育等社区卫生服务。

5. 建设社区公共组织

民政部要求农村社区组织体系完善,社区党组织(村党组织)领导的充满活力的基层群众自治机制健全,社区民间组织、驻社区单位和社区居民在社区管理中的作用得到充分发挥。各地进行农村社区建设时,首先要加强农村社区党组织建设,利于引导农民"富口袋""富脑袋",利于党支部带领农民群众创造幸福美好生活。① 探索建立以农村社区党组织领导为核心、村民自治为基础、农村居民广泛参与、各类社区组织互动合作的农村社区民主治理机制。其次,村委会承担农村社区服务功能,通过村民会议、村民代表会议、听证会等有效形式和渠道听取村民意见及建议。再次,积极发展社区志愿者协会、老年人协会、妇女协会、专业合作社等民间组织,充分发挥其联系群众、提供服务、反映诉求和规范行为的作用。如江西九江市在农村社区建设中成立社区志愿者协会,通过辖设的社区互助救助站、社区公益事业服务站、社区卫生环境监督站、社区文体活动联络站、社区民间纠纷调解站、社区科技信息传递站等工作站,为社区居民提供救助、调解、环保、文体、科技信息传递服务。最后,建设社区工作者队伍。设置服务窗口及社区养老救助岗、社区劳动保障岗、社区计生卫生岗、社区安全保卫岗、社区志愿服务岗等服务岗位。给每个岗位配备一定的社区工作人员,提高社区服务的规范化、标准化和专业化水平。

6. 构建农村社区建设筹资机制

民政部要求将农村社区建设投资纳入政府财政预算,多渠道筹集农村社区建设资金,构建稳定的资金投入机制。筹措农村社区建设资金的渠道有:一是各级政府财政拨款,乡镇政府把农村社区建设经费列入财政预算,提高农村社区建设投入占农村总投入的比重,确保农村社区正常运转的经费需要;二是引导、鼓励发展村集体经济,建立社区建设公益基金;三是建立各类涉农资金、部门帮扶资金、无偿捐助、商业投资等相补充的多渠道、多元化的农村社区建设投

---

① 徐晨光、王小萍:《调适与发展:农村基层党组织组织力提升的政治逻辑》,《湘湘论坛》2021年第1期,第25—35页。

入机制;四是探索市场化运行机制,对于利用社区建设资金修建的生态旅游、生态康养、生态休闲服务等公共设施,实行有偿服务,筹措公共服务设施维修资金。

7. 理顺农村社区主体互动关系

建设农村社区实际上是在农村社会结构中嵌入社区这种新型主体,不管是新建的农村社区还是由行政村改建的农村社区,都需要与乡镇政府、村委会、社区民间组织、驻区企业建立互动关系。因此,农村社区要理顺以下关系。一要理顺与乡镇政府的关系,因为乡镇党委与农村社区是领导与被领导的关系,乡镇政府和有关职能部门与社区是指导与被指导的关系。按照《村民委员会组织法》的相关规定,村委会要协助政府在辖区内做好有关工作。二要理顺与村"两委"的关系,因为社区与村委会是合作服务关系,共同为社区居民提供服务。对改建的农村社区而言,村"两委"实际上是农村社区的重要治理主体,村党支部应在社区治理机构中处于领导位置。三要理顺与社区民间组织、中介组织和经济合作组织的关系,因为社区与民间组织、中介组织和经济合作组织是相互依赖、相互促进的关系。社区建设公共设施和公共服务体系,为社区民间组织、中介组织、专业合作社开展业务提供了服务平台。四要理顺与驻区企业的关系,因为社区要积极开展面向驻区企业的社会化服务。驻区企业要参与社区建设,支持社区工作。

由此可见,民政农村社区建设模式是重点建设农村社区的公共设施、公共服务、公共组织等要素的农村社区建设模式。农村社区建设领导协调机制、农村社区建设规划、农村社区建设筹资机制、农村社区主体互动关系都不属于农村社区的构成要素,而只是建设农村社区要素的保障机制。这种农村社区建设模式的探索性实验,先后出现了多村合建一个社区、一个大村分建多个社区、一个行政村只建一个社区等三种社区设置形式。(1)"多村一社区"设置形式是依据地域相邻、规模适度、利于资源配置等原则,多个行政村合建一个社区,在村民集中之处建立社区服务中心,为辖区居民提供公共服务;成立社区协调议事机构,处理社区建设与运行中出现的问题。(2)"一村多社区"设置形式是将社区设置在行政村内的各自然村落里,村落社区受行政村管理,通过建立并依靠村落社区组织开展社区公益事业服务、发展社区卫生、繁荣社区文化、美化社区环境、调解邻里纠纷、改善社区风气、建立社区良好的人际关系。(3)"一村一社区"设置形式是以行政村为单位设置社区,村委会和农村社区合二为一,两个班子，一套人马，由村"两委"负责领导社区建设工作，在村部建立社区服务中心，开展社区服务工作。

由于多村设置一社区，等于在乡镇与行政村之间增加了一个管理层，一定程度上弱化了村委会的功能，增加了管理运行成本，造成村民生产生活上的不适应，便民、助民、利民、安民效果不佳；一村设置多个社区，容易造成行政村资源被瓜分、建设资源整合困难、人力资源不足、社区运行比较困难等问题。相对而言，一个行政村设置一个社区，便于农村社区的划分和操作，便于发挥村"两委"和村民的主体作用，便于整合社区建设资源，而且不会增加社区建设、管理、运行的成本。因此，"多村一社区""一村多社区"的设置形式逐渐减少，"一村一社区"的设置形式得到普及。2015年5月31日，中共中央办公厅、国务院办公厅印发的《关于深入推进农村社区建设试点工作的指导意见》明确要求，"在行政村范围内，依靠全体居民，整合各类资源，强化社区自治和服务功能，促进农村社区经济、政治、文化、社会、生态全面协调可持续发展"。这实际上肯定了一个行政村设置一个社区的做法。所以，现在民政部推行的农村社区建设基本上都是"村改区"的操作范型。

三、当代乡村振兴建设模式

2017年10月18日，习近平同志在党的十九大报告中指出，"农业农村农民问题是关系国计民生的根本性问题，必须始终把解决好'三农'问题作为全党工作的重中之重"，"实施乡村振兴战略"。2018年9月，中共中央、国务院印发《乡村振兴战略规划（2018—2022年）》，并发出通知要求各地区各部门结合实际认真贯彻落实。2021年3月，中共中央、国务院印发《关于实现巩固拓展脱贫攻坚成果同乡村振兴有效衔接的意见》，提出做好脱贫地区巩固拓展脱贫攻坚成果同乡村振兴有效衔接重点工作。2021年4月29日，十三届全国人大常委会第二十八次会议表决通过《中华人民共和国乡村振兴促进法》。2022年10月16日，习近平同志在党的二十大报告中指出，"全面建设社会主义现代化国家，最艰巨最繁重的任务仍然在农村"，要"全面推进乡村振兴"。这些政策文件对实施乡村振兴战略作出了阶段性谋划，是确保乡村振兴战略落实落地和有序推进乡村振兴的重要依据。依据这些政策文件，应建设和振兴农村社区如下领域或要素。

1. 依据产业兴旺要求,着力建设乡村产业体系

按层次分,农村社区可分为自然村社区、行政村社区、乡域社区。从农村社区建设实验来看,行政村社区是建设乡村产业体系和振兴乡村产业最合适的乡域空间;从中国经济百强村发展乡村产业的经验来看,行政村的空间范围也是建设乡村产业体系和振兴乡村产业的最佳物理场景。因此,以现行的行政村为单元建设乡村产业体系,是落实乡村产业振兴的最佳选择。

从振兴方法论角度讲,必须依据行政村社区的自然地理条件,因地制宜地建设社区产业体系,发展社区经济,振兴社区产业。实际上,这是依据社区资源确定社区产业的振兴原则。这是科学的、合理的、经济的乡村产业建设方式,是遵循用进废退规律的做法,可以实现社区资源的充分利用、社区产业的持续发展、社区经济的低成本经营。

建设社区产业体系和振兴乡村产业,首先要依据社区土地资源、水资源、气候资源等农业资源条件建设农业体系,发展农业经济。农民从事农业生产,供给农产品,承担国家粮食安全责任,是社会分工的产物,是中国农村土地承包制的安排和企望。所有承包村集体耕地的农户应该优先考虑把地种好、把土地资源转化为农产品和财富,然后再将家庭剩余劳动力转移到非农领域,开辟非农就业渠道和生计来源。农村社区振兴农业,主要任务是增强农业生产能力。(1)应该精准评估社区农业资源,找准适宜产业,宜农则农、宜牧则牧、宜渔则渔。(2)农户应该转变化学农业经营方式,发展自然农业、有机农业、生态循环农业、创意农业等功能农业经营方式,如广东省佛山市顺德区龙江镇发展桑基鱼塘农业模式,实现了农业生产的可持续发展。(3)农村社区发展功能农业需要改变单一的初级农产品生产模式,实行一体化生产,适当延长农业产业链条,实现有机肥料、本土种子、生物灭虫药物等农资供给与农产品初级生产、初级加工、运输销售一体化经营,在主要产业环节上增加收入。(4)实行市场化经营,改变小农经营格局,巩固土地承包责任制,采用"一村一品"经营模式,打造特色农业品牌,建立专业合作社,将农户组织起来,强化农户的生产经营功能,形成社区农业经济共同体,发展商品农业应对市场,提高社区农产品竞争力。

政府振兴农业,主要任务是营造良好的农业发展环境。(1)针对农产品价格和农业经营利润过低现象,提高农产品价格和创建生产利润平均化机制,让

土地经营户获得与其他行业经营者大体相同的劳动收入,增加农民务农的积极性。(2)针对农村社区生产设施相对落后的现状,大力修建水利、电力、农机维修站、机耕道路以及农产品货场、冷藏仓库、交易信息系统,提升生产设施质量和配套能力。(3)针对农产品消费端主要集中在大城市和农户销售能力弱的现实,县政府负责组建农产品贸易公司,收购村里的农产品,然后将其包装销售到国内大城市和国外;或者修建大型农产品批发市场,为农户提供产品销售服务。(4)针对多数农户缺乏应用先进农业科技的意识、知识、素质、能力、资金、设备的实际,加强农业科技推广工作,构建农技教育长效机制,培育农村科技应用示范户,为土地经营户提供扎实的农业科技服务。(5)针对农村信用社商业化和农户缺乏扩大农业生产资金的现实,建立健全农户融资服务体系。(6)针对农业弱质性和公益性的特点,完善农业补贴制度并加大农业扶持力度,切实增加农户土地经营性收入。

其次,依据社区生态资源以及其他自然资源,构建社区生态产业体系,发展社区生态经济。由于我国的山山水水主要分布在农村社区,部分农户也承包了村集体山林和水塘,占据了国家部分生态空间,因此,农村社区及其居民应该承担起发展生态产业和供给生态产品的责任。农村社区及居民振兴生态产业的任务是增强生态产业生产能力。(1)应该倾力建设和保护社区自然生态环境,因为自然生态环境是发展生态产业和供给生态产品的物质基础及基本前提,尤其依靠社区生态环境直接提供新鲜空气、洁净饮水、宜居空间、生态景观等自生类生态产品。(2)立足社区自然生态林区、野外植被区等自然生态环境,驯化栽培食用果蔬、药材、香料,发展生态种植业,供给赖生类生态产品。(3)利用社区森林环境,发展生态林下种植业、生态林下养殖业;利用社区水域环境,发展生态水域养殖业、生态水域种植业,供给繁衍类生态产品。(4)利用社区土地资源、生物资源、水资源等自然生态环境,发展有机农业、园林园艺产业、植物装饰业,供给有机农业食品、园林园艺产品、植物装饰产品等生态农产品;利用社区优质水源,发展瓶装矿泉水产业,供给生态加工产品;利用社区生态资源、空间资源、景观资源,发展生态旅游业、生态养生业,供给生态服务商品。

再次,如果农村社区拥有丰富的特色文化资源,则应建构社区文化产业体系,发展乡土文化经济。中国各地的乡村尤其是自然社区,都经历了漫长的农耕生活时期,创造出了具有乡土特色的农耕文化,积淀了深厚的农耕文化资源。

为了改变农户单纯依靠土地资源谋生的生计策略,农村社区应该动员农户发展社区文化产业。(1)利用社区岁时节日民俗、人生礼仪民俗、经济民俗、信仰祭祀民俗、游艺竞技民俗等文化资源,将社区打造成民俗村、古文化村落、民族文化村寨,提供餐宿服务,安排民俗游览、表演、参与活动项目,销售民俗旅游纪念产品,发展民俗文化旅游产业。(2)利用社区特有的民居建筑、生活环境聚集文化资源,修建游览街道、商店、歇息凉亭、家庭旅馆,美化亮化绿化社区环境,发展民居文化旅游产业。(3)利用社区农户文化、社区农耕史、本土特有农品、传统农具等题材,修建农耕文化展览馆、本土种质资源展示园、园艺品观赏园,发展农耕文化展览项目。(4)利用社区特有的木雕、石雕、竹编、纺织、铁艺、染制、制银、刺绣等传统手艺文化资源和酿造、腌制、烹调等传统食品加工文化资源,兴办传统技艺文化企业,发展社区技艺文化产业。

然后,如果农村社区拥有具观赏价值和旅游价值的景观资源,则应大力开发社区景观资源,发展乡村旅游产业。(1)利用农业空间资源,进行农业生产创意设计,开发农业梯田景观旅游项目、作物观赏旅游项目、农业研学项目,提供农业旅游服务。(2)利用农业生产过程,打造休闲农业园,开发农家乐、果蔬采摘、鱼塘垂钓、农场露营、田间劳作、野外烧烤等农业休闲服务项目。(3)立足社区自然风光,修建山野游道、歇息凉亭、人造瀑布、树巢居、观景台、摄影台等旅游设施,发展乡野旅游服务业。

最后,如果农村社区缺乏土地资源、生态资源、景观资源,则必须创造相应条件发展工业、服务业等非农产业。当然,一个行政村发展工业经济、商贸经济、服务经济也是需要相应条件的。

农村社区兼具生产、生态、生活、文化等多重功能,从可能性上讲,农村社区应该发展农业、生态产业、文化产业、旅游产业以及其他非农产业。但是,从现实上讲,具体到某个农村社区选择哪类产业或哪几类产业,取决于社区资源水平,并非要求所有农村社区都建立起全产业体系。振兴乡村产业,只能建设资源诱导型产业,只能立足社区资源优势进行产业组合,培育发展特色优质高效的富民兴村产业,构建现代社区产业发展新格局。

乡村振兴是实现第二个百年奋斗目标的关键。乡村振兴应以产业为先。但是我国多数农村社区处于小农经营、人多地少、农业低效、"资源碎片"的状态;一些社区的产业"一户一店""几户一社","小、散、弱"比较突出,要建立社区产业体系，并实现"生产、生活、生态、生意"同步兴旺的乡村振兴①，实现社区产业的可持续、高质量发展，的确需要农村社区艰苦奋斗，需要各种社会力量协力支持。

2. 依据生态宜居要求，着力建设乡村生态环境

生态建设是乡村振兴的关键领域。按照生态宜居要求建设农村社区生态环境，就是以习近平"两山"理论为指导，坚持尊重自然、顺应自然、保护自然，统筹治理山水林田湖草系统，转变农村生产生活方式，建设生活环境整洁优美、生态系统稳定健康、人与自然和谐共生的生态宜居美丽乡村。从农村社区的角度讲，建设社区生态环境，适合开展以下工作。

首先，转变农业生产方式，推进农业绿色发展。现行的化学农业生产方式是造成农业面源污染的根源。从20世纪50年代起，我国农村开始使用化学肥料、化学农药、化学除草剂进行农业生产，几十年的化学农业生产造成广大农村地区土壤的有机质成分减少，土壤板结；地表水富营养化；生物物种灭绝和生物多样性减少；农产品和饮用水品质下降。振兴乡村生态系统，建设农村生态环境，就是要转变化学农业生产方式，全面治理化学农业造成的土壤面源污染。为此，要以生态环境友好和资源永续利用为导向，推动形成农业绿色生产方式，实现投入品减量化、生产清洁化、废弃物资源化、产业模式生态化，提高农业可持续发展能力。（1）保护与利用水资源、耕地资源。对于政府来说，实施农业节水行动，建立健全农业节水长效机制和政策体系，建立精准补贴和节水奖励机制；落实和完善耕地占补平衡制度；普查动植物种质资源，推进种质资源收集、保存、鉴定和利用；强化渔业资源管控与养护，划定江河湖海限捕、禁捕区域，建设水生生物保护区、海洋牧场。对于农村社区和农户来说，要科学保护和合理利用水资源、土地资源；加大耕地保护力度，降低耕地开发利用强度，养成耕地轮作休耕习惯。（2）推进农业清洁生产。对于政府而言，要加强农业投入品规范化管理，完善农药风险评估技术标准体系，开展推进畜禽粪污资源化利用试点。对于农村社区和农户来说，要使用人畜粪、绿肥、堆肥等有机肥料进行农业生产；建立种养循环生产体系和有机废弃物收集、转化、利用体系，回收处

---

① 郭景福、黄江：《乡村振兴视阈下民族地区构建现代乡村产业体系的机制与路径探析》，《云南民族大学学报（哲学社会科学版）》2022年第3期，第110—117页。

理废旧地膜和包装废弃物;恢复田间生物群落和生态链,建设健康稳定的田园生态系统。(3)治理农业环境问题。对于政府而言,实施土壤污染防治行动计划,治理与修复重金属污染耕地;加强有色金属矿区污染综合整治;加大地下水超采治理;严禁未经达标处理的城镇污水和其他污染物进入农业农村。对于农户而言,要积极配合政府在社区开展农业环境问题整治工作,尤其在农业生产过程中要减量施用化肥农药,在治理农业面源污染方面做出自己的贡献。①

其次,改善农村社区人居环境。(1)建立社区生活垃圾治理长效机制。农村社区生活垃圾的有害物质会渗入土壤,污染水土;堆放在露天会发酵,会释放二噁英、氨化物、硫化物等有害气体,污染社区空气;垃圾中的致病性微生物以及滋生的蚊、蝇、蟑螂和鼠害,容易引发传染疾病,如果得不到及时处理,不仅污染社区生态环境,而且危害社区居民的身体健康。生活日复一日,生活垃圾天天都会产生,因此,改善社区人居环境,必须建立垃圾治理长效机制。自觉将生活垃圾治理纳入治理范畴,纳入村"两委"的工作内容;制定社区生活垃圾治理规划;成立生活垃圾管理机构,负责处理社区生活垃圾;建立社区生活垃圾回收站,负责清运生活垃圾;加强社区生活垃圾危害的宣传和普及生活垃圾处理知识,提高社区居民的人居环保意识。(2)从源头治理农村垃圾问题。社区居民应牢固树立绿色消费观念,在日常生活消费过程中,注重对生活垃圾的处置,要自觉对生活垃圾进行分类投放;做到少用或不用一次性物品,减少塑料袋的使用量,对于一些易耗品、耐用品,尽可能选择大包装的商品;对于能重复使用的物品,尽量提高其使用次数,实现社区生活垃圾产生量的最小化和"零排放"治理目标。(3)建立社区生活垃圾管理制度。包括制定家庭生活垃圾的收集、投放、清运、填埋,庭院、村道、公共场所的清扫,生活垃圾设施的修建与分布,社区卫生清洁队伍的组建与工作安排,社区卫生巡逻与志愿服务,社区卫生文明公约以及违规处罚条例等管理制度,从而保证社区生活垃圾处理工作的良性运行和持续运转。②(4)实施"厕所革命"。改变农户家庭传统"旱厕",普及农户家

---

① 部分内容参考 2018 年 9 月中共中央、国务院印发的《乡村振兴战略规划(2018—2022 年)》关于"推进农业绿色发展"的论述。
② 谷中原、谭国志:《农村垃圾治理研究——以武陵山区 S 县 L 乡为例》,《湖南农业大学学报(社会科学版)》2009 年第 1 期,第 34—39 页。

庭修建卫生厕所,推进厕所粪污无害化处理和资源化利用。(5)加强社区生活污水治理。筹措资金购买简易家庭生活污水处理装置,或者修建简易家庭生活污水净化设施,实施家庭生活污水净化排放制度。

再次,美化绿化村容村貌。合理规划村庄建筑布局,突出民居的乡土特色、地域特色、民族特色。修缮社区泥泞道路,建立社区公路维护体系。全面绿化社区道路、公共场所、农户庭院,建设社区绿化景观。建设生态宜居的美丽乡村,综合提升田水路林村风貌,促进村庄形态与自然环境相得益彰。

最后,持续建设社区自然生态环境。如果社区的自然生态环境遭到破坏,就必须实施生态系统修复工程,修复损毁山体、矿山废弃地;巩固退耕还林还草成果,坚持植树造林;保护社区山林、河湖、湿地生态系统,恢复河塘行蓄能力,加大生态清洁小流域建设力度;进行农地和低效建设用地整理,复垦损毁土地和撂荒地;加强野生动植物保护;建立社区生态系统保护制度,尤其要完善天然林和公益林保护制度,细化各类森林和林地的管控措施或经营制度、荒漠生态保护制度,加强沙区天然植被和绿洲保护;全面推行社区河长制、湖长制、山长制,加强社区水域保护;落实国家生态保护补偿制度,积极参与申报和实施生态补偿项目。

通过这些措施改善社区生态环境,使山更青、田更绿、林更密、河更畅、水更洁。增强社区自然生态系统功能,提升社区生态产品供给能力。

3. 按照乡风文明要求,着力繁荣社区文化

文化是一种软实力,对农村发展具有不可忽视和不容低估的作用。振兴乡村文化,可以起到凝心聚力的作用,可以塑造社区精神。从农村社区角度讲,开展社区文化建设,适合开展如下工作。

首先,弘扬传统美德。弘扬父慈子孝、婆善媳敬的家庭美德;崇尚睦邻友好、亲仁善邻、守望相助的邻里美德;建立健全社区信用体系,完善守信激励和失信惩戒机制。

其次,保护社区传统文化。保护社区文物古迹、传统建筑、农业遗迹、灌溉工程遗产、传统手艺、传统食品制作技术、名人故居、宗祠族谱,培养非物质文化遗产传承人,记载、拍摄、收藏村庄变迁物证,修编村史,吸引新乡贤参与社区文化建设。

再次,发展社区文化产业。挖掘培养乡土人才,建设一批特色鲜明、优势突

出的农耕文化产业展示区,打造特色文化产业乡社区。实施社区传统工艺振兴计划,开发生产传统工艺产品,促进传统工艺提高品质、形成品牌、带动就业。开发节日文化用品,组建社区文化表演队,开发民族民间传统体育项目、民间艺术项目、民俗表演项目,促进文化资源与现代消费需求有效对接,发展乡村文化旅游产业。

最后,增加社区公共文化产品和服务供给。修建社区影剧院、社区文化活动广场、村史博物馆、社区农耕文化展览馆、社区图书馆;订购切合农民生活需求的期刊和书籍,开放阅览室;建立社区文化学校,开展文化产业、艺术爱好培训,培养社区摄影、艺术创作人才;修建社区运动场,发展社区体育运动;实现数字广播电视户户通,探索农村电影放映的新方法新模式,实施公共数字文化工程,积极发挥新媒体作用,使农民群众能便捷获取优质数字文化资源。

通过这些措施改善社区文化环境,培养社区居民的文化素养,增强社区文化系统功能,提升社区文化竞争力。

4. 按照治理有效的要求,健全社区治理体系

《关于加强和改进乡村治理的指导意见》提出要建立健全党委领导、政府负责、社会协同、公众参与、法治保障、科技支撑的现代乡村社会治理体制。对于农村社区而言,需要开展如下社区治理体系建设工作。

(1) 健全以党组织为核心的社区组织体系。坚持农村基层党组织领导核心地位,推进村党支部书记通过法定程序担任村民委员会主任和集体经济组织、农民合作组织负责人,推行村"两委"成员交叉任职;提倡由非村民委员会成员的村党组织班子成员或党员担任村务监督委员会主任。加强社区新型经济组织和社会组织的党建工作,引导其始终坚持为农民服务的正确方向。

(2) 加强社区党员队伍建设。加强党员教育、管理、监督,建立党员学习教育常态化机制,用习近平新时代中国特色社会主义思想武装社区党员头脑。严格党的组织生活,全面落实民主评议党员、党员联系农户等制度。注重发挥无职党员作用,实行党务公开。加大在青年农民、外出务工人员尤其是妇女中发展中共党员的力度。

(3) 加强社区党风廉政建设。强化社区干部和党员的日常教育,弘扬新风正气,抵制歪风邪气,严肃查处在惠农资金、征地拆迁、生态环保和农村"三资"(资金、资产、资源)管理中的违纪违法行为,整治群众身边的腐败问题,树立优

秀社区干部典型,彰显榜样力量。

(4) 加强社区自治组织建设。依托村民会议、村民代表会议、村民议事会、村民理事会等,形成民事民议、民事民办、民事民管的社区事务协商格局。创新村民议事形式,完善议事决策主体和程序,落实群众知情权和决策权。建立健全村务监督委员会,健全务实管用的村务监督机制,推行村级事务阳光工程。

(5) 建设法治社区。持续开展社区普法宣传教育活动,提高社区居民法治素养,营造尊法学法守法用法氛围。维护村民委员会、农村集体经济组织、农村合作经济组织的特别法人地位和权利。建立社区调解组织,建立健全社区土地承包经营纠纷调处机制。

(6) 建设平安社区。建立社区治安综合治理责任制,健全社区治安防控体系,组建社区群防群治组织。持续开展扫黑除恶斗争,打击非法宗教、邪教活动,整治乱建宗教活动场所、滥塑宗教造像。建立社区公共安全体系,成立社区警务室,防治社区安全事故。健全矛盾纠纷多元化解机制,深入排查化解各类矛盾纠纷,做到小事不出村。履行社区道路交通安全监管责任,建立社区"路长制"。

(7) 建立社区公共服务体系。建立网上服务站点,形成完善的社区便民服务体系。大力培育社区服务性、公益性、互助性社会组织,积极发展社区社会工作和志愿服务。

通过以上措施建立健全农村社区治理体系,增强农村社区治理能力。

5. 按照生活富裕要求,健全社区民生保障体系

过上安稳、富足的生活是大多数老百姓的终极追求,民生保障是乡村振兴的重要领域。对于农村社区而言,健全社区民生保障体系,按生活富裕的乡村振兴要求,应该开展如下工作。

(1) 建立社区就业服务体系。通过发展社区集体经济,开辟社区非农就业岗位;通过促进承包地流转,发展家庭农场,稳定农业就业岗位;成立社区劳务派遣公司,加强劳务协作,积极开展有组织的劳务输出;吸引新乡贤和外商在社区投资创业,增加新就业岗位,通过多个渠道扩大社区劳动者就业空间。加快社区就业服务信息化建设,建立社区就业服务平台,建立社区劳动力资源信息库并实行动态管理,打造线上线下一体的就业服务模式,扩大就业服务覆盖面,提升服务水平。

(2) 建立公共生活服务体系。统筹城乡义务教育学校布局,在人口较为集

中、生源有保障的村单独或与相邻村联合设置完全小学,而针对地处偏远、生源较少的地方,一般在村设置低年级学段的小规模学校,在乡镇设置寄宿制中心学校,满足本地学生寄宿学习需求,减轻农户家庭培育孩子的成本压力;发展社区教育事业,以乡镇为单元兴办社区学院,开展农村职业培训及职业教育项目,减轻农民学习新技术的就业培训负担;发展社区健康事业,建立或恢复村医务室,加强慢性病、地方病防控,加强社区医生队伍建设,培养社区居民卫生健康理念,开展健康教育活动,倡导科学、文明、健康的生活方式,养成良好的卫生习惯,提升社区居民文明卫生素质。

(3)建立社区生活保障体系。配合国家城乡居民基本养老保险制度、基本医疗保险制度的建设,做好社区居民重特大疾病救助工作,做好社区特困人员救助供养工作,建立社区劳动者工伤保险基金,为社区劳动者提供职业病、劳动伤害治疗帮助。建立社区留守群体关爱体系,为留守儿童提供暑期生活学习服务,为留守老人提供养老帮扶,建立留守妇女劳务互助组织及劳务互助机制,减轻留守妇女的劳动压力。建立社区生活脆弱群体帮扶体系,为社区失能或半失能老年人、孤寡老人、孤儿或事实孤儿、残疾人提供生活服务。

(4)开展防灾减灾救灾工作。坚持以防为主、防抗救相结合,坚持常态减灾与非常态救灾相统一,提高社区抵御各类灾害的综合防范能力。建立社区自然灾害监测预报预警体系,配合政府开展社区困难家庭危房改造工作。建设社区公共消防设施,改善社区消防安全条件。持续开展社区防灾减灾宣传教育。

通过以上措施建立健全农村社区生活保障体系,增强农村社区民生保障能力,不断提高社区居民的生活水平。

由此可见,当代进行的乡村振兴战略着重建设农村地区的产业体系、生态环境、文化领域、治理体系(人才与组织)、民生保障等重点领域,属于建设农村社区产业、生态、文化、人才、组织、民生等构成要素的农村社区建设模式。

第三节 国外农村社区建设模式

因世界各国或地区所处的地理条件、文化传统、历史背景、经济条件等不同,尤其是农村地区发展水平差别较大,故各国或地区的农村社区建设模式各具特色。考察韩国、日本、德国的农村社区模式就能证明这一点。

一、韩国农村社区建设模式——新村运动

韩国的新村运动是一种非常成功的农村社区建设模式,有学者认为其是第二次世界大战后非西方国家传统社会现代化进程的样板①,是新型工业化国家中较好解决"三农"问题的典范②,值得我们深入了解。

1. 韩国新村运动的背景

1910年朝鲜半岛沦为日本的殖民地,1945年8月15日光复。1948年,朝鲜半岛南北先后成立大韩民国和朝鲜民主主义人民共和国。1950年爆发朝鲜战争,1953年朝韩双方停战。战后韩国经济基础非常薄弱,国内经济贫困、社会制度不健全。1961年,朴正熙政府制定了出口导向型的经济发展战略,到70年代,其经济发展战略已经初见成效,人均国内生产总值(GDP)由1960年的158美元猛增至1970年的279美元,十年间增长了100多美元。但是,也正是由于朴正熙政权所制定的出口导向型经济战略,乡村发展受到忽略,城乡差距不断扩大,乡村人口开始大规模向城市流动,农村公共设施和生产基础设施投资严重不足,极大地制约了农村经济的发展。由于牺牲农业、支持工业建设的特殊背景,农产品贸易的市场条件又对农民不利,农产品价格相对于农民消费的工业制成品价格而言非常低,导致农业生产几乎不能产生收益,农民从事农业生产却达不到维持生计的水平。③ 受这些因素的影响,农村的伦理、社会秩序以及自助自立、勤俭节约、信任的风尚和风俗习惯等传统文化逐渐衰落。④ 为了扭转这种社会局面,平衡工农业发展,韩国政府在20世纪70年代初下决心把农村开发列为国家发展战略,而且彼时国家的经济实力有了很大提高,具有支持农村发展的强大经济实力。韩国总统朴正熙号召要搞一场以"勤勉、自助、协同"为精神主旨的乡村建设运动,欲把传统落后的乡村部门变成现代进步的希望之

---

① 杨渝东:《"发展"话语下的韩国新村运动》,《当代韩国》2013年第3期,第44—56页。
② 郑江、高晓梅:《韩国解决"三农"问题的实践对我省的借鉴和启示》,载姜国钧主编:《统计思考2005》,吉林大学出版社2006年版,第232—239页。
③ 张青:《农村公共产品供给的国际经验借鉴——以韩国新村运动为例》,《社会主义研究》2005年第5期,第75—77页。
④ 李水山:《韩国新村运动对农村建设与发展的影响》,《经济管理文摘》2005年第23期,第11—15页。

乡,新村开发运动由此拉开序幕。①

2. 韩国新村运动的进程

(1) 1970—1973年为新村运动启动阶段。一是做新村运动的宣传动员。1970年4月,朴正熙总统在全国地方长官会议上发表新村运动的动员演说,阐述新农村改造运动的好处。二是进行农村生活生产设施建设。自1970年底开始,韩国政府无偿给全国的农村提供水泥、钢筋等物资,后来又带动农民改善村庄道路、更新住房屋顶、铺建小型桥梁、开掘新式水井和厕所、修筑围墙、建造公共洗衣池、装配饮水设备、铺设下水管道、修建粮仓和新村会馆以及改良作物、蔬果、畜禽品种等。三是1971年秋,政府将"勤勉、自助、协同"确立为新村运动精神,劝导农民抛弃过去农闲时期无所事事、酗酒赌博的习惯(勤勉),靠自己的双手把握住自己将来的命运(自助),放下过去村庄内的相互矛盾与隔阂(协同),共同投入这项具有历史使命性的运动。

(2) 1974—1976年为新村运动推进阶段。一是通过新成立的新农村运动中央研修院动员学术机构与专业社会科学工作者建构新村知识体系。二是培训新村运动指导员。分批选拔农民骨干进入新农村运动中央研修院学习道德、行为准则、农业技术、卫生标准以及相关课程,听取并讨论新村运动成功事例报告,结业后回到村庄,扮演新村运动指导者角色,改造农民观念、行为、农业耕作方式,撰写并上交指导手册。三是建立新村运动组织。这个时期,各级政府纷纷组建诸如新村协会、职业会、工厂协会、新村金库等管理新村运动的职能部门,负责新村运动工作;鼓励农民建立新村运动妇女会、指导者协会等民间组织,积极参与新村运动;动员理工科大学和科研院所的教师、科技人员轮流到农村巡回讲授及推广科技文化知识和技术。四是确定新村运动目标。这一时期将新村运动的目标从改善环境调整为增加农民收入、提高农民生活质量,其措施是增加农产品的科技含量以增大产出、建立农产品高额定价机制等。五是将建设重点从改善农民居住生活条件发展为居住环境和生活质量的提升,修建自来水设施、生产公共设施,新建住房,发展多种经营。

(3) 1977—1979年为新村运动巩固阶段。这一阶段基本上是在第二阶段

---

① 周民良、赵敏鉴:《韩国的新村运动与农村发展》,《经济研究参考》2005年第70期,第38—44页。

已经确立的方向上的延续,是在强化前面两个阶段的胜利成果。一是发起新村"精神秩序运动""行为秩序运动""环境秩序运动"。二是开展新村运动的学术研究,对新村建设相关的农村机械化、乡村教育、医疗、环境、经济结构、妇女地位等问题进行专题研究。从1978年到20世纪80年代初,每年召开新村运动国际学术会议,向国际社会介绍韩国新村运动的经验。①

(4) 1980—1987年为村民自觉建设阶段。在这一阶段,政府大幅度调整了有关新村运动的政策与措施,建立和完善了全国性新村运动的民间组织,民间组织承担了培训、宣传工作。政府只是通过制定规划、协调,以及提供一些财政、物质、技术支持和服务等手段,着重调整农业结构,进一步发展多种经营,大力发展农村金融业、流通业,进一步改善农村的生活环境和文化环境,继续提高农民收入等。当时,农村居民普遍认为,他们的经济收入和生活水平已接近城市居民生活水准。

(5) 1988年以后为村民自我发展阶段。随着韩国经济的快速发展,一派繁荣气象从城市开始逐步向四周农村地区扩散,新村运动也带有鲜明的社区文明建设与经济开发的特征。政府倡导全体公民自觉抵制各种社会不良现象,并致力于国民伦理道德建设、共同体意识教育和民主与法制教育。同时,积极推动城乡流通业的健康发展。新村运动进入村民自我发展阶段以后,为在运动初期启动农村经济、文化活动而建立的政府机构、活动内容和形式逐步弱化,而具有客观生存规律与发展规律,有助于农村经济文化发展的机构、活动内容和形式,如农业科技、技术推广、培训组织,农村教育机构、农协、流通、农村综合开发、农村经济研究等组织机构应运而生,并在不断优化自身结构中传承着新村运动的精神和理念,发挥着应有的作用。②

3. 韩国新村运动的建设方法

(1) 重视舆论宣传和思想教育。在施行农村社区建设项目之前,进行新村运动的舆论宣传和精神教育。1970年4月22日,朴正熙总统在全国地方长官会议上,对与会的各级行政官员发表了新村运动的动员演说:"我们每一个人,靠我们的双手,怀着过去具有的自助与自立的精神,流汗创造,我们坚信在不远

---

① 杨渝东:《"发展"话语下的韩国新村运动》,《当代韩国》2013年第3期,第44—56页。
② 李水山:《韩国新村运动对农村建设与发展的影响》,《经济管理文摘》2005年第23期,第11—15页。

的将来将改变所有乡村的面貌,把它们建设成恬静而且可以很好生活的乡村。这就是新农村改造运动的好处所在。"此后数年间,朴正熙每年都在不同场合对国民、行政官员和新村运动的指导者发表演说,激励他们投入这场改变韩国乡村面貌的运动。他的每一次演说都被整理发表,并冠之以"大统领阁下喻示"的标题。在1978年最后一次接见全国新村运动指导者的代表时,他很有信心地说:"现在,新村运动已经在我们的国民中间深深地扎下了根,无论对于地域社会的发展,还是国家的建设和民族的中兴,它都成了强大的推动力。"[1]1972年,韩国成立新农村运动中央研修院,负责农村建设的舆论宣传、规划和指导,对农民进行新村运动教育,培养新村运动指导员。20世纪90年代后,侧重对国民进行精神训练,不分职业、年龄,从国会议员、内阁部长到社会各界领袖都要与新村运动指导员、农民骨干一起,参加内容、形式都相同的农村建设技能培训。参加培训的学员都集体住宿,并穿统一的制服,执行统一的纪律和统一的行动。中央研修院的新村运动培训收到了直观、生动、相互教育、相互启发、相互鼓励的效果,为新村运动全面展开奠定了思想基础。

(2)分类建设。韩国新村运动初期,政府设计了20多种改善农村生活环境的工程,如修筑桥梁、公共浴池、饮水工程、洗衣池、河堤、乡村公路、新村会馆等,让各地农民根据自己的实际情况,选择适合当地需要的项目,政府免费向各村发放一定数目的水泥和钢筋支持这些项目。发起新村运动的第一年,政府开始对不同情况的乡村进行分类,将35 000个村划分成自立、自助、基础三级,成绩最佳的划为自立村,最差的划为基础村。政府的援助物资只分给自立村和自助村。1973年,全国农村中约三分之一被划成基础村,此后,基础村迅速减少,到1978年,基础村基本上消失,约有三分之二的村升为自立村。[2] 基础村的建设内容是继续改善生活环境,培育农民的自助精神;自助村的建设内容是改良土壤,疏通河道,改善村镇结构,发展多种经营,提高农业收入;自立村的建设内容是发展乡村工业、畜牧业和农副业,鼓励和指导农民采用机械化、电气化、良种化等先进技术,制定生产标准,组织集体耕作,建立标准住宅,修建简易供水、通信和沼气等生活福利设施。

---

[1] 杨渝东:《"发展"话语下的韩国新村运动》,《当代韩国》2013年第3期,第44—56页。
[2] 李水山:《韩国新村运动对农村建设与发展的影响》,《经济管理文摘》2005年第23期,第11—15页。

(3) 分期建设。韩国的新村运动是一个分期分阶段持续建设的过程。上文已经介绍过,韩国新村运动分为五个建设阶段,每个阶段都制定了阶段性建设目标。第一阶段(1970—1973)是新村运动的启动阶段,也是打基础的阶段。第二阶段(1974—1976)是新村运动的推进阶段,也是扩展阶段。原来划分的自立村发展为福利村;扩大建设领域,新增建设项目;加大为取得建设成就的村庄提供贷款的力度,并在各方面提供优惠政策。在这一阶段,农民收入大幅度提高,农产品连年丰收。第三阶段(1977—1979)是新村运动的巩固阶段,也是充实提高阶段,以发展畜牧业、农产品加工业和特产农业为建设重点,积极推动农村保险业发展和乡村文化建设。这一时期,城乡差距缩小,社区经济得到开发。第四阶段(1980—1987)是村民自觉建设阶段。村民自觉建设社区生产生活环境,政府从村庄建设事务中抽离出来,只需要开展规划、协调、服务工作。这一时期,农户的经济收入和生活水平已接近城市居民水平。第五阶段(1988年以后)是新村运动村民自我发展阶段,农民自发地组建农村建设领域的社会组织,并在不断优化其结构中传承新村运动的精神和理念。[①] 至此,韩国农村社区文明与经济建设步入快车道,国内一派繁荣景象。韩国新村运动开展至今,取得了超出预期目标的效果,实现了跨越式、超常规发展。

4. 韩国新村运动的建设领域

(1) 农民精神素养建设。韩国新村运动把改善农民的精神素养作为农村建设的重要内容。韩国新村运动的实质就是振奋国民精神、提高国民素质、培养国民的上进心,冲破贫穷与灰心丧气的过去,积极投身以增加收入、提高生活质量为目的的社会改革和经济开发运动。新村运动的重点在于"精神启发",始终将"勤勉、自助、协同"作为一种民族精神用以启迪、唤醒国民,克服小农固有的懒散、易于满足的陋习,培养勤俭节约、自主自助、相互信任、相互帮助的良好社会风尚。甚至到新村运动后期阶段,政府还致力于国民伦理道德建设、共同体意识教育和民主与法制教育。韩国新村运动的组织者、指导员,甚至基层单位的工作骨干,在运动中身体力行,努力工作,不计报酬,团结合作,自信自强,对新村运动的开展及韩国农村现代化建设起到了极大的推动作用。金英姬也认为韩国新村运动的重点在于精神启发,新村运动将"勤勉、自助、协同"作为基

---

① 李水山:《韩国新村运动对农村建设与发展的影响》,《经济管理文摘》2005年第23期,第11—15页。

本理念贯彻始终,有利于唤醒国民自立自强和积极进取的精神以及勤劳致富、协同合作的意识,树立勤俭节约、自主自助、互相帮助的良好社会风尚。新村运动的精神已经深深扎根在几千万韩国人的心中,时时体现在人们的生活和工作中,激励着人们一如既往斗志昂扬地建设国家。①

(2) 农村生活设施建设。韩国新村运动一开始就通过政府投入带动农民更新住房屋顶、开掘新式水井、修建厕所、修筑围墙、建造公共洗衣池、装配饮水设备、铺设下水管道、修建粮仓,尤其是在改善村民住房条件方面有较大投入。1971年,全国250多万农户中约有80%住在苦草屋,但到1977年,全国大部分农民都住进了换成瓦片或铁片房顶的房屋,农村面貌焕然一新。修建农村自来水工程也是新村运动的一大举措。自古以来,韩国农民习惯饮用井水,而传统的井水既不卫生又不方便,需要花费很多劳动力的时间。当时,能喝上自来水,对农民来说是梦寐以求的夙愿。新村运动开始时,村民们自觉地行动起来,把山上的水引到村里的蓄水池后用水管接到每家每户。因地势高,不宜引水的村庄深挖井,再用水管接到每家厨房,用抽水泵取水。20世纪80年代,普及便用汲取地下水的井管挖掘机,农村的饮水条件进一步得到改善。进行农村电气化建设也是新村运动取得的成就之一。20世纪60年代末,韩国农村只有20%的农户家安装上了电灯,其余的农户只能使用煤油灯照明。到1978年,全国98%的农户家都装上了电灯,20世纪90年代全国已实现了电气化。新村运动初期,政府鼓励竞争,优先给积极参与的农村供电。随着新村运动的深入开展,农村电气化得到迅速发展。其间,由政府补助一部分,农民借用低息贷款,加速实现了农村电气化。农民的生活发生了相应的变化,家电得到了普及,农民为了购买彩电、冰箱、洗衣机就要储蓄,这又促进了农村储蓄业的迅速发展。

(3) 农村生产设施建设。韩国新村运动一开始就通过政府投入带动农民改善村庄道路、铺建小型桥梁。当时的韩国农村,从地方公路到村级公路既狭窄又弯曲,没有桥梁,各种车辆和农机具都无法通过,交通十分不便。新村运动初期,全国大部分农村都组织实施了修建桥梁、改善公路的工程。1971—1975年间,全国农村共新架设了65 000多座桥梁,各村都修筑了宽3.5米、长2—4千米的进村公路。到20世纪70年代后期,除了个别极为偏僻的农村外,全国

---

① 金英姬:《韩国的新村运动》,《当代亚太》2006年第6期,第13—22页。

基本实现了村村通车。村民们又自发修筑了许多政府还没有顾及的大小河堤。不少农民无偿让出了自己的土地,供村里修路。再就是发展农业,政府投入改良作物、蔬果、畜禽品种等,大力推广高产水稻品种。新村运动初期,政府开始推广"统一系"的水稻高产新品种,使韩国的水稻生产跨入划时代的发展阶段。1970—1977年,水稻的每公顷单产从3.5吨增加到4.9吨。农民们在水稻生产中学到了共同合作的"集团栽培"方式。水土条件相近的10—30户农民,在掌握先进耕种技术的班组长带领下,共同选种、育苗、插秧、施肥、灌水,直到收获。这种共同协作的"集团栽培",使得水稻高产品种在极短时间内推广到各地农户,提高了全国农民的水稻栽培水平。新村运动的后期阶段,着重调整农业结构,进一步发展多种经营,大力发展农村金融业、流通业,积极推动城乡流通业的健康发展。其中,最有效的建设就是增加农产品的科技含量以增大农业产出和建立农产品高额定价机制,最大限度地增加农民收入。

(4)农村社区秩序建设。一是兴建村民会馆。新村运动一般在冬季农闲期间开展,但在当时很难找到村民能集中讨论活动的场所。所以,从开展新村运动的第二年开始,各地农村纷纷兴建村民会馆。农民有了自己的会馆以后,不仅在会馆召开各种会议,还在会馆举办各种农业技术培训班和交流会。为在农忙时节省劳动力、提高劳动效率,在村民会馆中还办起了公共食堂。妇女会在村民会馆进行公开交易,降低了产品的流通费用,节约了村民的购物时间。村民会馆收集了包括农业生产统计资料和农业收入统计资料在内的各种统计资料。村民会馆还经常向村民展示本村发展计划和蓝图。在村民会馆组织的各种活动中,农民不只是通过书本,而且是在各种实况展示和社会实践中亲身体会到了民主决策和管理的真谛,也学会了与各级政府同心协力,共同改变农村落后面貌,进而加快实现农村现代化。二是于1977年发起新村的"精神秩序运动""行为秩序运动""环境秩序运动",着重建设农村社区的精神秩序、行为秩序、环境秩序,促进农村社区的有序运行和良性运行,保证农村社会的健康发展。

5. 韩国新村运动的成功经验

从韩国新村运动的建设领域来看,韩国的新村运动是重点建设农民精神素养、生活设施、生产设施、活动秩序等要素的农村社区建设模式。这种模式取得了很大成功,其经验主要是:(1)重视理论研究。在新农村建设初期,成立新农村建设相关研修院,进行理论研究、舆论宣传和规划设计。(2)注重塑造农村精神,以精神启发为重点。(3)分类建设。把农村分为不同类型进行区别建设。(4)分期建设。把新村运动分为不同建设阶段,明确阶段性建设目标和任务,持续地开展农村社区建设工作。(5)充分发挥农协的作用。20世纪70年代,韩国就有1500个基层农协,大致与以邑为单位的行政区域数相近,一个基层农协面向1000多户农民开展业务。农协给农民提供了大量的资金、化肥、农药、建材、家电等生产生活资料,在当时社会经济活动中发挥了重要作用。

二、日本农村社区建设模式——乡村振兴运动

日本的乡村振兴运动也是非常成功的农村社区建设范例,但是日本建设农村社区与韩国的动机和做法有一定差别,形成了其特殊的农村社区建设模式。

1. 日本乡村振兴运动的背景

日本从明治维新时期便开始全面工业化,明治政府通过征收高额农业税为工业发展积累原始资本①,通过"殖产兴业"政策促进制造业大规模发展②。1884—1893年,日本工业企业的数量增加近7倍③;至1920年,日本已成为亚洲工业实力最强的国家④。1920年以后,日本政府通过立法扶植新兴工业产业的发展,极大带动了农村人口向城市的转移。1937年后,劳动力加速向重工业城市集中,形成京滨、中京、阪神、北九州四大工业带⑤,农村空心化加剧。这种大城市及其周围人口过密、农村人口过疏,城市劳动力年轻、农村劳动力年老的现象,使得日本农业生产力大幅下降,农村面临瓦解的危机。因此,要开展以振兴农村为目标的乡村建设运动。

---

① 李南芳、王玥:《日本城市化与工业化、农业现代化的协同发展经验与启示》,《辽宁经济》2014年第12期,第58—59页。
② 郭小鹏:《日本工业化初期的市政腐败——以东京市上水道事件为例》,《城市史研究》2018年第2期,第108—120页。
③ 李毅:《经济转型与后起国家的工业创新研究:基于日本工业化轨迹的分析》,《世界近现代史研究》2017年第14辑,第43—60页。
④ 王世珍:《日韩工业化发展特点及其规律》,《合作经济与科技》2017年第24期,第56—57页。
⑤ 李南芳、王玥:《日本城市化与工业化、农业现代化的协同发展经验与启示》,《辽宁经济》2014年第12期,第58—59页。

2. 日本乡村振兴运动的进程

参考部分文献①对日本乡村建设分期的观点，本书将日本乡村振兴运动的进程分为如下四个阶段。

（1）1945—1959年为乡村振兴运动的基建整备阶段，也是日本农村土地改革阶段。在美军的强力推动下，二战失败后的日本的农地部（日后的农村振兴局）强制将地主手中的土地分配给自耕农，完成了土地改革，农户的生产积极性被激发出来，粮食产量大增。50年代，日本开始实施乡村振兴运动，进行农村基础建设、探讨地方农业农村振兴计划；在此期间，日本制定了《农地法》，促进农地流转，促使土地规模化。

（2）1960—1978年为乡村振兴运动的乡村改造阶段。为了激活乡村，1967年日本开始实施"经济社会发展计划"。1972年，取消农地部，设立构造改善局，强化农地构造改革，推进农业生产结构与农地规模化等工作。调整《农地法》，扩大农地流转权限，允许农地的经营权与所有权分离。开展美丽乡村运动，放宽农地流转要求，按照城乡等值的标尺开展大规模乡村基建，完善生活设施，使乡村的基础设施达到城市水准，乡村面貌焕然一新。

（3）1979—1999年为乡村振兴运动的造村运动阶段，也是日本发展乡村旅游的振兴阶段。1979年起，日本开始实施"造村运动"，开发培育具有当地特色的农产品；对农产品进行粗加工，提高其附加值；激活农业协同组合（简称农协）的作用；加大对农业人才的培养；改善生态环境，保护和开发乡村景观。20世纪80年代，随着经济高速发展，日本出现庞大的中产阶级群体，产生了巨大的乡村休闲需求。政府出台《综合休闲区发展法》和《乡村地区发展法》等加强乡村旅游建设的政策，引导市民下乡，用工业化与城市化的成果反哺农村经济。乡村生态旅游、农场体验、乡村休闲旅游产业发展起来。

（4）2000年至今为造村运动的乡村持续发展阶段。2001年，日本农林水产省的构造改善局与国土厅下的地方振兴局合并，成立农村振兴局，专门负责

---

① 牛宁、汪江华、杨雪：《日本乡村建设历程演进与经验启示》，《建设科技》2022年第23期，第79—82页；曲文俏、陈磊：《日本的造村运动及其对中国新农村建设的启示》，《世界农业》2006年第7期，第8—11页；顾鸿雁：《日本乡村振兴转型的新模式："地域循环共生圈"的实践与启示》，《现代日本经济》2020年第6期，第48—59页；陈雪、毛世平：《村庄基础设施建设如何推进农业农村现代化？——基于日本的经验与启示》，《世界农业》2021年第8期，第69—76页。

乡村振兴事务。为了促使农业可持续发展,从 2000 年开始,日本推行有机农业经营方式,有机农产品需要经过农林水产省日本有机农业标准(Japanese Agriculture Standard,简称 JAS)认证;进行农业信息化建设,开发全国统一的农业数据平台,为农民提供数据与信息服务,提高农业生产数字化水平;加速农业机械智能化,发展智慧农业;普及设施农业,克服农业弱质性。

通过半个多世纪的乡村振兴运动,日本的农业实现了高端化升级,农村面貌焕然一新,大米自给率达到 98%,实现了粮食安全的目标;农民收入水平与生活水平大幅上升,与市民年均收入不相上下。

3. 日本乡村振兴运动的建设方法

(1)立法先行。先制定乡村建设项目的法律,然后按照相关法规实施项目建设,是日本乡村振兴运动的基本策略。1952 年,日本制定《农地法》,实施农地流转。此后,不断对《农地法》进行完善:1980 年颁布《农地利用增进事业法》,对农地产权的租赁、出售内容进行了明确;1992 年出台《农业经营基础强化法》《农业者年金基金法》等,为向农地市场化流转给予财税支持提供了法律依据;对农业经营体、农地流转、农业股份公司取得农地产权作出了规定。诸多关于农地权利改革的法律法规,规范了农地流转过程,加快了农地流转速度,扩大了其规模。① 1961 年,日本制定《农业基本法》,促进了农业农村现代化。为了对《农业基本法》进行修订和补充,日本在 1961—2000 年又相继出台《离岛振兴法》(1961 年修订完善)、《山村振兴法》(1965)、《农振法》(1969)、《半岛振兴法》(1985)、《促进特定农山村地区农林业发展基础整备法》(1993)、《食物、农业、农村基本法》(1999)、《过疏地区自立促进法》(2000)。这些法律规定了不同特殊地区农业农村发展的具体目标与措施,促进了特定乡村区域的发展并缩小了城乡发展差距。上述法律法规通过搭建框架、完善内容和推动实施等步骤,使得日本乡村振兴有了法律保障,确保了政策推行的良性延续。②

(2)政府管控。日本政府认为有效地振兴乡村必须建立统筹政策资源的工作机制、加强对乡村振兴工作的管理。首先,成立乡村振兴联席会议机制,督

---

① 王洁:《从日本造村运动解锁乡村振兴新思路》,《湖南省社会主义学院学报》2022 年第 1 期,第 83—85 页。
② 蒋雨东、汪涛、王德平:《日本乡村振兴运动的成功经验及其对我国的启示》,《河北农业科学》2019 年第 5 期,第 4—7 页。

促各级地方政府制定乡村振兴具体工作规划,保证自上而下的乡村振兴计划有序推进。其次,在农林水产省的基础上增设农村振兴局,后者的主要工作内容为研究制定乡村振兴总体规划和各种具体政策,并组织开展相关项目。最后,成立农业振兴科,协调农民、地方团体、农协组织、林协组织和渔协组织等农村合作组织,鼓励这些建设主体积极参与乡村振兴计划,加强中央和地方的有机政策衔接。① 乡村振兴联席会议机制和农村振兴局、农业振兴科有效地构建了乡村振兴工作秩序,是日本乡村振兴工作取得实效的重要保证。

(3)发挥农协作用。1947年,日本制定《农业协同组合法》。在乡村振兴运动的过程中,日本农民依据《农协法》成立了日本农业协同组合,该组织由村级农协逐渐发展成为县级农协、中央农协等三级机构,形成了辐射全国的组织网络。不同农协之间、农协与农民之间建立了紧密联系。这些农协组织利用联合农户的方式,为农户提供及时全面的服务,形成了农业、农村、农户三位一体的综合社区组织,有效促进了农业生产和农产品市场的有机衔接。② 农协要深入农民群体,了解他们的需求,并层层上报。中央一级的农协根据从各地搜集来的信息,制定具有可执行性的农业发展大致规划。中央农协将掌握的市场情况快速传达至农户,帮助他们把握市场行情,结合市场需求生产适销对路的农产品。各级农协提供专门的、不需要抵押的低息贷款,为农业生产提供资金支持;提供市场销售、信贷保险、人才培养等服务。日本农民参与农协的比例很高,接近百分之百。日本农协组织健全,是政府与农民的联系纽带,在乡村振兴实践中发挥了特殊作用。③

(4)产业带动。日本政府将产业突破作为乡村振兴的重要战术,自始至终都重视农村社区的产业体系建设。一是大力发展农业,为此在乡村振兴实践中,加大对农业基础设施建设、科学技术研究和农用机械的大规模推广。农协参与农村社区农业生产的各个环节,提供必要的生产服务。二是农协兴办农产品初加工企业,对农户生产的农产品进行初步加工、包装、销售,增加农户的经营收入。20世纪80年代,日本经济学界将农协的这种经营行为称为"1.5次产

---

① 蒋雨东、汪涛、王德平:《日本乡村振兴运动的成功经验及其对我国的启示》,《河北农业科学》2019年第5期,第4—7页。

② 同上。

③ 王洁:《从日本造村运动解锁乡村振兴新思路》,《湖南省社会主义学院学报》2022年第1期,第83—85页。

业",并将其界定为介于第一产业与第二产业之间的一种产业。具体说,就是农协开办的农产品初加工厂,使用手工劳动或半机械化工具,对农户生产的农产品进行粗加工,并将粗加工品直接销售给消费者的农业经营模式。"1.5 次"农产品新鲜、味道纯正、无添加剂、有地方特色,深受消费群体青睐。① 1.5 次产业理念的出现,让农产品在社区实现了简单加工,提高了农产品附加值,符合小农经营模式,可以减少初级农产品在运输过程中的损耗,利于形成国家品牌甚至世界品牌。三是实施旨在强化农村社区引人、强技、育人功能的"一村一品"发展模式。1979 年,平松守彦提出"一村生产一种特产品"的社区经济发展模式,简称"一村一品"。② 这个因地制宜地利用村庄特色资源培育村域特色主导产品和主导产业的社区经济发展模式,不仅包括农林水产品、加工品、传统工艺品等,还涵盖了特色文旅项目,促进了农村社区农产品生产基地的建设和农村经济的发展。③ 为了推行这种社区经济发展模式:首先要挖掘当地优势资源项目,将其打造成质量优、口碑好的世界一流产品;然后政府通过财政投入,同时引入民间资本,努力延伸特色产品的产业链、供应链和价值链,获得流通环节的利润,同时促进农产品加工、自然景观开发和乡村旅游发展等;最后是政府在 2010 年开始实施《农林渔业经营主体使用本地资源开拓新业务及促进使用本地农产品的相关法律》,通过建立农业投资融资平台,解决微小企业融资难和乡村创业人员资金缺口大、信息不对称等问题。日本政府通过"一村一品"计划,有效阻止了乡村人口外流,还有效回流带动了大批返乡劳动力进行创业,并逐步发展出富有地方特色的农业特色产业项目。④

4. 日本乡村振兴运动的建设领域

(1) 农村社区组织建设。日本农协在造村运动和农村发展中起了非常重

---

① 邓一鸣:《日本农村 1.5 次产业的产生及其发展》,《经济学动态》1988 年第 6 期,第 61—63 页。

② 平松守彦在其著作《技术密集城市探索》中,详细阐述了他的"一村一品"构想的经营目标。(1)吸引人口。通过"一村一品"运动塑造名牌产品,繁荣农村经济,吸引人口前定居下来,改变人口过疏现象。(2)提升技术。"一村一品"要能够在世界上站得住,不能依靠单纯的特产。要成为具有世界声誉的产品,就要磨炼技术,否则就赶不上日益国际化的经济潮流。(3)培养人才。培养向世界新技术进行挑战、具有进取精神的人才,这也是"一村一品"运动的最终目的。

③ 王洁:《从日本造村运动解锁乡村振兴新思路》,《湖南省社会主义学院学报》2022 年第 1 期,第 83—85 页。

④ 蒋雨东、汪涛、王德平:《日本乡村振兴运动的成功经验及其对我国的启示》,《河北农业科学》2019 年第 5 期,第 4—7 页。

要的作用。早在日本明治维新时期,日本就出现了维护农村留守人员的安全和维持正常的农业生产的地方合作社。这就是今天日本农业协同组合的雏形。第二次世界大战后日本农村损坏严重,分散的农户难以提高生产力。1947年,日本立法成立日本农业协同组合,并给予农协优惠的政策和金融支持。这是以农户合作、联合、经营与管理为主要功能的半官半民性质的农民合作组织,由村、县、中央三级机构组织形成,99%以上的农户都加入了农协,成为农协成员。20世纪80年代以后,因农户大幅减少,农协精减为县、中央的二级机构。这个组织全面参与着日本农村经济,包括农业生产、销售、金融、文化产业和衍生服务业等领域,是日本乡村社会与农业领域起绝对主导作用的组织,是日本农业现代化的主要推进者。第一,在农业技术推广方面的作用。日本农协的农业技术推广称作营农指导,是指针对农业生产技术、农业经营、土地利用等方面开展的指导工作,目的是提高农户的生产力。农协有1万多名营农指导员,深入田间地头向农户推广技术并进行指导,尤其为难以获得技术指导的小农户提供必要的技术支持,通过普及先进的科技提升农业生产力,保障农业安全。第二,在农业金融方面的作用。日本农协在金融领域为会员提供全流程服务,包括信贷、保险、融资等,是小农户发生资金短缺时最重要的资金来源,甚至将农产品的销售、采买,乃至农民的寿险、婚丧嫁娶等全部纳入其中,农户的生产与生活对农协金融体系有高度依赖,农协存款利率高于私人银行,而发放的贷款非常优惠,促进了农业发展。第三,在农业生产服务方面的作用。一是农协为缺少劳动力的农户提供作业委托服务,如20世纪90年代初,单是水稻育秧工作委托给农协的比例就高达70%。二是农协为农户提供农业供销服务,对会员农产品进行统一销售、所需农机农具统一采买,提高农户的议价能力。三是农协帮助农户提高市场竞争能力,农协帮助农户建立加工厂、包装厂、物流中心、冷库、批发市场、超市、直卖店,增强农户的市场竞争能力。四是农协提高了农业附加值,建立和经营农业品牌,通过高标准的质量认证,以及品牌符号的推广与宣传,提升了农产品的品质与价值。

(2)农村社区基础设施建设。1955年,日本农林水产省提出"新农村建设"的设想,中央政府使用强力金融政策工具,为农村公共基础设施建设提供低息贷款、补贴、投资。包括修建乡村道路、电力、自来水与排水管道、卫生设施、防灾与水利设施;保护古村落建筑与街道、翻新与改建农村民居;改善乡村生态环境、修缮美化溪流,评选美丽乡村景观表彰奖;实现铁路入山区乡野、连通小镇村落,高速公路连接农村与山区,实现农村社区居民通勤公交化。现在日本农村社区的生产设施与城市社区并无二致。

(3) 创造农村社区产业优势。第一,强化社区农业优势。20 世纪 70 年代,日本致力于挖掘农村社区经济潜力,提振乡村经济。1979 年,时任大分县知事的平松守彦首次提出"一村一品"的农业经营理念,并于 80 年代初一炮打响了县内大山町的梅子与栗子农特产和由布市的汤布院温泉两大社区经济品牌,在全国范围引起了轰动。"一村一品"运动增强农村社区引人、强技、育人功能的关键途径有二。一是"1.5 次"产业化。1.5 次产业是以农、林、牧、渔产品及其加工品为原料进行的生产活动,通过这种生产活动增加农产品的附加价值。农户把农产品生产的一次产业直接提高到加工业的二次产业比较困难,但把农产品略作加工,提高初级农产品的附加值还是可行的。与生产农业初级产品相比,1.5 次产业具有生产专业化、高效增值性、直接满足最终消费需求等特点,推行1.5 次产业经营模式,能增加农户的经济收入。这一方面要将农产品品牌化、高端化;另一方面要进行农产品初级加工,才能增加农产品的附加值。二是营造特殊环境。利用村庄资源优势和文化特色,进行创意设计,举办大地艺术节,打造独一无二的生活环境体验,营造创业生态并进行创业招募,吸引市民来村庄休闲娱乐或做生意。第二,着力发展乡村旅游产业。20 世纪 60 年代开始,日本通过颁布农村土地流转制度,放开农户和规模经营者对农地的经营权,促进农业生产的专业化与规模化,诱导城市资金反哺乡村,加强城乡联动和交流。另外,大力发展乡村旅游产业,让有余力兼业的农民大量投身乡村休闲旅游项目,包括市民农园、农耕体验、特产销售、乡下休闲、生态养生等。

(4) 促进农村文化建设。由于人口锐减、农业不振,农村的各项文化传统也因此衰退,于是日本乡村对社会生活进行检讨,重新省思其价值,并开展一系列文化活动。如 1981 年,三岛町发布《三岛町振兴计划》,提倡"生活工艺运动",即由町民自己构想、自己描绘"明日的三岛町"。政府宣扬物品的创造并非为了赚取金钱,而是传承与创造文化的行为,所以町民们积极地学习三岛町的传统文化,并且将其运用到现代生活中。如盛饭用的勺子,以木制来取代塑料,而箩子、盛笼、手提包等也改用天然素材如山葡萄藤等编织而成,让人们感受自然的美与质感。他们于每年的春天举办生活工艺展,相互交流,并颁发奖状。

五六月则在森林中举办"工人祭",鼓励日本各地的工艺制作者前来展览与销售。三岛町于1983年成立生活工艺研究所,同年开始发行《造村运动生活工艺讯息》,广送各地,并在东京举办"三岛町生活工艺品展"。1985年成立"木友会",组织凝聚生活工艺者。1986年建设完成三岛町生活工艺馆,作为生活工艺传承与推广的基地,老人们也在工艺制作与创作中重新找到了自己生命的意义与生存的勇气。① 日本农村社区以生活工艺运动为平台,传承和发展了乡村文化。

5. 日本乡村振兴运动的成功经验

综上所述,日本乡村振兴运动对农村的社会组织、生活基础设施、生产基础设施、产业体系、文化事业等要素进行建设,是由组织、设施、产业、文化等要素组合起来的农村社区建设模式。日本农村社区建设模式取得了一些成功经验。

(1) 明确政府职能定位。乡村振兴运动的开展,与一般的政策推行大不相同。如,为了确切传达理念给每一个村民,时任日本大分县知事平松守彦访遍了全县58个町村,直接与农民对话,让他们明白,凡是尽力参与运动者,政府必然会支持。但是在运动的推广上,政府并不命令群众干什么,也不干预农民的生产自主性。政府的主要工作是引导群众开动脑筋,多想办法,唤起他们建设家乡的热情和干劲,并在技术指导、信息服务、市场开发等方面为农民提供服务。政府尽量避免直接的资金补助,而是提供技术上的协助,其中直接的人才投入或是间接的人才培训的投入占有相当大的比重。若没有技术指导,即使地方不乏有心人士的努力,恐怕也是事倍功半。故政府牵头成立了相关的研究中心,积极研究如何改进农林渔牧业的生产、加工与营销技术,为乡村振兴运动提供了技术支持与保证。

(2) 加强农民组织建设。21世纪初,日本农协就由3574个基层农协、47个县经济联合会和1个中央联合会组成了完备的服务网络,覆盖整个日本农村。他们利用联合的力量,为农民提供及时、周到、高效的服务,成为集农业、农村、农户三位一体的综合民间组织,99%以上的农户都参加了农协组织。农协组织主要为农户提供农业生产资料,负责农业新技术的培训和推广,负责收购产品后统一包装、储存、运销。日本农民生产的农副产品80%以上是由农协为

---

① 陈磊、曲文俏:《解读日本的造村运动》,《当代亚太》2006年第6期,第29—35页。

其销售的,90%以上的农业生产资料由农协提供。① 日本农协作为农民的合作组织,在农业生产产前、产中、产后的服务中发挥了巨大的作用,真正成为日本农民的保护伞。

（3）重视农民教育培训。在农民教育的发展过程中,日本逐渐认识到单纯依靠政府的力量是不够的,于是开始支持、鼓励其他力量的参与,日本农民教育的供给呈现出主体多元化特征。从总体上看,既有各级农业科技教育培训中心、高中等农业院校,又有企业与民间的各类培训服务机构、各级农民协会,还有各级农业技术推广服务体系和农业改良普及系统。这种由政府、学校和民间力量共同构成的多主体参与、相互交流、相互补充的全方位供给系统,能够有计划、分层次、有重点地开展农民职业技术教育。我们可以从中得到如下启示:一方面要完善大学和科研机构培训农民方面的体系,主要解决农民应用高新技术难的问题,完善农民中等职业教育和成人职业教育体系,重点解决农民在实际操作中技能知识不足的问题;另一方面,国内的一些地方农民专业协会是一种十分有效的补充方式,同时可以借助网络教育这个有力的工具将农业学校、推广部门、培训部门、行业协会联合起来,不仅为农民提供各种信息,还可以开展远程培训、网上交流示范等,让有条件的农民更方便快捷地进行自我培训。

（4）激发村民的参与意识。乡村振兴不能由政府全部承担,乡村振兴政策的实施主体不是国家,而是居住在乡村的居民们,他们自己讨论并将讨论的结果形成政策,即以民众参与和地方政府作为施政的推动主体,这样就能避免被国家、大企业牵着鼻子走的恶性循环现象的发生。② 在日本,很多地方政府采取这样的政策并取得了相当好的成绩。政府让村民认定乡村建设是村民自己的事业,激起村民推动农村社区建设的动力。在乡村振兴运动的准备和酝酿过程中,政府鼓励村民寻找大家所关心的共同事务、公共设施、产业与文化建设的议题,提出建设的实施方案,村民们可以参与施工建设,参加政府举办的各种培训活动,在建设过程中塑造与发掘了一大批专业人才,村民也具备了从大家的共同利益出发经营乡村产业与维护其公共设施的愿望与能力。③

---

① 陈磊、曲文俏:《解读日本的造村运动》,《当代亚太》2006年第6期,第29—35页。
② 〔日〕保母武彦:《日本乡村振兴的历史经验及教训》,《中国乡村发现》2021年第1期,第140—143页。
③ 陈磊、曲文俏:《解读日本的造村运动》,《当代亚太》2006年第6期,第29—35页。

(5)注重"三农"协调发展。日本在乡村振兴实践过程中,将农业、农民、农村视为不可分割的一体,十分注重农业、农村、农民的协同发展。在乡村振兴过程中,政府把农业、农村、农民置于同等重要的地位,既重视农业基础设施建设,又重视农村社区建设和农民本身的发展,通过对"三农"的协调建设和振兴,促进了日本农业、农民、农村的现代化。①

三、德国农村社区建设模式——乡村重振运动

德国的乡村重振运动走了一条由地方政府自发建设,取得成功以后由国家进行推广的特殊路径,而且德国的乡村重振运动的内容也与韩国、日本很不相同,有其自身特色。

1. 德国乡村重振运动的背景

第二次世界大战结束后,大规模重建使城市成为经济和生活的中心,城市快速发展,加之农业机械化使大量劳动力从农业中解放出来,农村人口大量减少,农村缺乏生机活力。同时,农村劳动力人口过度向城市转移,而城市工业发展难以吸纳过量人口就业,导致失业率增高。在此背景下,联邦德国政府通过颁布法令、土地整理、村庄革新等方式,使农村经济与城市经济得以平衡发展,以此减少农村人口向大城市涌入。

2. 德国乡村重振运动进程

(1) 20世纪50年代为第一阶段。1953年,联邦德国政府颁布《土地整理法》,明确乡村重振运动的主要任务是保证农村地区农业和林业经济的稳定发展,为土地归并整理创造条件,以减少城乡差距。这一时期主要开展农村基础设施建设,试图通过在乡村投入具体项目建设,创造就业岗位,激发乡村生机。1955年,联邦德国政府颁布作为农业及乡村政策基本纲领的《农业法》,要求通过价格保护、直接津贴、田地整治、迁移安置和保障性社会政策等一揽子"绿色计划",促进农业发展,增加农民收入,改善农民生活品质。不过这一时期的乡村重振运动属于现代化进程中的一种被动应对和努力,没有从根本上化解乡村发展的危机。②

---

① 赵国锋、张沛、田英:《国外乡村建设经验对西部地区新农村建设模式的启示》,《世界农业》2010年第7期,第15—18页。

② 邢来顺:《德国是如何搞新农村建设的》,《决策探索》2018年第5期(上),第80—81页。

（2）20世纪60年代为第二阶段。这一时期,由于经济高速增长,富裕的中产阶级开始成为最大的社会群体,其消费取向从追求物质产品数量转向享受更高生活质量,进而进入"后物质主义时代"。与这种变化相适应,乡村重振进入了"优化乡村整体功能结构"的"革命性阶段"。换言之,乡村要改变被动发展局面,须主动、有机地融入现代社会。乡村不仅是农产品供给者,而且要跨越城乡界线,安置非农业居民,建设休闲度假和旅游区,在社会、经济和文化方面与城市互通融合。1960年,联邦德国巴登-符腾堡州和黑森州率先出台涉及全州的乡村重振计划。联邦政府从1961年开始每三年举办一次"我们的村庄更美丽"竞赛。参赛村庄要着力于绿色设施建设和鲜花对村庄的美化,以增强吸引力。竞赛分为县、区、州和联邦四级平台。首先是村庄报名登记并做汇报,然后是评选委员会考察参评村庄,评定金银铜牌村庄,获得金牌者升入更高一级平台竞争,最后极少数村庄进入由联邦食品与农业部负责的全国评比,获胜者冠以"金牌村庄"称号。1965年,联邦德国巴伐利亚州也出台了村庄发展规划。同年,联邦德国政府推出新的"乡村发展计划",计划重点是新村建设和完善基础设施两个方面。1969年,联邦政府通过《"改善农业结构和海岸保护"共同体任务法》,规定通过补贴、贷款、担保等方式支持改善乡村生产生活条件,保护乡村景观和自然环境,建设基础设施等。[①] 这在一定程度上破坏了老村庄的原有肌理和风貌,大量的村庄被分割,忽略了农舍与村庄建筑文化保护,村庄的独特性与传统价值受损,但在提升农村居民生活水平、消灭城乡差距方面取得了很大进步。

（3）20世纪70年代为第三阶段。20世纪70年代,联邦德国认识到村庄文化流失的后果,逐渐将建设主题转向研究历史村庄结构,加强历史文化保护和对村庄特征的保留。而随着城市居民环保意识的觉醒,许多人为了追求宽敞的住房、良好的空气质量和宜居的环境而迁往乡村。无计划的"返乡运动"导致农村地区建筑密度增大、交通拥挤杂乱、土地开发过度、土地使用矛盾加剧,村庄失去了原有的特色和魅力。1976年,政府修订《土地整理法》,将"乡村重振"和"促进乡村发展"明文列入法规,提出制定村镇整体规划,改善乡村生活和环境,使农村人口生活和福利达到全国平均水平。新的乡村重振运动有以下特点:一

---

① 邢来顺:《德国是如何搞新农村建设的》,《决策探索》2018年第5期(上),第80—81页。

是随机性的单一项目促进形式被精心规划设计为整体性联动工程,原先单一促进乡村发展的项目被纳入乡村总体发展规划,包括土地规划在内都必须捆绑施行;二是政府提出提升农业生产效率、改善乡村生活品质和增强乡村吸引力的总目标,各州根据实际情况制定出各自的乡村重振规划;三是乡村重振规划有明确的执行"路线图",乡村重振的具体规划由乡镇一级提出,当地居民和地产所有者共同参与实施。① 这一阶段实施的乡村重振项目开始审视村庄的原有形态和村中建筑,重视村庄内部道路的设置和对外交通的合理规划,关注村庄的生态环境整治,将村庄建设成为有特色和有自我发展潜力的村落。②

(4) 20世纪80年代至今为第四阶段。德国开始在欧盟农村发展政策框架下开展乡村重振运动,保护村庄的自然景观、建筑风貌、地域文化。③ 同时,将可持续发展的理念融入乡村重振。农村地区的生态价值、文化价值、旅游价值和休闲价值都被提到与经济价值同等重要的高度上。在北莱茵-威斯特法伦州,甚至提出了"村庄就是未来"的口号。这种让村庄循序渐进发展的步骤使德国村庄的活力和特色得以保持。④ 在这个阶段,德国的乡村重振出现了两大变化:一是欧盟给予德国乡村重振充裕的资金支持,如促进农村地区发展的欧洲农村农业发展基金、欧洲农村发展"引领项目"等都给予德国乡村重振以资金支持,尤其是"引领项目",仅在2000—2006年就投入2.5亿欧元支持德国乡村重振项目。同时,德国各州资金投入力度也非常大,如巴伐利亚州仅1982—1986年用于乡村重振的资金就高达3.3亿马克。二是乡村重振通过竞赛成为全国性运动。1998年,为了推动全社会关注乡村重振,联邦政府将全国性的"我们的村庄更美丽"竞赛更名为"我们的村庄明天会更好",竞赛取向从表象性"美丽村庄"向内涵性"乡村生活品质"转变。除了鲜花和绿草,村庄的经济、文化和传统受到更多关注。竞赛理念从只关注生态环境的"浅绿"向强调"经济发展、社会进步、环境友好"的"深绿"转变。⑤

---

① 邢来顺:《德国是如何搞新农村建设的》,《决策探索》2018年第5期(上),第80—81页。
② 常江、朱冬冬、冯姗姗:《德国村庄更新及其对我国新农村建设的借鉴意义》,《建筑学报》2006年第11期,第71—73页。
③ 谢辉等:《农村建设理论与实践——以德国为例》,《城市发展研究》2015年第4期,第39—44页。
④ 常江、朱冬冬、冯姗姗:《德国村庄更新及其对我国新农村建设的借鉴意义》,《建筑学报》2006年第11期,第71—73页。
⑤ 邢来顺:《德国是如何搞新农村建设的》,《决策探索》2018年第5期(上),第80—81页。

3. 德国乡村重振运动的建设方法

(1) 尊顺生态环境。德国在乡村重振运动中,强调保持自然生态的完整和持续,顺应自然规律;要求不占耕地建新房、不大规模开辟新场所,在原有空间环境里维护和修复房屋;尊重传统特色、保护原始地貌、最大限度地保护自然生态环境和水土资源;乡村空间布局与周边环境协调并融于自然景观之中。①

(2) 依法建设。德国在实施乡村重振建设的各种项目时,都会事先出台相关法规,为乡村重振提供法律依据,并将乡村重振置于法规框架下。①进行土地整理,联邦政府于1953年颁布了《土地整理法》,并多次进行修订。各州根据实际情况也相应地制定了州土地整理法规及相关的法律条文,如巴伐利亚州土地整理法规等,为乡村土地整理提供了法律保证。②进行村庄更新,联邦政府于1960颁布了《联邦建筑法》,为制定村庄发展规划和实施村庄更新项目提供法律保证。此后,德国政府颁布了《联邦空间规划法》《联邦自然保护法》《联邦森林法》《土壤保护法》《气候保护法》《水管理法》《垃圾处理法》《继承法》《文化财产保护法》等法律,要求各地制定村庄发展规划和村庄更新规划以及实施村庄更新项目都必须遵守这些法律。②

(3) 循规建设。为了保证乡村重振事业及其建设项目的持续性,德国政府要求各地农村地区事先制定科学的建设规划,并按成熟的建设规划实施建设项目。如巴伐利亚州自20世纪50年代起,就制定了"村镇整体发展规划",通过该规划来控制村镇的更新,包括调整地块分布、改善基础设施、调整产业结构、保护传统文明、整修传统民居、保护和维修古旧村落等。对于上一级规划所提出的乡村重振建设目标,下一级政府应制定相应的详细建设规划。按既定的科学建设规划实施乡村重振项目,这样既能保证乡村重振事业的延续性,也能避免付出不必要的代价,提高建设效率。

(4) 公众参与。在德国,村民的积极参与对乡村重振建设项目的完成起着决定性作用。根据《联邦建筑法》,公民在规划制定过程中有权参与整个过程,提出自己的建议和利益要求。通过平等参与和协商,缩短政府、专业机构、专业

---

① 谢辉等:《农村建设理论与实践——以德国为例》,《城市发展研究》2015年第4期,第39—44页。
② 常江、朱冬冬、冯姗姗:《德国村庄更新及其对我国新农村建设的借鉴意义》,《建筑学报》2006年第11期,第71—73页。

协会和村民之间的距离,加强他们相互之间的沟通与交流,调动村民参与乡村重振的积极性。为了让村民积极参与乡村重振规划,社区政府通过讲座、集会、媒体以及网络等平台,将有关信息及时传递给村民,广泛向村民征询意见,针对乡村重振提出具体措施。① 动员村民参与乡村重振运动,既可获得民众支持,也可收到凝心聚力的效果。

4. 德国乡村重振运动的建设领域

(1) 村庄更新。村庄更新即村庄建设,有以下建设重点:一是保护与更新村庄历史建筑。采用传统的建筑方式及材料巩固和修复传统特色建筑,老房屋的门窗换新,立面涂新材料,延伸房间或阳台。二是新建建筑。在旧址的空地上新建建筑,用生态性的铺路方式更新或改造道路设施,遵循村庄空间结构特色建设街道广场。三是扩展村庄,完善村庄结构和功能。

(2) 村庄景观与生态建设。一是将村庄与自然景观融合,建设地方边缘空间、绿化出入口区;二是建设村庄洼地、丘陵、河流区域;三是修复和重建村庄花园、房屋前院、房屋大院;四是绿化街道和广场。在土地整理与村庄更新过程中,首先保护自然生态环境,任何项目都要在保证绿地总量平衡的前提下实施,严格禁止以牺牲环境为代价去建设某个项目。居民点的布局,有的依山就势,有的伴水构筑,与自然环境高度融合。建筑物的更新改造在遵循传统风格的前提下融入了现代景观元素,新建筑要与传统建筑的排列方式、屋顶形状及高度、墙面色彩等相协调,使建筑物形态多样且富有特色,空间面貌丰富活泼。②

(3) 村庄新能源建设。主要是实现农村地区电力自给自足,建设风电场,利用风能发电。③

(4) 发展农业。主要通过土地整理策略来实施。德国的乡村重振注重改善农民的劳动生产条件,合理开发农村土地资源,依据《土地整理法》,将高低不平、零星分散的耕地整理成平整开阔的农田。建设道路和农田基础设施,推广

---

① 常江、朱冬冬、冯姗姗:《德国村庄更新及其对我国新农村建设的借鉴意义》,《建筑学报》2006年第11期,第71—73页。

② 冯双生、张桂文:《德国农村建设对我国宅基地置换的启示》,《技术经济与管理研究》2016年第6期,第88—92页。

③ 谢辉等:《农村建设理论与实践——以德国为例》,《城市发展研究》2015年第4期,第39—44页。

机械化作业,进行现代化灌溉。组建合作社,发展生态农业。这些措施使农业生产效率大幅提高,德国生产的土豆、牛奶、肉类等主要食品自足有余,粮食安全得到确保;农户收入大幅增长,农民的生产积极性得到提高。

(5)建设乡村文化。一是保护传统文化,整修传统民居、建设博物馆,政府拨付专款用于修缮和保护具有200年以上历史的建筑,重视村庄历史脉络的存留和传承,避免地域特色文化的流失。二是加强教育培训,推广"双元制"教学,让孩子从小学习科学知识,也学习实用技术。以上措施促进了村庄文明,提高了农村居民素质。

(6)实现城乡生活等值。针对农村的突出问题,如城乡差距大、公共设施不足、公共服务落后、农民生计困难等问题,提出城乡居民生活"等值化"理念。通过实施村庄片区规划、建设基础设施、发展教育和其他措施,使农村与城市生活达到"类型不同但质量相同"的目标。根据2010年统计数据,德国巴伐利亚州的城乡GDP仅相差0.1个百分点,实现了城乡居民生产生活等值发展的目标。①

5. 德国乡村重振运动的建设经验

综上所述,可以说德国乡村重振运动是着重建设村庄、生态、农业、能源、文化、生活等要素的农村社区建设模式。德国乡村重振运动的建设效果明显,乡村变成了德国现代社会的有机组成部分,真正地实现了城乡整体均衡、协调发展。乡村功能得到优化,乡村不只是粮食生产者,还是自然景观和传统人文景观的维护者,是生物多样性的保护地,是人们舒适生活和休闲旅游的去处。乡村的如画风景和古朴宁静的环境吸引着越来越多的人来乡村定居,乡村呈现出勃勃生机。② 其经验可总结如下③:

(1)土地整理与村庄更新相结合。德国在乡村重振过程中,始终坚持土地整理与村庄更新相结合、二者同步协调开展的原则。土地整理指对农村土地重新进行调整及用途规划,以便改善农民的劳动生产条件,合理开发农村土地资

---

① 郭永奇:《国外新型农村社区建设的经验及借鉴——以德国、韩国、日本为例》,《世界农业》2013年第3期,第42—45页。
② 常江、朱冬冬、冯姗姗:《德国村庄更新及其对我国新农村建设的借鉴意义》,《建筑学报》2006年第11期,第71—73页。
③ 冯双生、张桂文:《德国农村建设对我国宅基地置换的启示》,《技术经济与管理研究》2016年第6期,第88—92页。

源。通过合并小块土地,促进农业规模化经营和农业技术水平的提高。通过土地置换,将优质土地用于农业生产、劣质土地用于非农建设。土地整理侧重于优化农田结构、改善农村基础设施和公共福利、建设农村居民点等,通过改变农村衰败面貌,提高了农村的吸引力,减缓了农民流入城市的速度。村庄更新表现为改善和增设如绿地、街心花园、体育设施、娱乐及庆典活动场所等村内公共设施;修建人行道、步行区等村内交通设施;修缮和利用闲置的旧房屋;保护与塑造农村自然景观。此外,从1980年开始,德国建筑界与规划界、环保团体、大学科研机构通力合作,进行生态村建设的探索与试验。在这些生态村里,在物质和能源得到节约利用的同时,孕育出自然质朴、优美生态的生活环境,人们在这里过着健康文明且怡然自得的生活。

(2) 坚持以法律为依据,以科学规划为基础。为了使土地整理及村庄更新规范、有序地展开,德国在进行村庄建设的过程中,依法实行科学规划,并能够切实逐步落实到村庄的建设实践中。德国土地整理和村庄更新的核心法规《土地整理法》是联邦德国各州土地整理的法律基础。《建设法典》《田地重划法》是德国进行村庄更新的主要法律依据。其他如《联邦空间规划法》及各州规划法、《联邦区域规划法》、《联邦自然和景观管理法》、《文化财产保护法》等相关法规,不仅是村庄更新的法律依据,也是实施土地整理的法律基础。为了实现农村地区的可持续发展,德国将村庄更新纳入城乡统筹发展的规划体系之中。村庄发展规划不仅要符合相应的区域规划要求,也要根据村庄实际情况确定具体的实施计划。这条经验也是德国乡村重振运动取得成功的重要保证。

(3) 动员公众积极参与乡村重振。德国重视乡村重振过程中公众参与的有效性,参与群体广泛,如土地整理过程中,土地所有权人及建屋权人以及农业、环保、水利等政府部门、乡镇政府、农业协会等代表都参与其中,而且是全程参与,像项目申报、规划方案设计、土地价格评估以及产权归属调整等土地整理过程中一些比较重大的事务,都必须在公众的有效参与下进行。对于村庄改建规划和项目建设,在向相关的政府部门进行项目申请之前,首先要组建此项目涉及的所有居民都参加的委员会,然后再从中选取10人左右成立理事会。委员会以及理事会负责决议项目的可行性、项目的立项申请。在项目获批后,理事会还要负责项目的规划设计、建设招标以及土地调整等工作的组织协调、最终决策等事宜。① 公众参与减少了乡村重振项目实施的阻力,融洽了官民关系,提高了办事效率。

（4）注重各领域协调发展。德国乡村重振运动非常重视村庄、文化、生态、生活、生产、能源、景观等领域的协调发展,把农村的社会发展与环境建设,如教育、卫生、文化事业与环境保护等都放到重要位置,使经济、社会、文化、生态事业发展在村庄层面上达到平衡。这条经验是德国乡村建设质量较高的主要保障。

复习思考题

1. 民国三大乡村建设实验模式各有什么特点?
2. 试析新农村建设模式、民政农村社区建设模式、乡村振兴建设模式的共同之处与差别。
3. 韩国新村运动有哪些值得借鉴的经验?
4. 日本乡村振兴运动有什么特色?
5. 德国乡村重振运动为什么能成功?

---

① 冯双生、张桂文:《德国农村建设对我国宅基地置换的启示》,《技术经济与管理研究》2016 年第 6 期,第 88—92 页。

第四章　农村社区管理

📜 学习要点

农村社区管理的相关概念,农村社区管理理论,农村社区管理的主体、客体,农村社区管理体制的演化,农村社区管理自治组织的体系架构,农村社区管理模式。

📜 关键概念

农村社区管理、农村社区管理主体、农村社区管理客体、农村社区管理体制、农村社区管理模式。

第一节　农村社区管理理论

农村社区管理关系到广大农民的生存质量和社会稳定、和谐,为此,管理者应按社区管理规律进行管理。

一、农村社区管理

全面把握农村社区管理概念,不仅要了解它的定义,还要认识它的特征和运行目标。

1. 农村社区管理的定义

社区管理是内涵丰富、外延复杂的范畴,随历史条件、文化传统、社区结构、社区发展水平的变化而变化。于燕燕指出:"社区管理是指社区权力机构运用一定的原理和方法,为达到社区管理的目标而进行的协调活动。"① 张堃、何云峰指出:"社区管理是指在街道范围内,由街道党工委、街道办事处主导的,社区职能部门、社区单位和社区居民积极参与的区域性、全方位的自我服务和自我管理。"② 还有一些学者用社区治理、社区行政概念表述社区管理。王建军等认为:"社区管理又称为社区治理。它是指在基层政府的引导和支持下,由社区自治组织主导,并在社区中各种社会组织以及居民的共同参与下,为实现社区生活的有效运行和推进社区发展而开展的各种社区公共事务管理活动的总称。"③ 朱国云认为:"社区管理也可称为社区行政,是指在一定的社会环境和条件下,社区内部各种组织以居民自治、自我服务、自我管理为目的,为满足社区居民物质生活、精神生活等需要和维护社区整体利益而对社区的各项事务进行有效管理和调控的过程。"④ 受以上定义启发,我们将农村社区管理界定为:在农村地域范围内,在党和政府主导下,在农村社区各类管理主体的共同作用下,由社区成员共同管理社区公共事务和公益事业,改善农村社区的经济、社会、文化、教育、福利等状况,不断提高农村社区成员的生活水平和生活质量的过程。

2. 农村社区管理的特征

农村社区管理具有如下特征⑤:

(1) 地域性特征。农村社区是区域性社会,农村社区管理活动局限于社区范围内,管理方式是发动社区各类主体,进行自我管理、自我教育和自我服务。如农村社区外的管理机构延伸至农村社区内实行管理,那么农村社区的自我管理机制将无法正常运行;若农村社区管理机构的管理对象越出社区范围,农村社区管理主体和管理对象的一致性将不复存在。管理主体与客体需一致,使农村社区管理区域性特征更明显。

(2) 层次性特征。我国农村社区管理包括政府的行政管理与群众的自我管理两个层次。理想状态是实现村民自我管理。但从国情看,农村社区的自治

---

① 于燕燕:《社区建设基础知识》,中国劳动社会保障出版社2001年版,第70页。
② 张堃、何云峰编著:《社区管理概论》,上海三联书店2000年版,第24页。
③ 王建军、夏志强、王建容主编:《社区管理的理论与方法》,四川大学出版社2008年版,第10页。
④ 朱国云主编:《社区管理与服务》,天津大学出版社2010年版,第19页。
⑤ 参见同春芬、党晓虹、王书明编著:《农村社区管理学》,知识产权出版社2010年版,第18页。

管理需党和政府发挥主导作用,尤其需要党和政府的基层组织在操作层面上发挥作用。在农村社区管理中,党和政府的基层组织的职责体现在:第一,依法规落实村民自治,包括宣传法律、发动村民、指导与组织社区选举、推荐居委会干部人选等;第二,在日常工作中,依法对村委会工作进行指导,将政府的管理事项落实到农村社区,调动政府资源特别是财政资源对村民自治组织进行扶持;第三,对村委会工作进行考核,既可由政府进行直接考核,也可颁布考核标准,由农村社区居民通过代表大会对村委会进行定期和不定期的间接考核。

(3) 互助性特征。农村社区管理的区域性特征决定了社区管理的互助性。社区居民间以及他们与社区组织、民间团体间有密不可分的关系。村委会是村民和政府基层组织的桥梁,三者之间有紧密联系。社区成员既是管理主体,又是管理对象,既有管理他人的权利,又有接受别人管理的义务。在这种关系基础上建立起来的农村社区管理只能是社区成员共同参与的平等、互利、互助式的自我管理、自我教育、自我服务模式。农村社区的"我为人人,人人为我"的精神风尚,使农村社区成员互相帮助、互相支持,形成文明的社区人际关系。

(4) 广泛性特征。农村社区管理活动涵盖农村生活各方面,针对村民的不同需求,体现出广泛性特征。管理内容包括人口管理、文化管理、环境管理、卫生服务管理、财务管理、土地管理、治安管理、服务管理等,是各级政府无法替代的。

(5) 动态性特征。我国农村社区管理不是一个稳定成形的管理形态,处于发展中、完善中。农村社区管理主体包括政府组织、社区自治组织、经济组织和非营利组织,而不同管理主体有不同目标、需求和利益,会产生一系列问题和矛盾。各地农村社区管理的基础、文化、地域、人口要素各不相同,起点不同,路径不一致,故农村社区管理的动态性及过程性较突出。

3. 我国农村社区管理目标

农村社区管理的目标是:以满足农村社区居民日益增长的物质和精神文化需求、提高农民综合素质、促进农民全面发展为目的,以扩大基层民主、完善村民自治、健全农村社区管理和服务体制为重点,大力推进政府公共服务向农村社区延伸覆盖,推动农村经济、社会又好又快发展,以实现村民自治、管理有序、服务完善、治安良好、环境优美、文明祥和的总体目标。①

村民自治是村民通过村民自治组织依法办理与村民利益相关的村内事务,实现村民自我管理、自我教育和自我服务,从而实现民主选举、民主协商、民主决策、民主管理、民主监督的制度和程序。管理有序是要实现社区行政管理和社区自我管理的有效衔接,以及政府依法行政和居民依法自治的良好互动。服务完善是要构建以公共服务机构为依托、专业经济组织为基础、其他社会力量为补充、公益性服务和经营性服务相结合、专项服务和综合服务相协调的新型农村社区服务体系。治安良好要求社区管理组织依靠社区群众,协同公安、司法机关,对涉及社区的社会秩序和人民群众生命财产安全依法进行有效治理,主要管理好社区人口、社区危险物品、社区秩序、社区交通、社区消防等公共事务。环境优美要求:社区内街道、公共场所、绿化带、楼道干净整洁;社区植被丰富、美观,空气清新;社区拥有完善的公共卫生设施;社区居民养成良好的卫生习惯,保持良好的环境卫生。文明祥和要求:社区以人为本地建设美好家园;建立健全社区服务体系;营造出和睦、互助、平和、安宁、包容、互相理解和支持的社区氛围。

二、农村社区管理理论

西方学者进行了较丰富的社区管理研究,其中需要层次理论、公共产品理论、公共选择理论、新公共管理理论都涉及社区管理问题。这些理论的社区管理主张也适用于农村社区管理。

1. 需要层次理论

需要层次理论由美国人本主义心理学家亚伯拉罕·马斯洛(Abraham H. Maslow)于1943年初次提出,他在1954年又对这个理论做了进一步完善。马斯洛把人类纷繁复杂的需要分为生理需要、安全需要、友爱和归属需要、尊重需要和自我实现需要五个层次。1954年,马斯洛在《激励与个性》一书中又把人的五个需要层次发展为七个,增加了求知需要和求美需要。② 这七种需要又可分为高级需要和低级需要,其中生理需要、安全需要、友爱和归属需要属于低级需要,可通过外部条件使人得到满足;而尊重需要、自我实现需要、求知需要和求

---

① 同春芬、党晓虹、王书明编著:《农村社区管理学》,知识产权出版社2010年版,第21页。
② 赵国祥、杨巍峰编著:《管理心理学》,河南大学出版社1995年版,第113页。

美需要是高级需要,是永远不会被完全满足的。当低级需要得到满足时,自我实现需要就变得更加突出,这对个人来说可能是最好的一种愿望。当人们的需要进入这个层次时,他们都想发挥自我全部的内在潜力,来满足他们的这种自我实现需要。在农村社区中,人们有着多层次多样化的需求,我们可用该理论来评估农村社区居民的需要,通过满足他们各层次的需要来调动他们生产生活的积极性,实现构建和谐社区、和谐社会的目标。

2. 公共产品理论

虽然公共产品思想可溯至亚里士多德的政治学说,但英国学者托马斯·霍布斯(Thomas Hobbes)1651年在《利维坦》一书中关于国家的论述,则是公共产品理论的真正起源。

古典经济学中不乏公共产品理论的思想火花。大卫·休谟(David Hume)在1739—1740年出版的《人性论》中提出"搭便车"的思想。亚当·斯密(Adam Smith)在1776年出版的《国富论》中提出政府"守夜人"的角色等。1882年,阿道夫·瓦格纳(Adolph Wagner)提出瓦格纳法则,从实证角度研究并证实了政府的公共产品供给职责。

1919年,瑞典人埃里克·林达尔(Erik Lindahl)定义了"公共产品"一词,并提出公共产品供给的"林达尔均衡"思想。1954年,美国经济学家保罗·萨缪尔森(Paul Samuelson)在《经济学与统计学评论》发表《公共支出的纯理论》一文,对公共产品概念做了经典性表述,该表述成为公共产品的标准定义,并被沿用至今。萨缪尔森认为,"公共产品是指每个人对这种产品的消费都不会导致其他人对该产品消费的减少"[①]。相对而言,私人产品是指"一种产品能够加以分割,因而每一部分能够分别按照竞争价格卖给不同的人,而且对其他人没有产生外部效果"。从以上定义可以看出,公共产品天生具有非排他性和非竞争性,正是因为这两个属性,人们很难找到一个有效的价格体系来控制公共产品的消费。1965年,詹姆斯·布坎南在《俱乐部的经济理论》一文中指出,萨缪尔森定义的公共产品是"纯公共产品",现实社会中,大量存在的是介于公共产品和私人产品之间的"准公共产品"或"混合商品"。所谓俱乐部产品就是这样一类产品,一些人能消费,而另外一些人被排除在外。布坎南的"俱乐部产品"拉

---

① Paul A. Samuelson, "The Pure Theory of Public Expenditure," *The Review of Economics and Statistics*, 1954, Vol. 36, No. 4, pp. 387-389.

近了"公共产品"与现实的距离,具有较强的实用性和操作性。归纳起来,公共产品理论的研究主要集中在以下相互关联、不断深化、依次推进的四个层次:公共产品的内涵与范围、公共产品供求机制、公共产品运行机制和公共产品评价激励机制。①

3. 公共选择理论

19世纪60年代,詹姆斯·布坎南及其代表的"公共选择学派"拓宽了公共产品理论研究的领域,发展了研究非市场决策的公共选择理论。公共选择理论是把传统经济理论的分析方法运用于政治领域分析的理论,是新古典经济学的基本原理在政治行为上的应用。公共选择是非市场的集体选择,实际上是政府选择。

公共选择理论是一种关于政府应做什么的理论,涉及政府选择、投票规则和政府失灵问题等内容。其主要假设是:政府行动主体就像经济行动主体一样,为了利益(满意度)最大化而理性行动;它认为政治行动主体唯一重要的是个体。按照公共选择理论的"个人主义"和"经济人"假定,作为"经济人",公职人员必然以个体利益为根本出发点,这客观上导致政府抵制政治集团利益的失败,从而出现腐败现象。在公共权力的腐败过程中,政府公职人员、公众和行贿者都进行了成本—收益分析,试图谋求个体利益的最大化。② 公共选择理论的研究,利于重新划分政府、市场、社会三者在提供公共管理服务中的边界,推进社区民主自治。

4. 新公共管理理论

20世纪70年代以后,西方兴起"新公共管理运动"。这场运动是对传统公共行政管理模式的改革。新公共管理理论是新公共管理运动的理论基础,它对政府、企业与公民角色进行了重新定位,即"从以生产者为中心的政府治理转向以消费者为中心的治理。政府应以公民为中心而不是以自己为中心"③。在众多思想中影响最大的有两种。一是戴维·奥斯本(David Osborne)提出的"政府再造"思想。1992年戴维·奥斯本与特德·盖布勒(Ted Gaebler)等在其著名

---

① 王爱学、赵定涛:《西方公共产品理论回顾与前瞻》,《江淮论坛》2007年第4期,第38—43页。
② 张亚明、黄梅丽:《基于公共选择理论的腐败治理制度研究》,《内蒙古社会科学(汉文版)》2011年第3期,第11—16页。
③ 刘霞:《公共管理学科前沿与发展趋势》,《公共管理学报》2004年第2期,第38—43页。

的《改革政府——企业家精神如何改革着公共部门》一书中提出了他们的核心思想"企业家政府理论"。他们提出了"改革政府的十项原则",这些新概念框架形成了一份用于改变政府行动的清单。二是罗伯特·登哈特(Robert B. Denhardt)提出的"新公共服务"路径。2000年,登哈特夫妇在其著作《新公共服务:服务,而不是掌舵》中,强调政府应该追求公共利益,政府在思想上要具有战略性、行动上要具有民主性,政府应该服务于公民而不是服务于"顾客",政府责任并不是单一的,公务员不应仅仅关注市场,也应该关注宪法和法令、社会价值观、政治行为准则、职业标准和公民利益,应重视人而不只是生产率,对公民权的重视程度要胜过对企业家精神的重视程度。虽然这两种思想强调的侧重点不同,但是都体现了民主、公平与公正,都以实现公共利益为结果导向。

第二节 农村社区管理主体与客体

管理活动是管理主客体间的互动活动,反映了管理主客体在管理活动中的相互关系。农村社区管理涉及农村社区管理主体与管理客体的相互关系。

一、农村社区管理主体

农村社区管理主体主要有基层政府、经济组织、非营利组织以及社区自治组织。

1. 基层政府

基层政府就是乡镇政府,它在农村社区管理中扮演组织者和推动者的角色,具有主导农村社区建设和管理工作的资质。[①]

作为基层权力执行机关的乡镇政府,是国家行政系统的基层单位,负责辖区内的行政管理工作。一般来说,乡镇政府设有党政综合办公室、经济发展办公室、社会事务办公室、规划建设办公室、综合行政执法办公室、财政办公室等。这些部门共同构成了乡镇政府的基本框架,负责处理乡镇日常行政事务,推动当地经济发展,管理社会事务,开展乡村规划和民生项目建设工作,以及执行国家和地方政府的相关政策和法规。

---

① 朱国云主编:《社区管理与服务》,天津大学出版社2010年版,第123页。

2007年,民政部颁布《全国农村社区建设实验县(市、区)工作实施方案》,要求"按照地域相近、规模适度、群众自愿的原则,科学界定农村社区的区域范围,明确农村社区的定位"。2015年,中共中央办公厅、国务院办公厅印发《关于深入推进农村社区建设试点工作的指导意见》,明确提出"依法确定乡镇政府与村民委员会的权责边界,促进基层政府与基层群众自治组织有效衔接、良性互动"。《村民委员会组织法》规定:"乡、民族乡、镇的人民政府对村民委员会的工作给予指导、支持和帮助,但是不得干预依法属于村民自治范围内的事项";"村民委员会协助乡、民族乡、镇的人民政府开展工作";"村民委员会不依照法律、法规的规定履行法定义务的,由乡、民族乡、镇的人民政府责令改正"。

2. 农村社区经济组织

经济组织是从事经济活动的机构。随着改革开放和市场经济的发展,农村社区中逐渐出现各种所有制形式的经济组织。农村社区要为经济组织承担大量的社会性、服务性工作,以帮助其按照市场机制运营,在市场竞争中获取利润;而经济组织也要主动将自己所拥有的一些资源,尤其是处于闲置的各种资源提供给所在农村社区使用,以此来实现资源的有效利用和资源共享,积极参与农村社区管理。

农村社区经济组织参与社区管理的主要内容包括:第一,经济组织联系农村社区协商议事机构,通过社区协商议事机构发挥农村社区内部各种经济组织的人力、智力优势,共同出谋划策,探讨农村社区管理的途径和方法;第二,经济组织联系农村社区管理机构,通过社区管理机构协调农村社区内部各个经济组织的活动,规范各自的行为,共同为农村社区的良好管理做出自己的贡献;第三,经济组织要联系社区自治组织,通过参与社区自治组织的活动,为农村社区民间组织的产生、发育以及农村社区自治力量的发展提供条件和契机。

3. 农村社区非营利组织

非营利组织具有五个特征:非政府性、非营利性、自治性、志愿性、公益性或互益性。[①] 非营利组织包括行业性组织、福利组织、志愿者组织、慈善组织等,在我国农村社区管理中起到推动作用:第一,积极地为农村社区居民提供服务以满足社区居民多层次的需求,提高农村社区服务的质量;第二,减轻政府在农村

---

① 王建军、夏志强、王建容主编:《社区管理的理论与方法》,四川大学出版社2008年版,第116页。

社区建设和社区服务中的负担,弥补政府资源的不足;第三,吸引和动员志愿者参与农村社区建设和发展,激励越来越多的农村社区居民参与农村社区建设。

4. 农村社区自治组织

《村民委员会组织法》第二条规定:"村民委员会是村民自我管理、自我教育、自我服务的基层群众性自治组织,实行民主选举、民主决策、民主管理、民主监督。村民委员会办理本村的公共事务和公益事业,调解民间纠纷,协助维护社会治安,向人民政府反映村民的意见、要求和提出建议。村民委员会向村民会议、村民代表会议负责并报告工作。"

二、农村社区管理的客体

农村社区管理客体涉及以下几个方面。

1. 农村社区居民

农村社区居民是社区的基本要素,是农村社区的根生要素之一,是农村社区存在与发展的人力条件。目前我国农村社区居民管理工作之一是提高农村人口质量。有效提高农村社区人口质量关系到居民素质总体水平的高低,可以缓解人口对资源、环境的压力,促进农村经济发展和社会进步;做好农村计划生育管理是构建和谐社会、建设新农村的重要前提。

2. 农村社区生态环境

农村社区生态环境是农村社区存在与发展的生态条件,是农村居民生产和生活的物质条件,是农村社区赖以生存和发展的自然条件的总和。随着人口的增长和城市化的推进,农村社区生态环境问题突显。农村社区生态环境管理包括:完善农村生态环境保护的法律法规和政策;成立农村社区生态环境管理监督机构;提供农村社区生态环境污染防治社会化服务;积累和推广生态环境保护示范地区的经验等。

3. 农村社区生计体系

农村社区生计体系是为农村社区居民提供衣、食、住、行、用等人工生活资料的经济基础,是农村社区存在与发展的经济条件,是由农村社区劳动就业、社区营生产业、社区生活救助、社区生活福利、社区土地保障等生计渠道构成的谋生体系。为开拓和发展社区生计渠道,农村社区必须大力发展社区集体经济、家庭经济和引进外地经济等经济形式。农村社区生计体系管理措施主要包括:

筹措发展社区集体经济的原始资本,开办社区企业;制定发展社区集体经济制度以及股权分配制度、公益金管理制度;发展家庭农场,组建农民专业合作社;建立社区生活救助制度与开展生活救助工作;建立社区生活福利制度与开展生活福利工作;落实家庭联产承包责任制、农村土地承包经营权流转制度等。

4. 农村社区生活消费

农村社区生活消费是农村社区存在与发展的条件之一。农村社区生活消费体系由生活消费理念、生活消费结构、生活消费层次、生活消费方式等因素组成。管理好农村社区生活消费,是农村社区居民延续生命、繁衍人口、促进人口生产和再生产的基本保证。

5. 农村社区文化

农村社区文化是农村社区的根生要素之一,是农村社区的重要影响因素,也是社区建设的灵魂。因此,农村社区文化管理是一项长期而艰巨的任务。农村社区文化管理包括:用科学的发展观念武装村民的头脑,剔除封建思想;开发社区文化资源,继承和发扬优秀的传统文化;加快农村社区文化基础设施建设;丰富村民的文化活动,形成浓厚的文化氛围等。

6. 农村社区服务

农村社区服务是农村社区的衍生要素之一,是为农村社区居民提供生活服务的主要形式。农村社区服务管理是指在村民委员会领导下,以农村社区中的各村落为依托,具有社会福利性质的社区公共性服务活动。其主要内容是为村民提供老年人服务、残疾人服务、便民服务、文体服务、卫生服务、治安服务、科技和信息服务等。农村社区服务管理的目的在于通过社区服务使村民提高自助、互助能力和整个社区的生活质量。

7. 农村社区财务

农村社区财务管理是指对直接归农村社区居民集体占有、支配、管理的各项资产所发生的收入、使用、分配等财务活动进行的核算、计划、监督与控制。主要包括现金管理制度、收入管理制度、支出管理制度、资产资源管理制度、票证管理制度和会计报表制度等。农村社区财务管理的主要目的是做到农村社区财务公开和民主管理。

8. 农村社区治安

农村社区治安是农村社区的衍生要素之一。农村社区治安管理是对社区内社会治安问题和人民生命财产安全依法进行管理的活动。具体包括农村社区秩序管理、治安事件管理、户口管理、民用危险物品管理、特种行业管理、道路交通安全管理、消防管理等。重视农村社区治安管理，是保持农村社区社会安定的需要，是促进农村社区各项建设顺利进行的前提和重要保障。

9. 农村社区教育

农村社区教育是为了开发农村社区人力资源而发展起来的，是以社区学院或社区农民学校为平台，主要开展社区劳动就业、职业技术、法律法规、文化知识等方面培训的教育形式。农村社区教育管理主要包括社区学院建设、社区教育教学管理、社区教育师资管理、社区教育经费管理、社区教育专业建设、社区学院招生与学籍管理等。

第三节 农村社区管理体制

管理体制是社区良性运行的基本条件。我国已颁布《村民委员会组织法》，从法律上要求农村社区实行自治。农村社区还须打造社区经济、文化、日常生活等方面的管理体制。

一、农村社区管理体制的演化

农村社区管理体制是农村社区管理主体为有效进行社区管理所建立的权责体系、组织结构体系、运行机制以及规章制度的总称。1949年以来，我国农村基层社区管理体制大致经历了如下三个阶段。

1. 村乡制时期

从时间上讲，此时期大致为1949—1958年。新中国成立初期至1958年，我国农村基层政权体制有两种：一种是北方的区、村（行政村）两级政府的体制；另一种是南方的区、乡建制。在这两种体制下，"村"和"乡"分别是不同地区的农村基层政权组织。1954年9月，我国颁布新中国第一部宪法，对全国农村基层政权进行统一规范，规定乡镇实行人民代表大会制度，乡镇为农村基层政权。村乡制有以下三个特点：从管理规模看，村或乡的规模小；从组织性质看，村乡制有行政化特点，除区公所作为县级派出机构或一级政府外，村或乡也是"政府"组织；从组织基础来看，村乡制建立在个体所有或私有制基础上。

2. 人民公社体制时期

此时期大致为1958—1982年。20世纪50—80年代,为构建集中管理体制的微观基础,将分散的农民组织起来,实现乡土社会整合,我国开始实行公社体制。在组织结构上,建立人民公社—生产大队—生产队三级组织;在组织功能上,经济组织与人民公社组织合一,国家基层政权组织与人民公社组织一体,实行党的一元化领导;在权力配置上,国家通过社队体制垄断所有权力和资源;在运行机制上,采取行政机制进行社区管理。农村社区管理的社队体制建立在计划经济及城乡分治条件下,它本身不仅是计划经济体制的产物,也是计划经济的基础,同时也是维系城乡二元化体制的制度安排。宏观层面的计划经济体制和城乡二元体制借助微观层面的社队体制实现国家对农民直接、全面的刚性控制,但客观上导致农村社区的行政化和城乡社区治理的离散化。①

3. 乡政村治体制时期

此时期大致从1982年至今。20世纪70年代末80年代初以来,以家庭联产承包责任制为发端的农村市场经济体制改革瓦解了社队体制的经济基础,使农民获得经营自主权和独立性。1982年,第五届全国人民代表大会第五次会议修订通过的《中华人民共和国宪法》,规定在城市和农村设立居民委员会和村民委员会。1987年11月,六届全国人大常委会第二十三次会议通过的《村民委员会组织法(试行)》明确规定,"村民委员会是村民自我管理、自我教育、自我服务的基层群众性自治组织","乡、民族乡、镇的人民政府对村民委员会的工作给予指导、支持和帮助"。1998年和2010年、2018年对《村民委员会组织法》的修订、修正,都对此予以确认。乡政村治有四大特征:(1)在组织结构上,国家政权组织与村民自治组织分开,乡镇政府是国家农村基层政权,村民委员会是村民自治组织。(2)在组织功能上,乡镇政府作为农村基层政权,依法行政,进行行政管理和提供公共服务;村民委员会作为村民自治组织,依法自治,进行"自我管理、自我服务、自我教育"。(3)在权力关系上,乡镇、村之间不是行政上的上下级和直接的"领导关系",而是"指导关系"。(4)在运行机制上,乡镇政府采取行政机制处理行政事务,村民委员会采取自治机制处理自治事务。②

---

① 卢爱国:《农村社区体制改革模式:比较与进路》,《理论与改革》2009年第5期,第39—43页。
② 同春芬、党晓虹、王书明编著:《农村社区管理学》,知识产权出版社2010年版,第25页。

与此同时,为了配合乡政村治体制,乡镇政府进行了一系列变革,内容涉及行政区划、财税体制、机构精简、人员分流、体制变革等方面。学界与行政部门都在探索一种能从根本上改善乡镇机制的路径,提出机构撤销与权力分解论、"县政、乡派、村治"论、乡镇撤并论、彻底改革论和乡镇自治论等。①

二、农村社区管理自治组织的体系架构

根据我国《村民委员会组织法》,我国农村社区管理体制必定是村民自治体制。

1. 农村社区管理自治组织体系构成

根据 2018 年 12 月 29 日修正的《村民委员会组织法》,我国农村社区管理自治组织体系构成如下。

(1) 基层党组织。社区党组织是社区各种组织和各项工作的领导核心,其领导核心作用具体体现为思想导向作用、重要决策作用、组织保证作用、行为表率作用。其主要职责是"按照中国共产党章程进行工作,发挥领导核心作用,领导和支持村民委员会行使职权;依照宪法和法律,支持和保障村民开展自治活动、直接行使民主权利"。

(2) 村民委员会。"村民委员会是村民自我管理、自我教育、自我服务的基层群众性自治组织,实行民主选举、民主决策、民主管理、民主监督。村民委员会办理本村的公共事务和公益事业,调解民间纠纷,协助维护社会治安,向人民政府反映村民的意见、要求和提出建议。村民委员会向村民会议、村民代表会议负责并报告工作。"

(3) 村民会议。"村民会议由村民委员会召集。有十分之一以上的村民或者三分之一以上的村民代表提议,应当召集村民会议。""村民会议审议村民委员会的年度工作报告,评议村民委员会成员的工作;有权撤销或者变更村民委员会不适当的决定;有权撤销或者变更村民代表会议不适当的决定。""村民会议可以制定和修改村民自治章程、村规民约,并报乡、民族乡、镇的人民政府备案。"

(4) 村民代表会议。"人数较多或者居住分散的村,可设立村民代表会议,讨论决定村民会议授权的事项。村民代表会议由村民委员会成员和村民代表

---

① 黄红华、郁建兴:《乡镇政府改革再思考》,《学习与探索》2006 年第 5 期,第 69 页。

组成";"村民代表应当向其推选户或者村民小组负责,接受村民监督";"村民代表会议由村民委员会召集。村民代表会议每季度召开一次。有五分之一以上的村民代表提议,应当召集村民代表会议"。

(5) 村民小组会议。村民委员会可按村民居住状况分设若干村民小组,小组长由村民小组会议推选。召开村民小组会议的条件是,"应当有本村民小组十八周岁以上的村民三分之二以上,或者本村民小组三分之二以上的户的代表参加,所作决定应当经到会人员的过半数同意。村民小组组长由村民小组会议推选。村民小组组长任期与村民委员会的任期相同,可以连选连任。属村民小组的集体所有的土地、企业和其他财产的经营管理以及公益事项的办理,由村民小组会议依照有关法律的规定讨论决定,所作决定及实施情况应当及时向本村民小组的村民公布"。

(6) 村民选举委员会。村民选举委员会主持村民委员会的选举。"村民选举委员会由主任和委员组成,由村民会议、村民代表会议或者各村民小组会议推选产生。村民选举委员会成员被提名为村民委员会成员候选人,应当退出村民选举委员会。村民选举委员会成员退出村民选举委员会或者因其他原因出缺的,按照原推选结果依次递补,也可另行推选。"

(7) 村务监督委员会。"村务监督委员会或者其他形式的村务监督机构,负责村民民主理财,监督村务公开等制度的落实,其成员由村民会议或者村民代表会议在村民中推选产生,其中应有具备财会、管理知识的人员。村民委员会成员及其近亲属不得担任村务监督机构成员。村务监督机构成员向村民会议和村民代表会议负责,可列席村民委员会会议。"

2. 建立并实施村民会议制度

村民会议制度是为保障农村社区居民依法行使民主权利,完善社区居民民主自治制度,推进社区民主政治建设和民主管理的一项制度创新。

(1) 法律依据。本制度是依照《村民委员会组织法》建立的。

(2) 村民会议、村民代表会议的成员组成。"召开村民会议,应当有本村十八周岁以上村民的过半数,或者本村三分之二以上的户的代表参加,村民会议所作决定应当经到会人员的过半数通过。""根据需要可以邀请驻本村的企业、事业单位和群众组织派代表列席。""村民代表会议由村民委员会成员和村民代表组成,村民代表应当占村民代表会议组成人员的五分之四以上,妇女村民代表应当占村民代表会议组成人员的三分之一以上。村民代表由村民按每五户至十五户推选一人，或者由各村民小组推选若干人。村民代表的任期与村民委员会的任期相同。村民代表可以连选连任。村民代表应当向其推选户或者村民小组负责，接受村民监督。""村民代表会议有三分之二以上的组成人员参加方可召开，所作决定应当经到会人员的过半数同意。"

（3）村民会议、村民代表会议法定职权。"村民会议负责审议村民委员会的年度工作报告，评议村民委员会成员的工作；有权撤销或者变更村民委员会不适当的决定；有权撤销或者变更村民代表会议不适当的决定。村民会议可以授权村民代表会议审议村民委员会的年度工作报告，评议村民委员会成员的工作，撤销或者变更村民委员会不适当的决定。""村民会议可以制定和修改村民自治章程、村规民约，并报乡、民族乡、镇的人民政府备案。""涉及村民利益的下列事项，经村民会议讨论决定方可办理：（一）本村享受误工补贴的人员及补贴标准；（二）从村集体经济所得收益的使用；（三）本村公益事业的兴办和筹资筹劳方案及建设承包方案；（四）土地承包经营方案；（五）村集体经济项目的立项、承包方案；（六）宅基地的使用方案；（七）征地补偿费的使用、分配方案；（八）以借贷、租赁或者其他方式处分村集体财产；（九）村民会议认为应当由村民会议讨论决定的涉及村民利益的其他事项。村民会议可以授权村民代表会议讨论决定前款规定的事项。"

（4）村民代表权利、义务。村民代表的权利包括：①提出罢免村民委员会成员的要求。本村五分之一以上有选举权的村民或者三分之一以上的村民代表联名，可以提出罢免村民委员会成员的要求，并说明要求罢免的理由。被提出罢免的村民委员会成员有权提出申辩意见。②提议召集村民会议。有十分之一以上的村民或者三分之一以上的村民代表提议，应当召集村民会议。③提议召集村民代表会议。村民代表会议每季度召开一次。有五分之一以上的村民代表提议，应当召集村民代表会议。村民代表的义务包括：接受村民监督，联系社区成员，遵守国家法律法规和政策，带头执行村民代表大会的决定、决议，按时参加会议，协助村民委员会做好工作。

三、农村社区管理运行机制

农村社区管理运行机制，即农村社区管理权力在农村社区管理组织结构体系中的有效运行方式,是社区管理体制活力的体现。①

1. 农村社区管理的主要运行机制

农村社区管理的运行机制包括以下七种:

(1)决策机制。明确哪些社区管理组织及其哪些部门拥有哪些决策权,如何行使决策权,以保证社区管理决策能及时、有效地作出。

(2)执行机制。明确哪些社区管理组织及其哪些部门拥有哪些执行权,如何行使执行权,以保证有关社区管理的公共政策和管理决策能得到严格执行。

(3)协调机制。明确哪些社区管理组织及其哪些部门拥有哪些协调权,如何行使协调权,使社区中的各类矛盾和冲突能及时加以控制和排除。

(4)监督机制。包括如何对社区管理进行有效监督,谁来监督,以何种手段、方式进行监督等。

(5)反馈机制。如何对社区管理过程和结果提供信息反馈,使决策者能够及时了解决策的实施情况,以及如何修改、完善对决策的意见和建议。

(6)动力机制。为推进社区管理的有效进行,需要采用物质和精神方面的激励手段,来激发和鼓励社区管理人员的工作热情、士气,调动其积极性和创造性。

(7)制约机制。为保证社区管理的公共权力不致滥用,必须从制度上对权力进行有效制约,对权力滥用现象进行制裁。

2. 农村社区管理的主要手段

农村社区管理的各类主体凭借法律赋予的职权和自身拥有的资源,对社区各项事务进行管理,其管理手段如下。

(1)行政手段,是指通过政府或各类组织的行政机构,采取强制性的命令、指示、规定等行政方式来调节社区的管理活动,以达到农村社区管理目标的一种手段。行政手段具有权威性、纵向性、无偿性及速效性等特点,是自上而下的一种手段。

(2)经济手段,是指在市场经济的背景下,运用市场来调节社区的管理活动。政府和社区自治组织可通过制定和实施社区发展规划、计划,或直接提供财政支持对社区进行管理;经济组织和非营利组织可通过参与社区建设和服务

---

① 王建军、夏志强、王建容主编:《社区管理的理论与方法》,四川大学出版社2008年版,第99页。

的竞争参与社区管理。

（3）法律手段，是指通过制定和修改相关的法律法规，明确各主体的职责、权利和义务，为农村社区管理提供法律依据的一种强制性手段。各农村社区也可以通过制定和修改相应的村民自治章程、村规民约进行农村社区管理。各社区管理主体通过村民自治章程、乡规民约等制度的制定、修改和执行过程，参与社区管理。

（4）宣传教育手段，是指运用农村社区内各种形式的宣传教育方法，使公众能够了解相应的知识、法律、政策等，提高社区村民的思想和素质的一种手段。宣传教育既是对科学知识、法律法规的普及，又是一种思想动员。有利于发动社区居民参与社区活动，把相应的宣传内容变成社区居民的自觉行动并且形成强大的社会舆论，从而达到宣传的效果。

第四节　农村社区管理模式

农村社区管理模式是人们在农村社区管理实践中进行反思和概括的基础上设计出的一整套具体的管理理念、管理对象、管理程序、管理制度、管理手段和管理方法的有机体。①

一、国外农村社区管理模式

在农村社区发展过程中，不同国家都在探索最佳的社区管理模式。

1. 日本的政府与社区结合模式

日本农村社区采取的是"地域中心"的管理模式，"地域"相当于中国的"乡镇"一级行政区域，其管理机构被称为"地域中心"。地域中心是由区政府据人口密度和地理半径来划分的行政管理机构，隶属区政府地域中心部。"地域中心"的主要职责包括征集民众意见、组织民间公益团体对困难群体给予支持援助等。"地域中心"作为一定区域的行政管理机构，其职能较单一、职责明确，主要侧重于地区事务管理和为本地居民服务，在工作管理界限上不会出现交叉现

---

① 同春芬、党晓虹、王书明编著：《农村社区管理学》，知识产权出版社2010年版，第33页。

象,能集中精力做好分内工作。在社区发展和管理方面,地域中心和社区组织相互配合,给社区自治、社区管理提供了较大的弹性空间,给基层社区管理改革提供了广泛的操作平台。"地域中心"是一个政府下派机构,不能完全代表民众表达后者的利益。在这种态势下,日本农村社区居民自发建立了一个团体服务制度——住区协议会,它是地道的农村社区居民参与公共事务管理的群众自治组织,它的功能是协调促进、制衡"地域中心"的工作和工作偏误。这种制度的特点是居民自愿加入并直接参与民主管理,使政府能听到居民的呼声,使政府的计划更符合当地实际。从发展轨迹看,日本的社区管理是双向的,一边是官方的"地域中心",另一边是民间的"住区协议会"。二者相互等量,齐驱并进,互不交叉,其最终落脚点都是为民服务,共同保障日本社会稳定和良性发展。[①]

2. 欧陆国家赋予农业以新价值的农村社区治理模式

伴随可持续发展经营理念的提出,欧陆国家的一项重要农业政策是说服农民在耕种过程,改变过去密集种植和以大量化学成分助长的耕种习惯。在强调可持续发展的欧陆思维里,农村经济早已被视为整个国家可持续发展的重要内容。农民的角色与价值不再只是粮食生产者,更被赋予维护世人赖以为生的土地与提供更高质量作物的使命。当发达国家农业产值不断萎缩时,农业结构便需不断地进行调整以重建农业的价值。随着环境问题日渐为世人所重视,农业唯有具备维护环境的价值才能凸显其重要性。解决农村社区发展问题时,既不能将社会议题抛在经济问题之后,也不能将两者分开来处理。同时,农村政策应超越农业本身,横跨多个领域与议题。欧洲农村发展通常建立在中央与地方政府"合作协调"的机制下,各国政府普遍授权地方政府以及由下往上的策略与机制来促进农村发展。对于推动农村政策,更强调"公私伙伴关系"以及维护公众参与的机制。但是即使政府不再垄断公共事务,并建立种种制度性方案如"公办民营""公私合产""公私协力"等来让民间参与,非营利民间组织在经营管理过程中也可能出现"公益失灵"的困境,无法完全承担参与共同治理的责任。因此,欧洲政府还通过不同的指导与训练过程,让非营利民间组织具

---

① 同春芬、党晓虹、王书明编著:《农村社区管理学》,知识产权出版社2010年版,第36页。

备基本的"治理能力"。这样,非营利民间组织的公共"治理权"就具有了正当合法性。①

二、我国农村社区管理模式

我国的农村社区建设实验中的各实验区充分利用改革先试权,在农村社区建设实验过程中形成多种农村社区管理模式。从农村社区事务治理主导角色看,目前我国农村社区体制改革与治理模式可归纳为村落自组织模式、村社合一模式、村企主导模式、联村建社模式。②

1. 村落自组织模式

村落自组织模式指在没有外部指令的强制前提下,村落社区成员通过面对面协商,自发组织并治理村落社区事务的制度安排和运行模式。该模式的代表主要有我国村民自治制度和村民委员会发源地——广西宜州合寨大队果作生产队。其特点是:以自然村落为治理空间,治理边界和受益主体清晰,治理空间较小;以村落民间组织为主要治理主体,在行政村党组织领导和村民委员会指导下建立村落社区志愿者协会或社区理事会从事村落社区治理;以自治和志愿为治理机制,民选经济能人或农村"耄耋"通过协商民主治理村落社区事务。其优点是:原生形态社区的空间定位和村落自组织的角色定位,为社会生活共同体和乡村自治新单元的构建提供了坚实的基础。从实践看,如20世纪80年代初,果作生产队根据自然属性定位社区空间,作为社区管理主体组织的村落社区志愿者协会和社区理事会都不是作为乡级行政机构出现,而是行政边界之外的民间组织;不是向上级政权负责,而是直接向农民负责,这既创造了乡村治理结构新元素,又提升了村民自治的生机和活力。其局限性在于:村落社区自组织的制度设计并没有触动村民委员会这一法定自治组织的行政化问题,而且由于村落社区自组织与村级行政机构的权责关系还存在一些"暧昧地带",村落社区自组织代行村民委员会的许多功能,这一方面可能使得"后税费时代"的村民委员会出现贵族化和边缘化的问题,另一方面也可能导致村落社区自组织行政

---

① 王培刚、庞荣:《国际乡村治理模式视野下的中国乡村治理问题研究》,《中国软科学》2005年第6期,第19—24页。
② 同春芬、党晓虹、王书明编著:《农村社区管理学》,知识产权出版社2010年版,第40页。

化的问题。此外,社区自组织成员的志愿性和兼职化使村落社区自治热情面临挑战。

2. 村社合一模式

村社合一模式指村民委员会与社区管理组织成员交叉任职、功能合一的社区治理制度安排和运行模式。其特点是:建制村与社区在空间上合一;村党组织和村民委员会主导社区建设,村"两委"下设社区管理组织,村"两委"成员与社区管理组织领导成员交叉任职;村民委员会自治管理与社区服务职能合一,村委会依托社区管理组织代理地方政府部门委托的各项涉农行政管理和公共服务事务;社区工作者队伍专兼职结合,以村"两委"成员为主体,动员和组建社区志愿者队伍,或通过政府购买公益性岗位,解决社区服务人员配置。该模式以建制村为社区空间设置农村社区管理组织,专门承接地方政府下沉职能,实现了村级政治资源、经济资源、社会资源和组织资源的整合,改变了传统农村组织重行政管理轻公共服务的倾向和行为,提高了政府公共服务效能,一定程度上改变了农村社区公共产品短缺的现象。与村落自组织模式相比较,村社合一模式尤其注重市场中介组织的培育,农村地区在享受城市文明的同时,又获得了经济发展。但是,村民委员会与社区管理组织成员交叉任职、功能合一,会带来两个方面的问题:一是作为自治组织的村民委员会在功能和管理幅度上将日益扩大,村民委员会行政化趋势可能加重;二是社区管理组织的专业性质可能因与村民委员会一体化而被混淆和淡化,社区服务人员的兼职化和业余性使社区服务效能面临着严峻考验。

3. 村企主导模式

村企主导模式是指村民委员会、村办企业(企业集团)、社区管理组织成员交叉任职、功能合一的社区治理制度安排和运行模式。其特点是:第一,在组织结构上,村民委员会、村办企业(企业集团)、社区管理组织负责人实行"一套班子、三块牌子、交叉任职"。同时,农民大部分是村办企业(企业集团)的职工。第二,在组织功能上,社区自治管理、社区行政管理、社区建设(服务)职能、企业经营管理没有分开。第三,在主导力量上,村级组织是社区建设的主导者。由于有强大的集体经济作为支撑,社区建设的主要资金不是来源于政府拨款,而主要来源于村级组织。村级组织在社区规划、社区基础设施建设、村民社会福利、市场化服务、行政管理等方面扮演着广泛而重要的角色。该模式通过村企合一,以企业作为社区建设的主导力量,通过作为经济组织的企业与作为社会组织的社区管理组织和村民委员会相结合,把企业发展目标与社会发展目标相联系,实现社会效益和经济效益的双赢,充分发挥作为资源配置手段之一的市场在社区建设中的作用。但从长远来看,这种模式的弊端在于缺乏专业化、容易压抑居民的自我管理能力、导致村民自治的缺失。

4. 联村建社模式

联村建社模式指在行政村与乡镇政府之间,以一定服务半径设置社区服务(管理)组织,专门承接社区行政事务和公共服务的制度安排、运行模式。该模式创建于我国东部沿海经济发达的农村社区和部分人口密度较大的中西部平原地区。其特点是:以一定服务半径为标准在多个建制村的基础上设置社区;建立社区管理组织和社区党总支,两个组织交叉任职,成员主要来自联合建社区的各村干部、乡镇干部调配;社区管理组织的性质定位为服务农民的平台,主要承接政府部门依法延伸的社区行政事务和社区公共服务;村民委员会回归法定的自治组织性质,主要承担村自治事务、互助服务以及村集体经济的运营。联村建社模式的最大绩效是,在乡镇、村之间设置社区管理专门机构,剥离原来由村民委员会承接的社区行政事务,有利于村民自治组织从繁重的行政事务中解脱出来,真正履行自治职能,这是"村民自治制度的深化和完善"。但是,由于人事上的行政吸纳和职能上的行政化,在实践中社区管理组织容易成为乡镇政府的派出机构。这一制度安排可能会形成县政府—乡政府—社区组织纵向垂直的管理体制,导致委托代理链条的延长、行政成本的增加。该模式同样没有完全解决政府行政管理、社区公共服务、社区自治管理、村级经济组织经营管理在组织、人员和功能上的分离。联村建社模式中,社区组织行政往往趋向人事上的行政吸纳和职能上的行政化这两个相互联系的方面。

三、我国农村社区管理模式选择

农村社区管理模式选择的出发点,在于实现社区管理中国家、社区及社会力量之间的有机结合,使多元力量得以优化配置,多元利益得以有效整合。[①]

[①] 程又中、李增元:《农村社区管理体制:在变迁中重建》,《江汉论坛》2011年第5期,第14—20页。

1. 建立多层级的管理体制

区别于"上面千条线,下面一根针"的倒金字塔直线模式,由市、区、社区或者县、镇、社区组成的三级管理模式中,各级关系明确,各司其职,各自在自己的活动范围内发挥作用。市、县一级发挥主导作用,区、镇一级进行规划、监督和沟通,而社区一级负责具体落实社区发展中的各项事务。这样给社区赋予了更多的管理权限,使社区的管理更能贴近民生,切合实际。

2. 成立多系统的管理机构

对于政府系统内的区、镇一级各个职能部门参与社区管理,应厘清其与基层群众性自治组织权责的边界;在社区内提供不同服务的各类组织要参与社区的具体管理。也就是说,社区管理机构要由政府内的系统和社区内的系统共同构成,这两个构成部分有机结合,共同构建完整、配套的社区管理机构。

3. 建构多元化的管理主体

社区由多元主体构成,其事务也是多元的。实现农村社区的民主自治,须实现农村社区管理主体多元化。这有利于管理队伍社会化、职业化、专业化,也可有效地整合社区资源,综合社区各方力量共同致力于农村社区发展,形成群策群力建设农村社区的大好局面。

4. 建立多样化的运行机制

要摆脱单一的行政命令式的管理手段,实现行政手段、法律手段、经济手段的综合运用。要确立责任考评机制,以改变过去责任不明、职责不分、管理混乱的局面;要确立市场竞争机制,通过这一机制实现社区企业化经营管理,加强社区管理机构的经济意识和服务意识;要引入法律机制,实现社区管理整个过程的法治化。

5. 选择农村社区管理模式

目前农村社区管理的宏观模式已经初步形成,如社区管理体制的组织架构、运行机制等。各地区微观的运行模式,应在遵循社区管理体制理念的前提下,形成灵活性和弹性的多类型模式,实现政府行政管理与社区自治的有效衔接。

复习思考题

1. 什么是农村社区管理？试论述其特征和目标。
2. 试述新公共管理理论对农村社区管理的指导作用。
3. 我国农村社区管理的主体和客体包括哪些？应该怎样处理它们之间的关系？
4. 试述我国农村社区管理体制经历的三个阶段。
5. 目前我国农村社区管理模式有哪些？在模式选择中需要注意哪些因素？

第五章　农村社区人力资源开发

学习要点

农村社区人力资源，农村社区人力资源开发视角，农村社区人力资源开发理论，增强农村社区居民体质的策略，农村社区智力资本开发策略与管理措施，应对当今中国农村社区教育发展中的困难的策略。

关键概念

人力资源、农村社区人力资源开发、农村社区居民体质、农村社区智力资本、农村社区教育、农村社区教育管理。

第一节　农村社区人力资源开发理论

人口是社区的重要根生要素，没有人口就不可能有社区。将社区人口的潜能开发出来，是社区发展的基本要求。人力是社区发展不可缺少的资源，是社区必须依仗的资源。因此，社区人力资源是社区建设与管理的重要对象和领域。

一、农村社区人力资源开发的定义

人力资源又称劳动力资源，指能够推动整个经济和社会发展的、具有劳动能力的人口总和。从现实的应用形态来看，人力资源包括体质、智力、知识、技能四类基本要素。农村社区人力资源指对农村社区持续发展产生实际贡献的,拥有必备体质、智力、知识、技能的农村社区劳动人口总和。就满足农村社区居民对天然生活资料消费的需求而言,农村社区人力资源是从事社区生态环境和生计产业建设的具有体质、智力、知识、技能等要素的农村人口总和。农村社区人力资源是一种特殊且重要的社区资源,是农村社区各种生产力要素中最具有活力和弹性的要素,具有生物性、时代性、能动性、双重性、衰退性、开发性、再生性等特征。具有劳动能力的人口属人力资源范畴,但一个劳动者的能力有大有小,故人力资源也存在质量问题。农村社区人力资源质量指农村人力资源的体力素质和智力素质。就一个群体而言,农村社区人力资源质量指整个农村社区劳动者队伍的能力质量水平,是其体力、智力及技能等方面的有机统一;就劳动者个体来讲,农村人力资源质量指农村社区劳动者从事某种生产活动时自身能力素质所能达到的水平、程度。农村社区人力资源质量构成包括身体素质、文化素质、技能素质、思想素质等。

农村社区人力资源开发是农村社区将社区居民当作一种资源,通过培训、教育、发展和领导等途径,系统地促进农村社区居民,尤其是农村社区劳动者全面发展,提高其综合素质和活动能力的行为。其含义是:(1)农村社区人力资源开发的对象是农村社区居民的智慧、素质、能力。(2)农村社区人力资源开发可借助科学的教育培训、不断组织鼓励、合适的管理手段来提高农村社区居民的智慧、素质、能力。(3)农村社区人力资源开发没有最高标准,永远有新的目标,因为农村社区人口能力的提高是没有极限的。(4)农村社区人力资源开发是一项复杂活动,因为农村社区居民既是开发的主体,又是开发的对象。(5)农村社区人力资源开发过程,既会受主观因素影响,又会受客观因素制约,不是一项简单的实践活动。①

二、农村社区人力资源开发视角

农村社区是一个由很多要素构成的农耕生活共同体,这决定着农村社区人力资源开发是一项系统的复杂工作。为了增强农村社区人力资源开发的效果,

---

① 闫晨光:《人力资源开发的理论与方法》,《人力资源(经营版)》2021年第7期,第168—169页。

农村社区应多角度地开展人力资源开发工作。

1. 从经济学角度实施人力资源开发

从经济学的视角开发农村社区人力资源,对于农村社区把握人力资源开发的精髓,推进社区人力资源开发,具有重要意义。从内涵上看,农村社区人力资源开发具有资本性。农村社区人力资源是社区内具有一定劳动能力的人口资源。亚当·斯密认为:"学习一种才能,须受教育,须进学校,须做学徒,所费不少。这样费去的资本,好像已经实现并且固定在学习者的身上。这些才能,对于他个人自然是财产的一部分,对于他所属的社会,也是财产的一部分。"①农村社区人力资源开发是通过人力资源的投资、配置、管理等环节,使人力资本增殖,促进社区发展的过程。从经济学角度看,农村社区人力资源开发具有如下特点:(1)资本性。20世纪60年代初,美国经济学家西奥多·舒尔茨(Theodore Schultz)明确提出了"人力资本"的概念。他认为,人力资本是体现在劳动者身上的资本,即对劳动者进行普通教育、职业培训、继续教育等支出(直接成本)和劳动者在接受教育时放弃的工资收入(机会成本)等价值在劳动者身上的凝结,它表现为蕴含于人自身的各种生产知识、劳动技能和健康素质的总和。(2)外部性。道格拉斯·诺思(Douglass North)认为,当某个人的行动所引起的个人成本不等于社会成本、个人收益不等于社会收益时,就存在外部性。外部性是未被市场交易包括在内的额外成本及收益。外部性包括了"正向"与"负向"两个方面。推进农村社区人力资源开发,不仅是促进社区人力资源开发对象与人力资源开发主体愿望相一致的过程,也是努力促使社区人力资源开发与社区发展方向相一致的过程。从社区发展整体看,需要通过适当的体制,促成农村社区人力资源开发与社区各项事业协调发展,形成社区人力资源开发良性发展的机制。② 从经济学角度开发农村社区人力资源必须注重人力资源开发的资本性、外部性。

2. 从社会学角度实施人力资源开发

人力资本大师加里·贝克尔(Gary Becker)在重视对人力资源进行投资与

---

① 〔英〕亚当·斯密:《国民财富的性质和原因的研究》(上卷),郭大力、王亚南译,商务印书馆1972年版,第269页。
② 宋一:《人力资源开发理论的五维审视》,《湖北经济学院学报》2008年第4期,第88—91页。

开发、形成人力资本思想的基础上,强调人力资本不仅意味着才干、知识和技能,还意味着时间、健康和寿命。就是说,人力资源开发作为一个经济社会现象,不仅仅是纯粹的经济行为,更是一种社会行为。这说明开发社区人力资源具有社会意义。人的本质是这些社会关系的有机统一体。人性是人们在社会经济生活、政治生活、文化生活、社会生活中所表现出来的特征,人具有劳动实践、语言、思维、德行、美感等特性。这是开发社区人力资源必须看到的本质。开发人力资源,不仅应该注重技术、知识,而且还要提升人口的社会能力。因此,从社会学角度审视农村社区人力资源开发,丰富了传统意义上的人力资本理论,更多地从社会学意义上而不是狭隘地仅关注农村教育投入。宇泽弘文就提出教育对经济产出具有重要价值,技术进步的速度取决于教育部门的资源配置。从特征上看,农村社区人力资源开发是一个不断增强社会性的过程。① 从社会学角度开发社区人力资源,必须注重农村社区人力资源开发的社会性。

3. 从管理学角度实施人力资源开发

人力资源开发是通过良好的人力资源管理,不断提升社区的发展绩效的价值增值过程。根据实际需要,优化社区人力资源开发与管理机制,是推进社区人力资源开发的重要环节。从价值链角度看,社区人力资源开发与管理的模式包括:(1)价值创造。其本质在于社区对创造要素的吸纳与开发。人力资源是价值创造者,因此,社区一方面要注重吸纳优秀人才,另一方面还要注重培训与开发,提升社区居民的价值。(2)价值评价。通过建立一套科学规范的价值评价体系,让每一个社区居民的投入和贡献都能得到客观、公正的评价。(3)价值分配。这是要建立公平合理的价值分配体系,让社区居民的付出得到合理的回报,包括工资、红利、股权等经济报酬和表彰、晋升、学习等精神报酬。② 从管理学角度开发社区人力资源,农村社区必须重视人力资源开发的价值报酬性。

4. 从文化学角度实施人力资源开发

人文是人的思想、观念、态度、方法的总和,是人精神生活的各种现象的总和。人文精神是人文的核心,是对人的精神和价值的评判,要求关心人、尊重

---

① 宋一:《人力资源开发理论的五维审视》,《湖北经济学院学报》2008年第4期,第88—91页。
② 同上。

人、理解人,保障个人的独特性,关心人的发展目的与意义,追求对人的本质、潜能的发掘以及个性的张扬,追求个人的全面发展和自由,展现人丰富的内心世界,其核心是求善求美。人文精神为人们的活动提供精神动力。增强人力资源开发的文化底蕴,营建人力资源开发的人文环境,对于人力资源开发具有积极意义。人力资源开发需要加强文化建设。人力资源全面开发的过程与先进文化及先进科学技术的发展过程在思维与行动上呈现为一种本质上的一致性。[①]因此,从文化学角度开发社区人力资源,农村社区必须考虑社区居民的人文诉求,必须重视社区文化环境建设。

三、农村社区人力资源开发理论

学界没有专门为农村社区建构人力资源开发理论,农村社区只能借用企业人力资源开发理论开展社区人力资源开发工作。

1. 学习理论

早期的学习理论关注的是个体的学习行为,随着人力资源开发领域的不断扩展和其重要性的不断加强,以及其他学科的不断发展,人们对学习的认识开始从个体层次提高到组织层次,即从整个组织的角度来设计和开展学习活动,以满足组织发展的需要。组织学习理论关注的是组织系统层次上的学习,该理论认为个体层次上的学习是组织学习的必要条件但不是充分条件。组织学习有两个层次:第一个层次是从失败和教训中学习,来修改组织所采取的行动(单循环学习);第二个层次是检验和改正所采取的错误行动背后的原理和假设(双循环学习)。双循环学习在组织中虽然并不多见,但却是组织提高学习能力的关键。彼得·圣吉(Peter Senge)于 20 世纪 90 年代提出学习型组织的概念后,该概念迅速流行开来。学习型组织是一种灵活、能不断适应变化、能不断自我学习和更新、充满创造力、能持续开拓未来的组织。学习型组织有五个要素:自我超越、改善心智模式、建立共同愿景、团队学习和系统思考。学者呼吁人力资源开发工作者在学习型组织中担当新的角色,即帮助劳动大军做好准备,去迎接一个不断变化、无法预期的未来世界。[②] 农村社区应遵循学习理论

---

① 宋一:《人力资源开发理论的五维审视》,《湖北经济学院学报》2008 年第 4 期,第 88—91 页。
② 程业炳:《人力资源开发理论综述》,《生产力研究》2006 年第 4 期,第 276—278 页。

的基本原理开发社区人力资源,开展学习活动,提高社区居民尤其是社区劳动群众的智慧、素质、能力。

2. 知识管理理论

随着知识的生产和分配以及使用取代传统的土地、自然资源、资本和劳动力而成为推动经济增长的主导力量,如何对知识的获取、分配、使用和创造进行管理,就成为人力资源开发的核心课题。知识管理是运用集体的智慧提高应变和创新的能力。知识管理的目标是实现知识共享。知识管理的基本原则是:社区成员比资产更重要,前者身上的专业能力与技术是最有价值的组织资产。知识管理理论要求农村社区在人力资源开发的过程中,重视对知识的生产、分配、创造和使用的管理,要求将整个社区的运作过程建立在知识生产、创新和使用的基础之上,将知识作为整个社区的核心资产来进行管理,使知识资产、知识产权、智慧、操作知识等生产要素成为社区的核心资本。同时,农村社区要改变只重视知识的使用,而忽视知识的获取、共享和创造的传统观念,重视知识与知识之间的相互沟通、相互融合,重视人才自主的创造和发展,为创造知识确立良好的社区环境。① 农村社区开发社区人力资源应将知识管理理论作为实践依据,必须高度重视知识管理问题。

3. 系统理论

从个体层次提高到组织层次,学习理论离不开系统理论的影响和贡献。20世纪80年代以后,美国的经济竞争力逐渐下降,开始在世界市场上失去大量份额,日本经济却开始全面增长。帮助日本重建战后经济的威廉·戴明(William Deming)的"全面质量管理"哲学在美国得到了广泛的接受。系统论的观点是戴明管理哲学的核心内容。根据系统论的观点,一个系统应是开放的,系统内部的各个部分相互依存和相互作用,应为系统的总体目标做出贡献。以系统论观点来看待人力资源开发,就不能把人力资源开发看作组织中一个孤立的事件,它应是整个组织系统中的一部分。② 所以,农村社区在从事社区人力资源开发活动时,不仅要考虑社区系统对活动的影响,还要考虑活动对实现社区战略所

---

① 程业炳:《人力资源开发理论综述》,《生产力研究》2006年第4期,第276—278页。
② 同上。

做的贡献。

4. 绩效理论

理查德·斯旺森(Richard Swanson)被认为是第一个把绩效概念引入人力资源开发理论的人。他认为人力资源开发就是一个通过雇员的能力来提高组织绩效的过程。绩效理论的出现,标志着人力资源开发从以"学习"为中心转移到以"绩效"为中心。为提高人力资源开发对于组织的战略价值以及在组织中的地位和可视性,农村社区人力资源开发必须为实现社区目标做出贡献,必须围绕社区中关键的绩效要求来开展工作。绩效分为三个层次:个人绩效、群体绩效和组织绩效。将绩效理论和系统理论结合,以形成"高绩效工作系统"命题。高绩效工作系统能把工作、人员、技术和信息进行最优组合,从而产生最高绩效,即能够对消费者需求、环境变化和机会做出有效的反应。把绩效理论和系统理论相结合,还能够在不同层次上对绩效的缺陷和问题做出诊断与分析。[①]

5. 人力资本理论

20 世纪 60 年代,美国经济学家舒尔茨和贝克尔创立的人力资本理论,开辟了人类关于人的生产能力分析的新思路。人力资本理论的内容主要包括:(1)人力资源是一切资源中最主要的资源,人力资本理论是经济学的核心问题。(2)在经济增长中,人力资本的作用大于物质资本的作用。人力资本投资与国民收入成正比,比物质资源增长速度快。(3)人力资本的核心是提高人口质量,教育投资是人力投资的主要部分。不应当把人力资本的再生产视为一种消费,而应视为一种投资,这种投资的经济效益远大于物质投资的经济效益。教育是提高人力资本最基本的手段,所以也可以把人力投资视为教育投资问题。生产力三要素之一的人力资源显然还可以进一步分解为具有不同技术知识程度的人力资源。(4)教育投资应以市场供求关系为依据,以人力价格的浮动为衡量符号。人力资本理论突破了传统理论中资本只是物质资本的束缚,将资本划分为人力资本和物质资本。这样就可以从全新的视角来研究经济理论和实践。[②] 贝克尔认为培训对增强人力资本非常重要:(1)在职培训是人力资本形成的积

---

① 程业炳:《人力资源开发理论综述》,《生产力研究》2006 年第 4 期,第 276—278 页。
② 同上。

极方法,培训分为一般培训和特殊培训。(2)人们接受培训的条件是教育培训的预期收益的现值至少等于其支出的现值。(3)家庭对子女的人力资本投资也要进行成本—收益考核。(4)年轻人比老年人更频繁调换工作,相应地会得到更多的学校教育和在职培训。(5)有能力的人比能力差的人更容易得到教育和培训的机会。农村社区应该以人力资本理论为实践依据,实施社区人力资源开发。

第二节 增强农村社区居民体质

农村社区居民体质是反映社区人力资源的重要指标,更是社区开发人力资源的重要依据。农村社区居民体质就是受遗传、环境、营养、教育、体育锻炼、卫生保健、生活方式等影响,在遗传变异的基础上,农村社区居民人体所表现出来的身体形态发育、生理生化功能、身体素质、运动能力、心理机能、适应能力等方面相对稳定的特征。

一、农村社区居民的体质状况

不少人认为,农村居民一生处于劳作中,加上农村社区空气新鲜,水质较好,故农村居民体质好,都健康长寿。其实不然,如下信息可反映农村居民体质的真实状况:(1)农村社区有大量残疾人。根据第二次全国残疾人抽样调查主要数据公报,截至 2006 年 4 月 1 日,我国的各类残疾人总数达 8296 万人,其中农村残疾人达 6225 万人,占残疾人总数的 75%。(2)农村社区劳动者患病人数不断增加。农村水源污染、空气污染、农产品污染日益严重,农村社区接种乙肝疫苗的人很少,务工人员外出打工时慢性中毒和身体受外在伤害较多,加上不健康的饮食和生活习惯等,造成农村社区劳动者患病概率在增加,许多劳动者失去了劳动能力。(3)农村社区老龄化在加快。中国第七次全国人口普查数据显示,60 岁及以上老年人口达 2.64 亿人,占总人口的 18.70%,其中 65 岁及以上人口为 1.91 亿人,占总人口的 13.50%。中国农村 60 岁及以上人口的比重达 23.81%,高过全国平均水平 5.11 个百分点,高于城市老龄化水平 7.99 个百分点;65 岁及以上人口的比重达 17.72%,高过全国平均水平 4.22 个百分点,高于城市老龄化水平6.61个百分点。即便老人能劳动,他们的劳动能力受身体素质的影响,也无法达到年轻人的水平。综上所述,增强农村社区居民体质,任重道远。农村社区村"两委"必须重视社区居民的体质增强工作,必须将增强社区居民体质当作人力资源开发的重要工作来抓。

二、增强农村社区居民体质的策略

毛泽东同志非常重视国民体质问题,1917年,他发表《体育之研究》的文章,肯定体育的健体价值,强调学校教育要"三育并重","体育占第一位置"。1952年6月10日,毛泽东为中华全国体育总会成立大会题词——"发展体育运动,增强人民体质"。该题词抓住了体育的真谛,确立了以人民为中心的体育发展思想。2016年10月25日,中共中央、国务院印发《"健康中国2030"规划纲要》,提出"推动形成体医结合的疾病管理与健康服务模式"的要求,明确提出"发挥全民科学健身在健康促进、慢性病预防和康复等方面的积极作用","加强全民健身科技创新平台和科学健身指导服务站点建设"。2020年9月22日,习近平总书记在教育文化卫生体育领域专家代表座谈会上指出,"体育是提高人民健康水平的重要途径,是满足人民群众对美好生活向往、促进人的全面发展的重要手段","要紧紧围绕满足人民群众需求,统筹建设全民健身场地设施,构建更高水平的全民健身公共服务体系"。毛泽东主席的题词、中央印发的规划纲要、习近平总书记的指示都是新时代农村社区增强居民体质的理论依据和政策依据。

1. 发展农村社区体育事业

在农村,社区体育活动的主要参与者首先是50岁左右的农村留守妇女,她们进行的社区体育活动就是跳广场舞和跳健身操;其次是退休后回家乡居住的人员,他们参与社区体育活动的形式主要是利用社区户外体育器材活动筋骨,或下棋打牌,或打太极拳,或练习武术。这些农村社区居民参与社区体育活动的目的不一样,最强烈的动机就是娱乐和强身健体。农村留守老人、留守儿童很少参与社区体育活动;在家读书的少年迫于升学压力,忙于学业,也基本不会参与社区体育活动;外出务工青壮年则根本没有时间参与社区体育活动。

社区体育较竞技体育具有不同特点:(1)区域性。开展社区体育活动,人员结构、场地设施、管理指导、经费筹措等是以社区为范围的。超越了社区的界限就不是社区体育了。(2)民间性。社区体育活动是社区居民自愿开展的体育活动,不是政府体育管理部门安排统筹的,其排练、表演、活动项目都由社区居民自定。(3)公共性。社区体育活动需要利用社区广场、公园、绿化带及公共设施开展。社区体育不仅是个人的事情,也是社区建设的重要领域,是社区文明的重要组成部分。(4)多样性。社区体育锻炼方式多种多样,有散步、快走、慢跑、太极拳、太极剑、广场舞、街舞、健身操、棋牌、健身器材活动等。

发展社区体育事业需要以下支持:(1)村"两委"应将社区体育活动纳入社区治理范畴和日常管理内容。发展社区体育应采取横向联系的方式尽可能多地吸收社区居民参与。(2)村"两委"应加快社区体育设施建设。社区体育并非个人行为,是多人共同参与的娱乐健身活动,因此需要体育设施才能进行。没有体育活动场所、室外体育活动设施、室内体育活动器材,就难以开展体育活动。因此,农村社区建设必须将公共体育设施建设纳入社区建设规划。对于社区的体育设施建设,县政府有关部门和乡镇政府应当给予资金、器材、政策上的支持。此外,开展社区体育活动也应当加强社区体育组织管理人员的配备。

2. 促进体育与医疗在农村社区的结合

推动体育与医疗在农村社区的结合是一种新型的社区疾病管理和健康服务模式,对于增强社区居民体质具有特殊价值。推进农村社区体医融合,着力打造农村社区健康管理新模式:一要加大对社区体育运动促进健康理念的宣传及推广,宣传"运动是良医"的健康理念,营造社区"运动是良医"的氛围。农村社区要通过多种方式邀请体育与医疗两部门联合举办社区体育运动促进健康的系列讲座,并设立社区体育运动促进健康咨询点,为社区居民提供相关健康知识。[①] 二要破除体育、卫生、医疗等部门的界限和行业的壁垒,这是社区体育与医疗服务结合的根本任务,是推进健康社区建设的重要途径和手段。农村社区诊所医务人员要多研究体育健身问题,积累相关知识,积极参与社区体育活动。农村社区要制定社区体育与医疗服务结合的行动规划,并持续有效地落实。

3. 推广社区武术运动

武术融防身、健身、修身于一体,具有群众基础。将武术推广应用到社区体

---

① 符洪樾、王时锐、符超汶:《自贸港背景下社区体育与医疗服务融合的现实困境与优化路径》,《体育科技文献通报》2021年第10期,第30—33页。

育中去是增强社区居民体质的有效办法。武术能提高人体的速度力量、耐力、灵敏度、协调性等身体素质;能使人体神经系统、呼吸系统、循环系统、消化系统及运动系统中的骨骼、肌肉等得到全面锻炼。① 尤其利于培养和提高少年儿童的身体素质、意志品质、心肺机能等;促进其理解力、记忆力等能力及智力的发展;通过姿势、劲力、节奏、结构等方面培养少儿对神韵之美、意境之美的感受能力。武术还利于中老年人强健身心、医疗康复,其中太极拳是一种合乎生理规律、轻松柔和、强度适宜、安全有效的运动,尤其适合中老年人。

农村社区应在社区体育事业发展中大力推广武术运动:一要广泛宣传形成社区舆论,通过宣传使社区居民了解武术的健身价值;二要给予武术运动以人力、物力、财力等方面的支持;三要形成社区武术运动的组织体系和管理网络;四要积极开展多种形式的社区武术教学、研习、比赛活动,尤其可以进行太极拳、健身功法的培训,教授一些简单易行、不激烈的健身方法,使社区居民养成武术健身的习惯,增强体质;五要聘请专业教师或社会指导员进行辅导,培育社区武术教练,使之发挥骨干带头作用。

4. 建构农村社区居民健身服务体系

农村社区居民健身服务体系至少应由健身指导员、健身服务设施、健身服务机构、健身服务项目等基本要素构成。(1)社区健身指导员是农村社区居民健身服务主体,健身可以增强体质,不过要收到实效,必须科学健身,要在有一定经验和掌握科学健身技术的指导员指导下进行健身。我国从 1994 年开始实施《社会体育指导员技术等级制度》,截至 1999 年底,我国已经累计培养了 15 万名社会体育指导员。2011 年,国家体育总局发布《社会体育指导员管理办法》,社会体育指导员的培训工作更加规范,队伍进一步扩大。国家体育总局群众体育司和社会体育指导中心根据国家的体育方针、政策、法规,全面管理和指导全国社会体育指导员等人群体育活动,指导和推动农村体育、城市体育及其他社会体育的发展,负责推行社会体育指导员和国民体质监测制度,推动建立和完善全民健身服务体系,使我国社会体育指导员的整体质量和指导技能上了新的台阶。农村社区建构居民健身服务体系必须招纳或培训出若干体育指导员。(2)建设好社区健身硬件设施。健身硬件设施包括室外健身场地、室内健

---

① 马宏霞:《论武术运动与社区体育》,《辽宁师专学报(自然科学版)》2004 年第 3 期,第 78—79 页。

身馆、游泳池、篮球场、乒乓球室、门球场等,其存量、质量、普及率与社区居民体质有一定因果联系。从前,相对城市社区而言,农村社区较缺乏健身硬件设施,农村社区居民健身无处去,体质难以通过健身得到改善。为了提高农村社区居民体质,2001年开始,国家体育总局利用体育彩票公益金,分期、分批在"老、少、边、穷"农村地区援建小型公共体育设施。2021年底,国家国民体质监测中心发布的《第五次国民体质监测公报》显示,2020年我国城乡居民身体形态、身体机能和力量素质的城乡差异较2014年均进一步缩小,其中乡村人群体质水平的增长为主要原因,表明城乡体质水平差距缩小。(3)成立社区健身服务机构。包括成立社区健身俱乐部、健身操馆、瑜伽健身馆、健身气功站等,为满足社区居民健身锻炼的需求提供机构服务保障。(4)开展各种健身活动。自1995年《全民健身计划纲要》颁布以来,"体育下乡""体育进社区"活动日益深入。不少农村社区每年都举办秋季收割劳动健身节、冬季长跑节、春季拔河赛、登山节等健身活动。从2009年起,每年的8月8日为我国的"全民健身日",农村社区也应该积极响应,组织社区居民开展具有农村社区特色的健身比赛。2001年8月和2011年2月,国务院先后颁布了《〈全民健身计划纲要〉第二期工程(2001—2010年)规划》与《全民健身计划(2011—2015年)》两个连续性的文件,从政策上保证了全民健身工作持续不断地开展下去。总之,健身活动是社区健身服务体系的核心要素,是农村社区居民健身体系运行的必要内容。

三、农村社区体育管理

进行农村社区体育管理的有效措施有以下几方面:一是要加大农村社区体育宣传力度,培育社区居民的体育锻炼意识。要利用广告、路牌、健康讲座等形式进行宣传,而且要常规性地组织群众参与体育竞赛。二是建立"自我投资""自我消费""自我受益"的社区体育活动参与机制。三是要安排社区体育设施建设项目。体育设施是社区体育发展的物质条件,要改变体育基础设施缺乏和更新维修困难的现状。四是要设立社区体育指导员岗位。建立健全社区体育指导员培育,在村委会设置体育指导员岗位,并积极规划社区体育活动,建立社区居民体育俱乐部,加强其与上级政府体育管理部门的业务联系,并积极开展社区体育指导活动,安排多种形式、多种规模、多种类型的社区体育实践活动,增强社区体育活动的"趣味性""灵活性""参与性"。五是构建社区公共体育服务体系。要重点关注社区体育服务治理及其体育服务的持续性,从政策激励、宣传推广、管理创新上建立机制,提高社区体育服务的专业化、社会化水平,以满足社区居民日益增长的健身强体需求。六是建立社区体育活动的奖励机制。社区体育管理是为社区居民体育活动服务的,在社区体育活动治理上注重建立刺激机制,引导社区居民参与社区体育活动。

第三节 开发农村社区智力资本

智力是人认识、理解事物并运用知识、经验解决人的发展问题的精神能力,具体来讲就是人类的注意、感知、理解、记忆、观察、想象、思考、判断、逻辑、计划、表达、学习、计算、分析、决定等方面能力的总称。智力与体力一样是人类不可缺少的能力和基本素质。智力也是农村社区居民必须具备的能力,是农村社区运行与发展不可缺少的资源。

一、农村社区智力资本状况

人的智力是可以测量的。衡量智力的办法就是制定一套智力评价指标,然后对人的智力进行测量。智力测量的结果就是智商,智商就是智力的评估。1916年,美国心理学家刘易斯·特曼(Lewis Terman)修订了比奈-西蒙智力量表,创建了人类智商测试工具(斯坦福-比奈智力量表)。据他所称,每个人的智力水平都不同,平均为100。一个人充分利用智力解决复杂实际问题的能力就是智慧。智慧是智力器官的终极功能,是由智力系统、知识系统、方法与技能系统、观念与思想系统、审美与评价系统等多个子系统构成的复杂体系所孕育出来的综合能力。有智慧的人被称为智者。一个智商很高的人,其认知水平有可能会超越其生理年龄的平均认知水平很多。

人类的智力结构极其复杂,各种智力活动因受形式和内容的影响而显现出不同的结果。无论哪种理论,都把观察力、注意力、记忆力、想象力、思维力作为智力的基本因素。观察力是打开人类知识宝藏的金钥匙,注意力是开启人类心灵的窗户,记忆力是人类的智力宝库,想象力是人类知识进化的源泉,思维力是人类智力活动的中心。智力是人类成就事业的一种资本。在知识经济时代、信息化时代、大数据时代，智力资本是知识经济的基础。智力资本是人力资本理论深化和知识经济发展的结果。① 人力资本理论将智力视为财富的源泉，是创造价值或效用的能力，是智力和知识相融合带来效益的资本。智力资本是无形的，且影响因素众多。智力和知识的融合程度决定了智力资本价值的大小。这种融合越好、越紧密，智力资本的效益就越高、价值就越大。智力作为获取知识的基础，是先天素质和后天教育的结果。

开发农村社区智力资本非常必要。(1)改善农村社区居民素质必须开发农村社区智力资本。我国耕地资源相对不足，靠开发耕地拓展农业发展空间的余地很少，必须通过提高人口素质、开发智力资本来促进农村发展。我国农村人口众多说明农村智力资本具有开发潜力，农村人口素质低则说明开发智力资本是必要的。(2)现代农业生产要求开发农村社区智力资本。我国许多地区的农业生产条件差，而且农业生产的科技含量较低，农业科技推广力度不大，农业生产抗御自然灾害的能力较弱，农产品商品率较低，"高产、优质、高效"的农业发展缓慢。农业科技成果转化率仅为30%—40%。农业生产粗放经营，农产品的储藏、保鲜、深加工以及集约经营等问题还没有完全解决。究其原因，就是我国的农村社区智力资源没有得到有效的开发。要发展现代农业，要促进现代农业科学技术化，就需要注重农村人口的智力开发。(3)农业生产力低下亟须开发农村社区智力资本。现代化的农业生产将根本改变农民的劳动性质。一是生产过程中体力和脑力的比重发生根本变化，生产工具越发展，越需要发挥智力的作用；二是随着技术基础由手工艺转移到科学，直接经验的比重下降，而科学知识占比相应上升。为了提高农业生产率亟须开发农村社区居民的智力资本。(4)提高农村居民的科学文化素质需要开发农村社区智力资本。人力资源已经越来越成为一个国家最重要的财富。21世纪国际上的各种激烈竞争，说到底是

---

① 智力资本思想源于人力资本思想。早在1836年，纳索·西尼尔(Nassau W. Senior)就将智力资本作为人力资本的同义词使用，认为智力资本是人类所拥有的知识和技能。1969年，美国经济学家约翰·加尔布雷思(John Galbraith)首次正式提出智力资本概念，认为智力资本是企业成员为了实现组织目标而形成的一种动态过程。1993年，威廉·哈德森(William Hudson)认为智力资本是一种无形资产。1997年，美国学者托马斯·斯图尔特(Thomas Stewart)认为智力资本是用于创造财富的知识、经验、信息。1998年，亚尼内·纳哈皮特(Janine Nahapiet)和舒曼特拉·戈沙尔(Sumantra Ghoshal)认为智力资本是一种可以使团体组织成员获得知识和技能的能力。

知识的较量,是人才的较量。没有一流的农民就不可能有一流的农业。我国要实现农业现代化,若没有让农民受到更高的教育、具有较高的科学文化素质,农业现代化就只能是空想。

二、农村社区智力资本开发策略

农村社区的智力资本是现今农村社区最为重要的资源,是农村社区潜在的、无形的、动态的能够带来价值增值的价值,是农村社区物质资本与非物质资本的合成,是农村社区文化、纽带、网络、创新等结构资本和农村人口数量、素质、劳动效率、能力等人力资本的总和。[1] 在信息化时代、知识经济时代,智力资本将是农村社区发展的主要驱动力,是农村社区创造价值和获得持续发展的重要源泉。农村社区智力资本开发是农村社区建设和管理面临的一个重大课题。

早在1983年,邓小平就意识到"智力开发是很重要的"[2],并于1985年召开的全国教育工作会议上指出:"我们国家,国力的强弱,经济发展后劲的大小,越来越取决于劳动者的素质。"[3]这体现了智力资本开发的重要作用。我们主张当今农村社区要依靠社区居民的"脑力"谋发展,要大力开发社区内部的智力资本。智力资本开发是指在系统全面地分析社区所处的外部环境和自身条件的基础上,在正确地定位社区当前和今后一段时间的发展战略目标之后,通过有效发挥社区现有智力资本、不断创造并增加新的智力资本,为社区实现持续发展提供源源不断的内在驱动力,在社区实施系列的、系统的、动态的战略管理活动。开发农村社区智力资本的主要有以下策略。

1. 以自组织理论指导农村社区智力资本开发

自组织理论是由耗散结构理论、协同学、超循环理论组成的系统科学,是研究世界进化、系统自组织过程机制规律和形式的科学。社区居民的自组织行为能为社区带来丰富的智力资产。[4] 农村社区应利用自组织理论指导社区智力资本开发,有以下两个原因。(1)自组织机制与农村社区外在迅速变化的市场环境、社会环境相适应。在高速变化的国际大环境中,农村社区要获得发展机会,

---

[1] 万希:《从自组织理论视角看智力资本的开发》,《经济管理》2005年第4期,第58—63页。
[2] 邓小平:《邓小平文选》(第3卷),人民出版社1993年版,第26页。
[3] 同上书,第120页。
[4] 万希:《从自组织理论视角看智力资本的开发》,《经济管理》2005年第4期,第58—63页。

需要有一整套创新、开发和应用知识的发展方案。在信息化和知识经济时代，来自物质资源和体力劳动的有形资本的比例正在加速减少，而越来越多地源于创造智力财富和知识的无形资本，农村社区需要一种能够保持竞争力且可以产生、获得和应用智力资本的管理模式。现今，自愿合作是激发社区居民参与社区建设积极性的特殊机制。高度发展的合作关系具备自我维持和相互促进的特点。另外，社区的智力资本是无法通过增加金钱激励来控制或影响的社区资源，真正的亲密关系只存在于高度信任和利他主义的社会环境中。在知识经济时代，知识是锁在人脑中的资源，这与土地、劳动力和有形资本等传统生产要素是大不相同的。创造和分享知识是一种无形活动，既无法监督，也不能强迫人这样去做。只有当一个人心甘情愿合作时，才能创造和分享知识。[1] 农村社区应摒弃科层制开发模式，利用无须外界指令而能自行组织、自行创生、自行演化的自组织系统或自组织机制开发社区智力资本。(2)在当今时代，自组织是获得外界隐性知识的主要途径。隐性知识一般指的是个人的亲身经历与感受、实践反思与经验总结、心理体验、尚未公开的新发现新发明新窍门、与他人联络沟通尤其是与专家和利益相关者保持联系的非正式方式等等。隐性知识相较于显性知识更模糊，不能被记录在文章、数据库、书籍或档案中，这决定了隐性知识很难传播开来，只能通过口头交流进行共享，只有通过原始经验或与知识更丰富的人共同工作而获得。相对于被编码的以讲座、数据库、文件、文章、书籍等形式贮存起来的显性知识来说，隐性知识能给个体带来较大的竞争优势和发展机会。显性知识很容易利用互联网收集到，易于传播、易于识别、易为人应用，不会给个体带来特别的竞争优势与发展福利。[2] 鉴于隐性知识的转移主要依靠自组织系统来实现，农村社区更应重视并利用自组织系统或机制开发社区智力资本。

2. 从战略、创新、价值维度开发农村社区智力资本

就现状来看，智力资本是农村社区的战略管理工具，所以，农村社区应从战略维度开发社区智力资本。村"两委"应将社区建设与管理的注意力集中于那些与社区发展战略目标紧密联系的智力资本，有效支持社区发展战略目标的实现，要用制定战略理念和再造组织模式应对社区智力资本开发，要保证社区智

---

[1] 万希：《从自组织理论视角看智力资本的开发》，《经济管理》2005年第4期，第58—63页。
[2] 同上。

力资本开发具有战略性和长远性。同时,鉴于智力资本是社区创新发展的重要源泉,农村社区应从创新维度开发社区智力资本。创新维度强调对社区智力资本进行持续不断的创造和创新,要持续地进行智力投入、安排社区居民学习新知识新技术,保证社区智力资本开发的动态性和过程性。另外,智力资本能满足农村社区居民的价值需要,能为社区居民创造并获得较高的智力投入回报,故农村社区应从价值维度开发社区智力资本。为此,农村社区在智力资本开发过程中要注重社区居民的价值创造、价值提取、价值实现,以便增加社区居民对智力资本投入的积极性。要保证从战略、创新、价值维度开发农村社区智力资本,使其行之有效,并通过实现社区战略管理目标以维护社区居民的合理利益,通过智力资本创新增强社区的持续发展潜力,通过实现价值创造和价值提取目标以维护社区居民的应得利益。①

3. 从智力结构入手开发农村社区智力资本

开发农村社区智力资本应先把握和了解人类智力结构,然后有针对性地开发农村社区居民的智力资本。根据智力认知结构模型,农村社区智力资本开发需要训练社区居民的认知能力、思维能力以及认知策略。(1)训练农村社区居民的认知能力,主要是训练他们的观察能力和记忆能力。(2)训练农村社区居民的思维能力,主要是训练他们的问题解决能力、归纳推理能力、演绎推理能力等。训练问题解决能力主要是训练一般问题的解决能力和学会利用专家解决问题的技巧;训练归纳推理能力,就是呈现一些具体事例,然后要求受训者对事例进行研究或探索,归纳出一个规则,再把规则应用到具体例子中,以便检验归纳的正确性;训练演绎推理能力就是训练以规则或以经验联想为基础进行推理的能力。(3)训练农村社区居民的认知策略,主要是集中训练识记策略、复述策略、精加工策略、组织策略。这些训练工作是促使农村社区居民尤其是劳动群体进行智力提升的基本功底。

4. 存量与增量并重开发农村社区智力资本

开发农村社区居民的智力资本,首先要了解社区本身的智力资本状况,同时还要对其进行评估,确定社区智力资本存量的价值。这实际上是对社区现有

---

① 李平:《企业智力资本开发:一个三维理论框架》,《科技进步与对策》2007年第12期,第190—193页。

智力资本存量的识别、测量、评估和报告。在社区存量智力资本开发阶段,主要需解决以下问题:社区拥有什么样的存量智力资本;社区正在使用其中哪些存量智力资本;这些存量智力资本存在于社区何处;拥有的存量智力资本的成本如何;如果使存量智力资本价值最大化,能产生多少社区价值;哪些存量智力资本社区应该保留,哪些应该放弃;等等。此外,要深入进行人才普查,把社区中的能工巧匠、各种专业人才挖掘出来,加强对知识青年的科技培训,造就一代新型农民。只有这样才能精确地将社区现有的智力资本开发好。

在社区存量智力资本开发的基础上,找出社区发展战略定位所需要的发展实力与现实实力之间的差距,运用先进的信息系统和知识管理手段,开发设计有效的技术工具和管理策略,实现社区的知识学习、共享、创造,促使社区智力资本增殖或创新,从而填补战略需要的智力资本缺口,形成持续发展核心潜力。在社区智力资本增量开发阶段,农村社区要解决以下问题:促使社区智力资本增殖;加强社区战略的实施工作,挖掘社区尚未获得的智力资本;消除和解决社区知识管理过程中的障碍;构建适应社区智力资本开发所需的网络化组织结构;协调人力资本、结构资本之间的关系,逐步将人力资本转化为结构资本,实现社区整体智力资本创新。

三、农村社区智力资本管理

在信息化时代和知识经济环境下,农村社区应加强对智力资本的管理。

1. 建立社区智力资本管理体系

目前我国绝大多数农村社区(行政村)都比较重视社区物质资源,不太看重社区的智力资源,因此没有建立起社区智力资源管理制度。只有少数经济百强村,因建立起庞大的知识密集型企业,需要通过智力资本管理形成智力资本管理机制,以更好地促进企业智力资本的发展。在这个过程中,这些农村社区意识到社区将来必须依靠智力资本获得发展空间,由此要构建社区智力资本管理体系。有效管理社区智力资本的根本措施是在社区内部建立一个规范的管理模式,以制度的形式奠定智力资本管理在社区治理中的战略地位。建构社区智力资本管理体系,必须依据社区实情及特点,制定社区智力资本开发规划,明确社区智力资本开发领域、具体项目、开发步骤以及主要措施,建立社区智力资本评估指标体系。然后,按照社区智力资本管理体系落实智力资本开发工作。

2. 设立专职的社区智力资本管理人员

欲将社区智力资本开发落到实处，取得一定成效，就必须设立社区智力资本管理岗位，安排合适的专职人员负责推动智力资本开发工作。国外许多著名大公司因重视企业智力资本的作用，纷纷设立了首席知识官。这是值得农村社区学习的地方。首席知识官应该成为农村社区主管智力资本开发的专职工作人员，负责社区人力资源的管理、智力资源开发、社区知识共享体系建立等工作。知识经济时代，农村社区应该未雨绸缪，预见性地构建社区智力资本开发战略管理框架，开发社区智力资本。

3. 提高农村社区居民素质

农村社区的建设与管理需要专业人才，农村社区的持续发展潜力来自具有知识和技能的社区居民。目前，我国农村社区居民的整体素质不高：一方面，多数年轻有为的知识青年离开家乡去城市谋发展；另一方面，农村社区尤其是经济条件落后的农村社区对高素质人才缺乏吸引力。因此，农村社区面临缺乏智力资本开发人才的困难。农村社区要开发社区智力资本，就必须提升社区居民素质，将有发展潜力的社区青年培养成为具有现代信息传播能力、知识网络延伸能力、信息加工分析综合能力、网络信息资源开发能力的人才。

4. 加强社区智力资本管理创新

智力资本管理不同于社区物资管理、人员管理，只有进行管理创新，才有可能做好社区智力资本开发工作。一般来说，在社区智力资本管理实践中，人力资本的管理是前提和出发点，以结构资本为保障和支持，促进个人智力的创造，鼓励将社区知识青年潜在的智力转化为社区的智力资本，并对其中重要的智力资本实行保护，大力支持知识青年深造学习。这需要转变常规的社区治理思路，创造适应知识经济和大数据时代的智力资本开发技术方略，推动社区人力资源向智力资本转化；大力发展知识型企业，吸引高层次人才来社区工作，促使社区知识企业的科技人才和管理人才与社区发展同呼吸、共命运，从而保证社区适应知识经济的发展潮流。

5. 营造适宜智力资本开发的社区文化氛围

为增强农村社区内部的协同作用，需要建设适合其自身发展的社区文化。优秀的社区文化体现了人本主义管理思想，是农村社区在建设与管理中形成的以全体社区成员共同价值观为基础的思想观念和行为观念的总和，是能使各部分、各领域、各成员协调一致的观念程式。通过加强营造社区文化氛围,使社区智力资源得到开发,将智力资源转变为智力资本,使社区获得更大的持续发展空间。

第四节 发展农村社区教育

社区教育源于20世纪美国教育家约翰·杜威(John Dewey)提出的"学校即社会"思想。社区教育的概念在国际上得到正式和广泛运用则是在第二次世界大战结束之后。随着社会化大生产的发展,现代社区教育陆续出现并不断向前推进,它起源于北欧,拓展于北美,广泛发展于东南亚和其他地区。由于社会政治经济制度与社区教育发展阶段的不同,各国对其的理解和定义也不尽相同。北欧国家把社区教育视为民众教育;日本把社区教育定义为社会教育;美国将社区教育当作高中后与大学前的过渡教育和职业教育;联合国教科文组织指出:基于所有教育起始于社区,且并不是以获取社区的利益为目标,而是以提高社区居民生活质量为目的的原理,因此实现这一原理的活动即社区教育。

社区教育与学校教育、家庭教育、社会教育不同。在教育功能上,社区教育应培养社区居民建构生活体系、提高就业技能、实现生活互助;在教育模式上,应利用社区学院阵地,用演示传授的方式,对社区居民进行构建生活体系、就业技能、生活互助教育;在教育目的上,应建设好生活共同体,建设好农村社区根生要素和衍生要素,教会农村社区居民如何构建社区生计体系和生态环境,给包括自己在内的社区居民提供人工生活资料和天然生活资料;建设好衍生要素体系,给社区提供良好的文化环境、精神环境、制度环境、安全环境、互助环境以及生活设施、生产设施等。由此,我们将社区教育界定为:为了巩固生活共同体和促使生活共同体健康运行,社区主体以社区学院为阵地,利用社区资源对社区居民开展的生活能力提升教育活动。

一、发展农村社区教育的缘由

农村社区教育就是为了巩固农村社区生活共同体和促使农村社区生活共同体健康运行,农村社区村"两委"借助村内农民学校或其他公共场地,动员新乡贤或者聘请专业教师为农村居民尤其是劳动群体提供新技能、农业科技知识、社区精神、法律法规以及国家社会保障制度等培训,以便提升农村社区居民生活能力的一种教育活动。2020年9月22日,习近平总书记在教育文化卫生体育领域专家代表座谈会上指出,"要优化同新发展格局相适应的教育结构……要大力发展职业教育和培训,有效提升劳动者技能和收入水平"。这揭示了发展农村社区教育的重要意义。

1. 发展农村社区教育是农村社区建设的需要

教育家弗莱彻指出:"教育者服务于他们所在的社区并同他们的社区合作,无论教育和社区的关系是有意识的还是无意识的,积极的还是消极的,教育既是社区的刺激,又是社区的反应。"[①]社区教育和社区发展是20世纪出现的新生事物。社区教育是连接社区发展整体需求与社区居民个体需求的中介,利于社区发展。在第七届国际社区教育大会上发表的《社区教育宣言》指出:没有社区的建设就没有社会的发展,良好的社区教育能加强社区建设,通过社区教育才能使社会持续发展。社区教育、社区建设和社会发展是一个相互促进的循环发展系统。发展农村社区教育是促进农村社区建设的一个重要途径。农村社区教育的发展不能脱离农村社区建设和社会发展孤立看待。农村社区教育在农村社区建设过程中发挥着不可替代的作用,通过农村社区教育可以不断提高农村社区居民的知识素养和劳动技能、生活技能,让农村社区居民的个人素质在生产劳动中得到提升,从而获得生活上的满足感,提高生活幸福指数,进而促进农村社区的稳定和发展。

2. 发展农村社区教育是增强农村劳动者就业能力的需要

农村社区教育最突出、最吸引农村社区居民的服务项目,就是技能培训和新型实用技术培训。农村社区利用自己开办的社区学院进行技能培训和新型实用技术培训。农村社区学院提供实用的农业技能和社会文化知识的教育和培训,与学校办学有以下不同:一是面向全体社区民众;二是免学费;三是学员零基础入学;四是紧密结合打工或做生意需求提供实用的职业技能教育和培训。那些需要提升自我和拓展职业技能的农业劳动者为社区教育开放的入学条件、灵活的教学形式、丰富的课程内容所吸引。农村社区劳动者有针对性地

---

① C. 弗莱彻:《社区教育和社区发展》,载《国际教育百科全书》(第二卷),贵州教育出版社1990年版,第235页。

参加社区学院培训,学到一门实用技术后,就有可能找到新的工作。农村社区教育是农村社区劳动者再就业的培训基地,成本低,培训内容有针对性,是提高广大农民就业能力的一条新路子。

3. 发展农村社区教育是延伸农民终身教育的需要

不管是修身养性还是提升就业技能、见识水平,广大农民都要不断地掌握新知识、新思想、新技术、新工具,才能生活得更好。所以,终身学习、终身接受教育逐渐成为农民的生活追求。相对于农业大学而言,农村社区教育最易成为农民选择进行终身教育的机构,因为其免学费、教学具有灵活性、教育对接现实需要。目前在中国,终身教育由老年大学、开放大学来提供。但是老年大学只能为城市社区的离退休人员所独享;开放大学只能利用广播电视媒体进行教学,不能面对面地服务所有农村社区居民,不能立足现实和农村社区实情以及农民的实际需求组织教学。只有发展农村社区教育才能真正满足农民接受终身教育的需求。

4. 发展农村社区教育是实施农村道德教育的需要

实施道德教育,是一种非正规化的教育活动,但也需要正规化教育方式的介入。社区是提高公民道德水平的重要平台,对评判缺德、损德、违德行为具有特殊功效。古代中国,明确家庭是实施道德教育的主体;现代中国,除家庭外,学校也是实施道德教育的主体(因为学校开设思想道德教育课程)。但是,对于离开家庭走入社会的家庭成员,家庭无法再教育、监督、评判其道德行为;对于离开学校的学生和毕业生,学校无法再教育、监督、评判其道德行为。所以,北欧国家确定社区是实施公民道德教育的主体,北欧的社区教育要承担公民道德教育的责任。农村社区也应该承担农民道德教育的责任。农村社区可以通过发展社区教育,利用社区学院持续定期地进行道德教育培训,不断提高农民的道德水平。

5. 发展农村社区教育是让农民接受职业教育的需要

对广大老百姓来说,真正需要的知识源自生活的需要,其最佳的提供途径就是平民职业教育。就中国而言,比较合适的途径就是发展社区职业教育。就中国农村而言,就是发展农村社区职业教育:经济比较落后的地区,可以以县为单位举办农村社区学院,开展农民职业教育事业;经济比较发达的地区,可以某个乡独立或几个乡联合起来举办农村社区学院,开展农民职业教育事业,开设实用专业,实行零基础入学、免学费招生、弹性学制,以就业为导向,助力农村居民实现高质量就业的目标。

6. 发展农村社区教育是生产农村社区公共产品的需要

社区教育属于社区公共产品,属于农村社区衍生要素建设范畴,也是当今中国农村社区公共产品生产的空缺领域。就增强农村社区根生要素持续发展能力而言,社区教育也是必须尽快生产的公共产品,因为社区教育直接关乎农村社区人力资源开发状况。就目前多数中国农民而言,很难有接受高等教育的机会,甚至很少有接受实用技能培训的机会,只能通过国家发展农村社区教育事业来实现这种愿望。首先,农村社区学院就在周边,能实现就近入学;其次,农村社区学院是公共产品,居民可以免费接受职业教育和技能培训;再次,农村社区学院招生不设门槛,入学门槛低;最后,农村社区学院实行弹性学制和灵活的教学方式,可以不误农时。因此,农村社区教育能为社区的劳动者提供学习科学技术的机会,这是学校专业教育、家庭教育和社会教育无法比拟的优势。可以说,农村社区教育具有普遍提高农民素质的优势,是开发农村社区人力资源的最佳途径。按照《村民委员会组织法》规定,村民委员会是村民自我管理、自我教育、自我服务的基层群众性自治组织。农村社区要实行自治,就要提高农村社区劳动者素质、开发农村社区人力资源。发展农村社区教育是符合社区治理原则和本义的选择,使农村劳动者在家门口就能接受自己所需的专业知识和技术培训,赋予农村劳动者更大的主动权、自决权和选择余地。

二、应对当今中国农村社区教育发展中的困难的策略

可以从社会环境塑造和农村内部改善两个方面入手,解决我国农村社区教育发展中的实际困难。

1. 营造农村社区教育发展氛围

第一,先行试点,在农村社区建设或乡村振兴过程中,举办农村社区学院试点,让广大农民、农村干部看到发展社区教育的经济价值、社会价值、人文价值。第二,宣传国内农村发展社区教育的典型事迹,介绍国外发达国家兴办社区教育的经验和重视农民培训的经验,提高县级政府或乡镇政府以及经济富裕村发展社区教育的兴趣和积极性。第三,政府民政部门、教育部门相互协商,制定发

展农村社区教育的法律法规,为发展农村社区教育提供法治保障。政府重视农村社区教育顶层设计,健全农村社区教育领导体制,明确政府、社区和个人在职业技能培训和终身教育方面的权利、义务和责任。各级民政部门和教育部门要把开展农村社区教育作为完善国家职业技能培训体系和终身教育体系、建设学习型社会的重要任务,加以推进和落实。民政部门把农村社区教育作为农村社区建设的重要内容,纳入农村社区发展规划。第四,唤醒农民的社区教育意识。一是从农民需要的实用技术入手,依据其生活中需要的各种知识提供指导,增加其学习的兴趣;二是利用电影下乡、图书发放、广播、广告、宣传手册等多种方式,唤醒村民接受社区教育、提高自身素质的意识;三是要发挥党员、村委会干部和农民中的积极分子的作用,通过这些人的带动,使更多的农民群众自愿接受农村社区教育。

2. 加强农村社区教育队伍建设

发展农村社区教育需要以下四方面的人才。一是社区学院组建专职教师队伍,这是举办社区教育的核心力量。二是根据所办专业聘请一批兼职教师,作为社区学院办学的师资补充。社区教育的专职师资可以从大学毕业生中招收,可以返聘一批大学退休教师,可以将从事社区教育的研究人员招收为专职教师,可以将相关科研人员招收为专职教师。在兼职师资方面,可以从工程行业、农业战线、商贸服务业等实务部门聘请工程师、专业技术人员、能工巧匠做兼职教师,也可以从大学在读研究生队伍中聘请兼职教师,还可以通过志愿服务渠道聘请兼职教师等。专职教师负责通识课程教学,兼职教师承担专业性强、职业性强的专业或职业课程。通过聘用兼职教师,课程可以更灵活地与生产实践结合起来,课程内容也能不断得到调整,以更好地让学生通过多种途径学习和掌握专业技能。充分发挥兼职教师的职业关联优势,将社会生产中一线的知识和技能带进课堂教学一方面可以提高社区学院的办学效益,另一方面可以推动课程设置与社会职业发展的实时联络。三是组建社区教育管理队伍,这主要需要从政府公务员、大学或中学管理人员、从事社区教育管理的专职人员中抽调。四是聘请专家辅导校外活动或学员兴趣小组,开阔学员的视野。

3. 加快建设农村社区教育设施

农村社区教育要实体办学:一是要结合社区的发展和农民的学习需求,把村部的农民学校扩建为社区学院,将其打造成区域内教育培训的主阵地。二是促进成人教育转型,从专注学历教育转向更多专注非学历教育,立足职业技能培训、终身教育体系建设,形成学历教育、社区教育、老年教育"三教融合"办学模式,使社区学院成为农民终身学习的服务平台。如温州整合温州老年大学、温州市工人业余大学、温州社区大学等办学资源,组建专门承担市民终身教育的温州开放大学(温州城市大学),作为全市社区教育的总校,引导乡镇建设好社区教育学校,组织社区教育实践活动,推进农村社区分校建设,作为农民学习场所。由此,构建社区大学—社区学院—社区学校—社区分校的四级社区教育实体办学网络。三是将县域范围内的职业高中、广播电视中专、技工学校以及大量成人培训班、大专班与当地农村社区经济相结合,成为农村社区人才培养、科学实验、生产示范、科技推广、咨询服务的基地。① 四是加强教学设施、教学设备的建设,因为它们都是农村社区教育正常运作的物质基础。建设或改善农村社区教育的实施条件,既要修建教学设施也要购置教学设备。设置书画创作室、诗词文学创作室、音乐室、棋牌室、舞蹈室、健身房、乒乓室、诗书画展览室、民俗文化展览室、实验室、电子阅览室、图书阅览室,兴办实习工厂和实习车间以及实习基地,为学员提供实际操练机会和物质条件。五是依托县域内的公共图书馆、博物馆、青年之家、少年之家、妇女会馆、文化馆等设施开展农村社区教育。推动这些机构与职业训练设施的协作,吸引它们配合农村社区的教育活动。

4. 建立农村社区教育经费筹措机制

经费是农村社区教育顺利推进的保证。各地政府应建立多渠道筹措经费的社区教育投入机制,不断拓宽社区教育经费来源的渠道。一是各级政府要依法加大农村社区教育投入,将农村社区教育经费列入年度财政预算,并随着区域经济社会发展而逐步增长。二是通过设立农村社区教育基金等方式支持农村社区教育发展。三是学费收入。四是采取积极措施鼓励当地企业、社会组织和居民个人捐款筹措。逐步形成政府、市场、社会组织和终身学习者多元主体参与的农村社区教育筹资机制。这也是国际社会兴办社区教育的经验。总之,举办社区教育并非完全由政府出资,而应建立社会筹资机制。

---

① 刘洋:《中国农村社区教育研究》,西北农林科技大学博士学位论文,2003年,第95—99页。

三、当今中国农村社区教育发展范型

1. 农村社区教育发展原则

早在 2004 年,教育部就出台了《关于推进社区教育工作的若干意见》,对我国社区教育工作提出了若干指导原则,这些原则具有普遍性,适用于我国农村社区教育:(1)要紧密围绕社区建设的总体目标,与社区建设的各方面工作沟通和衔接,组织和实施社区教育培训活动,形成合力和有机整体;(2)要加强社区各类教育文化资源的统筹,充分利用、拓展和开发社区现有教育资源,推动各类教育资源面向社区居民开展教育培训活动,加强社区学校和学习型组织的建设;(3)要树立大教育、大培训观念,面向社区居民开展内容丰富、灵活多样的教育培训活动,提供全员、全程、全面的教育服务,努力满足社区建设和社区居民的需求;(4)要实行分类指导,分阶段实施,积极而扎实地推进社区教育的广泛深入开展,并把发展社区教育作为创建学习型社区、学习型社会的重要途径和措施。2016 年,教育部等九部门联合印发了《关于进一步推进社区教育发展的意见》,明确指出进一步推进社区教育发展要以促进全民终身学习、形成学习型社会为目标,以提高国民思想道德素质、科学文化素质、健康素质和职业技能为宗旨,以建立健全社区教育制度为着力点,统筹发展城乡社区教育。充分发挥社区教育在弘扬社会主义核心价值观、推动社会治理体系建设、传承中华优秀传统文化、形成科学文明生活消费方式、服务人的全面发展等方面的作用。

2. 农村社区教育发展任务

社区教育要主动适应居民实际需求,有针对性地开展法治社会、科学生活、安全健康、就业再就业、创新创业、职业技能提升等教育培训活动。教育部等九部门《关于进一步推进社区教育发展的意见》提出了现阶段推进我国社区教育发展的主要任务,这些任务也是我国农村社区开展社区教育的基本要求。

(1)加强基础能力建设。一是要建立健全社区教育网络。各省、市(地)可依托开放大学、广播电视大学、农业广播电视学校、职业院校以及社区科普学校等设立社区教育指导机构,统筹指导本区域社区教育工作的开展。二是明确社区教育机构职责定位。县(市、区)社区教育学院(中心)负责课程开发、教育示范、业务指导、理论研究等。乡镇(街道)社区学校负责组织实施社区教育活动,

指导村(社区)教学站(点)的工作。村(社区)教学站(点)为居民提供灵活便捷的教育服务。三是推动各类学习型组织与学习共同体建设。鼓励和引导社区居民自发组建形式多样的学习团队、活动小组等学习共同体,实现自我组织、自我教育、自我管理、自我服务,不断增强各类组织的凝聚力和创新力。四是加强社区教育实验区和示范区建设。充分发挥社区教育示范区在体系构建、资源共享、投入机制、队伍建设、信息化应用、市民学分银行建设等方面的示范引领作用。

(2) 整合社区教育资源。一是开放共享学校资源。鼓励各级各类学校充分利用场地设施、课程资源、师资、教学实训设备等积极筹办和参与社区教育。二是统筹共享社区资源。充分利用社区文化、科学普及、体育健身等各类资源,发掘教育内涵,组织开展社区教育活动。三是充分利用社会资源。提高图书馆、科技馆、文化馆、博物馆和体育场馆等各类公共设施面向社区居民的开放水平。鼓励相关行业企业参与社区教育。

(3) 丰富社区教育的内容和形式。一是丰富社区教育内容。要广泛开展公民素养、诚信教育、人文艺术、科学技术、职业技能、早期教育、运动健身、养生保健、生活休闲等教育活动。二是创新社区教育形式。创新教育载体和学习形式,培育一批优质学习项目品牌。积极开展才艺展示、参观游学、读书沙龙等多种形式的社区教育活动,探索团队学习、体验学习、远程学习等模式。三是推进社区教育信息化。充分利用现代远程教育体系,结合或依托社区公共服务综合信息平台建设,建立覆盖城乡、开放便捷的社区数字化学习公共服务平台及体系。

(4) 提高服务重点人群的能力。一是大力发展老年教育。将老年教育作为社区教育的重点任务,结合多层次养老服务体系建设,改善基层社区老年人的学习环境,完善老年人社区学习网络。二是积极开展青少年校外教育。社区教育机构要紧密联系普通中小学、青少年校外活动场所、社会组织等,充分利用社区内的各类教育、科普资源,开展校外教育及社会实践活动。三是广泛开展各类教育培训。主动适应居民实际需求,积极面向学生家长,重点面向城镇化进程中的失地农民和农民工,重视弱势人群生存技能提升,开展有针对性的教育培训。四是重视农村居民的教育培训。各级各类学校教育资源要向周边农村居民开放,用好县级职教中心、乡(镇)成人文化技术学校、开放大学、广播电视学校、农村致富技术函授大学和农村社区教育教学点。结合新农村和农村社区建设,有效推进基层综合性文化服务中心、图书馆、文化馆、博物馆、农家书屋、农村中学科技馆等资源共享,提升农村社区教育服务供给水平。广泛开展农村实用技术培训和现代生活教育培训。大力开展新型职业农民培训。加强农村居民家庭教育指导,为农村留守妇女提供社会生活、权益保护、就业创业等方面的教育培训。重视开展农村留守儿童、老人和各类残疾人的培训服务。

(5)提升社区教育内涵。一是加强课程资源建设。国家组织编写一批社区教育通用型课程大纲。鼓励各地开发、推荐、遴选、引进优质社区教育课程资源。鼓励引导社区组织、社区居民和社会各界共同参与课程开发,建设一批具有地域特色的本土化课程。二是提高社区教育工作者队伍专业化水平。加大社区教育工作者培训力度。发挥社会工作专业人才在社区教育中的作用,探索建立社区教育志愿服务制度。

3. 农村社区教育发展内容

社区教育的内容是多元、多层次的,是从实际出发的。社区教育包括政治理论教育、文化基础教育、继续教育、职业培训教育、生活技能教育、健康教育、娱乐教育、优生优育优教教育、法治教育和公民教育等。而在现实实践中,我国农村社区教育的内容主要有公民素质教育、科学文化知识教育、职业技能教育、农业科技教育、继续教育等。

(1)公民素质教育。公民的素质教育作为基础性的教育,是必不可少的。素质教育仅仅靠学校教育是远远不够的,只有建立全面素质教育体系,使素质教育渗透到社会生活的各个角落、各个层次,通过学校、家庭、社会的协作,才能真正起到全面素质教育的作用。对于农村社区教育而言,应通过显性课堂及各种隐性课堂、活动课堂的设置及灵活运用,培养和提高不同年龄、不同层次社区成员的思想道德素质、文化素质、心理素质、就业素质及创新能力。这种教育影响虽然不是系统的、专门化的,但通过潜移默化、润物细无声的点滴净化和引导,对社区成员产生的作用是长远而持久的。许多地区的公民素质教育按照以下几个方面开展:时政常识、爱国主义、社会公德、法律常识、心理健康、文明礼仪、国学等。由于社区居民年龄悬殊,从事的职业不相同,文化修养有高低,接受能力分强弱,兴趣爱好有广狭,道德水准有差异,因此,社区居民素质教育不能搞简单灌输、"一刀切",而要摸清情况,分清层次,因势利导,体现个性和艺术性。①

(2) 科学文化知识教育。现代的国际竞争强调综合国力的竞争,并且越来越强调国家软实力的竞争。中国是一个农业人口占大多数的国家,要想提升国家的软实力,必须提升农村居民的科学文化素质。当前农村社区居民科学文化知识水平普遍还比较低,因而在农村社区教育方面,必须加强科学文化知识的教育。我国正在进入学习型社会,社区正在朝学习型社区方向建设,公众享受终身教育正在变成现实。对农村社区进行科、教、文、卫知识的教育是公民终身教育的一个有效组成部分。在这个过程中,要用农村居民容易接受的方式,用通俗易懂的讲授方式,通过合适的途径,将知识传授给他们,塑造新一代农民。文化知识的范围很广泛,为了使农村社区居民"学有所教",要在调查了解的基础上,根据农村社区居民的需要,通过组织集体活动、集体讨论等方式设置切合实际的农村社区教育课堂。② 在这一过程中会有很多困难,比如农村居民因自身基础差而不愿接受教育,或者因为忙于农活与照顾孩子而没时间接受教育,或者想打牌而不愿学"枯燥"的知识,这时就需要采取灵活多样的方式来开展文化知识的教育。比如可以将课程安排在农闲时节,或者是采用上夜校的方式;针对农村居民积极性不高的问题,可以从对其孩子的学习辅导入手,农村家长在辅导孩子学习方面都会有一种无力感,所以从其重视孩子教育的心理入手来对其开展文化知识的教育,可能会收到较好的效果。

(3) 职业技能教育。2010年,教育部出台的《国家中长期教育改革和发展规划纲要(2010—2020年)》中明确提出发展职业教育是推动经济发展、促进就业、改善民生、解决"三农"问题的重要途径,是缓解劳动力供求结构矛盾的关键环节,必须摆在更加突出的位置。加快发展面向农村的职业教育,要强化省、市(地)级政府发展农村职业教育的责任,扩大农村职业教育培训覆盖面,根据需要办好县级职教中心。加强涉农专业建设,加大培养适应农业和农村发展需要的专业人才的力度。支持各级各类学校积极参与培养有文化、懂技术、会经营的新型农民,开展进城务工人员、农村劳动力转移培训。

---

① 张燕农、张琪:《社区教育发展模式的理论与实践研究》,首都师范大学出版社2011年版,第13页。

② 同上书,第14页。

(4) 农业科技教育。农科教结合是农村社区教育的基本方向之一。现代农业的发展对农民素质提出了新的要求,要求从业人员必须拥有一定的专业技能,加强对农民的农业科技培训,应放在农业、农村经济工作中的重要位置。因此,农业科技教育也是社区教育的重要内容。农业发展历史表明,农业生产水平越高,科学技术在农业中就越重要,农业生产对科学技术的需求就越明显,农业生产的增长对科学技术的依赖性也就越大。农业的生产要取得质和量的增长,农民要增收,必须依靠现代科学技术,依靠技术教育与科技推广。农村社区要根据所在地区的实际,选择适合本地区的新科技,及时调整课程设置,加大农业科技教育比重,积极推动创业能力的发展。在这个过程中,各级领导的态度很重要。实践表明,哪里的领导重视,哪里的农村技术教育培训工作就开展得好。如山东省委、省政府重视农村人力资源开发,广泛开展农民科技教育培训,每年从地方上拿出数千万元甚至上亿元资金用于农民培训,并制定了相关配套措施,完善奖励机制,取得了良好的经济效益和社会效益。

(5) 继续教育。继续教育是学校教育之后面向所有社会成员的教育活动,特别是成人教育活动,是终身学习体系的重要组成部分。要更新继续教育观念,加大投入力度,以加强能力建设为核心,大力发展非学历继续教育,稳步发展学历继续教育。要重视老年教育,倡导全民阅读,加快各类学习型组织建设,基本形成全民学习、终身学习的学习型社会;建立健全继续教育体制机制,政府要将继续教育纳入区域、行业总体发展规划。

四、当今中国农村社区教育管理

农村社区教育管理是对农村社区教育资源进行有机组合,使之有效运转,以实现组织目标的协调活动过程,也是对社区内的教育资源进行开发、利用,以实现社区教育最终目标的一种组织力量。[①]

1. 建立农村社区教育管理机制

农村社区教育需经费保障、运行管理、就业服务、教育激励和督导评估等机制。

[①] 李静珠:《国内社区教育管理的研究综述》,《高等函授学报(哲学社会科学版)》2011年第5期,第58—60页。

(1) 经费保障机制。政府要扩大农村社区教育的经费投入,同时积极鼓励地方财政、民间组织、企事业单位和个人投入这一进程。目前,我国社区教育主要依靠政府有限的拨款维持基本的日常支出,社区教育发展受到了限制。在美国,社区学院的经费主要来自州政府拨款、学生学费或校友捐赠、社区房地产税收、联邦政府教育拨款、企业资助、发行债券等,为了补偿学院的预算缺口,州政府会允许学校适当提高学费标准。联邦政府对社区学院的资助主要是直接拨款,通过联邦教育部来完成。这类拨款用于两方面:一是资助社区学院的基础设施建设;二是资助社区学院的社区服务和继续教育计划。州政府和地方政府的拨款是社区学院经费的主要来源,体现了美国社区学院"取之社区"的财源特点。在我国,也可以借鉴这种经费投入的形式,政府加大投入力度,设立社区教育专项经费,保证社区教育经费有稳定来源。同时可以在不影响社区教育公益性的前提下收取少许的学费。社区接受经费之后,应该进行科学合理的管理,在开展活动时进行合理的分配和使用。[①]

(2) 运行管理机制。运行管理机制是针对农村社区教育中管理环节的管理机制,包括日常管理、建立健全配套制度、资源整合、统筹规划等。第一,日常管理。农村社区教育的管理环节离不开农民的参与,要将农民推上自己管理自己的轨道,让其有自己的发声渠道,推动农民直接参与管理社区教育。同时做到依法管理,依据政策进行管理;按照村"两委"的意见进行管理。第二,建立健全农村社区教育相关配套制度。需要建立社区学院的领导体制、目标责任制度、表彰与奖励制度、经费投入和使用制度、队伍建设制度、督导与评价制度、监督制度等。根据这些制度把农村社区教育工作落到实处。第三,资源整合。社会各单位、教育机构应该从封闭走向开放,积极投身到农村社区教育中来。利用农村社区中大量的隐性教育资源,如社区文化、社区认同感及归属感等办好社区教育。整合农业、教育、劳动、科技、扶贫等部门的农村职业教育和农民培训资源,避免浪费农村社区教育资源。[②] 第四,统筹规划。微观上尽可能满足

[①] 唐凤妮:《社区教育现状及发展策略研究——以某市 C 区为例》,东北师范大学硕士学位论文,2011 年,第 25 页。

[②] 周耀华:《促进农村人力资源开发是职业教育的重要使命》,《国土资源高等职业教育研究》2010 年第 2 期,第 19—22 页。

农村社区居民的教育需要,促进个人的终身发展;宏观上服务于农村社区内的各项事业发展,为构建终身学习型社会做贡献。在具体制定社区教育规划的过程中,要考虑农村社区的近期目标与远期目标的结合、整体目标与局部目标的结合。

(3)就业服务机制。在开展农村社区教育中,建立农村社区与就业单位之间的联系,有序做好培训人员的输出。农村社区教育不仅是人们采取的教育弥补措施,也是农村居民通过继续学习提高职业素质和技能水平的有效途径。农村社区教育应紧密围绕地方劳动力市场的发展变化和广大农民工的需求,发挥灵活、开放和市场适应性强等特点,成为开展农民工培训、促进农民工就业、安定农民工生活的有效手段。①

(4)教育激励机制。采取激励措施,解决好社区教师的各种待遇问题,留住优秀教师、各种科技人才、实用人才、志愿者。有效的激励措施可激发农村社区教育工作者、志愿者的内在积极性,提高他们参与农村社区教育的自主性,这是保持农村社区教育行动生命力的长久之计。

(5)督导评估机制。为确保农村地区社区教育工作不流于形式,政府部门要根据本地实际情况,制定出切实可行的农村社区教育督导评估制度。对在农村社区教育工作中取得突出成绩者进行表彰奖励,对工作不力的单位进行相应问责,确保农村社区教育工作落到实处。将农村社区教育管理机制和运行机制的各项工作情况纳入督导考核体系,明晰考核评分标准,定期对农村社区教育工作进行考核,督促农村社区学院的建设和发展。

2. 打造农村社区学院管理模式

农村社区学院是实施农村社区教育的平台,是保证农村社区教育正常运行的主体。科学的管理模式是农村社区学院及其社区教育发展的必要条件。打造农村社区学院管理模式主要包括如下内容。

(1)农村社区学院管理体制。对于农村社区学院,中央政府实行宏观管理,省、市、县三级政府实行分级管理,社区学院微观管理相互协调的多元多级管理体制。教育部和民政部不对全国的农村社区学院进行直接领导和管理,只

---

① 陈晶晶、陈龙根:《农民工社区教育发展机制研究》,《中国职业技术教育》2011年第12期,第71—75页。

通过立法和财政拨款对农村社区学院进行宏观管理。各省市设农村社区学院学区,由当地学区选举管理委员会,负责制定农村社区学院的教育方针、政策、宗旨,确立农村社区学院服务农村的办学宗旨。县政府对农村社区学院进行直接管理,设立负责领导和管理农村社区学院的机构,管理农村社区学院的日常教学工作。农村社区学院的教育目标、内容、形式由社区学院根据就业市场和生源来调整。

(2) 明确农村社区学院的办学目标。我国农村社区学院的教育目标应该是为农村社区居民提供继续学习的机会,以就业为导向,注重实用技能培训,帮助学员掌握一技之长,以谋求更好的生存发展空间。要确立多元化的人才培养目标,满足不同学员需求,提供基础教育、职业教育、就业教育、生活教育、遵法守法教育、老年教育等。教育形式要多样、教学内容要丰富,以满足不同类型学员的生产需求和生活需求。

(3) 设置农村社区学院的课程体系。第一,课程设置原则。联合农村社区内外的社会力量设置职业类课程,从课程数量上保证课程设置的职业化。与县域甚至县外经济体互动,实现课程内容的同步职业化,提供商业性和半专业性的课程,为特定的企业雇主提供符合他们需要的训练,课程设置同经济社会发展需求保持一致。第二,课程设计方案。将农村社区学院课程分为两大体系,即专业课程体系和通识教育课程体系。专业课程体系又分为学位课程体系、毕业证书课程体系和资格证书课程体系。这种多元的课程方案设计,可以给学员提供最大限度的多样化选择。第三,课程内容。将农村社区学院的课程分为专业课程、职业课程、短期技能培训课程三类,促进专业课程与职业课程的融合,开发多种新课程模式。

(4) 打造农村社区学院教学模式。农村社区学院采取开放式入学,任何具有初中毕业水平的人都能进入农村社区学院学习,初中没有毕业的人则可以先补修课程。农村社区学院不设毕业时间的限制,这学期没完成的课程,下学期或者来年还能来继续学习。农村社区学院可聘专职和兼职两类教师,教师只负责教学,不需要承担科研任务,以传授给学员真本事为职责。农村社区学院可根据农时组织教学:如果农民在农业生产中遇到技术问题,社区学院可以聘请专家来社区传授技术或解答技术难题;如遇到农闲时节,社区学院可组织农民接受文化素质培训。社区学院的教学活动不仅不与农业生产相冲突,而且还能促进农业生产,提高农民的生产技能。

复习思考题

1. 为什么要用多学科视角开发农村社区人力资源?
2. 如何利用人力资源开发理论开发农村社区人力资源?
3. 增强农村社区居民体质有哪些策略?
4. 如何开发农村社区智力资本?
5. 如何加强农村社区教育管理?

第六章　农村社区生态环境

学习要点

农村社区生态环境概念，农村社区生态环境理论，农村社区生态环境的顺应图式、利用图式、建设图式，增强农村社区生态环境自生类、赖生类、繁衍类、标识类生态产品供给能力策略，农村社区生态环境管理措施。

关键概念

生态环境、农村社区生态环境、农村社区生态环境顺应图式、农村社区生态环境利用图式、农村社区生态环境建设图式、自生类生态产品、赖生类生态产品、繁衍类生态产品、标识类生态产品。

第一节　农村社区生态环境理论

生态环境是由生态关系组成的环境的简称，是指与人类密切相关的，影响人类生活和生产活动的气候资源、水资源、土地资源、生物资源数量与质量的总称，是为人类供给新鲜空气、洁净饮水、安全食物等天然生活资料的源头。生态环境是农村社区的根生要素，生态环境被破坏意味着农村社区的生存受到根本性威胁，因而农村社区应高度重视生态环境的建设和管理。

一、农村社区生态环境概念

农村社区生态环境是影响农村社区居民生活和生产的气候资源、水资源、土地资源、生物资源数量与质量的总称,是关系到农村社区持续发展的复合生态系统,是农村社区衍生要素发展的生态基础。农村社区要实现可持续发展,必须建设好社区生态环境。建设农村社区生态环境,就是要对影响农村社区持续发展的气候资源、水资源、土地资源、生物资源进行建设,以满足农村社区居民对新鲜空气、洁净饮水等天然生活资料的消费需求。

建设好农村社区生态环境需要注意以下两点:一是要处理好生态环境与生计体系建设的关系。因为生态环境与生计体系在农村社区根生系统中是矛盾关系,表现为求财欲望与生命欲望的对立关系。如果不考虑生态资源的稀缺,就会无止境地追求资产增殖、扩大投资,占用更多的生态资源,影响天然生活资料的供给。如果考虑生态资源稀缺这一变量,在自然生态环境遭到破坏、生态资源日益稀少的今天,我们只能选择扩大生活欲望和生命欲望、压缩生产欲望和求财欲望的生态策略,这样才有可能促进农村社区的持续发展。用生态环境保护的视角审视约翰·凯恩斯(John M. Keynes)的有效需求理论,可以发现该理论并没有考虑生态资源的稀缺性。二是促使社区生态系统形成稳态或平衡态,使社区生态系统内的所有要素彼此协调,各组成要素都能适应于物质和能量输入、输出的变化,实现自我调节和维持自己的正常功能,并能在一定程度上克服和消除外来干扰,保持自身的稳定性。建设农村社区生态环境,既要追求经济效益和社会效益,也要注意生态效益和生态后果,以便能基本保持生态系统的稳定与平衡。

为了确保国家的生态安全、社会的正常运行、国民的基本生活需要得到满足,大部分国家必然会采取不同的生态环境问题治理模式回应明朗化和公开化的生态利益冲突现象。中国的生态环境问题治理模式主要有政府治理模式和多方共治模式。这两种生态环境治理模式的施用,较大程度地遏制了日益严重的生态危机,保留了边远山区的大面积原始次森林和绿色植被,保护了部分地区的自然生态环境,维持着国民天然生活资料的消费秩序和格局,满足了国民对天然生活资料的基本消费需求。但是这两种生态环境问题治理模式也存在失灵现象,尤其是政府与企业和城乡居民处于分离状态,难以及时发现不法企业和无德公民的不良生态行为,而且政府不可能直接从事生态产品生产。相对而言,社区尤其是农村社区具有低成本的生态建设惯习和生态产品生产的动员能力,以及保护生态环境和提供天然生活资料的丰富经验,具有生态保障的比较优势和资源禀赋。故农村社区是更合适的自然生态环境问题的治理主体和生态产品的供给主体。

二、农村社区生态环境理论

诸多研究者从不同角度探讨了生态环境与社会的关系、生态环境问题的根源及其影响、生态环境问题的应对等,形成了一些较具解释力的研究理论,如新生态范式、可持续发展理论、环境公正理论、生活环境主义、社会转型论等,对我国农村社区生态环境的建设与管理有着相应的借鉴意义。

1. 新生态范式

1978 年,美国环境社会学家卡顿(W. R. Catton, Jr.)和邓拉普(R. E. Dunlap)根据人类社会对于环境系统的依存性这一前提,提出了与传统社会学所持相对的、能够指导环境社会学研究的一种新范式——新生态范式[①]。构成这一范式的基本假设为:第一,社会生活是由许多相互依存的生物群落构成的,人类只是众多物种中的一种;第二,复杂的因果关系及自然之网中的复杂反馈,常常使有目的的社会行动产生意料之外的后果;第三,世界是有限度的,故经济增长、社会进步以及其他社会现象,都存在自然的和生物学上的潜在限制[②]。实际上,新生态范式强调生态环境因素对人类社会行动的影响,试图动摇与改造传统社会学信奉的"用社会事实解释社会事实"这一根本信条。

在上述理念的指引下,卡顿和邓拉普重视分析环境破坏的生态学基础,提出"环境的三种竞争性功能":供应站是满足人类生活所需的各种可更新和不可更新自然资源的来源,对这些资源的过度使用会导致其短缺和匮乏;居住地为人类提供住所、交通系统以及其他生存资源,对其过度使用可能会导致过度拥

[①] 起初,NEP 表示新环境范式(new environmental paradigm)。后来,由于他们意识到在多数环境研究中日益广泛地采用生态学视角,所以于 20 世纪 80 年代将其重新命名为新生态范式。(转引自〔加〕约翰·汉尼根:《环境社会学(第二版)》,洪大用等译,中国人民大学出版社 2009 年版,第 14 页。)

[②] 洪大用:《社会变迁与环境问题——当代中国环境问题的社会学阐释》,首都师范大学出版社 2001 年版,第 44 页。

挤、堵塞以及其他物种栖息地的毁坏；废料库是堆放生活垃圾或其他垃圾、废水、工业污染以及其他副产品的地方，当废物淤积超过生态系统自身的吸纳能力时，就会导致各种源于有毒废物的人类健康问题以及生态系统自身的扰乱。[①]环境的这三种功能彼此竞争空间，常发生碰撞与冲突，带来诸多环境问题。

新生态范式试图打破"人类占据生态系统的中心位置，对其他物种加以支配"这一固有观念，强调物种之间的相互联系、相互依存与相互影响；强调生态环境的复杂性及其对人类活动的影响，在对人类社会行动的解释过程中纳入生态环境因素，拓展了传统社会学的分析框架；指出生态环境服务于人类的三大功能之间存在竞争关系，往往诱发环境问题，故明晰相应功能的边界及理顺彼此间的关系，有助于生态环境问题的防范与解决。

2. 可持续发展理论

可持续发展理论是人们在环境不断恶化以及影响到经济社会发展的背景下产生的，自 20 世纪 60 年代开始围绕环境与发展之间的关系展开探讨，历经二十余年时间逐步发展而成。1987 年，世界环境与发展委员会在《我们共同的未来》这一报告中首次提出"可持续发展"概念，并给出可持续发展的定义；之后《里约环境与发展宣言》《21 世纪议程》《关于森林问题的原则声明》《联合国气候变化框架公约》《生物多样性公约》等的签署标志着可持续发展思想在世界各国取得共识。

与传统发展观相比，可持续发展涉及经济、社会与生态可持续发展三个方面的协调统一，要求人类在发展过程中不仅要追求经济利益，还要追求生态和谐和社会公平，最终实现人的全面发展。其基本内涵主要包括：第一，可持续发展以生态环境为基础，并与环境的承载力相适应。承认生态环境的价值，要求在发展活动的各个领域和各个环节贯彻保护生态环境的原则；环境保护是衡量发展质量、发展水平和发展程度的重要标准之一，它要求在控制人口增长、提高人口素质和保护环境、资源永续利用的条件下进行经济建设。第二，可持续发展坚持以提高生活质量为目标，与社会进步相适应。发展的本质包括提高人类生活质量和人类的健康水平，创造一个保障人们平等、自由、安全的社会环境，即经济发展是基础，良好的生态环境和资源的永续利用是条件，社会进步是最

[①] 〔加〕约翰·汉尼根：《环境社会学（第二版）》，洪大用等译，中国人民大学出版社 2009 年版，第 19 页。

终目标。第三,可持续发展重视同代人之间与代际的平等。主张满足全体人民的基本需求和给全体人民机会以满足他们要求较好生活的愿望;同时要求人们认识到资源的有限性,一代人不能因为自己的发展和需求而损害后代满足需求的资源与环境条件。第四,可持续发展重视公众参与。走可持续发展之路,保护和改善生态环境,要求各个阶层、各类群体成员的广泛参与,故应重视增加公众的参与机会、增强公众的力量以及提高其参与能力。

可持续发展理论的贡献在于:强调经济、社会、生态子系统之间的协调发展,实现由单纯追求经济增长到促进社会整体进步的目标转变,有利于满足人的基本需要,促进人的全面发展;突出发展的环境维度,充分考虑到了发展的环境影响与环境限制,谋求在实现发展的同时保护环境,通过完善社会结构与优化社会政治经济体制以增强社会发展的可持续性,从而促使环境保护和经济发展由对立关系走向一致与统一;从忽视公平问题到重视社会公正,将同代人之间、代与代之间以及地区与国家之间的公平问题纳入发展战略,以实现公平的发展。

3. 环境公正理论

20 世纪 80 年代以来,随着西方公众环境意识提高、环境运动高涨以及环境问题研究的深入,环境公正成为一个新的研究议题,引发多方广泛关注。截至目前,学界对环境公正尚无明确统一的界定,但多强调其核心思想,即在环境资源、机会的使用和环境风险的分配上,所有主体一律平等,享有同等的权利,负有同等的义务。[①]

研究者从不同视角介入自然资源以及环境污染风险在社会成员中的分配,也形成了较具代表性的理论模型,如理性选择模型、社会政治模型、合作主义视角以及"环境不公平的形成"视角等。理性选择模型认为,生产成本最小化而利益最大化的市场逻辑促使工业组织将污染设施安置在地价和污染损失赔偿较低的地区,而随着环境污染的加重,富裕群体逐渐搬离这一地区,而低廉房租等吸引了越来越多的低收入群体聚居在这一地区,进一步扩大了阶层间的隔离与差距。社会政治模型则强调低收入群体和少数族裔群体等在政治、经济、资源动员等方面的脆弱性,致使其被排除在污染选址决策之外并无力抵抗污染转

---

① 洪大用、龚文娟:《环境公正研究的理论与方法述评》,《中国人民大学学报》2008 年第 6 期,第 70—79 页。

移,从而造成强势群体轻易地将污染转嫁给弱势群体。合作主义视角指出政府与工业资本主义利益共谋的局面和深层的社会结构,实际上屏蔽了公众的决策参与权,进而给其带来环境风险与环境危害。"环境不公平的形成"视角则认为环境不公平并非一个阶级或种族单边地将环境风险强加给另一个阶级或种族,环境不公平是一种在多方利益者之间通过对话、竞争不断变化的互动关系,是一个动态的演变过程。①

上述环境公正的理论模型均基于美国的社会实际,着重考察环境问题与贫困、种族、阶级、性别、国籍等社会因素之间的内在联系。故在借鉴这些理论视角时,不能脱离我国处于社会转型加速期以及城乡差距、地区差别等社会背景;同时,其较为侧重环境风险的社会分配,故在环境建设与管理中应注重分析环境保护责任的社会分配。

4. 生活环境主义

生活环境主义是由鸟越皓之、嘉田由纪子等日本社会学学者于20世纪70年代末至80年代在总结与环境问题有关的人们的实践活动的基础上提出来的。② 与信奉借助技术革新与国家制度来解决环境问题的"现代技术主义论"以及推崇通过严格控制人类活动以减少对环境的影响与危害的"自然环境主义论"不同,生活环境主义是指通过尊重和挖掘并激活"当地的生活"中的智慧,来解决环境问题的一种方法,即既能从生活的角度"安抚"自然,又能使其成果得到反馈,用来改善并丰富当地人生活的一种方法。③

生活环境主义的内涵可归纳为三个层面。一是主体层面,强调生活者生活本身的重要性,这是与历史主体性有关的问题,是关于应该站在什么立场上说话的问题。二是环境现状与问题层面,即承认环境问题是现代化过程和发展模式所带来的。主张通过反思,认清人们的社会行为是导致环境问题产生的根源,在此基础上,认真思考人类生活与环境的本来含义。三是实践层面,即重视生活者在生活中所形成的对环境问题的看法以及处理环境问题的方式,以此作

---

① 洪大用、龚文娟:《环境公正研究的理论与方法述评》,《中国人民大学学报》2008年第6期,第70—79页。

② 宋金文:《生活环境主义的社会学意义——生活环境主义中的"生活者视角"》,《河海大学学报(哲学社会科学版)》2009年第2期,第18—24页。

③ 〔日〕鸟越皓之:《日本的环境社会学与生活环境主义》,闫美芳译,《学海》2011年第3期,第42—54页。

为解决当前环境问题的基础。通过人们环境行为的改变,在实践层面上探索人与自然和谐相处的可能性和可行性。① 生活环境主义模式由三个层次构成。一是所有论,它与环境权这一观点密切相连,基于日本社区内存在的对所有权和利用权的理解,并从中提炼出"共同占有权"这一概念,将"共同占有权"存在于各个社区这一现实传达给执政机构,并告诉政府的执政人员,尊重这一权利,就能帮助当地居民过上好日子。二是组织论,它主要关注的是居民意见中存在的分歧,即面对某一具体的环境问题,居民的意见很难达成一致,这就是"说法"成立的前提,故需要通过考察各派别的理论和各派别构成人员的社会属性,弄清居民的意见和组织的特性。三是意识论,它主要是对生活意识的分析。社会中的个人依据自己的生活体验形成生活意识,当人们采取某种具体的行为时,这些生活意识就是他们做出各种判断的知识依据,包括个人的经验知识、生活组织(村落、社区等)内的生活常识、生活组织外的通俗道德等。②

可见,无论是人与自然发生矛盾的时候,还是人与人之间产生冲突的时候,生活环境主义都强调生活者生活本身的重要性,即重视生活者的智慧,主张从当地居民的生活历史和生活取向中寻找解决环境问题的答案,这一微观视角有助于弥补宏观理论分析的不足。同时,伴随着消费主义、城市生活方式的扩展,生活污染已成为环境问题的重要方面,即公众的日常生活方式与日常行为很大程度上已成为环境污染与破坏的重要致因,故"站在生活者的角度思考",对解释和解决环境问题有着现实的意义。

5. 社会转型论

我国学者试图用不同于国外的理论范式来研究中国的环境问题,其中较具代表性的是基于社会转型的背景,对我国环境问题的社会根源及其影响加以探讨。社会转型是指改革开放以来,社会结构和社会运行机制从一种形式向另一种形式转换的过程;同时,社会转型也包括价值观念和行为方式的改变。③

洪大用认为,当代中国城乡之间,在具体的防治与控制环境污染和生态破

---

① 宋金文:《生活环境主义的社会学意义——生活环境主义中的"生活者视角"》,《河海大学学报(哲学社会科学版)》2009年第2期,第18—24页。
② 〔日〕鸟越皓之:《日本的环境社会学与生活环境主义》,闫美芳译,《学海》2011年第3期,第42—54页。
③ 洪大用:《社会变迁与环境问题——当代中国环境问题的社会学阐释》,首都师范大学出版社2001年版,第67页。

坏方面,实际上存在着很大的差异,这些差异可以概括为控制体系的二元性,具体表现为组织手段、制度手段、舆论手段以及城乡之间控制过程的二元性,而二元控制体系正是城乡环境问题发展表现出明显差异的重要原因。[①] 他又以我国农村面源污染为研究对象,揭示了二元社会结构的作用是农村面源污染日趋严重的深层社会原因,而农村面源污染的加剧事实上又在某种程度上再生产或强化着已有的二元社会结构,进一步扩大了城乡差别并削弱着农村社会缩小城乡差别的能力。[②] 当然,社会转型也为改进和加强环境保护提供了新的可能。特别是发展战略的转变,意味着其可能更加有利于环境保护。同时,社会转型也为环保组织创新提供了空间和有利条件。故社会转型对于环境不仅有消极的影响,也有积极的影响。[③]

社会转型论有助于我们更好地理解和把握我国环境问题的特殊性、复杂性、交织性以及防范与解决环境问题的困难程度,同时亦提醒我们,社会转型也为环境问题的解决创造了新的条件。因此,社会转型论对当代环境问题具有较强的解释力,体现出我国学者的理论自觉意识以及试图构建环境社会学中层理论的努力。正如任何理论都有自身局限,社会转型论亦不例外,如有学者指出,社会转型论将环境社会学的真正主题定为"环境问题产生的社会原因及其社会影响",显然是源于建构主义影响,建构主义观点与生态学的观点在某种意义上各执一端,各有偏颇。[④]

第二节 农村社区生态环境的应对图式

依据对待生态环境的态度,可将农村社区生态环境的应对图式分为顺应图式、利用图式、建设图式。农村社区生态环境的顺应图式是农村社区主体采取

---

① 洪大用:《我国城乡二元控制体系与环境问题》,《中国人民大学学报》2000 年第 1 期,第 62—66 页。
② 洪大用、马芳馨:《二元社会结构的再生产——中国农村面源污染的社会学分析》,《社会学研究》2004 年第 4 期,第 1—7 页。
③ 洪大用:《社会变迁与环境问题——当代中国环境问题的社会学阐释》,首都师范大学出版社 2001 年版,第 86 页。
④ 江莹:《环境社会学研究范式评析》,《郑州大学学报(哲学社会科学版)》2005 年第 5 期,第 40 页。

崇拜自然和遵循自然生态规律的态度获取天然生活资料的生态环境应对类型;农村社区生态环境的利用图式是农村社区主体采取控制、改造、利用自然生态规律的态度获取天然生活资料的生态环境应对类型;农村社区生态环境的建设图式是农村社区采取依赖自然生态环境的态度大力建设社区生态环境使其恢复提供优质生态产品机能的生态环境应对类型。

一、农村社区生态环境顺应图式

农村社区生态环境顺应图式是由天然生活资料获取行为、获取主体、获取理念、获取路径、获取策略、获取工具、获取材料、获取技能等要素构成的生态行为结构。这种农村社区生态环境的应对图式普遍存在于园艺社会和早期农业社会。这种生态环境的应对图式具有其特殊性。

1. 农村社区生态环境顺应图式的行为结构

第一,天然生活资料获取行为。只要属于人类,任何社会形态中的人都要消费新鲜空气、洁净饮水、安全食物等最基本的天然生活资料。园艺社会的社区自然生态环境质量非常优越,对于原始部落而言,空气与饮水随用随取,能充分满足消费者的享用需求。但原始森林中的食物,需要采集、捕猎,获取食物比获取饮用水困难。园艺社会获取天然生活资料的重点是获取食物。第二,天然生活资料获取主体。在园艺社会,一起生活的不是部落联盟也不是小家庭,而是以氏族部落即由同一母系的若干家庭组成生活单位,因为原始部落联盟的人数太多,难以获取足够的食物满足所有成员的生活消费;而小家庭成员太少,劳动力不足尤其是狩猎的强壮男人过少,无法进行围猎,这对于保障氏族部落的食物供给非常不利。第三,天然生活资料获取理念。对原始先民而言,解决温饱是其最大的生活诉求,故氏族部落获取天然生活资料的生态保障理念就是谋生。倘若部落周围食物吃光了,氏族部落须迁徙到食物、水源充足的地方安营扎寨。第四,天然生活资料获取路径。原始部落的"氏族单位—迁徙谋生理念—采集+狩猎的复合生产方式—享用食物"的天然生活资料获取图式是由部落食物获取能力决定的。其食物采集能力表现为"辨识植物—徒手采集",渔猎能力表现为"追寻猎物—用弓箭网猎"。这种低级的生产能力能满足部落的温饱需求。第五,天然生活资料获取策略。原始部落的生活完全依赖自然生态环境的恩赐,由此形成崇拜自然生态环境和顺应自然生态环境的生存策略。

2. 园艺社会的生态环境顺应逻辑

第一,自然生态环境是原始部落的生活家园。原始部落分布在有一定生态资源存量的地理空间内,长期适应原始自然生态环境,形成了独特的生态观、食源观。在原始族民观念中,天地万物产生于生态环境,生态环境中有他们赖以生存和生活的天然生活资料。在原始族民看来,生态环境就是生活家园,只要生活在原始的自然生态环境里,就有生活的希望和未来。第二,自然生态环境是生命的创造者。在原始族民看来,原始自然生态环境是生命的创造者。自然生态环境在创造生命时,原始自然生态环境保存着各种种子,并按时令季节播撒万物种子,给播撒的种子提供发育生长的营养和环境,周而往复地催动种子的发育成熟,使万物生生不息,食物由此而来。第三,自然生态环境是生命能量的寄居者。在原始部落族民看来,生命物质之所以在自然生态环境里生机盎然、生生不息,那是因为自然生态环境是生命能量的寄居之地,自然生态环境里有超强的生命能量。自然生态环境用其生命能量使昼夜更替、四季循环和万物生长。第四,自然生态环境是万物的调控者。在原始族民看来,自然生态环境生成万物,滋养和管理生命物质。自然生态环境控制着四季、温度和水分,调节着植物生长。各种动物以植物为生,部落族民以植物和动物为生。自然生态环境间接控制着生物和部落族民的生活。族民生活都须遵从自然生态环境的安排。族民把自然生态环境作为幸福生活的象征,把食物、娱乐归于自然生态环境的作用,族民吃了自然生态环境赐予的食物,才有能量唱歌、跳舞、游戏。第五,部落族民须祈求自然生态环境护佑。所有部落族民都信仰动植物、敬畏动植物。每次捕猎之前,整个部落要祭拜自然生态,祈求自然生态环境赐予部落食物。族民不砍伐树木,即便是盖房子也只能用树叶和树枝,做衣服和床垫只能剥取大树的厚皮。动植物对族民的生命活动非常重要,因此必须保护自然生态环境。第六,部落族民必须形成适应自然生态环境的生活模式。部落社区必须根据自然生态环境提供的条件和环境来安排采集和狩猎活动。族民相信只有顺应自然生态环境,部落才能繁荣昌盛。部落会依据自然生态环境安排的生命运行规律和食物消费阈值进行迁徙,不能长期栖息在一个固定的地方采集和狩猎。[①] 原始部落按照"自然生态环境是生活家园—自然生态环境创造生

---

① 赖毅:《彝族树文化的价值及其传承与发展》,《中国农学通报》2016年第4期,第26—32页。

命—自然生态环境拥有生命能量—自然生态环境调控万物—人类必须祈求自然生态环境护佑—人类须养成顺应自然生态环境的生活习惯"的生活逻辑繁衍生息。

二、农村社区生态环境利用图式

进入农业社会之后,农业劳动者拥有了改造自然生态环境的先进工具,为利用自然生态环境获取天然生活资料奠定了物质基础。

1. 农业社会农村社区生态环境利用图式

(1) 农业社会农村社区生态环境利用图式的行为结构。农村社区生态环境利用图式是由天然生活资料利用环境、利用主体、利用方式、利用理念、利用策略、生产工具、生产资料、生产技能等要素构成的生态行为结构。这里择要介绍。第一,天然生活资料利用环境。在农业社会尤其在化学农业时期,只要没有破坏社区森林植被,社区的空气质量就能满足社区居民对新鲜空气的消费需求。但社区为扩大食物供给量,使用化学肥料、化学激素、化学农药进行农业生产,造成农业面源污染,使社区的水域环境和土壤结构遭到损害,饮水和农业食物被污染,需要进行处理才能满足社区居民的享用需求。故在化学农业时期,社区不仅要应对人地矛盾,想方设法解决食物供给不足问题,且要应对生产与生态不和谐问题,保证社区居民的饮水安全和食品安全。第二,天然生活资料利用方式。在农业社会,社区仍以家庭为生活单位。社区的家庭使用传统农具和耕牛或者使用机械化农具,利用化学肥料、化学农药、化学激素等生产资料,发明并采用垦田技术、种植技术以及适宜的生产模式来进行农业生产,农作物单位面积产量大幅度提高,农业食物来源变得更加稳定。第三,天然生活资料利用理念。农业社会社区的天然生活资料利用理念为"谋生+谋利"。社区的家庭不仅是一个生活单位,需要在特定的自然地理空间内,立足社区自然生态环境生产的新鲜空气、洁净饮水、安全食物,保障家庭天然生活资料的消费需求;而且随着食物供给得到有力保障,甚至出现农产品剩余现象,社区家庭的生产功能被强化和凸显,社区家庭萌发出谋利理念,希望利用社区自然生态环境、自然资源、生态资源积累财富,于是出现了家庭农场、社区农业公司等新型农业经营主体。第四,生活资料利用策略。在农业社会,社区生活资料利用行为受生产生活理念的影响,社区家庭及其衍生主体确立了化学化、规模化、商品化生产,以及多种经营、多业发展、品牌战略等生产策略,成为化学农业时期农村社区保护生态环境的思想基础。

农业社会农村社区的生态环境利用图式出现了新变化:"家庭单位—谋生+谋利理念—采猎+种养+新办产业的多种经营模式—保障食物供应+发家致富"。社区生活生产主体结构、生产生活理念、人力结构、产业结构都发生了变化,尤其是社区开始重视生产技术、经营创新、智力应用在实现财富梦想过程中的价值。

(2)农业社会的生态环境利用逻辑。相对于顺应类型的农村社区生态环境保护行为而言,农业社会的社区生态环境利用类型对自然生态环境的依赖程度和农业经营目标已经发生严重分化。随着社区人口的增加,化学农业时期的社区更依赖农业生产和追求农业产量提高以及家庭收入增加,而且在传统农业生产的基础上通过发展非农产业增加家庭收入,社区出现从自然生态环境获取生态利益向获取经济利益的转变。针对化学农业时期社区与环境的关系、人与自然的关系、生产与生态的关系逐步改变的现象以及社区生态环境利用图式发生变化的情况,学者提出了不同的解释,形成了"公地悲剧"逻辑和公共池塘资源治理思想。

公地悲剧指自然资源在产权上的排他性不足或者缺失,而使用上的竞争性又过于强烈导致资源枯竭,资源所蕴含的租值耗散,即自然资源的价值下降,直至消失,资源使用低效率或者无效率,甚至威胁到全球生态、人类社会或经济可持续性发展的情形。[①]在公地悲剧理论看来,经过社区生态环境建设以后,社区会变成空气新鲜、饮水洁净、食物安全、空间亮丽、生态系统发育成熟的宜居社区。如果社区各类主体和居民不遵守生态保护区规民约,社区主体和居民的生态、生计、生活行为不能践行环保理念,社区将会失去人类居住生活的条件,最终成为无人区。因此,须防止社区出现"公地悲剧"现象。发生公地悲剧的主要原因是缺乏资源的产权制度和有效的管理机制。当资源没有明确的所有权归属或所有者没有足够的激励来维护资源的可持续利用时,个体倾向于过度利用资源,以追求自身的最大利益。这种行为导致了资源的过度开发和破坏,最终危及整个社会的利益。

---

① 阳晓伟、庞磊、闭明雄:《哈丁之前的"公地悲剧"思想研究》,《河北经贸大学学报》2015年第4期,第17—22页。

社区的公共资源,如森林、水域、野生动物、野生植物、自然景观等,不仅是社区居民的天然生活资料,也是社区运行的物质基础。随着这些社区生态资源被承包,它们在逐渐退化、被过度利用,农村社区生态环境保护和建设面临威胁。社区居民寄希望于公共池塘资源治理思想来解决这个问题。1990年,美国政治经济学家埃莉诺·奥斯特罗姆(Elinor Ostrom)提出,公共池塘资源是诸如渔场、地下水流域、牧区、灌溉渠道以及海洋、河流和其他水体等非排他可共享的、具有稀缺性的、容易造成使用者相互伤害的公共资源。她提出公共池塘资源占用者所面临的问题是一个组织问题,应该采用自组织行为解决公共池塘资源问题。

为了实现公共池塘资源使用者有效的、成功的自组织行动,埃莉诺·奥斯特罗姆认为供给新公共池塘制度必须遵守如下原则。(1)清晰界定边界,明确公共池塘资源的边界、明确从公共池塘资源中获取资源的单位。(2)公共池塘资源的占用和供应规则应与当地条件一致。(3)多数接受新规则的理性人应该参与对公共池塘资源使用规则的修改。(4)必须对公共池塘资源使用情况和使用者行为进行有效监督。(5)违反公共池塘资源制度或规则的使用者要受到其他使用者、政府官员或者二者的分级制裁。(6)公共池塘资源使用者和政府官员应该快速地通过公共论坛解决公共池塘资源使用冲突。(7)公共池塘资源使用者设计公共池塘资源使用制度的权力不应受外部威权的挑战。(8)应该有效组织或安排公共池塘资源的使用、监督、执行以及解决和治理公共池塘资源使用冲突问题。只有公共池塘资源使用设计符合这八项原则,才能保证公共池塘资源自主治理制度产生良好的效果。

2. 工业社会农村社区生态环境利用图式

(1)工业社会农村社区生态环境利用图式的行为结构。工业社会农村社区生态环境利用图式是由利用环境、利用主体、利用理念、利用方式、生产工具、生产资料、利用技能、利用策略等要素构成的生态行为结构。重点介绍前三个构成要素。第一,利用环境。在工业社会的乡村工业初级阶段,农村社区自然生态环境遭到破坏,许多发展乡村工业的农村社区的空气质量、饮用水质量、食物品质都比较差。一是因利用农村社区自然生态资源发展乡村工业,会造成农村社区森林植被的破坏和空气污染、水体污染、土壤污染;二是为了扩大食物供给量,使用化学肥料、化学激素、化学农药等生产资料进行农业生产,造成农业面源污染，使农村社区的水域环境和土壤结构遭到一定程度的损害，饮水和农业食物被污染。因此，如果不进行必要处理基本上不可享用。可以说，在发展工业生产的初期，农村社区不仅要应对人地矛盾，想方设法解决食物供给不足的生态保障问题，且要应对生产与生态相互冲突的问题，要治理工业污染、农业污染，保证社区居民的呼吸安全、饮水安全和食品安全。第二，利用主体。在工业社会，农村社区仍然以家庭为生活单位，但不以家庭为生产单位，而是以村办企业为生产主体。社区通过将家庭的劳动力安排在不同的企业工作，将其分配到适宜的工作岗位，创造集体财富，然后用社区公共资金建立社区生活福利体系，给社区家庭及居民分配住房、生活用品、生活消费资金；修建生活设施并提供自来水；建设社区生态环境，改善空气质量；修建污水处理厂，净化水质；组建社区环卫队伍，回收清运垃圾；进行基本的农田水利建设，保障食物供给。第三，利用理念。工业社会农村社区生态环境利用理念为"谋生+谋利"。农村社区治理机构或治理委员会，用谋生理念指导天然生活资料的利用，安排公共资金建设农村社区自然生态环境，以便提供新鲜空气、洁净饮水、安全食物，保障社区居民对天然生活资料的消费需求。更重要的是，社区用谋利理念，兴办企业和公司，形成社区治理机构、社区企业集团二合一的新兴社区治理主体，利用社区自然生态环境、自然资源、生态资源、人力资源和公共资金发展经济，积累社区公共资金和集体财富。

工业社会农村社区的生态环境利用图式出现了新变化："家庭生活单位+村办企业生产主体—谋生+谋利理念—工业企业+其他产业的多业经营模式—利用集体收入建立生活福利体系"是工业社会的农村社区利用生态环境的谱系图。社区的生产主体、劳动力组织模式、产业结构、生活福利模式，较农业社会的社区生态要素都发生了变化，尤其是社区经济主体在实现财富梦想和建构生活福利体系中发挥了特殊作用。同时，农村社区的生态环境利用受工业社会生产生活理念的影响，社区及其集体经济主体确立了以工兴农、能人主导、开发人力资源、实现农村工业化、发展集体经济、走持续发展道路等生产策略，这些策略成为工业社会农村社区保护生态环境的思想基础。

（2）工业社会的生态环境利用逻辑。迈入工业社会的农村社区，其生态环境应对态度与农业社会的社区相比，已经发生质变。就社区层面而言，一个社区要发展工业，肯定需要将社区自然生态环境中的自然资源或生态资源转化为工业资本,因为发展工业需要建设厂房甚至工业园区,这需要占用社区土地;工业生产也需要消耗社区水源,这不仅会造成社区森林植被和水源的减少,还会污染社区空气、土壤、水体。而园艺社会、农业社会的农村社区只是从社区自然生态环境中获得天然生活资料,满足社区成员对天然生活资料的消费需求;工业社会的农村社区不仅仅要从社区自然生态环境获得天然生活资料,更为重要的是将社区自然生态环境的资源转化为工业资本。社区居民对生计与财富的双重需求,加剧了工业社会农村社区自然生态环境的恶化。当社区自然生态环境恶化到危及社区居民正常的天然生活资料消费的程度时,农村社区企业就不得不拿出大笔资金治理工业污染、建设农村社区生态环境。通过植树、种草、修建社区公园,绿化社区地表,治理水体,修建污水回收处理设施,净化社区水域,提高社区空气、水体、农产品质量,使社区自然生态环境为社区居民提供新鲜空气、洁净饮水、安全食物。由于工业社会的农村社区对待社区自然生态环境的法则不是园艺社会的顺应自然法则,也不是农业社会的亲自然法则,恢复起来的社区自然生态环境再也不是原生状态,缺乏生物多样性,不具有自我平衡、自我净化能力,故工业社会的农村社区人造生态环境提供的新鲜空气、洁净饮水、安全食物,其品质远不及自然生态环境所提供的。

  针对工业社会出现的社区与环境的关系、人与自然的关系、生产与生态的关系发生质变的现象以及社区生态保障图式发生变化的情况,有学者提出可以用破窗效应理论加以解释。该理论认为生态环境中的不良行为如果放任不管,会诱使人们仿效,甚至变本加厉。"第一扇破窗"常常是事情恶化的起点。某人砍一棵树,不会影响一片森林的生态平衡,也不会影响氧气释放量和二氧化碳吸收量;第二个人也这么想,就会毫无顾忌地到这片森林里砍一棵树,成为破坏森林的第二个人;第三个人看到有人这么做没有受到惩罚,就会成为破坏森林的第三个人……如果这种不良行为不被制止,这片森林就会消失。许多人抱怨周边生态环境恶劣,可他们却很少反思自己的不良习惯和行为,相反会产生从众心理,成为破坏社区生态环境的一扇"破窗"。如果对这种行为不闻不问、熟视无睹、反应迟钝或纠正不力,就会纵容更多的人去破坏社区生态环境,就极有可能演变成难以恢复生态环境的恶果。破窗效应告诉我们,无秩序、混乱的物理和社会环境因素容易引发更多的社会失范行为,社会无序现象也会因此弥漫开来。因此,为维护和监控社区生态环境,创造有秩序和遵纪守法的氛围,防止破坏生态行为的发生,其关键在于预防小的无序现象。①

三、农村社区生态环境建设图式

农村社区生态环境建设图式是通过建设自然生态环境,使自然生态环境的自我调节、自我平衡、自我繁育等机能不断增强,以便为社区居民提供更多优质生态产品的生态行为结构。生态环境建设图式主要存在于信息社会。信息社会是信息起主要作用的社会。在农业社会和工业社会中,物质和能源是主要资源,人们所从事的是大规模的物质生产。在信息社会,信息成为比物质和能源更为重要的资源,信息经济、知识经济为国家的主导经济,并构成社会信息化的物质基础。信息社会的到来主要通过社区生活不断智慧化而使人们有所感受。智慧化的社区就叫智慧社区。目前我国一些大城市开始建设智慧城市,城市周边的农村社区也在被智慧化,信息化或大数据实施也在城郊农村社区建立起来,农户家庭的生活越来越智慧化。建设农村智慧社区,不仅要提升社区的用户创新、大众创新、协调创新水平,更要保护社区的生态环境,为农民乃至全体国民提供优质天然生活资料,满足全体国民对新鲜空气、洁净饮水、安全食物等天然生活资料的消费需求。

1. 信息社会农村社区生态环境建设图式的行动结构

信息社会农村社区生态环境建设图式是由供给天然生活资料的建设环境、建设主体、建设理念、建设方式、建设工具、建设项目、建设策略等要素构成的生态行动结构。第一,建设环境。为了满足社区居民对天然生活资料或生态产品的消费需求,智慧社区会实施可持续的环保方案,立足信息技术及其基础设施改善生态环境,建设人工生态环境,为社区居民提供生态服务,提高居民的生活质量。如修建绿色地带、生态廊道、游憩绿道、社区公园,为居民提供绿色景观、休闲场所;建设完善的垃圾收集处理和污水处理设施,改善社区生态环境,净化水土空气;修建引水工程和自来水系统,为社区居民提供洁净饮水和生活用水。第二,建设主体。在信息社会,政府成为生态环境建设主体。政府将人工生态环境当作公共服务和公共产品来建设,为此,制订社区生态环境建设方案、安排

---

① 陈为聪等:《破窗效应中轻微失范行为的演化过程》,《心理研究》2017年第4期,第41—45页。

生态环境建设资金、规划生态环境建设项目、进行生态文明养成教育,也只有政府才有能力建设社区人工生态服务体系。政府利用信息设施、智慧系统、应用程序、信息平台促进产业环保化,修建绿色建筑、节能建筑,推行节能制造、能源改革、智慧能源、智慧交通,实施林荫计划,建设生态社区。第三,建设理念。信息社会农村智慧社区的生态保障理念仍然是"谋生+谋利"。政府用谋生理念指导生态产品生产,安排资金建设社区人工生态服务体系,以便提供的新鲜空气、洁净饮水、安全食物能保障社区居民对天然生活资料的消费需求。政府用谋利理念,建设高速网络、智慧走廊、网络覆盖体系,开发各种应用程序、智慧业务系统,发展信息产业,用信息基础设施和智慧系统改善社区运转状态,为社区劳动力提供高薪岗位、劳动收入、生活福利,使社区家庭生活水平得到提高。

"家庭生活单位+政府建设主体—谋生+谋利理念—信息产业+辅助产业—建立普惠性的、高待遇的政府福利体系"是信息社会农村社区生态环境建设图式。在信息社会,政府遵循可持续发展策略建设农村智慧社区的生态环境或生态系统。

2. 信息社会的生态环境利用逻辑

当代信息社会的智慧社区生态环境建设,是一种由政府规划并提供资金,在社区建设人工生态环境,以满足居民对天然生活资料消费需求的生态行为。对于信息社会的智慧社区而言,开展社区生态环境建设面临两大挑战:一是社区的自然生态环境遭受过工业生产的破坏。因为信息社会是从工业社会发展而来的,在建设智慧社区之前,出现过度利用自然资源、生态资源来大力发展工业生产的现象,造成自然生态环境的严重破坏和生态产品品质的下降。二是人类越来越轻视自然生态环境的生态价值。在园艺社会,人类直接从自然生态环境获取生活资料;进入农业社会后,人类开始依靠农业生产获取生活资料,将自然生态环境当作获得农产品的物质资源;进入工业社会后,人类开始依靠工业生产赚取购买生活资料的资金,将自然生态环境当作生产工业品的物质资源;进入信息社会以来,人类开始依靠知识、信息、数据赚取购买生活资料的资金,将自然生态环境当作知识产品和信息产品的物质资源。这使人类赚取生活资料越来越不依靠自然生态环境,更加轻视自然生态环境的生活价值。但是,人类生活、生存、发展都离不开自然生态环境提供的新鲜空气、洁净饮水、安全食物。这就加大了信息社会及其智慧社区治理自然生态环境的难度,也使得信息社会的智慧社区不可能回到自然生态环境状态,只能寄希望于建设人工生态环境为人类提供合格的空气、饮水、食物。如何解释或者应对信息社会及其智慧社区面对的天然生活资料供给衰变局面,是当今政要、学界精英必须解决的现实问题。针对该问题,形成了以下两个理论。

一是形成了生态社区建设理论。20世纪20年代,哈伦·巴罗斯(Harlan H. Barrows)和帕克等人把生态学思想运用于人类住区研究,形成了生态社区建设思想。1991年,美国生态学家罗伯特·吉尔曼(Robert Gilman)和黛安·吉尔曼(Diane Gilman)发表了研究报告《生态社区与可持续的社区》,将生态社区界定为人类活动融入自然界的、支持人类健康发展的、功能多样的社区。① 在信息社会,农村社区自然生态环境难以回到原生状态和恢复原生生物多样性状态,只能通过建设生态社区来满足居民对天然生态资料的消费需求。

二是提出了生态产品第四产业理论。王金南等提出了生态产品第四产业理论。他们认为生产生态产品的产业是与第一产业(农业)、第二产业(工业)、第三产业(服务业)平行的第四产业,应使之成为提高生态产品供给能力,推动生态产品价值实现,推进美丽中国建设,实现人与自然和谐共生的现代化的增长点、支撑点、发力点。②

生态产品第四产业主要指通过生态建设提升生态资源本底价值的相关产业及通过市场交易、生态产业化经营等方式将生态产品所蕴含的内在价值转化为经济价值的产业集合,包括生态保护和修复、生态产品经营开发、生态产品监测认证、生态资源权益指标交易、生态资产管理等产业形态。生态产品第四产业是以人与自然和谐共生为产业根本目标,其服务对象是人与自然生命共同体、自然生态系统及一切生物,具有增加人类福祉和实现生态系统服务保值增值的产业价值等特点。生态产品第四产业首先涵盖生态产品生产,涉及生态农产品、生态水产品、中草药、水源涵养、土壤保持、洪水调蓄、防风、固碳、局部气候调节、海岸带防护、旅游休闲、康养服务等;其次,蕴含生态反哺,包括生态建设、生态修复等;再次,蕴含生态产品开发服务,包括生态产品综合开发、生态产

---

① 赵清:《生态社区理论研究综述》,《生态经济》2013年第7期,第29—32页。
② 王金南等:《生态产品第四产业理论与发展框架研究》,《中国环境管理》2021年第4期,第5—13页。

品监测核查、生态咨询服务等;最后,蕴含生态产品交易服务,包括生态产品认证推广、生态产品交易平台等。生态资源是生态产品第四产业的主导生产要素,也是产业形成的起点。生态资本经营是产业形成和发展的核心环节。生态保护与建设是产业实现可持续发展的保障。在后工业社会和信息社会,人类必须大力发展生态产业,筑牢生态保障的根基,才有可能使自然生态环境继续为自己提供天然生活资料。

第三节 农村社区生态环境建设类型

自然生态环境为人类供给新鲜空气、洁净饮水、安全食物等天然生活资料。人类为了延续生命和发育成长,就必须持续地、重复地从自然生态环境获得天然生活资料。为此,人类就得持续地、重复地、不停歇地建设自然生态环境。进入工业社会以来,自然生态环境遭到破坏,造成空气、水、食物等天然生活资料的供给不足和品质劣化,危及人类身体健康,以至于今天人类要借助生产活动才能修复被破坏的自然生态环境。这便出现了生态产品生产这种新兴生产形式。新鲜空气、洁净饮水、安全食物等天然生活资料也被称为生态产品。[①] 党的十八大以来,党和国家越来越重视生态文明建设,致力于为人民提供更多优质生态产品。[②] 建设农村社区生态环境的目的是增强生态环境供给天然生活资料或生态产品的能力,所以,应该从增强生态产品供给能力的角度,建设农村社区生态环境。依据自然生态环境为人类提供天然生活资料的种类来分,农村社区天然生活资料可分为自生类、赖生类、繁衍类和标识类等生态产品。从满足农村社区居民生活需求角度讲,建设农村社区生态环境,就是建设农村社区生态环境的生态产品供给能力。

一、供给自生类生态产品的生态环境建设类型

自生类生态产品就是社区自然生态环境为社区居民提供的新鲜空气、洁净

[①] 谷中原:《乡城生态产品四方协同生产机制建构与运作》,《湖湘论坛》2022年第2期,第53—65页。
[②] 参见中共中央文献研究室编:《习近平关于社会主义生态文明建设论述摘编》,中央文献出版社2017年版,第3—15页。

饮水等天然生活资料。这类生态产品直接由自然生态环境自为地供给,无须社区直接生产。社区只要间接地采取必要的保护措施,维护辖区内的自然生态环境,以及通过植树造林的途径,增强辖区自然生态系统的稳定性和自我调节能力,防止社区主体破坏地形地貌、山水植被、空间格局,就能让社区居民分享到新鲜空气、洁净饮水等生态产品。由于这些生态产品是社区自然生态环境自为提供的,故我们称其为自生类生态产品。

1. 农村社区自生类生态产品供给能力建设范型

(1) 明确自生类生态产品的供给策略。第一,供给新鲜空气。新鲜空气是生命气体,是人类生活不可缺少的生态产品。治理空气污染、形成宜人气候,进而提供新鲜空气,是社区必须实施的治理策略。增加氧量、减少碳源、扩增碳汇是使社区自然生态环境提供新鲜空气的关键策略。要保证提供更多优质新鲜空气,仅靠其一,效果不佳,必须同时实施增加氧气含量、减少碳源和扩增碳汇策略,真正做到多管齐下。第二,供给洁净饮水。水是生态之基、生产之要、生命之源。洁净饮水是人类生活不可缺少的生态产品。提供优质饮用水应实施如下四个生产策略:保护水源、治理污水、集中供水、建立护水机制。保护水源、治理污水、集中供水是确保水质和饮水安全的硬措施,建立并落实护水机制是确保水质和饮水安全的软措施,应做到"软硬兼施",才能收到确保水质和饮水安全的实效,才有可能为人民群众提供更多优质饮用水。

(2) 立足社区境域供给自生类生态产品。除了根据社区自身情况,供给新鲜空气和洁净饮水两个方面的相关措施外,社区居民也应少制造污染,成为全民护水的参与者、乡规民约的制定者、护水奖励与处罚措施的执行者、护水制度的实施者。

(3) 确定自生类生态产品责任主体。新鲜空气的供源是生态环境,其责任主体包括农业劳动者、志愿者队伍、地方政府、科技工作者等。实施减少碳源策略的责任主体是工业企业、志愿组织、社区、农户、科技工作者等。洁净饮水的责任主体是地方政府、社区、农户、志愿者队伍等。实施污水治理策略的责任主体是工业企业、农户、科技工作者等。实施集中供水策略的责任主体是自来水公司、农户、社区等。建立护水机制的责任主体是地方政府、社区、农户等。农村社区应动员这些主体为自生类生态产品供给贡献出自己的力量。

2. 农村社区自生类生态产品供给能力建设的促进策略

（1）建立农村社区生态环境建设协调机制。一是由地方政府出面，建立大气污染治理协同体系及蓝天保卫协同机制，要求所有城乡社区采取一致的大气生态治理行动，打赢蓝天保卫战。二是由地方政府出面，建立流域污染治理协同体系及碧水保卫协同机制，要求整个流域的城乡社区采取一致的水生态治理和水环境建设行动，打好碧水保卫战。三是由地方政府出面，全面实施土壤污染防治行动计划，突出重点区域、行业和污染物，有效管控农用地土壤环境风险，扎实推进净土保卫战。

（2）加大农村社区生态环境建设专项资金保障力度。一是各地政府要把大气环境治理、水生态治理、山林生态治理的任务落实到社区，并安排社区大气环境治理、水生态治理、山林生态治理项目和建设专项资金，解决社区生态环境建设资金困难问题。二是建立和实施生态保护补偿制度。对社区植树造林、碳汇林业、治水治污成本进行补偿；对森林碳汇、水土保护的外部性效益进行补偿；对社区生态环境建设的投入进行补偿；对社区因保护生态系统而放弃发展机会所造成的经济损失进行补偿。尤其要加大对边远山区、生态功能区、水系源头地区、自然保护区、"退耕还林"和"休樵还植"地区农村社区的生态保护补偿力度，使积极开展自然生态环境建设的农村社区获得政府的生态建设公共财政转移资金。三是在农村社区实施生态建设PPP融资模式。采用PPP模式可减轻生态建设项目和生态产品生产的成本，实现生态产品生产资源配置效率的最大化。对于社区而言，PPP模式是通过市场机制解决生态建设和生态产品生产资金短缺的有效方式。

（3）激励与驱策兼重。生态产品具有正外部性，在一定程度上会导致企业缺乏参与生态产品生产的积极性和动机，以及公众追求生态福利最大化、参与生态产品生产义务最小化的"搭便车"行为。这两种负面机制极易造成自生类生态产品供给不足，需要社区实施自生类生态产品生产的经济价值补偿或者奖励的激励措施，将自生类生态产品正外部性内部化，弥补投资者和生产者因收益外溢造成的部分经营损失，激励驻区企业、商人从事自生类生态产品投资并使生态资本增殖；需要社区建构生态福利权利与义务对等机制，让自生类生态产品的享用者支付相应的费用，驱策社区居民参与生态产品生产。因此，需要社区通过制度创新让自生类生态产品投资者获得合理回报，通过制度设计杜绝自生类生态产品消费中的"搭便车"行为,激励自生类生态产品的足额供给。①

(4)保护与建设并重。新鲜空气、洁净饮水等自生类生态产品具有脆弱性,并不是取之不尽、用之不竭的生态资源。如因人为破坏或用之过度,自然生态系统或者生态环境就会失去自我恢复、自我净化、自我平衡的机能,也就无法为社区居民提供天然生活资料了。又如社区的一片森林被砍伐殆尽,就不可能释放负氧离子;一块土壤被污染或流失,就无法种植作物;一条河溪被污染,就无法供人饮用。可见,社区自然生态环境保护与生态环境建设同等重要。自生类生态产品生产应该内含生态建设和生态保护两方面的要求,否则,也会出现自生类生态产品供给不足的现象。

二、供给赖生类生态产品的生态环境建设类型

赖生类生态产品指依赖社区自然生态环境才能生长的、利用原生地生态环境进行驯化栽培的食用蔬菜、药材、香料等天然生活资料。赖生类生态产品也是人类的必要天然生活资料,是社区居民美好生活的重要必需品。因此,任何社区都应保护与建设社区的自然生态环境,以便社区生态环境为居民供给赖生类生态产品。

1. 农村社区赖生类生态产品供给能力建设范型

(1)因地而宜地生产。食用蔬菜、药材、香料等赖生类生活资料都有地域生长特点。任何一类植物都有自己的生境,其生长和成熟都依赖特殊的土壤、湿度、光照、温度、空气。驯化栽培的食用蔬菜、药材、香料也是如此。因此,每个农村社区只能根据其自然生态环境和栽培条件生产赖生类生态产品。这也是供给赖生类生态产品的技术要求。

(2)保护与栽培并重。社区应该采取保护与栽培并重的策略供给赖生类生态产品,因为受工业、城镇、交通等大建设的影响,野生蔬菜、野生药材、野生香料等野生植物的生存空间日益缩小、生存环境日益恶化,造成这些野生植物资源的耗竭。农村社区只有同时采取保护和驯化栽培措施,才能保留延存赖生类生态产品的种质资源,才能持续地为居民和市场消费者供给赖生类生态产品。

---

① 沈满洪、杨天:《生态补偿机制的三大理论基石》,《中国环境报》2004年3月2日,第4版。

（3）多功能开发。赖生类生态产品都有复合功能和多种功效。如香料植物就具有美化、观赏、调节心情、养生、食用、祭祀等六大功能。因此，社区供给香料产品，应从这六个方面进行开发，使其产生多种经济价值。

（4）标准化生产。生产者依据标准规定组织生产，国家有关部门依据标准对生产过程实施监察和督导。标准化可以规范生产活动和市场行为，保证生产有条不紊地进行；利于稳定和提高产品质量及服务质量，提高企业竞争力；利于实现科学管理和提高管理效率；利于扩大生产规模；利于产品销售甚至将产品销售到国外去。从扩大经营和发展前途考虑，农村社区发展赖生类生态产业、生产优质的赖生类生态产品，必须加强赖生类生态资源的地道性研究和标准化研究，加快建立标准化的赖生类生态产品生产基地，按照ISO 9000质量管理体系标准扩大赖生类生态产品生产，逐步实现标准化生产目标。

2. 农村社区赖生类生态产品供给能力建设的促进策略

（1）实施赖生类生态产品生产可持续发展策略。可持续发展是既满足当代人的需要，又不对后代人满足其需要的能力构成危害的发展。[1] 可持续发展以改善人类生活质量为目标，但前提是不超出生态系统的承载能力。[2] 农村社区居民在满足自己对赖生类生态产品的消费需要的同时，不能超出自然生态系统的承受能力、不能危及子孙后代对这些天然生活资料的消费需求。第一，政府要制定野生植物采集法规，规范村民的采掘行为，对野生蔬菜、野生药材、野生香料实行有计划、合理的采集。第二，政府组织开展野生植物资源调查、制定适宜的驯化栽培规划，通过一些行政或法规手段，限制盲目异地引种，因地制宜地选择适合本地的品种，进行规范化栽培。第三，保护野生植物资源地的生产与利用，通过野生植物注册商标实现野生植物原产地域产品保护。第四，制定野生植物新品种引种驯化栽培指南，规范引种、试种栽培、品种申报等行为。

（2）制定区域赖生类生态产品供给规划。赖生类生态产品的保护、开发、利用都具有良好的生态效益、经济效益和生活效益，都是保护和建设生态环境的有效措施，是将绿水青山变成金山银山的运作机制，是农户发家致富奔小康

---

[1] 世界环境与发展委员会：《我们共同的未来》，王之佳、柯金良等译，吉林人民出版社1997年版，第52页。
[2] 世界自然保护同盟、联合国环境规划署、世界野生生物基金会合编：《保护地球——可持续生存战略》，国家环境保护局外事办公室译，中国环境科学出版社1992年版，第3页。

的有效途径。因此，地方政府应将赖生类生态产品供给纳入其工作范围，根据本地现有野生植物资源可利用状况及开发潜力，制定赖生类生态产品产业发展战略规划。

（3）实施区域赖生类生态产品供给系列措施。第一，培育赖生类生态产品产业，壮大融合发展的新主体。培育以家庭为单位的家庭农场。鼓励农民进行栽培赖生类生态产品产业专业合作以及股份合作等多元化合作，兴建多类型合作社。第二，构建栽培赖生类生态产品产业经济循环发展新业态。突出生态建设，构建循环产业模式。创新创建"农户种养、产地加工、休闲旅游、循环生态"的第一、二、三产业融合发展新业态。以栽培赖生类生态产品产业集群为支撑，联通农、牧、工、商四大业态和链条。第三，建立健全科技创新和信息技术服务体系。依托科技推广机构、大专院校和科研院所，引导和支持建立栽培赖生类生态产品专业技术协会、科技中介服务机构、科技专家大院等科技服务机构；建设栽培赖生类生态产品产业工程技术中心，与大专院校、科研院所、企业建立"产、学、研"科技创新联盟；建立健全技术服务体系，大力培育科技大户，发挥示范带动作用。第四，培育赖生类生态产品有机品牌体系。树立栽培赖生类生态产品的绿色、生态、营养、健康、安全等品牌形象，围绕高端、高质、高效有机蔬菜、药材、香料产业，将现代产品文化、营销文化、饮食文化等融入栽培赖生类生态产品产业品牌建设中。

（4）政府组织开展野生植物迁地活体保护工作。第一，政府先组织力量开展植物遗传多样性研究、致危因子和繁殖特性研究，为保护野生植物资源提供科学依据。第二，选择合适地域建立大型的、专用的驯化栽培的野生植物种子库及基因库，进行种质的低温保存，以便储存大量的野生植物种子。第三，以乡或县为单元普遍建立属地野生植物园，至少要在野生蔬菜、野生药材、野生香料种质资源分布集中的县域建立植物园，避免因过度采挖导致野生蔬菜、野生药材、野生香料植物消亡。第四，政府安排经费组织植物园利用现代生物技术对一些濒危物种进行快速繁殖研究，并将成熟技术推广到农村社区进行大田种植，有计划地为人民供给赖生类生态产品，造福人民。

（5）增强赖生类生态产品生产能力。由于利用原生地生态环境进行驯化栽培的野生蔬菜、药材、香料能产生具有正外部性效应的生态价值，因此，政府有理由扶持农村社区从事赖生类生态产品生产。一是为从事蔬菜、药材、香料驯化种植的经营户、家庭农场、专业合作社提供种植补贴,增强其种植能力。二是引导赖生类生态产品种植的经营户、家庭农场、专业合作社走上出口经营的道路,使其生产出高品质、大规模的赖生类生态产品,扩大产品销售空间,把自己的产品销售到国外去,获得更丰厚的生产回报。

(6) 农村社区开展赖生类野生植物保护工作。农村社区应普遍建立赖生类野生植物保护区,起码要保证野生蔬菜、野生药材、野生香料种质资源分布集中的农村社区建立种植保护区。此外,应保护野生植物种质资源,建立社区野生植物驯化培育基地,打造野生植物保护文化。

三、供给繁衍类生态产品的生态环境建设类型

繁衍类生态产品指利用社区森林环境生产的林下种植品、林下养殖品和利用社区水域环境生产的水域养殖品、水域种植品。林下种植品主要有林下低秆粮食作物、时令蔬菜、优质牧草;林下养殖品主要有家畜、禽类以及其他特种养殖物;水域养殖品主要包括淡水鱼类、淡水甲壳类、淡水贝类以及其他海水养殖物;水域种植品主要包括挺水植物、浮叶植物、湿生植物、漂浮植物。这些动植物是人工驯化的品种,不同于野生植物和野生动物,不可能在森林里和水体中自生自长,都需要进行人工繁育,才能利用社区森林环境和水域环境进行大规模种植和养殖,其数量也才会增多、个体重量才会增加。所以,我们称其为繁衍类生态产品。繁衍类生态产品也是人类的重要食物来源,尤其在食物供给严重短缺的情况下,发展繁衍类生态产品生产是保障食物总量安全的可靠途径。

1.农村社区繁衍类生态产品供给能力建设范型

(1) 形构特殊的产业结构。繁衍类生态产品供给目标是保护与建设社区自然生态环境、提供优质生态产品。只有旨在生产出优质、安全、营养的食物,能产生生态效益、经济效益、生活效益的林下生态种养和水体生态种养产业,才属于繁衍类生态产品的供给范畴。农村社区应该按照这两个基本要求建构繁衍类生态产品的生产结构。林下生态种植类型包括林下低秆粮食作物绿色生产、蔬菜绿色生产、优质牧草绿色生产、园艺植物绿色生产等。林下生态养殖类型包括林下家畜绿色饲养、禽类绿色饲养、特种动物绿色饲养、毛皮动物绿色饲养等。水域生态养殖类型包括淡水鱼类绿色饲养、淡水甲壳类绿色饲养、淡水贝类动物绿色养殖等。水域生态种植类型包括挺水植物绿色种植、浮叶植物绿

色种植、湿生植物绿色种植、漂浮植物绿色种植。

（2）进行五素分析。农村社区为供给繁衍类生态产品,实行的商品化、市场化、规模化生产模式,是农村社区农户、农场、专业合作社投入成本并希望获得较高利润的商业投资行为,该行为是理性经济行为。在投资项目前,生产者需要对即将投资的林下绿色种养项目或水域绿色种养项目进行"五素分析",即抱着获利目的,从产业特质、发展前景、基础条件、发展措施、项目效益等五个维度,对选择的林下绿色种养项目或水域绿色种养项目进行投资研判,以防投资失败。

（3）掌握林下和水域绿色种养技术。绿色种养指根据种养对象正常的活动、生长、繁殖的生理、生态要求,采用科学的种养模式和管理技术,使其在人为控制的生态环境下健康快速生长。实施绿色种养的目的是实现安全高效生产,避免病害发生和减产,防止经济效益受损;基本要求是改造种养对象的生存环境,确保生物生长所需的生态条件。农户、农场、专业合作社从事林下绿色种养或水域绿色种养,需发明或引进并利用好相关实用技术。就林下绿色种养而言,选点、选种、播种栽培、免疫、日常管理、疾病防治、收获、分拣、包装、冷藏、运输等环节都有技术要领,需要严格按照技术要领进行操作,以保高产、高质和收益。就水域绿色种养而言,从种养效益角度,考虑种养技术的可行性、种料供应的可能性、种苗来源的稳定性,避免种养品种的单一性,提高销售渠道的广泛性。在操作技术上,要注意以下四点。一要筛选成熟健壮无病的、抗逆性强的亲本,培育健康苗种,投喂能满足其需求的饲料。二要选择适宜的种养模式,以混养轮养等生态种养方式,根据不同水生动植物的不同习性,利用其不同的生理特征,合理利用水体的空间,保持良好的空间环境、水体环境和生态环境,进行生态防治,并按绿色标准要求生产,进行科学种养。三要根据种养品种从池塘、水库、河流、湖汊、水田等水域选择适宜水体环境,并提前做好对养殖机械和电路的整修、保养,及时收集气象、病害预报信息,做好防风、防雨、防高温的准备工作。四要调控水质,优化水体环境,保持水质肥、嫩、活、爽。五要合理安排种养密度。

2. 农村社区繁衍类生态产品供给能力建设的促进策略

（1）落实国家水域与林下经济政策。为了加快推进水产养殖业绿色发展,落实新发展理念、保护水域生态环境、实施乡村振兴战略、保障国家粮食安全、建设美丽中国,2019 年,农业农村部等十部委联合印发了《关于加快推进水产养殖业绿色发展的若干意见》,围绕加强科学布局、转变养殖方式、改善养殖环境、强化生产监管、拓宽发展空间、加强政策支持及落实保障措施等方面作出全面部署。为了落实重要农产品保障战略,全面推动产业高质量发展,稳步提高木本粮油和林下经济产量、质量,全面优化供给结构、产业链条,大幅提升市场竞争力、资源综合效益,进一步拓宽食物来源渠道,增强国家粮食安全保障能力,2020 年,国家发展改革委等十部委联合印发《关于科学利用林地资源 促进木本粮油和林下经济高质量发展的意见》,围绕扩规模、丰品种、调结构、降成本、提质量、拓市场等进行全面部署。两个文件是广大农村社区发展林下绿色种养和水域绿色种养产业的政策依据,农村社区应充分利用好国家政策,为人民提供优质、安全、绿色、生态的水产品和林下产品。

(2)强化社会化服务。地方政府为林下绿色种养和水域绿色种养提供科技服务,引进推广林下种养和水域种养新技术、新品种、新模式,主动组织专业合作组织、龙头企业、种植养殖大户,进行绿色食品质量认证。定期组织专家和技术骨干深入现场指导、传授技术,推广普及绿色种养技术知识。安排专业技术培训,提升经营者科技应用能力和水平。组织社区生产基地相关人员外出学习先进经验,选派业务骨干开展一对一帮扶活动。同时,提供融资服务,建立健全政府扶助、信贷融资、农民自筹"三位一体"的资金投入模式。安排专项资金扶持林下种养产业、水域种养产业,同时建立绿色种养产业财政担保机制,对种植养殖大户优先安排贴息贷款和工程项目,开办林权、水权流转和抵押贷款、森林资源和水产资源资产评估等服务项目。积极探索金融机构扶持林下种养、水体种养龙头企业及经营大户发展的新举措,引导政策性银行增加对林下种养和水域种养项目的中长期贷款,进一步完善绿色种养投融资平台,盘活森林、水体资源资产,大力支持农业银行和农村合作银行向林下经济和水体经济专业合作社提供信贷支持,积极创新专业合作社或联户担保等担保方式,通过贷款利率优惠、增加授信额度等方式支持专业合作社发展。[①]

(3)实施林下与水体绿色种养发展战略。一是品牌化战略。打造社区林下绿色种养和水体绿色种养品牌,注册地理标志,申报标准化生产基地,推进

---

① 姜国清:《安徽省林下经济发展现状及对策——以青阳县为例》,《安徽农业科学》2012 年第 21 期,第 11108—11110 页。

"一乡一特,一村一品"经营策略,将地方生产特色优势变成品牌优势。二是集约化经营战略。在林下空间、水域空间增加要素含量、调整要素组合,提高生产效率和经济效益。建设一定规模的特色绿色有机产品生产基地,通过"政府投资建设施,业主租用搞发展,农民入股增效益"的产业发展机制①,培育壮大龙头企业,由龙头企业带动社区林下绿色种养和水域绿色种养基地并使经营户扩大经营规模,统一环保质量、统一技术规范、统一监测管理、统一品牌认证,提高基地的集约化、专业化生产水平。② 三是产业化战略。把原料生产、加工和销售等诸多环节有机地联系在一起,实行管理、生产、加工和经营一体化。延伸产业链,促进养殖、加工、流通环节及其营销网络的有机结合,推进社区林下绿色种养和水域绿色种养产业链建设。

(4)实施绿色生产战略,确保品质安全。第一,实行林下绿色种养和水域绿色种养。在生产过程中尽量不使用有害化学合成物质,按特定的操作规程生产、加工,在绿色食品生产、加工过程中,防范农药残留、放射性物质、重金属、有害细菌等对食品生产各个环节的污染,以确保绿色食品的洁净。第二,优先使用当地资源,优化在同一土地上对多种植物和动物资源的利用。优先使用本地的种子和品种,因为本地品种有较高的抗病性,对当地气候有较高的适应性;优化林下绿色种养和水域绿色种养生产体系内部养分和能量的循环;维护森林和水域的自然性质,不使用化学投入物,营造适合动植物生长的环境,依靠自然控制的方法,保持生物多样性,避免害虫由于化学防治所产生的选择抗药性;采用作物轮作、生物共生、种植绿肥作物、使用有机肥和减少耕作等措施,加强作物自身的抗病性和抗害虫天敌的能力;将养殖业和种植业结合起来,改善养分管理水平,保持水土。

四、供给标识类生态产品的生态环境建设类型

标识类生态产品指利用社区土地资源、生物资源、水资源生产出来的有机农业食品、园林产品、园艺产品、植物装饰产品等生态农产品;利用社区优质水源生产出来的瓶装水等生态加工产品;利用社区生态资源、空间资源、景观资源

---

① 黄恒:《林下经济发展存在的问题及对策》,《现代农业》2011年第10期,第56—57页。
② 卢强、敖清根:《对江西新干县发展绿色、有机水产品养殖的几点思考》,《渔业致富指南》2021年第22期,第13—16页。

提供的生态旅游、生态养生等生态服务商品。这些产品都可以贴上商标进行销售。每个农村社区的标识类生态产品都属于生态产业范畴。有机农业食品、部分园艺产品是人类的重要食物来源,园林产品、植物装饰产品、瓶装水是人类的物质生活资料,生态旅游服务、生态养生服务是人类的精神生活资料。

1. 农村社区标识类生态产品供给能力建设范型

(1) 城市远郊农村社区承担供给责任。城市远郊的农村社区拥有独特的区位优势、劳动力资源、市场资源、技术资源和消费需求旺盛的城市消费群体,具有发展标识类生态产品生产的便利条件。标识类生态产品都是设施化、商业化、规模化、技术化、品质化生产的,都是面向目标市场生产出来的企业商品,不是公益经济产品,不可能免费享用,只有有一定消费能力的顾客才会购买,才消费得起。就接近较高消费欲望的消费群体而言,只有城市远郊的农村社区才具有供给标识类生态产品的地缘优势。更充分的理由是,我国尚未建立起便捷的农产品物流体系和免费的快速运输体系,农产品需要保鲜,没有冷藏运输设备和快速运输条件,不可能做到远距离销售。而城市远郊的农村社区供给标识类生态产品,免去了冷藏运输和高速运输成本,经营利润相对较高。所以,由城市远郊的农村社区承担标识类生态产品供给责任是比较合适的。

(2) 协调生产。标识类生态产品有三大领域,有的属于食物产品、服务产品,有的是满足物质生活消费需求的产品,有的是满足精神生活消费需求的产品。所以,相对自生类、赖生类、繁衍类生态产品而言,标识类生态产品供给结构比较复杂。标识类生态产品生产跨越了农业、加工业、服务业,为社区居民和广大消费群体供给生态农产品、生态加工品、生态服务产品。每种标识类生态产品的构成、生产性质、生产要求都有差别。这增加了城市远郊农村社区生产标识类产品的难度。但是各种标识类生态产品都是广大消费群体尤其是城市社区居民生活所需要的,拥有一定的消费市场,因此,城市远郊农村社区应该全面生产标识类生态产品,以更好地回应城市居民的多样化生活消费需求,满足市民和其他消费群体对高品质食物消费、物质生活消费以及追求优美生活环境的诉求。全面供给标识类生态产品的最佳策略就是协调发展这三类生态产品、并且坚持以差异化原则谋划标识类生态产品生产策略。

(3) 城市社区支持农业模式生产。城市社区支持农业(community supported agriculture,简称CSA)模式源于20世纪70年代的瑞士,发展于日本,盛行于欧美大部分国家。CSA 是城市社区消费者为寻找安全的优质食物,与那些希望生产有机食品并建立稳定客源的生产者达成供需协议,由农村社区的农场直接将有机农产品送到城市社区客户处供其消费的农业经营模式。这是一种在城市社区与所支持的农场之间建立风险共担、利益共享的农业合作经营模式。城市社区支持农业的途径有三:第一,城市社区的消费者在年初预付购买乡村农场生产的有机食品的费用;第二,农村社区的农场吸收城市社区消费者的股金,使之成为乡村农场的股东,以便分摊生产成本、共担经营风险;第三,城市社区的消费者直接投入劳动力,用劳动报酬购买农场的有机食品。通过以社区为本的CSA 模式,为标识类生态产品供给在农村社区生产者和城市社区消费者之间建构了一个本地有机食物生产合作机制。双方均承担责任,各有义务,亦同时享有权利。城市消费者承诺分担农场经费甚至失收的风险,换取农户承诺的新鲜有机农产品,重新拉近了市民与农村居民、与有机食物、与土地的关系。通过支持本地有机农产品生产,城市社区居民更关注身体及环境健康,促进城乡沟通与合作。

(4) 需要高超的营销策略。品牌营销就是以品牌为核心,围绕它开展一系列的营销策划活动,包括品牌精神理念、品牌形象规划、品牌传播策略及销售网络。品牌营销是品牌价值的实现途径,品牌价值是品牌营销的体现。一要确立品牌精神理念。在当今社会中,品牌越来越注重与消费者的情感交流,关注消费者的需求,从而展示出品牌本身具有的情感、象征、信念等品牌内涵。二要做好品牌形象规划。以品牌形象打开市场,走进消费者内心。三要实施品牌传播策略。一般从广告、体育赞助、公益活动等渠道进行品牌传播。四要构建销售网络。一般要建立产品的直接销售渠道、中间商渠道、商超渠道。①

(5) 建构生态服务融合机制。社区生态旅游服务和生态养生服务属于生态服务范畴,是工业社会中的人们发现生态环境和生态元素具有强健身体的生命价值之后开创的一种生态保障产业。农村社区供给生态服务产品应做大做强社区生态旅游服务和生态养生服务,并将两者结合起来经营;积极探索生态旅游与生态养生的结合机制;大力开发生态养生旅游产品。

2. 农村社区标识类生态产品供给能力建设的促进策略

(1) 提高优质标识类生态产品供给能力。一是规范优质标识类生态产品

---

① 汪小琴、金秀玲:《农夫山泉品牌营销策略》,《现代商业》2016 年第 1 期,第 32—33 页。

市场并完善生产标准,以应对中国经济稳健发展和富民政策带来的国民优质生态产品消费能力的提升。二是加大对优质标识类生态产品生产的政策扶持力度。面对竞争激烈、产能过剩、矛盾突出、要素成本上升的压力,各级政府要想尽办法支持优质标识类生态产品企业加快优化结构调整,提高科技创新对经济增长的贡献。政府通过降低税收,增加政府补贴,激发优质标识类生态产品企业的生产活力。三是优质标识类生态产品企业要进行生产技术创新、提高抗病虫害能力,提高自身的竞争力,形成生产和市场的合作模式,建立生产和消费之间的联系。

(2)改善生态产品规模生产的基础条件。一要修建农田水利、农产品分拣冷藏、农产品冷链物流、农机道路与修理等基础设施;二要大力培育家庭农场、专业合作社、经营公司、集体经济实体等农村社区生态产品新型经营主体,建立专门的生态产品生产管理和服务组织机构;三要建立强有力的市场营销网络和营销体系,改变有机生态产品市场单一现状,扩大生态产品的流通渠道;四要大力培养农村社区标识类生态产品生产的经济能人;五要加大对经营生态产业和从事标识类生态产品生产的人进行财政补贴、减免税收的力度,以省(自治区、直辖市)为区界免收生态产品运输的高速公路通行费,扩大标识类生态产品的生产利润空间,适度降低优质生态产品价格,扩大其消费群体和消费市场。

(3)用功能农业的方式发展生态农产品。功能农业就是使农业生产同时发挥经济功能、生态功能、人文功能、生计功能、生活保障功能的经营模式。能够发挥多种功能的农业经营模式主要有自然农业、有机农业、生态农业、创意农业等。

要保证农业经营模式对生态农产品、生态服务产品生产产生多种功效,农村社区的经营者应该:第一,考虑必要的生产条件。只有具备必要的地理条件、主体条件、交通条件,才能保证生态农产品、生态服务产品生产发挥多元功能。第二,需要掌握必要的生产技术。应用多功能生产技术才能使生态农产品、生态服务产品生产产生多元功能。利用自然种养技术、有机种养技术和本土知识与科学知识相结合的方法,保障有机农产品生产产生综合效能;利用生态工程技术、生物技术以及工业设备,保障园林园艺生产产生综合效能;利用创意技术、生物技术、景观营造技术等,保障植物装饰、生态旅游、生态养生产生综合效能。

（4）推行"一村一品"经营模式。针对我国农村社区农业商品化生产较落后、生产能力低下、劳动力素质较差、资金短缺、技术缺乏等情况，我们主张农村社区发展标识类生态产品生产实行"一村一品"经营模式。"一村一品"不限于生态农产品生产，也包括生态服务产品、生态加工产品生产。实施"一村一品"经营模式有以下几点需要注意。首先要抓产地和基地建设。地方政府要围绕农村社区培育优特标识类生态产品，以自然村或行政村为基本单位，因地制宜地建立产业基地。其次，培育品牌。一个农村社区只生产一种或少数几种标识类生态产品，而且生产目的是营利，这就需要把产品销售出去，着力打造品牌，提高产品市场占有率。要树立品牌化经营观念；充分挖掘和利用社区特色的生态资源来开发农产品品牌；以标准化规范标识类生态产品生产；进行商标注册，将按标准生产出的标识类生态产品拿到工商行政管理部门登记注册，获得商标；实施质量监督，严防不符合质量标准的产品入市，树立和保护品牌形象。最后，开发特色产品市场，促进产品流通。农村社区围绕特色品牌产品，组建销售公司，开展购买业务和销售业务，通过组织经营者开展联合销售和购买，形成批量买卖，从而在产品销售市场、产品生产资料市场争取有利价格，防止中间商盘剥。

（5）加强标识类生态产品的生产管理。一要明确社区标识类生态产品生产管理主体，需要有一个专门化的组织机构来从事管理工作。这类组织机构一般具备专业化的管理队伍、完善的规章制度和管理操作程序等条件，设有委员会、联席会等，如"社区标识类生态产品生产管理联席会"。社区标识类生态产品生产管理联席会是社区管理工作的轴心，可以由乡镇政府的有关部门、社区企业、民间组织、社区精英、社区家庭代表等组成，由他们负责社区标识类生态产品生产管理措施的实施。二要建立健全现代社区标识类生态产品生产管理的监督机制。健全的监督机制需要多主体参与，需要社区居民、基层政府、社区企业、社区组织等主体的积极参与，以便实现多方协同监督。三要加强标识类生态产品生产的法规制度建设。健全的规章是农村社区发展标识类生态产品生产的制度保障，必须构建一个相对完善和独立的社区标识类生态产品生产规制。制定标识类生态产品生产规制，必须遵循生态利益优先、共同发展、负担与收益相一致的原则，规范各个利益相关方的责任和义务。

第四节 农村社区生态环境管理措施

为了保证农村社区生态环境持续地、重复地供给优质生态产品,需要加强对农村社区生态环境的管理,具体管理措施如下。

一、制定并实施农村社区生态环境建设规划

农村社区生态环境建设规划是农村社区对生态环境建设所做的大方向、总目标、主要步骤和重大措施的设想,是农村社区生态环境建设的指路灯。如果农村社区没有制定专门的生态环境建设规划,会使农村社区生态环境建设没有明确的发展方向、生态环境保护难以形成良好的发展态势,甚至出现生态环境问题。改变这种局面的有效办法就是制定并按照农村社区生态环境建设规划建设农村社区生态环境。农村社区生态环境建设规划的基本内容包括:(1)农村社区生态环境建设目标。由农村社区生态环境建设的总目标和分目标构成。(2)农村社区生态环境建设指标。由能够精确科学地监测农村社区生态环境建设水平和建设过程的科学范畴、概念、数据构成。(3)农村社区生态环境建设内容。包括自生类生态产品、赖生类生态产品、繁衍类生态产品、标识类生态产品等供给能力建设。(4)农村社区生态环境建设的步骤、措施和方法。这需要制定科学合理的农村社区生态环境建设规划,这样才能保证农村社区生态环境健康运行,才能防治农村社区生态环境问题、生态安全问题。

二、建立并落实农村社区生态问题预警机制

农村社区生态保障问题以及与之紧密联系的生态环境问题预警、生态安全问题预警,是对可能影响农村社区生态环境正常运行和社区生活机能正常发挥的破坏性因素实行预报和动态监测,做到未雨绸缪,科学地、前瞻性地将这些破坏因素及时化解的一种有效防治机制。农村社区是一个组织化程度比较低的基层社会,在生态环境保护中不可能不出现偏离正轨的现象和具有破坏性的因素,因此建立农村社区生态问题预警机制是必要的。农村社区生态环境问题预警是社区生态问题曲突徙薪的治理措施,它通过事先辨识农村社区生态环境中各种不稳定因素,化被动为主动,在破坏性因素产生影响前解决生态环境问题。

建立并启用农村社区生态环境问题、生态安全问题预警机制是解决生计问题、保证生态产品供给系统良性运行的有效措施。

设计农村社区生态问题预警体系,首先要选择一组反映农村社区生态环境发展状况的敏感指标,运用有关的数据处理方法,将多个指标合并为一个综合性指标,然后通过一组类似交通信号灯的标识,利用这组指标对当前的农村社区生态环境状况发出不同的报警信号,以此来判断农村社区生态环境发展运行的趋势。一般选择红色表示农村社区生态环境状态混乱;用黄色表示农村社区生态环境现状和发展呈现轻微的动荡;用绿色表示农村社区生态环境现状和发展较稳定;用浅蓝色表示农村社区生态环境现状和发展短期内有转稳或动荡的可能;用深蓝色表示农村社区生态环境现状和发展处于明显地向稳定或动荡转变的可能。设计反映农村社区生态环境现状和发展的指标是十分重要的。农村社区生态环境预警机制的指标应该来自长期追踪农村社区居民对生态产品消费态度变化的调查,因为居民对生态产品的消费态度反映了个体的生活现实,主导个体的生活行为。通过对农村社区居民的生态产品消费态度调查,可以预测农村社区居民在某种生活情境下可能采取的行为。基于农村社区居民的生态产品消费态度的预测比考察宏观统计数据能更直接、更灵敏、更及时地预警农村社区生态环境的不稳定因素。农村社区居民生态产品消费态度调查要采取科学的问卷、抽样和统计方法来进行,这样才能在较短时间内发现生态环境中存在的共性问题。一般而言,预警界限包括四个数值(序列),以此确定预警的红灯、黄灯、绿灯、浅蓝灯、深蓝灯五种信号。当监测的数值超过某一检查值时,就亮出相应的信号。对不同信号赋予不同的分数:红灯5分,黄灯4分,绿灯3分,浅蓝灯2分,深蓝灯1分。生态环境预警界限的设定一般以总指标数的百分比加以衡量,总分的80%为红灯与黄灯区的分界线;总分的70%和50%作为绿灯的上下分界线,总分的40%作为浅蓝灯与深蓝灯的分界线,然后通过综合分数值的大小来判断当前及未来信号的报警情况。①

防治农村社区生态问题的关键是要把农村社区生态环境预警体系真正应用起来,这就要在农村社区成立相应的机构,配备相应的工作人员,形成工作机

---

① 鲍宗豪、李振:《社会预警与社会稳定关系的深化——对国内外社会预警理论的讨论》,《浙江社会科学》2001年第4期,第109—113页。

制,专门开展农村社区生态环境问题监测和预报工作。这样才能发挥防治农村社区生态环境问题的功效,保证农村社区生态环境良性运行和持续健康发展。

三、持续开展农村社区生态环境问题防治教育

如果社区居民、社区家庭、驻区企业、社区组织、基层政府等各种相关主体关心和支持社区生态环境保护事业,就可以避免因主体行为失误而造成的社区生态产品供给问题。那么,如何保证农村社区生态环境建设主体积极参与和支持生态环保事业呢?根本办法就是在农村社区持续开展农村社区生态环境问题防治教育。

教育是革新农村社区居民生态产品消费观念的最好方法,是预防农村社区生态环境问题发生的最可靠途径。农村社区生态环境问题防治教育包括生态环保教育、生态产品供给观念教育、生态产品消费理念教育、生态安全意识教育、生态风险意识教育、习近平"两山"理念教育等。农村社区生态环境问题防治教育,由村"两委"组织实施,主要利用社区学院或其他教育平台定期举办培训班,介绍生态风险、生态安全情况,使社区居民树立生态风险防范意识;宣讲建设生态产品供给的意义、措施、规则、要求;介绍生态产品供给途径、方式方法;分解家庭与社区集体生态产品供给责任等。另外,利用社区宣传栏、板报、宣传册等社区宣传工具宣传"既要金山银山,也要绿水青山。绿水青山就是金山银山","人类靠生态环境生存,生态环境靠人类保护"等思想,帮助农村社区居民树立"善待自然千秋业,平衡生态万代功"的生态价值观;介绍生态产品供给、生态环境保护的优秀人物和优秀事迹,介绍农村社区劳动者通过生产生态产品发家致富、经济能人发展生态产业和生态产品生产的成功经验,形成倾力保护生态环境、积极参与生态产品供给的良好社区生态风尚。

四、提升农村社区生态环境建设主体的履责能力

乡镇政府、驻区企业、社区组织、社区居民等都是农村社区生态环境建设的重要主体。只有不断提高这些主体的履责能力,农村社区的生态环境才能逐步好转。因此,管理农村社区生态环境要提升农村社区生态环境建设主体的履责能力。(1)就提升乡镇政府履责能力而言,国家应建构生态环保监控网络,以便

提高政府对生态产品生产的监控能力;建立全国智慧生态保护信息系统,以便提升地方政府全面准确掌握生态产品生产信息的能力;建立高效、快捷的生态产品市场反应机制和决策机制、生态保护项目建设评估验收制度以及营造公平竞争的生态产品市场化生产环境,以便提高地方政府在生态产品生产领域的决策效率、工作效率、投资效率、资源配置效率等。(2)就提升驻区企业履责能力而言,国家通过建立生态产品价值补偿制度、实施生产优惠政策、采取利益激励措施,吸引企业在生态领域投资兴业;推行生态产品的公益价值与经济价值协调互补的商业运行模式,帮助企业实现"生态—经济—民生"的横向平衡;给予企业参与水权、林权、碳排放权、排污权市场交易的机会,为企业将生态产品生产的外部性内化创造经营条件,提高企业的生态产品生产能力。(3)就提升社区组织的履责能力而言,国家助推社区尤其是生态资源丰富的农村社区选择商品化模式开展生态产品的生产;允许社区利用众筹、股份合作、接受投资等途径,筹措生态产品生产资金,建立稳定的、持续的社区生态产品生产融资渠道,以此奠定生态产品生产的经济基础;制定特殊政策,鼓励农村社区盘活集体土地资源、劳动力资源、生态资源,发展生态产业,引导农户建立生态产业专业合作社和生态产品家庭农场;帮助社区培养生态建设人才,提供生态产品生产技术,为社区提供生态产品生产的技术条件;持续开展低碳社区建设,采用碳汇治理与碳源治理相结合的措施,将社区建设成节能、减排、降耗、零污的绿色家园。(4)就提升社区居民的履责能力而言,第一,国家要采取相应培训措施将农村社区内有从事生态产业意愿的农户或劳动者培养成具有生态产业经营素质、具备生态产业经营实力的从业人员,然后,引导他们参与生态资源产业化经营,将生态资源的公益价值转化为经济价值;第二,动员社区居民积极参与低碳社区建设,自觉践行低碳生活方式,为改善空气质量尽责;第三,吸引农民发展家庭生态农场,转变化学农业经营方式,发展生态农业、有机农业、能源农业、旅游农业等功能农业,为消除农业面源污染、保护农村生态环境、改善农村土壤和水质创造产业基础;第四,针对"靠山吃山,靠水吃水"的生活习惯和过度使用生态资源的不良动机,制定保护生态环境的村规民约,推行河长制、山长制、草场负责制等生态保护责任制,通过建立生态产品生产的正式制度和非正式制度,督促农民提高生态产品生产的履责能力。

复习思考题

1. 如何利用生态环境理论开展农村社区生态环境建设工作？
2. 农村社区生态环境的顺应图式、利用图式、建设图式有何不同？
3. 为什么说建设农村社区生态环境必须建设农村社区生态产品的供给能力？
4. 比较农村社区生态产品供给能力建设类型。
5. 分析各类农村社区建设主体的生态环境建设履责能力。

第七章 农村社区生计体系

▣ 学习要点

社区生计保障理论,农村社区生计途径。

▣ 关键概念

社区生计保障、农村社区营生保障、农村社区就业保障、农村社区生活救助、农村社区生活福利、农村社区土地保障。

第一节 农村社区生计保障理论

生计体系是农村社区的一种根生要素,是与农村社区共始终的原生要素,是为农村社区居民供给衣、食、住、行、用等人工生活资料的根本,也是决定农村社区存在与发展的基本条件。因此,生计体系是农村社区建设与管理必须深入研究的重要内容。

一、社区生计保障概念

何谓生计(livelihoods),学界有多种解释。据苏芳等人的统计,生计有四种定义:第一种将生计界定为穷人为了生存安全而采取的策略,它比"工作""收入"和"职业"概念的内涵更丰富、外延更大;第二种将生计界定为资产(自然、物质、人力、金融和社会资本)、行动和获得这些资产的途径;第三种将生计界定为生活所需要的能力、资产(包括物质资源和社会资源)以及行动;第四种将生计界定为能力(capacities)、资产(assets)以及一种生活方式所需要的活动(activities)。① 我们认为生计就是满足生活需要所必须具有的能力、资产、活动等要素的总和。农村社区生计保障就是农村社区采取的帮助居民及其家庭提高生活能力、积累生活资产、获取更多谋生机会的行动策略。作为一种社会化的国民生活保障机制,在我国农村社区建设中兴盛起来的农村社区生计保障与政府社会保障共同发挥着保障国民生活的重要作用。随着农村社区生计保障在保障国民生活上的作用日益明显,个人、社区、政府越来越重视农村社区生计保障的生活价值。现在的政府、个人都希望社区为其居民构建一个有效的生计保障体系。

从不同维度分析,社区生计保障有不同特性。从其特性分析,社区生计保障业务有不同的实践规范。从业务本质看,社区生计保障具有生活性,这要求社区围绕居民的生活诉求开展生计保障事业;从保障责任分析,社区生计保障具有权利与义务的不对等性,这要求社区承担居民生活保障的全部责任;从保障目的看,社区生计保障具有克险性,这要求社区建立抵抗风险的经济体系;从保障性能看,社区生计保障具有根基性,这要求社区从巩固社区根基角度发展生计保障事业;从制度设计看,社区生计保障具有本土性,这决定社区只能因地制宜地设计适合本区实际情况的生计保障项目和保障水平;从角色定位看,社区生计保障具有补充性,这决定社区生计保障在国家的国民生活保障体系中只是次要角色,不可能替代政府保障的作用,只能在政府保障基础上对其居民生活保障进行补充。

二、社区生计保障理论

支持农村社区发展生计保障的理论主要有社区主义、福利多元主义、非正规就业理论、可持续生计理论。

1. 社区主义

国外关于社区主义的代表作主要有阿米塔伊·埃齐奥尼(Amitai Etzioni)于1993年出版的《社区的精神》、1996年出版的《新黄金法则:民主社会中的社

---

① 苏芳、徐中民、尚海洋:《可持续生计分析研究综述》,《地球科学进展》2009年第1期,第61—69页。

区与道德》、2001年出版的《下一步：通向美好社会之路》，以及菲利普·塞尔兹尼克(Philip Selznick)于2002年出版的《社群主义者的劝说》和丹尼尔·贝尔于1993年出版的《社区主义及其批评者》。国内主要有：余潇枫、张东和发表的《社区主义：公共伦理建设的新走向》①一文，他们认为当代中国在市场经济的影响下，原来计划经济条件下盛行的"国家主义"精神价值取向日趋衰微，而与西方人文背景相协调的"个人主义"精神价值取向又难以在中国本土全面移植，只有倡导价值性认同与互助性交往的社区主义才能整合日渐游离、繁杂、多元的国民生活，建构国民的公共伦理；俞可平撰写的《社群主义》②一书，论述了社群主义的哲学基础，其中包括自我、认同、社群、成员资格、公民资格等众多社群主义的基本概念，评析了社群主义的权利观、美德观、公益观和国家观；夏建中发表的《社会学的社区主义理论》③一文，介绍了回应性社区主义学派的产生与发展、其指导原则和主要理论观点，包括社会建设的目标、个人权利与社会公共利益的关系、建设"好社会"的途径、社区的作用等。

社区主义成为时代的新思潮源于美国社会学家阿米塔伊·埃齐奥尼于1990年发起的社区主义运动，及其学派的《回应性社区主义》杂志。社区主义运动及其杂志的目标是以社区主义的观念影响我们的时代。社区主义的指导原则是权利与责任并重，既不忽视个人的权利，也强调个人对社区和社会的责任。

社区主义有以下基本观点。第一，人类需要建立一个将社会责任与个人权利结合起来的"好社会"。第二，世界上任何权利都不是绝对的，所有人都必须兼顾共同利益，平衡个人需求和公共利益是社会的新黄金法则，自由与社会秩序之间的关系并不是零和关系，而是一种相互支持和补充的关系，其中任何一个过多或者过少都不利于社会的发展和人民的幸福。第三，培育美德是建设"好社会"的途径；营造好的社会风气是建设"好社会"的主要工具，家庭、学校、社区和多个社区形成的联合体是道德建设的核心要素，社区的主要功能就是强化其成员的良好道德和习惯。如果社会有充分发育的社区、道德影响清晰有

---

① 余潇枫、张东和：《社区主义：公共伦理建设的新走向》，《上海交通大学学报(社会科学版)》2002年第1期，第31—35页。
② 参见俞可平：《社群主义》，中国社会科学出版社1998年版。
③ 夏建中：《社会学的社区主义理论》，《学术交流》2009年第8期，第116—121页。

力,那么,社会就有可能将社会秩序建立在道德基础上。第四,社区是不同个体之间形成的有浓厚感情基础的关系网络,社区要有一套共享的价值观、规范和文化,社区应该具有高水平的回应能力。社区规范和共同责任对社区十分重要,社区共同的责任能支持社区成员对共享价值观的忠诚、对公共产品的忠诚,减少对国家的依赖。第五,"好社会"应该建设"真正的社区",真正的社区应当对所有社区成员的需求都有所回应。回应是真正的社区最重要的特征。社区应当提高自己的回应能力,即尽可能满足社会、社区成员的需要。建立在人类环境基础上的秩序和自主的矛盾只能通过提高回应能力来化解。第六,志愿者组织是社区成员加强社会联系和发出社区道德声音的社会空间,它构成了社团和社区关系的基础。志愿者组织特别重要,它是集合个人力量、传送个人信息给国家、为个人提供保障的中介机构,是公民和国家之间的协调机制,能帮助其成员培养公民技能和实体性美德,强化个体的规范性义务。另外,西方社区主义要求社会福利接受者即使找不到工作,也要承认他们自己应负的某种责任,并且要求其为社区做出贡献。

社区主义对社区建设生计保障体系具有特殊实践价值。第一,用权利与责任对等原则,保证社区居民的生活权利,同时要求居民对社区有所贡献。第二,发展生计保障,必须制定社区行为规则,塑造社区居民的集体主义精神,使社区居民有道德担当。第三,社区居民要享受社区福利,就应该为社区做出贡献。

2. 福利多元主义

福利多元主义指福利的规则制度、福利的筹资和福利服务的提供由不同的部门主体共同完成的主张。该理论产生于20世纪70年代。当时一些福利国家的学者为了解决福利问题,主张国家、市场、家庭、社区等主体共同解决福利事业中存在的困难和问题。福利多元主义的代表人物及其观点如下:

1978年,《志愿组织的未来》报告在英国发表,提出福利供给存在多元体系,主张把志愿组织纳入社会福利提供者行列,提出福利多元主义思想。1986年,罗斯(R. Rose)发表《相同的目标、不同的角色——国家对福利多元组合的贡献》一文,详细剖析了福利多元主义的概念。第一,福利国家概念易使人误认为福利完全是政府的行为。罗斯提出国家在福利提供上的确扮演着重要角色,但绝不是垄断福利。第二,福利是全社会的产物,市场、雇员、家庭和国家都要提供福利,放弃市场和家庭,让国家承担完全责任是错误的。社会总福利应由市场、国家和家庭在社会中提供的福利构成。① 第三,市场、国家和家庭作为单独的福利提供者都存在一定的缺陷。三者应联合起来,相互补充,扬长避短。国家提供社会福利可纠正"市场失灵",国家和市场提供社会福利可纠正"家庭失灵",家庭和志愿组织提供福利可补偿市场和国家的失灵。第四,国家应建成混合福利社会。即建设一个由国家、市场、家庭共同提供社会福利的社会福利制度。

1988年,德国学者埃弗斯(A. Evers)发表《福利结构的转变:福利与社会政策转型研究的新途径》一文,提出福利三角研究范式。他认为罗斯关于福利多元主义的定义过于简单,应把福利分析框架放在文化、经济和政治的背景下,并将三角中的三方具体化为对应的组织、价值和社会成员关系。(市场)经济对应的是正式组织,体现的价值是选择和自主,社会成员作为行动者建立的是和(市场)经济的关系;国家对应的是公共组织,体现的价值是平等和保障,社会成员作为行动者建立的是和国家的关系;家庭是非正式的/私人的组合,在微观层面上体现的是团结和共有的价值,社会成员作为行动者建立的是和社会的关系。福利三角展示了三方的互动关系。(市场)经济提供就业福利,个人努力、家庭保障和社区互助是非正规福利的核心,国家透过正规的社会福利制度将社会资源再分配。在一定的文化、经济、社会和政治背景下,国家提供的社会福利和家庭提供的家庭福利可以分担社会成员在遭遇市场失败时的风险。

1993年,瑞典学者奥尔松(S. E. Olsson)等发表《瑞典和其他欧洲国家的社会保障》一文,他们放弃了用国家与市场的二分法来分析福利国家的传统做法,转而采用国家、市场和民间社会(家庭、邻里、志愿组织等)的三分法来分析福利国家。他们采用民间社会的概念讨论福利的分散化和私有化,认为福利提供组织向民间社会发展是可以预见的。他们强调作为福利来源的三方互动关系的平衡性和稳定性,提出均衡状态一旦被打破,过分强调国家的作用,就会产生福利国家危机状态。福利三角理论特别注意在三种制度的互动过程中分析行动者与制度的关系。公民的福利来自他们通过就业从劳动力市场获得的福利、来自他们生活的家庭中的非正式福利,只有在市场失败和他们的家庭出现问题时,国家才发挥化解危机的作用。国家并非人民获得的全部福利的提供者,在

---

① 罗斯将社会总福利用公式表达为 $TWS = H + M + S$。其中,TWS 是社会总福利,H 是家庭提供的福利,M 是市场提供的福利,S 是国家提供的福利。

福利三角中,它和市场、家庭一样是人民获得的福利的部分提供者。

1996年,埃弗斯等发表《福利多元主义:从社会福利到国家福利》一文,对福利三角的研究范式予以修正,用四分法分析社会福利。他们认为社会福利的来源有四个:市场、国家、社区和民间社会。他们特别强调民间社会在社会福利中的特殊作用:它能够在不同层次上,在基于不同理念的政府、市场、社区之间建立联系的纽带,使私人利益和局部利益与公共利益相一致。他们注意到民间社会中的社会资本对社会福利的整合有着重要的意义,其观点显然受到20世纪90年代社会资本理论的影响。

1998年,英国政府公布了福利制度改革绿皮书《我们国家的新动力——新的社会契约》,强调公私福利合作、调整国家与福利的关系、实现国家由社会福利的管理者向服务者的过渡;引入私人要素化解国家的福利垄断,指出调整福利国家的基本任务,是从提供社会保障向促进就业、帮助弱势群体的方向过渡;核心是重新划定国家、社会、个人的权利和义务。

福利多元主义主张政府之外的社会主体参与国家社会保障事业,尤其主张社区应承担生活保障责任。这为社区建立生计保障体系提供了理论依据。同时,福利四分法更是指明了社区发展生计保障的具体做法。

3. 非正规就业理论

针对工业社会造成的失业问题,不止一个学派,也不止一位学者提出了解决失业问题的非正规就业理论。

一是发展经济学家提出了非正规就业理论。发展经济学家认为,劳动力利用不足、人力大量闲置给发展中国家经济发展造成了严重困扰。威廉·刘易斯(William A. Lewis)、费景汉(John C. H. Fei)、古斯塔夫·拉尼斯(Gustav Ranis)等讨论了二元经济结构发展模式下的就业问题。他们认为,发展中国家的劳动力市场以农村和城市分割的二元劳动力市场为特征,但是大量农村劳动力向城市的流动是经常发生的。城乡间的二元结构、地区间发展差距加大和贫富两极分化引起社会利益向两极分化。发展经济学关于扩大就业的主张主要有:尽量减少城乡不均等的就业机会,减少城乡收入差距;发展农村经济,繁荣农村工业;适度发展教育事业,避免教育性失业、人力资本闲置;提高资本增长对就业的扩散效应,增加就业机会。发展经济学家提出的二元经济理论是解释社区非正规就业得以存在和发展的外部动力学说。威廉·刘易斯和迈克尔·托达罗

(Michael P. Todaro)等从宏观角度出发,通过阐述城乡差别来分析非正规就业产生的原因和发展过程。刘易斯认为大部分发展中国家存在着两个经济部门——传统部门(农业部门、维持生计的部门)和现代部门(工业部门、资本主义部门)。两个部门的劳动者在收入水平上具有较大差异,在传统部门存在无限供给的劳动力、城市现代部门不断扩张的假设基础上,这种差异必然导致传统部门的劳动力不断地向现代部门转移,其结果是在城市中不可避免地会出现社区临时就业和自我雇佣的现象。托达罗通过完善劳动力转移的条件和路径,丰富和发展了刘易斯的就业理论。托达罗在1969年发表的论文《欠发达国家劳动力迁移模型和城市失业问题》以及著作《第三世界的经济发展》中,认为农村富余劳动力在决定是否向城市迁移时是有条件的。第一个条件是城市的失业率较低,此时,农村富余劳动力有获得较高收入的预期,会选择进入城市;第二个条件是迁移成本较低,只有进入城市后的收入大于其在农村的收入与迁移成本之和,他们才会考虑进入城市做工。但是受农村富余劳动力自身素质和社会因素所限,他们一般不能马上进入城市现代部门,而是首先进入城市传统部门。由此,托达罗得出农村富余劳动力将沿着农业传统部门—城市传统部门(城市非现代部门)—城市现代部门这一路径转移的结论。他认为,在城市劳动力供给增长率等于劳动力需求增长率的前提下,劳动力总数的三分之一可以在城市现代部门就业,另外三分之二的劳动力将不得不在城市传统部门就业,并有可能处于不充分就业的状态。

二是国际劳工组织的非正规就业理论。20世纪70年代初,国际劳工组织提出贫困就业理论,认为贫困是解释发展中国家非正规就业现象存在和发展的内生动力。在对以肯尼亚为代表的发展中国家的贫困现象进行重点关注和理论研究的基础上,国际劳工组织认为,发展中国家由于贫富差距较大,社会阶层严重分化,出现大量的临时工和非全日制就业者,只有那些没有能力进入正规部门就业的人才会无奈地进入社区非正规部门工作。国际劳工组织提出非正规就业是贫困者的专利,把非正规就业视为发展中国家区别于发达国家的一大特征。

三是皮奥里(M. J. Piore)的劳动力市场分割理论。皮奥里于20世纪70年代初期和中期分别发表《二元劳动力市场》及《对劳动力市场分层理论之注释》两篇论文,认为劳动力市场并非完全统一和完全竞争的。一国的劳动力市场在发展过程中必然会形成具有不同特质的两种类型:一级劳动力市场和二级劳动力市场。两种劳动力市场的差别明显:一级劳动力市场工资高、待遇好、工作稳定、具有较多的发展机会;二级劳动力市场工资较低、福利待遇和工作条件较差、工作不稳定、晋升和发展的机会较少。劳动力市场分割的存在不利于公平竞争,不利于劳动力的自由流动,但只要采取适当的措施,如改革市场运行体制、对二级劳动力市场的劳动者进行必要的教育和培训,是可以逐步缩小差距从而实现统一的。然而,事实是很多国家的两类劳动力市场中劳动力的流动性都较差,往往处于钝化状态,一级劳动力市场的劳动者"不愿"到二级劳动力市场工作,二级劳动力市场的劳动者"不能"到一级劳动力市场工作。

这些非正规就业理论是对工业社会失业现象的理论解释,也提出了针对工业社会失业问题的应对措施,对于城乡社区解决失业问题、提高社区就业率具有重要的实践价值。

4. 可持续生计理论

可持续生计(sustainable livelihoods)概念最早见于20世纪80年代末世界环境与发展委员会的报告。可持续生计指个人或家庭为改善长远的生活状况所拥有和获得的谋生能力、资产和有收入的活动,是一种以人为中心的、缓解贫困的建设性工具。[①] 1992年,联合国环发大会将可持续生计概念引入行动议程,主张把稳定的生计作为消除贫困的主要目标;1995年,哥本哈根社会发展问题世界首脑会议和北京第四次世界妇女大会都强调可持续生计对减贫和发展的重要意义。可持续生计方法(sustainable livelihoods approach, SLA)是由一批学者[②]以及联合国开发计划署(UNDP)、英国国际发展署(DFID)、国际救助贫困组织(CARE)等世界各地的组织,于20世纪90年代提出的理论框架。其目的是推动发展工作者多从对象人群(如农户)日常生产生活的角度来理解贫困问

---

① 〔美〕Martha G. Roberts、〔中〕杨国安:《可持续发展研究方法国际进展——脆弱性分析方法与可持续生计方法比较》,《地理科学进展》2003年第1期,第11—21页。

② Paul Collier, "Social Capital and Poverty," Social Capital Initiative Working Paper No. 4, World Bank, 1998; C. Ashley and D. Carney, "Sustainable Livelihoods: Lessons from Early Experience," Department for International Development(UK), 1999; Michael R. Carter and Julian May, "Poverty, Livelihood and Class in Rural South Africa," *World Development*, 1999, Vol. 27, No. 1, pp. 1-20; Koos Neefjes, *Environments and Livelihoods: Strategies for Sustainability*, Oxfam GB, 2000; T. R. Frankenberger et al., "Operationalizing Household Livelihood Security: A Holistic Approach for Addressing Poverty and Vulnerability," CARE, 2000.

题,并寻找适合当地情况、用好当地资源、符合当地人意愿的解决贫困问题的方法。

联合国开发计划署于1995年提出可持续生计分析方法。从内涵上看,UNDP的可持续生计意在表明人们谋生的方式、活动、权利和可运用的资产。UNDP的可持续生计分析强调解决以下问题:通过调整应对策略增强人们应对并从冲击和压力(例如干旱、国内战争、政策失败)中恢复的能力;提升经济效率;形成正确的生态观,减少因人们的生计活动造成的生态系统中自然资源的衰减;实现社会公平和正义,无论是现在还是未来,每个人生计机会的获取都不能损害第三方的生计权利。UNDP倡导的可持续生计途径及其目标在于推动一种整体的发展观,并且试图从微观和宏观两个层面建立起有助于可持续生计实现的内在联系。在微观层面,可持续生计途径涉及通过生计可持续性实现的收入创造、资产的合理运用、贫困的消除等多个方面。UNDP认为,可持续来源于人们进行选择的能力、可以得到的机会和资源,并使相应投资和公共保障服务于生计的改善,可持续要以不影响第三方的选择为原则。发展可持续生计、减贫的总体目标是发展个人、家庭以及社区等基层组织的能力,改善他们的生计体系。要理解并改善生计体系,人们的处理和适应策略是重要的分析切入点。在宏观层面,UNDP倡导的可持续生计途径主要关注自然资源的有效利用和保护,政府治理,金融服务,政策、科技和投资之间的互动等。其中,政策、技术和投资是可持续生计发展的主要驱动因素,地区通过在资产、知识和技术方面的调整与适应,达到改善和实现可持续生计的目标。UNDP认为,技术作为帮助贫困人口实现脱贫的重要手段可以发挥重要的作用。只有以一种综合的方式从宏观、微观两个层面了解并推动治理、政策、科技和投资之间的互动,扩展当地人的生计活动、丰富其生计资产,才能更好地形成可持续的生计体系。在生计成果的度量方面,UNDP认为,人们依靠自身的创造,能达到的成就是无止境的。为此,UNDP通过一些指标对生计安全进行检测,这些指标包括生计投入、生计产出、生计成果分享、生计成果影响以及生计成果实现的过程和路径。[①]

英国国际发展署于2000年提出可持续性生计分析框架。DFID认为只有

[①] 赵锋:《可持续生计分析框架的理论比较与研究述评》,《兰州财经大学学报》2015年第5期,第86—93页。

当一种生计方法使人们能够应对并在压力和打击下得到恢复,能够在当前和未来保持乃至加强自身能力和资产,同时又不损坏自然资源基础,这种生计才是可持续性的。这个框架是以人为中心的,它不是以一种线性的方式来进行分析的,也不是要提供一个现实的模型。它所确定的增加贫困农户生计可持续性的目标或手段包括:改进贫困农户使用或接受高质量的教育、信息、技术、培训和医疗卫生服务的权利或机会;营造更支持、更关心贫困农户的平等的社会环境,使他们使用自然资源的权利或机会更为安全、稳定,并能更好地管理资源;为农户提供有保障的资金来源和渠道;政策与制度环境能够支持多样化的农户生计策略,使其平等地享用市场销售条件。①

DFID 提出的可持续生计分析框架目前已被广泛采纳。该框架遵循的原则是:第一,以人为中心原则,即实现可持续和消除贫困的必要条件是支持和理解不同群体的不同需要,并且协同当地人按照适合当前社会和环境的生存策略共同行动。第二,响应和参与原则,即穷人自己是进行选择和确定优先发展战略的关键角色,外部帮助必须听取穷人的意见,实现穷人的共同参与。第三,多层次原则,即实现消除贫困这一目标需要在多个层面上进行,在微观层面上保证活动能为发展政策提供信息,在宏观层面上保证环境发展以及宏观结构和过程能支持人们增进他们的发展能力。第四,可持续原则,即可持续发展要求在经济—制度—社会—环境等四个维度上具有可持续性。②

简单地讲,DFID 提出的可持续生计分析框架由脆弱性背景、生计资本、结构和制度的转变、生计策略和生计输出等五个部分组成。(1)可持续生计框架是一种很好的生计途径分析方法。它为发展和贫困研究提供了一个重要问题的核对清单,并概括出这些问题之间的联系;它提醒人们把注意力放在关键的影响和过程上;强调影响农户生计的不同因素之间的多重性的互动作用。(2)可持续生计框架表明在制度和政策等因素造就的脆弱性环境中,在资本与政策和制度相互影响下,作为生计核心的资本的性质和状况,决定了采用生计策略的类型,从而导致某种生计结果,生计结果又反作用于资产,影响资产的性质和状况。(3)脆弱性是一种承受灾害和损失的潜能,涉及承受、应对、抵抗灾难以及

---

① 苏芳、徐中民、尚海洋:《可持续生计分析研究综述》,《地球科学进展》2009 年第 1 期,第 61—69 页。

② 同上。

从这些影响中得以恢复的能力。家庭或个人资产状况是家庭或个人拥有的选择机会、采用的生计策略和所处风险环境的基础。(4)在可持续生计分析框架中,生计资本包括自然资本、金融资本、物质资本、人力资本和社会资本。在不同的条件下,五种生计资本可以相互转化。(5)在可持续生计分析框架中,结构和制度的转变是指形成生计的组织机构以及相应的政策制度的一种完善。(6)生计策略则是指人们对资产利用的配置和经营活动的选择,以便实现他们的生计目标。(7)生计输出是生计策略或目标的实现或结果。[①]

可持续生计理论是当代社会解决贫困问题和提高社区家庭谋生能力的分析方法和实践策略,对于发展社区生计保障事业具有突出的应用价值。我们使用可持续生计理论研究社区生计保障问题,就要进行脆弱性背景分析、生计资本分析、政策分析、策略分析、过程分析等。这是可持续生计理论应有的方法论。

第二节 农村社区生计途径

一、农村社区营生保障

社区营生保障是社区生计保障体系中的主要途径和谋生方式,是社区生计结构的重要构成要素。社区及生活于其中的家庭必须构建自己的营生体系,才能为自己的生存和发展提供生计保障。从属性上判断,社区营生主要有社区集体经济和家庭经济两种途径。社区营生保障,在社区生活保障、社区经济发展、配置社区资源、提高社区人口素质、促进社区续性发展方面有不可忽视的作用。社区营生保障的生命力,在于其合理利用社区资源而产生新的财富,使财富在发展中不断积累。

1. 农村社区营生保障的特质

(1)社区营生保障属于强能性社区生活保障。社区营生保障的对象不是等待救助的社区高龄老人、失能老人、无劳动能力的残疾人、儿童等生活脆弱群体,而是具有劳动能力的经营者、创业者、打工者、手艺人、失业者等社区劳动力

[①] 苏芳、徐中民、尚海洋:《可持续生计分析研究综述》,《地球科学进展》2009 年第 1 期,第 61—69 页。

群体。通过创造社区营生环境、开展专业技术培训、提供创业和经营优惠条件、孵化与扶持新型服务业、发展集体经济等措施,增强社区劳动者的经营能力和谋生能力、扩大社区劳动者发家致富的空间。

(2)社区营生保障属于间接性社区生活保障。社区营生保障通过创造谋生环境和提供劳动条件、就业机会或通过发展社区集体经济,达到提高社区家庭营生能力和改善社区居民生活水平的目的。社区营生保障不会像社区生活援助渠道那样直接为生活脆弱群体和生活困难群体输送生活消费资金,而是通过建立营生支持和服务平台,包括场地、融资、税收、技术、信息、就业岗位等,减轻劳动者谋生压力,降低其经营成本和经营风险,提高其经营素质和经营能力。社区营生保障通过间接、公平地营造成长环境支持社区劳动者,把社区谋生主力培养起来,扩大营生劳动大军,扩大营生主渠道。

(3)社区营生保障属于自力性社区生活保障。社区营生是扶持社区劳动者自主谋生的生计模式,即劳动者凭借自身劳动、能力、勤奋、才智、毅力、追求等谋生素质,为家庭提供生活保障。社区营生保障是一种内生、自力性生计模式,是社区劳动者自我发展的表现。因此,社区要发展营生保障,就必须培养社区居民的自力谋生素质和自力谋生能力,使社区提供的谋生环境和机会通过劳动者的生产经营和创业活动发挥出生活保障价值。

(4)社区营生保障属于差异性社区生活保障。这是因为社区家庭及劳动者的身体状况、受教育情况、谋生机会、社会资本等存在一定差别,必然导致其劳动能力、市场机会、赚钱机遇不同,从而导致收入的差异。其结果是:有的家庭能发家致富,有的家庭只能解决温饱;有的劳动者可能会失业,有的劳动者可能会创业成功。

(5)社区营生保障属于效率性社区生活保障。社区营生保障的实践本质就是引导社区劳动者在社区集体企业上班或自主创业等,属于发展社区经济的范畴。作为一种经济形态,社区营生活动必须纳入成本与效益考核范畴,这是因为社区营生资源也是稀缺的,同样存在机会成本或最小投入与最大产出的问题,因此,要进行效率考核,要进行成本与效益的比较,才能保证营生活动获得实际的效果。这是社区营生保障持续发展的倒逼机制,刺激劳动者不断提高营生水平及营生回报率。在社区生活保障运行环境里,社区营生活动既要追求效率,又要确立理性价值观。这是确保社区营生保障发展的社会环境。

（6）社区营生保障属于发展性社区生活保障。营生保障是为社区劳动者提供营生平台和经营条件、经营环境的谋生性保障；是提高劳动者技能、提升劳动者素质的强能性保障；是提供经营与创业平台、扩大发展空间的投资性保障。引导和刺激社区家庭及劳动者打工或创业，通过"干中学""学而能""能而富"的发展机制，开发社区人力资源、培育社区致富能手和经济能人，使社区劳动者谋生能力日益增强，社区营生保障水平越来越高。

2. 农村社区发展营生保障的缘由

（1）农村社区家庭谋生能力有限。虽然在当今社会，家庭已不是主要的生产经营单位，但是家庭仍然是主要的消费主体。这就需要家庭劳动者谋取生活消费资金，否则，家庭难以购房，难以购买大件家电，无力购买日常生活所需的柴、米、油、盐、酱、醋、茶和缴纳水、电、物业、网络费等。然而，当今社会充满了竞争，并不是每个家庭的劳动者都有同样的赚钱能力和赚钱机会。事实上，在一个农村社区里，家庭经济状况还没有形成纺锤形结构（即形成特别富有的家庭和贫困家庭是极少数、中等收入家庭占绝大多数的财富分布格局），而是呈现出倒"T"形结构，即富裕家庭只有极少数，其他所有家庭都属于温饱型家庭。因此，农村社区多数家庭在谋生方面是需要外力帮助的。农村社区劳动者无论打工还是创业都需要社区提供一定帮助，有的需要农村社区提供经营场所，有的需要农村社区提供融资帮助，有的需要农村社区提供技术帮助，有的需要农村社区提供经营信息，有的需要农村社区提供就业岗位。

（2）农村社区家庭缺乏抵抗谋生风险的实力。自 20 世纪 80 年代，西方发达国家进入风险社会；21 世纪以后，中国也进入风险社会。社会风险是人类面临的威胁其生存的由社会制造的风险。风险社会是社会进步的阴暗面越来越支配人类生活的社会。人类进入风险社会之后，任何社会主体包括家庭，都无法逃避社会风险。所有社会主体都在想方设法规避社会风险，因为社会风险会给社会主体造成严重的危害。当代社会的农村社区家庭也应建立预防和抵御生活风险的策略和措施。一是预防家庭陷入贫困泥潭，尽量选择低经营风险的谋生行当。二是家庭劳动者要参加战略性的技能培训，改善自身就业功能，降低人为因素造成低工资现象发生的可能性。三是提高家庭劳动者的营生能力。多数普通家庭抵御生活风险的能力是较低的，这需要社区和政府为其建立保护体系。具体而言，农村社区应该动员社区内所有家庭建立一个互助的抵御生活风险的保护机制,如设立生活保险互助基金;利用社区集体经济收入建立生活保险公益基金,提高家庭抵御生活风险的能力。

(3) 构建公共营生平台要求开展社区营生保障。社区是由居民形成的生活共同体。生活共同体是居民在共同地理空间内和共同条件下结成的生活利益团体。这决定了社区要处理人与自然的关系、人与人的关系。只有这样,社区才能提供衣、食、住、行、用等人工生活资料。农村社区不发展营生保障,就无法使人与自然、人与人之间建立良性的关系,也就难以形成生活共同体。这个条件不能得到满足,农村社区就难以存在。在充满竞争的、智能化的当代社会,应该将农村社区的生活功能赋以为共同创造生活资金来源渠道,扩大生活共同体的内涵。在农村社区公共生活设施已经得到完善的情况下,农村社区应动员家庭和居民在家庭营生的基础上,构建生活保障服务公共营生平台,以帮助农村社区居民抵御生活风险,这是新社会、新时代对农村社区的新要求。社区发展集体经济,不仅为农村社区劳动者提供就业机会,而且为农村社区居民提供股金分红,还可以为其提供生活福利,确保其生活水平和生活品质的提高。

(4) 农村社区运行与发展要求发展农村社区营生保障。没有营生活动,就没有经济基础,社区的公共事业就无法开展,就难以保证社区正常运行和建设;营生活动是社区最有活力的领域,社区经济越发达,社区的劳动分工就越发达。只有发达的纵向和横向劳动分工才会增加社区互动的频率和规模,直接形成日益复杂的职业群体和社会关系,为社区增加新生力量和新要素,使社区的有机团结和社会结构更紧密,提高社区整合度,为社区正常运行与发展创造保障机制。

3. 农村社区营生保障的发展范型

(1) 发展农村社区营生产业需要经济能人带动。没有营生产业就没有营生保障。发展营生保障,社区必先发展集体经济;发展集体经济,必先培育经济能人。这是因为社区劳动者的经营素质参差不齐,经营能力有高有低,不是所有的劳动者都擅长做生意的。社区经济能人就是生在社区、长在社区,具有创业素质、善于兴办企业并带领社区劳动者发家致富的能手。

(2) 发展农村社区营生产业需要公共资源。社区资源包括劳动力、土地、矿产、森林、水域、景观、智力、文化、资金、技术、信息、声誉等,可分为有形资源和无形资源两类。劳动力、土地、矿产、森林、水域、景观、资金等为有形资源;智力、文化、技术、信息、声誉等为无形资源。社区资源是社区发展集体经济的物质资本,是社区发展营生保障的必要基础。充分挖掘社区资源,为社区经济所用,是农村社区发展营生保障的必要条件。只有充分利用和合理配置社区资源,才有可能发展社区营生事业。不论是对于不可支配资源还是可支配资源,农村社区营生保障通过市场手段和它特殊的属性,能使资源达到最佳的配置状态。因而,要发展营生产业,不管是经济相对发达地区的农村社区,还是经济相对落后地区的农村社区,都要充分挖掘社区资源,开发社区资源的经济价值,使社区资源成为发展社区营生保障的物质资本。不能让社区资源白白流失,"捧着金饭碗过穷日子"。

(3) 发展农村社区营生保障需要构建社区产业体系。产业体系是由不同产业部门及其行业类别构成的产业结构。从我国社区经济发展经验来看,社区产业体系都是先由单一产业类别发展起来的,然后立足社区资源,不断扩展新的经营领域或经营行业,逐步建立起多业经营的产业体系。全国各地不同农村社区产业体系的构成比较复杂,不过都是立足社区资源建立起来的产业体系。社区发展经济,只有立足社区资源,随着市场机会的变化,及时进入新领域、发展新产业,才能在市场竞争中赢得发展空间。为此,农村社区集体经济必须实行企业化管理和市场化经营。企业化管理就是把各种社区经济实体组合成企业集团,按照企业经营模式管理社区经济,对社区劳动者进行效益化管理。市场化经营就是面向市场经营社区企业,从市场上获取生产要素(员工招聘、原料购买、生产工具购置),并围绕市场需要组织企业生产,生产出的产品通过销售渠道销往国内外市场。企业化管理和市场化经营一定程度上可以避免行政管理的失灵现象,保证社区经济得到健康发展。

(4) 发展农村社区营生保障需要推行社区产业集体所有制。农村社区营生分为家庭营生和集体营生,所以,农村社区营生所有制分为集体所有制和家庭所有制。家庭所有制采用家庭经营形式,其最高形态是家庭农场。社区集体所有制采用现代企业经营形式,其发展机制在于集体经济能提供比家庭经济更多的利益,包括就业机会、收入、社区福利、公共产品。农村社区股份经济合作社利于推动农村民主制度建设、消除干群矛盾、使原集体资产保值增值、增加社区居民收入、解决家庭联产承包责任制条件下分散经营与大市场的矛盾、加快社区产业发展的步伐。发展农村社区股份经济合作社,关键在于产权改革,因为股权既能反映集体成员对集体的贡献、对集体财产的占有数量,又能反映集体成员对集体资产收益的分配情况。农村社区股份经济合作社的建立及其运行管理经验对于发展农村社区集体经济和营生保障有更好的促动作用。

4. 农村社区营生产业的促进策略

(1) 实施农村社区营生产业经济发展战略。政府将社区营生产业经济的发展置于区域可持续性发展战略中;将社区营生产业经济的发展目标置于服务居民生活中;将社区营生产业经济的管理放在完善机制上;将社区营生产业经济的保障放在健全组织层面上。通过这些战略措施,为社区营生产业经济创造发展空间。

(2) 开辟农村社区营生产业经济增收渠道。一是探索社区服务市场化、社会化、产业化发展路径。按照不同消费层次兴办社区服务实体,开展全方位、多层次服务,提高社区服务水平。按照市场要求,建立网络化、公司化的社区服务组织,采取民办公助、公办民助、股份制、合作制等方式,鼓励驻区企业、民间组织、居民其至海外人士以资金、房产、设备、技术、信息、劳务等多种形式投资入股,采取以有偿服务支持福利性服务的方式。二是树立市场经营理念,开发社区公益项目。要大力发展老年公寓、老年医院、老年活动中心、老年医养中心等服务设施,积极提供老年家庭服务、医疗护理服务、保健服务、关怀服务等服务项目,建立社区服务经济体系,开辟社区经济发展新路。

(3) 深挖农村社区公共资源和营生产业经济发展潜力。鼓励驻区企业参与社区经济发展。发挥驻区企业经济实力强、联系业务广泛、信息灵通的优势,为社区经济发展提供厂房、资金、技术等方面的支持。把社区资源优势与市场建设结合起来,依托资源办企业,壮大社区经济实力。

(4) 构建农村社区营生产业招商引资支撑平台。一是通过完善社区功能、提升社区品位,加大社区经济发展的硬环境建设力度。二是维护发展社区经济的市场竞争秩序,形成公平、公开、公正、竞争的社区经济发展市场环境。积极服务招商引资,为投资商户提供便捷、周到、优质、高效的服务。

二、农村社区就业保障

就业指在法定年龄内有劳动能力和劳动意愿的人所从事的以获取报酬或经营收入为目的的活动。就业是民生之本、安国之策。成年人作为家庭的主要劳动力,要为了家庭的需要努力工作,仰事俯畜。家庭的主要劳动者只有就业,才能有上赡父母、下育子女的资本。从属性上判断,社区就业是社区家庭和劳动者个人谋生的途径,尤其对于经济落后地区的农村社区和尚未建立社区经济体系的农村社区而言,实施社区就业保障,是推动社区生计保障事业发展的一种有效措施。

1. 农村社区就业保障的特质

(1) 社区就业属于灵活就业。一是劳动关系不固定。社区就业,在劳动标准、劳动关系协调、就业稳定性方面,有别于正式就业,社区就业多为短期就业、派遣就业、季节就业、自主就业,而这些就业形式的劳动关系不可能长期不变。二是劳动时间安排较灵活。在劳动时间弹性方面,社区就业有别于单位就业,多为非全日制就业、阶段性就业、远程就业、兼职就业。这些就业形式的劳动时间安排基本上由社区就业者自行决定。

(2) 社区就业属于非正规就业。一是劳动岗位的辅助性。与目前大中型企业和机关、事业单位的就业岗位相比,社区的不少就业岗位具有辅助社区生产、生活的特点。正是这种辅助性决定了部分社区就业岗位随意性大、居民需求欠稳定,在一定程度上增加了开发农村社区就业的难度。二是劳动方式的灵活性。农村社区就业是自主就业,农村社区就业岗位大多属于非正规就业岗位,许多工作具有临时性,难以建立稳定的劳动关系。正是因为这种劳动方式的灵活性,农村社区就业岗位往往具有很大的弹性,这就为倡导阶段性就业制度提供了很好的依据。三是职业进入的低门槛。农村社区就业者多数是缺少专业技能和专业知识的体力劳动者,多数是难以进入大中型企业、事业单位、政府部门就业的求职者。农村社区就业者只能在劳动待遇较低、劳动技能要求不高的劳动力市场就业。

(3) 从业时间的随意性。社区就业不像在正规企业就业那样有内部规章制度约束,因很多农村社区就业形式纯属个体经营或家庭成员搭帮经营,许多自主经营小生意的社区就业者可能没有制定相应的规章制度来约束自己的操业行为。所以,从经营行为角度考察,许多自主就业者的经营活动和经营行为具有随心所欲的特点,时间也不固定。从业时间会因天气、生活琐事、个人心情等随时调整。

(4) 从业空间的流动性。从经营空间考察,农村社区自主就业人员选择的经营地点难以固定,受外界因素制约程度高。农村社区就业人员根据自己所售商品的使用价值和满足消费者的实际需要不同,可能会不断变更经营内容。部分农村社区就业人员是自由流动,自由转移,流窜经营,哪里生意好就往哪里去。即便是有经营许可证的固定商贩,也可能会更换门店,以求获得更好的经营效益。

2. 农村社区发展就业保障之缘由

(1) 促使农村社区开展就业保障的宏观原因。第一,劳动力供求结构矛盾造成劳动力富余。一是现在我国已经进入信息化社会,技术替代人工的速度在加快,不需要技术的体力劳动行业和工种日益减少。二是求职者人数递增,但就业岗位更替速度却在减慢,很多岗位已经达到饱和状态。三是现在许多高端行业对人才的需求量并不是很大,各大企业和公司都认识到培养一个懂专业的业务熟练的人才的过程非常复杂、漫长且是有难度的,越来越多的企业和公司不愿意花费太多时间和成本去招纳并培养新人。第二,宏观经济政策的改变造成劳动力富余。农村土地集体经营制度转变为家庭联产承包责任制度时,农村土地经营中的隐性失业问题变成显性失业问题。第三,市场竞争激烈形成失业群体。在市场机制的作用下,我国一些企业受到资金、技术和管理等因素影响,经营状况不景气,生产效率低于社会平均生产效率,存在"隐性失业"的问题。一些企业兼并重组或者停产,使得就业岗位减少,失业人员增加,提高了劳动者就业难度。第四,政府的公共就业服务体系不完善。一是财政支持力度不够,安置职工的资金不足。二是公共就业服务机构职能交叉,数量偏少。三是政府、企业、社会机构之间安置就业缺乏协调,各项政策之间缺乏关联和衔接。

在这种情况下,社区承担起了就业保障工作。2002年12月,劳动和社会保障部召开全国街道社区劳动保障工作座谈会,时任部长张左己在座谈会上发表讲话,要求全国劳保系统统一思想,充分认识加强社区劳动保障工作的重要性和紧迫性。社区要承担起下岗失业人员再就业和企事业单位退休人员管理、服务工作的责任,社区应成为开发社区就业岗位的主体和实施就业服务的依托,对就业困难群体实施有效的就业援助。这是政府给社区开展就业保障工作的一种鞭策和压力。全国街道社区劳动保障工作座谈会召开不久,各地劳保部门和街道就积极行动起来,努力建设社区就业体系。时至今日,社区就业保障制度已得到较大发展。2023年,山东潍坊创新开展"社区微业"行动,探索社区就业新机制。通过搭建"微阵地"、创新社区"微服务"、做实"微项目"、实施"微培训",服务了上万名社区待就业人员。

(2)促使农村社区开展就业保障的微观原因。第一,就业是社区实现生计保障的重要途径。社区开展就业保障的根本措施是给社区劳动者提供就业岗位,让社区劳动者为个人及其家庭谋取生活资金。社区为劳动者提供的岗位有:生活服务类,如家政、维修、护理、餐饮、学业培训、商店超市经营等;公益服务类,如社区联防、绿化、义工、环卫等。这些岗位的就业门槛较低,对于就业弱势群体实现再就业相对容易。第二,社区总会存在就业弱势群体。在竞争社会劳动力市场中,总存在就业弱势人群,国内国外概莫能外。就业弱势群体生活在社会底层,其收入来源有限、社会地位低下,他们不怕吃苦,而是怕没有工作机会,需要社会力量给予就业帮助,而社区是就业弱势群体的期望目标。第三,企业存在减少员工规模的趋势。面对经济全球化,市场竞争日益激烈,市场需求变得小规模化、个性化,这使得企业采用灵活的用工制度,即固定一定数量的核心员工,再根据业务变化情况灵活雇佣非核心员工。当今企业的用工趋势是逐渐减少固定劳动关系的用工数量,由此造成了失业群体的扩大趋势。企业就业规模的缩小,必然导致个人自主就业和社区就业规模的增加。

3.农村社区就业保障的发展范型

(1)建立社区劳动保障服务机构。解决农村社区就业问题,需要建立相应的服务机构,这样才能有序、持续地开展好就业工作。从性质上分析,社区就业服务机构是社区为灵活就业人员提供就业保障服务的窗口,是社区劳动保障的工作平台。社区就业服务机构要有固定的办公场所和服务制度,统一就业服务流程,使失业登记、求职登记、职业培训指导、职业介绍、失业保险金申领发放、鉴定申请、岗位开发、就业援助等工作有机结合。实行多窗口衔接、"一站式"服务,接受群众监督,将工作和服务制度上墙公示,增加工作的透明度,树立良好机构形象。

(2)编制社区就业保障办事指南。社区就业保障工作站负责编制就业保障办事指南,包括开具失业人员再就业优惠证明、帮助待就业人员申办小额担保贷款、灵活就业认定、下岗失业人员灵活就业认定、社区职业介绍等。

(3)夯实社区就业基础服务工作。第一,落实就业服务与就业管理相关政策。对辖区内的小型私营企业和个体工商户用工实行就业管理;对在本辖区内经商、从事家政等社区服务的外来劳动者提供就业服务。第二,开展就业介绍业务。社区就业保障工作站及就业保障协管员要经常走访调查:一方面收集社区失业人员求职愿望,另一方面收集驻区用人单位的用人需求。然后,将辖区内有求职意愿的失业人员介绍到有用工需求的用人单位,实现社区就业。第三,建立社区就业台账。社区就业保障工作站及就业保障协管员要了解居民的家庭情况,特别要对困难家庭进行重点调查,明确重点援助和服务对象,在掌握第一手材料后,建立失业台账、特困人员台账、就业台账、新成长劳动力台账等规范化台账,把这些台账录入计算机管理系统,实行动态管理。第四,建立健全社区就业服务制度。建立健全公共就业服务制度、失业登记和免费服务制度、困难群体就业援助制度、政府购买培训服务制度,以实现社区就业服务制度化,提高就业服务的效率和水平。

(4)开发就业岗位。第一,挖掘社区空间资源,开发一批经营性岗位,如开发住宅小区沿街门面、利用社区空地开辟夜市场所、利用社区楼宇开辟休闲娱乐场地等,为社区就业困难人员提供社区就业岗位。第二,挖掘驻区企业就业资源,整理社区用人企业招聘岗位。及时收集驻区企业的空岗信息,为就业困难人员提供就业岗位,积极引导、鼓励、扶持驻区企业吸纳下岗失业人员就业。第三,开发社区居民生活服务、社区公共管理服务等服务行业就业资源,为下岗失业人员提供服务性就业岗位。第四,开发社区公益性就业岗位。主要结合社区住宅小区院落守护、清洁卫生、公共绿化等公益性岗位的需求,协调联系就业渠道。第五,社区出面将就业困难人员联合起来,建立就业服务组织,实现就业困难人员自助就业。

(5)实施就业援助措施。要先建立健全社区就业援助制度,做到就业日常援助与就业集中援助相结合、就业定期援助与就业不定期援助相结合。将各项援助活动变成制度性安排,将帮扶活动中需要的人、财、物等资源变成制度性安排,以此保证各项就业帮扶措施取得实效。然后,为有就业愿望且未丧失劳动能力的就业特困群体提供就业援助。一是实施社区就业政策援助,向就业特困群体宣传社区就业政策,并帮助他们在社区就业。二是提供岗位援助,包括挖掘社区就业资源,为社区就业困难群体提供经营性就业岗位;政府出资设立劳动保障协理员、社区治安联防协管员等公益性岗位,为社区就业困难群体提供就业机会。

(6)通过发展集体经济实现充分就业。兴办集体企业,发展集体经济,是社区解决就业问题最可靠的途径。农村社区拥有土地资源、空间资源、自然资源、人力资源等经营资源,具有发展集体企业和集体经济的优越条件。自20世纪80年代初期以来,我国许多农村社区都利用社区资源兴办企业,自力更生、艰苦奋斗,建立起强大的社区集体经济。然后利用社区集体企业为社区劳动者提供就业岗位,实现了劳动者充分就业。集体企业和集体经济是农村社区发展就业保障最坚实的基础和最可靠的途径。集体经济越发达,社区就业保障力度就越大,就业保障效果就越好。

4. 促进农村社区就业的策略

(1)出台社区就业保障法。制定出台促进社区就业相关法律法规,明确农村社区在消化劳动力市场上的富余人员的责权利;保护农村社区就业者在就业合同、就业期限、工资报酬、休息休假、社会保险、职业培训、劳动保护、解雇限制等诸多方面的权益;规范对社区小微企业和个体工商户的工商管理、资金扶持、税费减免措施。通过以上措施为社区就业保障提供法治环境。

(2)发展社区教育。以乡镇为单元或以农村社区为单元,开办农村社区学院。明确农村社区学院的职业技能培训或就业技能培训职责。农村社区学院办学要正规化、日常化,并根据农村社区就业的特点开展职业指导、职业介绍、技术培训、创业培训等。对农村社区创业人员给予经营方法、营销策略、成本核算、服务技巧方面的创业培训;对求职人员给予就职要求、就职技术、就职能力、职业规划等方面的培训。做到创业培训与技能培训相结合、培训与就业指导相结合、培训与咨询服务相结合,使农村社区创业人员和就业人员的职业水平、职业素质得到提升。

(3)建立社区就业服务体系。建立健全农村社区经营性组织,包括组建社区劳务派遣公司、社区就业服务工作队、商业性社区服务公司等,以民办为主,坚持产业化、有偿服务原则,大力发展社区实业,吸收农村社区劳动者尤其是就业困难人员就业;建立健全农村社区创业服务体系,包括农村社区创业服务、税收优惠服务、融资服务、场地供给服务、社会保险服务等制度;建立健全农村社区公益服务组织,包括给予经费拨付、申请认定手续、经营指导、服务项目安排等方面的扶持;建立健全农村社区就业服务协调合作制度,主要使与农村社区就业有关的工商、税务、计划、劳动保障、城管、卫生等部门协调合作,在合理分工的基础上,协调配合,简化手续,为符合要求的经济实体提供方便。①

(4) 就业者不断提高自身就业素质。一些农村社区劳动者之所以难以找到工作,主要原因是自身素质不高,缺乏必要的劳动技能。现在的劳动部门分工越来越细,各工种及岗位都有特殊的工作要求,对求职者有职业素质和劳动技能要求。因此,农村社区劳动者在求职之前要做好相应的知识、技能、修养、品德、角色规范等方面的训练。即便找到了工作,也要在工作中不断反思,总结经验,克服不足,消除职业角色差距,在自己的工作岗位上做出成绩,成为职业能手,防止再次失业。

三、农村社区生活救助

生活救助服务于社区生活困难群体和生活脆弱群体,属于消耗性社区生计保障,是农村社区生活困难群体和生活脆弱群体的谋生途径。

1. 农村社区生活救助的特质

(1) 属于物质性生活保障。生活困难家庭缺乏衣、食、住、行、用等人工生活资料,其日常生活开支难以为继:需要柴、米、油、盐、酱、醋、茶等饮食资料;需要衣物、棉被、燃料等取暖保暖资料;需要栖身的住所;需要桌、椅、床、水、电、灶等家用日常基本生活材料和用具等。这些生活资料都属于物质生活资料。农村社区开展生活救助,除了为社区生活困难家庭或居民提供维持其基本生活需求的物质生活资料外,还包括病员护理、家政服务、临时照看小孩、家电修理等服务项目。

(2) 属于补充性生活保障。农村社区生活救助是建立在社区层面的生活救助,通常是指农村社区内的居民在享受国家和单位及社团保障待遇的情况下,由于各种原因仍存在临时或长期的特殊困难,影响到本人或家庭的基本生活,此时农村社区给予的一种补充性救助。

(3) 属于补救性生活保障。农村社区生活救助的救助对象是农村社区的低收入群体、失业人员、老弱病残人员、遭遇自然灾害的家庭等生活困难群体。为了帮助这些生活困难家庭或居民克服生活困难,渡过难关,农村社区会采取筹资、募捐、动用专项救助资金、接受外援等措施,为生活困难家庭筹措并发放

---

① 参见杨宜勇:《城市社区就业发展前景巨大》,《理论与改革》2002年第1期,第34—39页。

生活物资和生活资金。

（4）属于选择性生活保障。社区生活救助的对象具有选择性。首先，农村社区生活救助辐射的范围由社区的大小和功能所决定。农村社区救助只能是给本社区居民提供救助，并不普遍适用于所有地方。其次，农村社区生活救助具有针对性，生活救助只对自我保障有困难而确需救助的家庭和居民给予救助。为此，农村社区一般通过财力调查和就业调查来确定申请人领取救助金的资格。财力调查即对申请人及其家庭成员的收入及资产状况进行审查，符合救助条件的才予以救助。针对性是农村社区生活救助最为突出的特点，它能保证把有限的农村社区生活救助资源切实地用到最需要帮助的农村社区困难家庭和困难居民身上。凡是超过最低生活保障线和有固定收入来源且能满足家庭生活需要的家庭和居民是不会得到农村社区生活救助的。

（5）属于低水平生活保障。从政府保障体系看，社会保险、社会福利是水平较高的社会保障制度，不仅保障社会成员的基本生存，而且还保障其一定的生活质量，防范因社会风险事件的发生而使社会成员失去生活保障。相对而言，农村社区生活救助是对已经遭受生活危险并处于生活困难中的社区家庭及其成员给予生活帮助和生活支持，其救助水平是整个生活保障体系中最低的，是生活保障安全网的最后一道防线。同时，农村社区生活救助是保障受助者最低生活需要的制度，所以一旦受助者摆脱了生活窘境，社区就不再向其实施生活救助，以避免受助者产生依赖心理乃至不劳而获的思想。

2. 农村社区开展生活救助的缘由

（1）社区逐渐成为社会存在形式。第一，社区是社会的细胞。一个国家是由若干层级的政府构成的，而最基层的政府组织是由若干社区构成的。从地理空间上看，社区是由特定生活共同体占据的地域社会；从层级上看，社区是一个国家的底层社会。一个国家就是由很多社区组成的大型区域社会。基层不牢、基层不稳，上层就难以巩固。第二，国家权力开始进入农村社区。各政府部门甚至各级组织、各种社会团体都将工作落实到农村社区、将事权下放到农村社区，由此形成"上面千条线，下面一根针"的上下联动关系，社区的重要性日益显现，农村社区的话语权日益凸显。第三，市场机制开始进入农村社区。市场机制在资源配置和工作效率提升方面具有特殊作用。为了提高办事效率，政府越来越多地用购买社会服务的方式将社会事务以项目形式发包给社区完成，这使农村社区的自治地位、自主地位得到强化,以至于政府在许多社会事务方面需要听取社区的意见。第四,我国在农村社区建设中完善了社区设施,壮大了农村社区力量,突显出农村社区在社会治理与发展中的作用。这些变化使农村社区成为社会的存在形式,为社区生活救助的快速发展打下了社会基础。

(2)社区分担政府生活救助压力。就国情而言,第七次全国人口普查数据显示,中国有5.1亿人居住在乡村,而人均GDP水平较低,仅凭政府财力支持,无法解决全国所有农村社区家庭和人口的生活困难问题,需要社会力量分担一部分生活救助责任。生活困难家庭日常所需的衣、食、住、行、用等生活资料以及生活服务并非完全靠政府提供,有很多需要依靠社区解决。因此,作为生活共同体的农村社区应该担负起这种生活救助的责任。就农村而言,在计划经济时代,生产队实行国家负责与依托集体经济相结合的生活救助措施,但农村经济体制改革后,原来的生活救助资金出现了制度性缺口,需要重构生活救助体系。从20世纪90年代开始,全国各地农村逐步建立起特困户救助制度、农村居民最低生活保障制度,并完善了农村五保户生活保障制度和灾害救济制度。但农村原本处于困难状态下的居民一直处于贫困状态,长此以往,国家因农村生活救助而承受的财政负担越来越重。可以说,仅依靠政府施以生活救助,解决不了农村人口生活贫困问题。总的来讲,社区是农村居民生活的基本单元,也是生活困难问题的集中区。各种各样的生活困难,如贫困、失业、养老、生活安全、居住环境等,都在农村社区突出表现出来。特别是随着市场化程度的加深,回归社区的人越来越多,生活困难问题呈增多态势。只有及时有效地解决生活困难问题,社区才能和谐,社会才会稳定。因此,农村社区应开展消除生活困难问题的生活救助措施。

3. 社区生活救助的发展范型

(1)动员社区主体积极参与生活救助。实施社区生活救助的主体,在农村社区是村委会的工作人员。但是开展社区救助事业,仅靠农村社区工作人员是不够的,需要农村社区其他主体参与,因为农村社区实施生活救助,一是需要救助资金,二是需要救助物资,这需要农村社区其他主体共同提供。农村社区应鼓励和动员农村社区力量参与生活救助,整合生活救助资源,形成生活救助合力,把零散的生活救助措施整合为社区生活救助体系,发展社区生活救助事业。

(2)明确社区生活救助目标。农村社区实施生活救助需要确定工作目标,这样便于评价救助成效，也可以引导整个救助工作向既定目标发展。农村社区生活救助的目标有：一是弥补政策性救助的不足，为政府救助政策没有覆盖到的生活困难家庭和居民以及政府救助水平不能满足自身生活需要的家庭和居民提供进一步的补充救助；二是开展生活服务救助，主要在于探索专业社会工作介入需要生活救助服务的家庭和居民，为他们提供家政、护理、代购代缴、陪护、保姆等生活服务。归纳起来，农村社区生活救助的目标就是满足生活困难家庭和居民的生活需求，建立基本生活必需品价格上涨与困难群体生活补助联动机制，确保困难群众生活水平不因物价上涨而降低，保障家庭生活的正常进行。

（3）确立社区生活救助标准。目前，我国政府确定的社会救助对象有三类：一是无依无靠、没有劳动能力、没有生活来源的人，即"三无"人员，主要包括孤儿、残疾人以及没有参加社会保险且无子女的老人；二是有收入来源，但生活水平低于法定最低标准的人，即贫困人口；三是有劳动能力、有收入来源，但由于意外的自然灾害或社会灾害，而使生活一时无法维持的人，即灾民。在具体实施社会救助的时候，按照身份识别的办法发放生活救助物资和资金。只要被确定为以上三类人群，就能领到生活救助物资和资金，并没有严格按照生活救助标准操作。所以，被确定为"三无"人员、贫困人口、灾民是享受社会救助的关键。我国的农村贫困救助标准是根据农民的特定生活水平确定的人均年收入来制定的。由于农村居民生活水平是变化的，故我国农村贫困救助的判断标准也是变化的。相对而言，对"三无"人员、灾民可以采取身份识别，而贫困人口只能采用贫困线标准进行识别。就农村社区而言，生活救助是利用社区自有资金对辖区贫困家庭和居民进行的补充救助。但是，我国农村社区存在地域差别，各地农村社区在确定生活救助标准时，应当充分考虑到本地的经济发展水平、救助实力、救助对象的生计状况等，在此基础之上制定具有针对性的社区救助标准，防止因标准不合理造成不良后果，甚至产生与生活救助初衷相违背的后果。

（4）识别社区生活救助对象。识别农村社区生活救助对象有一套流程。第一步，要深入申请救助者家庭进行生计调查，包括家庭成员基本情况、家庭收入、就业状况、家庭财产等，掌握其家庭收入的变化情况。判断申请者属于哪种救助类型，是属于生活困难救助还是生活服务援助：前者需要提供生活救助资金和生活救助物资,后者需要提供生活服务帮扶。第二步,进行对比。将申请者家庭收入情况与生活救助标准进行对比;将申请者家庭收入情况与其他申请者家庭收入情况进行对比;将每个申请者生活帮扶需求程度进行对比。第三步,根据申请者家庭收入情况,对所有申请者进行分类分层施助。一般将施助对象分为三类:接受政府生活救助后仍然不能解决生活困难问题的农村社区家庭和居民、没有享受政府救助但家庭基本生活达不到最低生活保障线的困难家庭和居民、因罹患重大疾病或遭受自然灾害而出现生活困难的家庭和居民。然后,将施助对象分成三个等级:特困户、贫困户、低收入户。第四步,根据农村社区掌握的生活救助资源,如救助财力、救助物力、救助人力等,确定救助对象和救助次序。只有走完这套流程,农村社区救助人员才能开展实质性的施助工作。

(5) 筹措社区生活救助资金。筹措生活救助资金是社区实施生活资料救助的关键和基础,比识别救助对象更为重要。农村社区筹措生活救助资金分两种情况:一种是社区集体经济比较发达,农村社区本身拥有集体企业和稳定的经济收入,只需要将集体收入的一部分提留为农村社区生活救助公益基金,为实施救助提供可靠的资金来源;另一种是没有集体收入的农村社区,只能通过动员筹措的方式获得生活救助所需要的资金(物品),动员对象一般是政府、富裕家庭、驻区企业、社区救助机构、救助团体、慈善力量等主体,然后,量力而行地开展社区生活救助活动。

(6) 明确社区生活救助项目。从各国经验来看,农村社区生活救助存在两种划分方法。一种是根据救助对象,将生活救助分为不同项目。如英国从年龄差异、家庭成员承担责任差异、"单身户"与"家庭户"差异的角度,将生活救助分成不同项目。另一种是根据救助内容,将生活救助分为不同项目。如我国各地社区将生活救助分为最低生活保障救助、日常生活援助、应急生活救助、住房救助等项目。农村社区最低生活保障救助是以国家规定的最低生活保障线为依据,对在农村社区享受政府生活救助之后,仍然达不到国家最低生活保障线的贫困家庭,给予长期或短期的补充性生活救助。日常生活援助指对生活不便的高龄老人、失能老人、残疾人、重症病人、孕妇、幼儿等农村社区居民提供生活服务,包括生活护理、家政服务、送餐、陪伴、照料、代购代缴、家电修理等服务项目。应急生活救助指对因自然灾害而暂时存在生活困难问题的灾民进行生活生产救助，包括紧急疏散、安全转移、生活安置、生命与财产抢救工作，保障其衣、食、住、医等基本生活需要。住房救助指解决农村社区低保及低保边缘家庭或无房居民住房困难的补充性救助，主要采取集中建设和分散布点的方式，满足低收入居民家庭的基本居住需求、改善非户籍常住低收入人口的住房条件。

（7）规范社区生活救助流程。农村社区生活救助不外乎三种救助类型，即资金救助、服务救助、应急救助。为了保证这三类救助正常、有序、持续开展，社区在实施生活救助过程中探索出了救助流程。①在资金救助上，形成了"居民求助—面见救助者—入户调查—出具调查报告—救助对象提交救助申请表—救助审批—发放救助资金"的流程。②在服务救助上，形成了"居民求助—面见救助者—入户调查—出具调查报告—服务介入—结案签字—服务评价"的流程。③在应急救助上，形成了"应急小组入户—收集信息—小组评议—出具调查报告—制定救助标准—实施救助"的流程。

4. 促进农村社区生活救助发展的策略

（1）全面改进现行生活救助策略。第一，将生活资料救助改为提升人员素质。确立以促进人的发展、提高生活贫困居民的谋生能力、生计素质为最高目标的新救助理念，把生活救助纳入人力投资范畴，在施以生活救助的同时，安排人力培训、谋生思想教育。第二，采用多种方式识别贫困家庭。采用家计调查、地域定位、代理家计调查、类别定位、家庭排序、社区公示等多种方式识别贫困家庭，提高识别准确率，经以上方式最终选出的家庭每三年需重新评估一次。第三，增加救助金附带条件。为了促使受助家庭和居民自力更生、奋发图强，农村社区在发放生活救助金时要增加劳动者参加培训或学习技艺、增加儿童完成义务教育的附带条件，促进家庭人力资本的发展。第四，扶持农村社区企业发展。积极扶持社区企业及其有关从业人员，通过滴漏效应，惠及贫困群体，或者将农村社区生活救助资金注入企业，再陆续流入消费者手中，从而更好地促进农村社区经济增长。

（2）全面提升现存生活救助资本质量。提升生活救助的财力资本和物力资本，尤其是保证救助财力和物力的持续供给，需要构建稳定、持续的供给渠道，如发展社区集体经济、用商业模式经营农村社区"爱心超市"、引进PPP模式开展生活服务援助项目。提升生活救助的人力资本，大力培养专业社工人员、孵化社区志愿者组织、建立农村社区生活救助职业队伍、提高生活救助工作人员素质、开展生活救助业务培训。

（3）建立生活救助腐败预防机制。现存的农村社区生活救助关系有时易使农村社区救助工作人员利用职务之便占用、挪用、贪用生活救助资金和物资，因此，需要针对生活救助的"委托—代理"关系以及救助失灵现象，构建生活救助腐败预防制度。譬如，建立透明公开的生活救助信息传递平台和有效的约束激励机制；建立生活救助资金转交、发放、签收监管制度；制定预防生活救助对象进行受助寻租和施助人员出租职权的规章制度；建立第三方评估救助效果机制等，防止农村社区救助工作人员追求私人利益，预防救助腐败现象出现。

（4）全面提升生活救助效果。第一，用减法救急，用加法救穷。对于因突发自然灾害、重大疾病以及其他不可抗逆因素致贫、致难的家庭和居民，需要及时给予生活救助，及时提供生活物品和生活资金，解决其临时性生活困难。遵循减法原则，随救助对象的情况好转降低救助水平，待救助对象能够自救时，再逐步取消生活救助。对于孤、老、病、残等，全部或部分丧失劳动能力且没有任何固定收入需要长期救助的家庭和居民，进行长期救助，持续性地为其提供生活资金和生活物资。遵循加法原则，根据农村社区经济发展状况和筹资情况，建立自然增长机制，确保救助对象的生活水平达到最低生活保障线。第二，培养谋生能力与提高救助水平并重。将生活资料救助与谋生能力培养结合起来，在给予生活困难家庭和居民一定的生活救助资金或物品的同时，授予其谋生技巧和方法。要在资金上给予扶持，鼓励其创业，并授予其谋生技能，从根本上解决他们的生活困难问题。第三，奖励创业与处罚欺诈并行。对于有自主创业项目的家庭和劳动者要给予特别的生活救助，采用"生活救助资金+创业资助资金"的措施给予奖励；对于有创业意愿但一时找不到门路者，安排创业培训；对于骗取生活救助资金的，给予严厉处罚；对于超过救助标准而隐瞒不报者，追回所发生活救助资金。第四，生活资料救助与生活服务援助并施。将生活困难和生活不便都纳入生活救助范围，为生活困难家庭和居民提供生活资料救助，为生活行动不便居民提供生活服务援助。前者通过建立生活救助基金予以保障，后者通过有偿服务、抵偿服务、志愿服务予以保障，使农村社区生活困难群体和生活脆弱群体都能过上安稳的日子。

四、农村社区生活福利

社区生活福利是社区改进全体居民生活水平和提升全体居民生活品质的

谋生途径。社区生活福利是服务于社区全体居民的生活保障措施。社区集体经济是社区生活福利资金的供源。

1. 社区生活福利的特质

社区生活福利是在社区空间内,利用自筹或自有资源举办,旨在提高社区居民生活水平和生活品质的生活补贴、生活服务、公共生活设施之总称。社区生活福利有如下特质。

(1) 高层次。社区生活福利属于社区高层次的生计保障和生活保障。强大的集体经济是开展社区生活福利保障的经济条件,没有经济实力,就无法给社区居民提供舒适的住宅、补贴水电网费用、提供优质的高标准福利性生活服务、发放生活补贴、修建完善的公共生活设施。就目前我国社区生计保障发展状况而论,只有经济百强村提供部分社区生活福利项目。只有摆脱贫困,社区经济发展起来以后,社区拥有雄厚的财力,才有希望全面实施生活福利项目。全面实施高层次、长效的、持续的生活福利措施,是我国农村社区生计保障努力的发展方向。

(2) 普惠性。农村社区生活福利主体是社区集体,其成果的分享应该是公平的、普惠的。由此决定了农村社区生活福利具有普惠性。这彰显了农村社区生活福利的公平性,决定了农村社区生活福利是最能体现集体主义分配原则的谋生类型,是深受农村社区居民欢迎和期盼的生计保障方式。

(3) 灵活性。经济发达的农村社区的成员通过自身艰苦奋斗和智慧积累起来的雄厚经济实力构建了农村社区生活福利体系。农村社区开展生活福利事业具有灵活性,全凭社区财力:可以实施生活福利措施,也可以不实施生活福利措施;可以自由选择生活福利项目,也可以自行确定生活福利标准。对于农村社区居民而言,生活福利制度可以有,也可以没有。在农村社区没有财力开展生活福利事业的情况下,政府无须为农村社区买单,因为没有生活福利不影响农村社区居民的基本生活。农村社区生活福利的资源是单一的,农村社区经济实力是农村社区生活福利主要的资金渠道。

2. 农村社区发展生活福利的缘由

(1) 家庭福利功能弱化需要社区提供生活福利。随着家庭观念的变化、人口流动的加速、就业空间的变化、社会风险的加剧,家庭的规模、结构、功能发生了变化。联合家庭结构变成核心家庭结构,还出现了结婚不生子的丁克家庭、离异不再婚单独抚养孩子的单亲家庭;因生产事故、交通事故、重大疾病等形成隔代家庭、单亲家庭、无亲等残缺家庭;因劳动力流动造成留守家庭、空巢家庭;还有因子女夭折造成失独家庭。这些特殊的家庭结构,不仅使原先由家庭承担的部分福利功能难以实现,而且带来了新的福利需求,特别是家务、老人赡养和儿童照看等问题。非婚生子女和单亲家庭子女的抚养和教育也需要广泛的社区服务予以支持。对于农村社区居民来说,家庭的福利功能减弱,需要农村社区来弥补。

(2) 农村社区居民福利追求的变化呼唤农村社区提供生活福利。现代人的福利意识明显增强:富裕家庭和温饱家庭都有进一步改善生活状况的要求;不仅是在社区生活的普通人,而且在敬老院生活的老年人和残疾人也有享受福利和要求福利权利的意识。解决温饱问题之后的农民开始追求生活品质,不仅要求享受高层次的物质生活,还要求享受高水准的精神生活;不仅追求享有普惠性福利的生活,而且开始追求与众不同的个性化福利生活。原有的政府福利和社会福利制度无法满足不同地区农村居民的特殊生活要求。由此,农村社区生活福利事业开始在经济发达的农村社区兴起。

(3) 福利多元主义为农村社区生活福利的兴起预设了理论背景。1948 年,英国宣布建成"福利国家",政府成为福利的主要承担者,福利范围"从摇篮到坟墓"无所不包,但是政府财政开支越来越大。20 世纪 70 年代中期,西方各国普遍遭遇经济衰退,直接危及高福利的开支。由此引发学界对政府单方供给福利模式的反思。在对政府单方供给福利模式的反思过程中,孕育了福利多元主义理论。福利多元主义主张社会福利来源于国家、市场、社区和民间社会,民间社会是政府、市场、社区之间建立联系的纽带,可以使私人和局部利益与公共利益相一致。要求政府与民间社会合作,共同提供社会福利的各项内容。福利开支将不再完全由政府来创造和分配,而是由政府和其他机构一起通过合作来提供。福利多元主义的观点为农村社区承担生活福利责任提供了理论依据,不仅向政府单方福利供给模式提出了挑战,还为农村社区参与生活福利事业指明了发展方向,为农村社区生活福利营造了理论氛围。

3. 农村社区发展生活福利的范型

(1) 筑牢坚实的生活福利实施基础。农村社区集体经济是农村社区开展生活福利事业坚实的、可靠的经济基础和物质条件。集体经济是劳动者集体所有、实行共同劳动、在分配方式上以按劳分配为主体的公有制经济形式。农村集体经济分为乡镇集体经济、行政村集体经济、村民小组集体经济。而农村社区集体经济指以行政村为单位发展起来的集体经济。只有强大的经济实力和雄厚的财力,才有可能举办高层次、普惠性生活福利项目。那些没有集体经济实力和财力支撑的社区,只有通过筹资,才能开展生活福利项目,而且资金状况只够开展选择性生活福利项目。目前,在我国像长江村、航民村、东岭村、南山村等经济百强村和像进顺村这样通过发展社区集体经济致富的富裕村,建立起了高层次、项目齐全的、普惠性的生活福利体系,全面提高了社区居民的生活水平和生活质量。

(2) 构建合理的生活福利体系。按实施原则分,社区生活福利有普惠性社区生活福利和选择性社区生活福利。按实施手段分,社区生活福利分为通过现金手段提供的生活津贴与补贴福利,以及通过服务手段开展的福利性生活服务等。按实施项目分,社区生活福利可分为日常生活福利、健康福利、教育福利、劳动福利、住房福利等项目。将这三种划分方式区分的社区生活福利类型组合起来,就构成了当今中国社区生活福利结构或生活福利体系。就落实生活福利原则而言,中国经济发达的农村社区选择了普惠性生活福利措施。就提供生活福利项目而言,中国农村社区提供了日常生活福利、健康福利、教育福利、住房福利、劳动福利等项目。就提供生活福利方式而言,中国农村社区提供了生活津贴与补贴福利。可以说,当今中国农村社区形成了遵循普惠原则和通过现金手段,构建由日常生活福利、健康福利、教育福利、住房福利、劳动福利构成的普惠性、高层次、项目齐全的社区生活福利体系。

(3) 探索适宜的生活福利运行模式。社区生活福利运行模式指将社区的生活福利资金筹集、生活福利项目实施和运作等基本要素结合起来的带有规律性的生活福利运行方式。农村社区的生活福利制度化运行模式是建立在集体经济和集体财力基础上的全员公平分享公共福利的免费福利模式。这种运行模式将社区全体居民作为福利分享对象,彻底否定选择性福利模式的做法,认为生活福利不只是在家庭和市场不能满足个人需要时才介入,而是现代社会中必需的、常规化的生活保障措施,不能将生活福利看成是对生活困难群体的"善行",应将其视为社区居民的一项正当权利。农村社区应当将生活福利作为社区的基本生活保障制度,将生活福利看成社区为所辖家庭和居民谋生的重要方式。农村社区生活福利制度化运行模式的基本规则是:第一,给予所属家庭和居民生活福利是社区的一种基本制度;第二,农村社区应大力发展集体经济,所有居民尤其是劳动者应关心集体经济、积极参加集体经济建设,以壮大集体经济实力,为生活福利奠定坚实的经济基础;第三,全体农村社区居民都应分享集体经济带来的福利成果;第四,应平等、公正地将集体福利分发给每个居民;第五,在保证集体企业扩大再生产的前提下,留出小部分企业利润作为生活福利基金;第六,追求生活品质、提高生活水平是社区生活福利保障的目标。这种以集体财力为运行基础、以制度为运行保证、以分配为运行方式、以普惠为运行原则的生活福利制度化运行模式,具有操作简便、实施成本低的运行特点;具有促进社区整合,降低社区矛盾,增强居民生活幸福感、获得感、公平感、归属感的特殊功能。其缺陷也很明显:福利开支大,集体财力负担大,有碍扩大生产,实施效率难以保证,容易造成福利资源的浪费,可能会养成居民的福利依赖思想。这些问题在社区探索建立生活福利运行模式时应高度重视,提前制定相应预防措施,保证社区生活福利模式有效运行。

(4)扎实开展生活福利主营业务。农村社区生活福利的谋生主体是农村社区集体,也就是说,农村社区为本社区家庭、居民承担生活压力,解决其面临的生活问题。农村社区生活福利的功能就是改善农村社区居民的生活状况,目标是使居民过上有品质的生活,为此,农村社区必须想办法筹集生活福利资金,以便开展生活资料供给、修缮农村社区公共设施、开展生活福利服务等主营业务,提高农村社区全体居民的生活水平和生活质量。站在保障对象的角度看,农村社区生活福利制度是一种依赖性的生计保障途径,只有农村社区集体经济壮大之后,农村社区才能有雄厚的财力开展生活福利项目。农村社区有财力才能保证为其居民提供丰富的、优质的生活资料,给居民发放生活补贴和生活物资;才有可能修建各种公共设施,免费让农村社区居民使用;才有可能组织志愿者队伍或专业队伍开展福利性生活服务,让行动不便和有困难的居民得到相应的生活服务。要扎实地、高效率地、高质量地开展这些生活福利业务,就要:增加福利服务项目,提高福利服务档次;实行普惠性福利制度,让全体居民享受到发展集体经济带来的好处,让生活特殊群体得到应有的照顾;公平合理地分配社区集体创造的财富,使居民生活福利最大化。

(5)构建提供生活福利的社会资本。农村社区要开展生活福利事业,就需要动员各种社会力量,这样才有可能集聚必要的福利资源。那些能为农村社区提供福利资源的各种社会主体,便是社区生活福利的社会资本。农村社区开展生活福利事业,需要积累生活福利方面的社会资本。只有与提供福利资源的社会主体建立并保持稳定的、持续的社会关系,才能获得递送生活福利所需要的资金、物品、人力。而且,农村社区是一定区域内有相互利益关系的居民组成的生活共同体,社区成员之间有某种程度的利害关系,也就蕴含着彼此帮扶与支持的可能性,由此形成亲朋之间、邻里之间、社区成员之间天然的社会支持网络,是社会福利制度得以落实的基础。[①] 所以,构建提供生活福利的社会资本成为农村社区的重要工作。第一,农村社区要与其居民建立和维持业务关系,居民不仅是生活福利保障对象,是社区福利的接收者,更是社区生活福利项目的参与者、配合者、行动主体,是提供农村社区生活福利的重要力量。第二,要与驻区企业建立和维持合作关系,企业是为社区提供生活福利资金最可靠的参与主体,是农村社区生活福利的资金、物品、空间的供给者和社区秩序的重要维护者。村"两委"与驻区企业要建立起信息沟通、动议咨询、共同举办联谊活动和公益活动等合作关系。农村社区是接收企业退休人员安度晚年的服务单位和为企业输送劳动力的供给单位。农村社区与企业合作的途径就是基层政府与企业共建生活福利机构。第三,农村社区要与地方政府建立和维护支持关系。对于农村社区开展生活福利事业而言,政府有提供政策和资金支持的特殊价值。在当今中国,地方政府民政部门是社区获得政策和资金支持的最可靠主体。民政部门是主管农村社区建设和福利事业的行政部门,支持农村社区生活福利事业是其职责所在。民政部门是农村社区开展生活福利事业可靠且最有质量的社会资本。农村社区与民政部门保持联系的方式主要有承接福利项目、参与政府购买服务、业务沟通、接受监督检查、服从安排等。第四,农村社区要与群众组织建立和保持配合关系,因为供给农村社区生活福利离不开各种群众组织整体性福利功能的发挥、各个福利服务中心建立的服务网络、各类福利协会对生活福利关系的协调。[②]

---

① 王力平:《适度普惠视角下的农村社区福利服务体系构建》,《河北理工大学学报(社会科学版)》2011年第5期,第13—16页。

② 黄金卫:《日本的社区福利及町内会》,《探索与争鸣》2000年第8期,第35—37页。

4. 农村社区生活福利促进策略

（1）构建生活福利市场失灵预防机制。农村社区生活福利采用市场化运行模式，能提高福利供给效率，解决政府和社区福利资金供给不足的问题，但是该模式也容易导致一些市场失灵现象。因此，必须构建防患和治理机制。应构建约束和监督生活福利市场主体业务行为的关键制度，引导其经营活动向预防和克服市场失灵现象的方向发展。约束与监督制度是约束不法行为和约束损害消费者权益行为的机制，是明确生活福利市场主体可以做什么、不可以做什么的措施。在供给生活福利活动中，引入市场竞争机制，并将防患市场失灵措施作为中标条件，也会引导福利市场主体做出合规行为。在福利产品或福利服务的提供方式上引入PPP模式，是提升福利供给效率和品质的适宜方式。原先由政府和社区提供福利产品、福利服务的过程并没有竞争机制，政府和社区难免出现工作效率低下的问题，公私合作正是将竞争机制引入福利产品和福利服务的提供过程，同时整合私人部门的资金、技能、专业知识与管理经验，有利于提升福利产品和福利服务的质量。

（2）建立社区生活福利自主发展机制。自立和共生是农村社区生活福利模式的价值诉求，而多样化或多元化的生活福利服务选择是农村社区生活福利模式相对于国家福利的优势所在。在这一过程中，要真正做到尊重个体差异，实现自主、自由选择福利服务。建立民主的生活福利参与机制，赋予居民自主参与的权利，使农村社区生活福利在农村社区分权自治格局中得到扩展。[①] 把农村社区居民的参与放在首要考量位置，充分尊重居民的知情权、参与权、选择权，建立健全以"赋权"为核心的各类社区居民参与机制。通过民主化参与，让农村社区居民更好地融入社区，更有尊严地生活，实现社区福利服务的普遍化，建立起符合农村社区居民共同利益的社会福利体系。[②]

（3）利用市场化措施解决社区生活福利供需脱节问题。社区生活福利供需脱节的一部分原因是僵硬的供给制度，现行供给制度规定了固定的服务对象、服务项目、服务标准、服务时间，有时无法满足特殊居民的特殊福利需求。因此，要引进市场主体，结合市场需求，供给生活福利服务。

[①] 谢志平：《日本的社区福利模式》，《中国劳动》2013年第4期，第27—29页。
[②] 张一：《文化适应视角下社区福利服务体系创新研究》，《社会科学战线》2015年第5期，第207—212页。

(4) 增强社区生活福利供给能力。中国经济百强村的生活福利实践经验告诉我们,社区集体经济可以为社区生活福利事业提供财力支撑,发展社区集体经济是社区生活福利事业发展的重要措施,因而,大力发展社区集体经济是增强社区生活福利供给能力的首选策略。其次,增强社区生活福利供给能力,必须引入多中心供给机制。单靠政府给予社区生活福利财力支持是不够的,而且现行市场还没有形成完全成熟的福利市场,需要由政府部门、企业、非营利组织、志愿者团体、家庭、居民、慈善家等多方共同提供资金,协同利用行政机制、互助机制、志愿机制、公益机制、市场机制,共同为社区生活福利事业提供财力保证。再次,增强社区生活福利供给能力,社区应该加强与非营利组织以及其他志愿者团体的合作。非营利组织和志愿者团体相对于政府机构有着自己独特的优势,可以弥补政府与居民生活福利需求之间的空白,能够有效地促进社区资源的整合和公众的参与。社区与非营利组织合作可以通过合同承包、特许经营、项目补助、税收优惠等方式运作。[①] 最后也是最关键的措施,就是社区要想办法建立社区生活福利发展机制,为社区生活福利提供持续发展动力。应成立社区生活福利服务中心等专业服务机构。社区专业服务机构要按照专干不单干、分工不分家的原则,在村"两委"统一领导和管理下开展工作,形成工作合力。同时,社区应积极培育社区服务性、公益性、互助性社会组织,尤其要培育组建社区志愿者服务队伍,增强社区生活福利服务的志愿能力,以便有志愿力量协助社区公益组织开展生活福利项目。通过社区生活福利管理体制改革与创新,积极培育民间社会组织,建立社区生活福利公共财政制度,构建现代性的社区与非营利组织的分工合作机制,妥善处理好构建社区生活福利体系中政府与市场、政府与社会、自治与他治的关系,促进政府、市场、社会三大部门之间的和谐,持续增强社区生活福利供给能力。[②]

(5) 实行家计调查预防居民形成福利依赖心理。造成贫困现象的原因是多方面的,给予贫困者以福利关怀,可以帮助其渡过难关,重拾生活的信心。但是要采取预防措施防止贫困人口产生福利依赖心理。对此,最有效的策略就是

---

① 蔡宜旦、孙凌寒:《对重构社区福利服务体系的思考》,《山西青年管理干部学院学报》2001年第1期,第51—54页。
② 杨发祥:《社区福利建构的理念与实践——基于广州市的实证分析》,《社会主义研究》2010年第6期,第81—85页。

在实施生活福利项目的同时,实行严格的家计调查。只有通过家计调查,才能获得选择性福利支持。家计调查具有倒逼作用,鞭策接受特殊福利关照的受助者产生依靠自身劳动过上美好生活的信念。

五、农村社区土地保障

土地保障指利用土地资源来保障自己及家庭之生活需要的谋生方式。简单地说,土地保障就是以土地为生。20世纪80年代初,我国实行农村土地家庭联产承包责任制,中国农民获得村集体土地的承包权和经营权,承包土地和经营土地成为中国农民谋生的可靠途径。因此,在当今中国,土地保障是农村社区特有的一种生计保障类型。

1. 社区土地保障的特质

(1) 经营水平决定了土地的生活保障价值。土地只是人类谋生的资本,它不会直接提供人类生活需要的衣、食、住、行、用等人工生活资料,不会直接变成人类的生活财富。当人类经营土地时,或者把土地当成生产要素利用时,土地才会在农业、工业、商业、服务业等行业中成为产生财富的条件、手段和资源,才会产生生活保障价值。就农村社区而言,农户或农民利用土地经营种植业、养殖业、林业、生态产业、乡村旅游业等产业,不仅直接生产粮食、蔬菜、水果、棉麻、蚕丝、木材等农产品,为自己和其他人提供衣、食、用等人工生活资料,而且可以将农产品变成商品,进行交换,获得货币收入。然后,用货币购买建筑材料,修建住房或直接购买住房;用货币购买交通工具,方便出行。这种谋生方式就是土地保障。显而易见,农户或农民的土地经营水平越高,劳动产出就越多,在农产品供需均衡的条件下,其交易收入就越多,其土地保障水平就越高。可见,土地生活保障价值的大小取决于农户或农民的农业经营水平。所以,农户或农民要提高土地保障力度就必须提高农业经营水平。

(2) 土地保障是"三生效益"统一的生计模式。"三生"是指生产、生态、生活,"三生效益"即指生产效益、生态效益、生活效益。"三生效益"达到统一源于土地的资源性质。就农业生产而言,土地是农业资源;就生态繁育而言,土地是生态资源;就生活保障而言,土地是生活资源。土地的这种多重属性,决定了土地保障具有多重效益。所以,利用土地谋生就应该实现农业的生产效益、生态效益、生活效益的统一,使农业同时发挥生产功能、生态功能、生活功能,达到农业"三生效益""三生功能"的协调发展。但是,在农业生产过程中,做到"三生"协调发展是比较困难的。因为农户在追求农业的生产效益和生产功能的时候,容易忽视生态效益和生态功能、生活效益和生活功能。比如为了增加产量过度施用化肥、喷洒农药,造成生态环境的破坏;在重视生态效益和生态功能的时候,容易轻视生产效益和生产功能;在重视生活效益和生活功能时,也容易忽略生产效益和生产功能。在现实中,农业的"三生效益""三生功能"互相背离和对立,说明了实现"三生效益"统一的难度。但是,只有追求农业生产的综合效益、综合功能,才能实现土地保障的福利最大化。

(3) 土地保障高度依赖自然条件。农户或农民利用土地谋生,基本上是在经营农业。经营农业必然以自然环境为基本的生产条件。因为农业生产的对象都是生物体,不管是种植还是养殖都必然在自然环境里进行。以动植物为劳动对象的农业生产,具有自然再生产与经济再生产交织统一的生产特殊性。动植物的品种、品质、数量、构成、分布以及它们周围的自然环境直接决定了农业总产值以及经营效率的高低。所以,从事农业经营,必须保护好自然环境,不应该掠夺自然环境。那种为了扩大种植面积,增加粮食产量,到处毁坏植被开垦土地、围湖造田的行为,只会破坏自然环境,打破当地自然要素的自我循环机制和平衡结构,恶化农业生产的自然条件,使农业产量降低。

(4) 土地保障具有地域性。农业经营要以生物体为基本的劳动对象,而每种生物都是在特定的适应性的地理环境里生存和持续发展的,超过物种的生存地理范围,生物资源将日益减少,甚至不能再维持自身的生存和延续。而且,任何一种农业经营都只能在特定的地理空间内运作。所以,特定地理空间的各种自然要素和文化要素是农业经营的基本条件。就地理空间的自然环境而言,不同地理空间内的地形、植被、动物、土壤、温度、日照、降水量、水资源等自然要素共同形成当地发展农业经营的特殊自然地理环境。一般来说,地域不同,地理环境和农业经营的条件就不同,这决定了农业经营的对象、项目、方式、生产领域、资源利用方式、产业结构、生产水平的不同,也决定了当地农业经营为实现生态效益、生产效益、生活效益的统一所付出的代价并不一样。发展土地保障事业要重视本地的地理环境和条件,不能一味地模仿他处的经验和做法,要遵循农业生产的地域分布规律。

(5) 土地保障需要经营主体拥有特定技能。社区土地保障,需要经营者去

"找钱",是农户或农民在土地里"刨食",需要一定的生产与经营技能,否则即便拥有"金土地",也可能得不到保障。从事农业经营,经营主体需要有先进的经营管理理念和科学知识,掌握市场经济运行规律、相关法律知识,善于不断革新和使用先进农业生产技术、工具,甚至进行科技创新发明,具有不断开拓新领域和扩大经济活动空间的能力,具有积极接受新经验和社会变革的思想意识,具有较高教育和职业期望的意识,具有较强的个人效能感、时间观念和工作计划性等等。因而,从事农业经营需要接受技术培训。

(6)土地保障要注重提高劳动效率。农户提高劳动效率的途径主要有:第一,不断提高农业劳动者的生产熟练程度①。劳动者的生产熟练程度越高,农业劳动效率越高。第二,在农业生产中采用不断更新的农业科学技术。使用的农业科学技术越新,而且越是被广泛地运用于农业生产过程,劳动效率就越高。第三,不断改进农业生产过程的组织和管理。主要包括农业生产过程中劳动者的分工、协作和劳动组合,以及与此相适应的工艺规程和经营管理方式。农业生产的组织与管理水平越高,技术和手段越先进,农业劳动效率就越高。

2. 农村社区实行土地保障的缘由

(1)土地是财富之母。土地是人类赖以生存的最基本资源,农民通过耕种土地,可以为自己及家庭提供食物。有土地就有农业,有农业就有恒产,有恒产就有恒心,农民就能安居乐业。20世纪80年代初,中国的家庭联产承包责任制的实践充分证明,承包土地是农民谋生的可靠手段,农户通过承包村集体土地不仅可以解决温饱问题,还可以发家致富。经营土地具有保障农民基本生活的特殊功能。而且,农民承包和经营土地在弥补城乡社会保障差距上发挥了特殊作用。可以说,土地保障仍是中国农民最重要、最可靠、最有效的生活保障,具有无可替代的作用。正如英国古典经济学家威廉·配第(William Petty)所说:"劳动是财富之父,土地是财富之母。"没有土地就没有劳动,没有劳动就没有财富,没有财富就没有正常生活。

(2)土地是农民提高生活水平和改善生活福利的重要资本。对于广大农民而言,承包土地是其进一步提高生活水平、改善生活福利的重要资本。农民可以通过对承包的土地进行投资,开展集约经营,不断攀升农业经营收入;在一

---

① 劳动者的生产熟练程度不仅指劳动实际操作技术,而且包括劳动者使用新的生产技术手段、适应新的工艺流程的能力。

定程度上，能避免物价上涨造成的食物消费资源贬值风险；可生产出足量农产品并获得与物价上涨相匹配的货币收益；具有克服养老风险的特殊功能，达到稳定生活保障水平的目的。

（3）通过土地流转能获得生活收入。当今中国农民获得了土地承包权、经营权，而且可以将承包的土地流转出去，让土地产生更大的经济效益，这等于让农民通过土地交易获得收入。当今中国社会出现的征地补偿现象，其实就是对土地收益的补偿行为。一旦农民承包的土地被征收，就将获得一定的土地补偿，从而能维持较长时期的家庭生活开支。根据《中华人民共和国土地管理法》，"征收土地应当给予公平、合理的补偿，保障被征地农民原有生活水平不降低、长远生计有保障"。这个补偿原则考虑到了土地的经济价值，让失地农户可以获得土地交易的当期收益。转让土地使用权的农户可以用这笔钱购置满足其基本生活需要的产品，甚至可以用这笔钱做一点生意，谋取更长远的生活条件。所以，土地经营有一定生活保障的效果。

（4）土地为人类提供丰富的生活资源。土地资源包括地质、地貌、土壤、生物以及水文、气候等自然要素。这些要素的组合能为人类提供生活所需的物质资源，如生态资源、农业资源、景观资源、能源资源等。这些物质资源，有的直接就是人类的生活资料，有的为人类所利用从而变成人类生活的支持条件。

3. 农村社区发展土地保障的范型

（1）政府帮助农户降低土地经营成本。为了引导农民积极采用新技术发展现代农业，就需要降低新技术运用和土地经营成本、增加农业收益，使土地保障在农村社区发挥出强大的功能。我国从20世纪90年代改革了农产品的价格体制和农业生产要素的流通体制；2006年，取消了农业税，体现了现代税收中的"公平"原则，同时还符合"工业反哺农业"的趋势。

（2）农户提高农业生产市场竞争能力。第一，开办家庭农场。家庭农场是农村种养大户的升级版，是以家庭为生产单位，从事农业规模化、集约化、商品化经营的新型农业经营主体。这是农户参与市场竞争、应对农产品市场的主要策略，也是农户发展农业经济的主要方向。2008年，党的十七届三中全会报告首次将家庭农场作为农业规模经营主体之一提出。2022年，习近平总书记在党的二十大报告中指出，"发展新型农业经营主体和社会化服务，发展农业适度规模经营"。这为农民开办家庭农场提供了政策支持。第二，组建专业合作社。

农民组建的专业合作社是以家庭联产承包经营为基础,通过提供农产品的生产、加工、贮藏、销售、运输以及农业生产经营技术、信息等服务,来实现成员互助目的的农业经济组织。2006年10月通过的《中华人民共和国农民专业合作社法》,于2017年12月进行了修订,并于2018年7月1日起正式实施。该法是农民组建专业合作社和加入专业合作社的法律依据。农民专业合作社一般由同类农产品的生产经营者或者同类农业生产经营服务的提供者、利用者自愿联合,进行民主管理。现在的农民专业合作社在带动农户发家致富、脱贫攻坚等方面也发挥了较大作用。

(3)政府实施耕地保护措施。耕地保护指政府运用法律、行政、经济、技术等手段,对全国耕地的数量和质量进行保护的行为。保护耕地是实施土地保障的前提条件。为了有效遏制耕地资源的流失,国家出台了一系列治理整顿措施。一是规范商业性用地出让方式。2002年4月,国家通过《招标拍卖挂牌出让国有建设用地使用权规定》(后于2007年修订),该政策规定"工业、商业、旅游、娱乐和商品住宅等经营性用地以及同一宗地有两个以上意向用地者的,应当以招标、拍卖或者挂牌方式出让"。二是严格控制土地供应总量。2003年2月,国土资源部发布《关于清理各类园区用地 加强土地供应调控的紧急通知》,提出"各级国土资源管理部门要加强土地的统一规划、统一征用转用、统一开发、统一供应的管理","维护土地利用总体规划和城市规划的严肃性,规范土地市场秩序"。紧接着,国土资源部印发了《进一步治理整顿土地市场秩序工作方案》,提出主要治理整顿各类园区用地、非法圈占集体土地、违法违规交易、管理松弛等问题。同年,国务院办公厅先后公布《关于暂停审批各类开发区的通知》《关于清理整顿各类开发区 加强建设用地管理的通知》《关于加大工作力度 进一步治理整顿土地市场秩序的紧急通知》,治理整顿土地市场秩序。三是实行土地垂直管理体制。2003年,为了遏制地方政府空前膨胀的土地寻租行为,中央政府决定在全国实行省以下土地垂直管理体制。四是开展基本农田保护检查活动。2004年,国土资源部和农业部联合组织开展了基本农田保护检查工作。检查内容包括基本农田保护基础性工作落实情况、基本农田利用和变化情况以及基本农田保护制度建立与执行情况等。五是建立耕地保护责任目标考核制度。2018年,国务院办公厅公布了修订后的《省级政府耕地保护责任目标考核办法》,明确各省、自治区、直辖市人民政府对《全国土地利用总体规划纲要》确定的本行政区域内的耕地保有量、永久基本农田保护面积以及高标准农田建设任务负责,省长、自治区主席、直辖市市长为第一责任人。省级政府耕地保护责任目标考核在耕地占补平衡、高标准农田建设等相关考核评价的基础上综合开展,实行年度自查、期中检查、期末考核相结合的方法。年度自查每年开展一次,由各省、自治区、直辖市自行组织开展;从2016年起,每五年为一个规划期,期中检查在每个规划期的第三年开展一次,由考核部门组织开展;期末考核在每个规划期结束后的次年开展一次,由国务院组织考核部门开展。对比2005年的《省级政府耕地保护责任目标考核办法》可以看出,2018年的考核办法更加全面、具体。六是开展土地整治行动。2012年,国务院批准颁布《全国土地整治规划(2011—2015年)》,提出"十二五"期间土地整治的主要目标是:高标准基本农田建设成效显著,补充耕地任务全面落实,农村建设用地整治规范有序推进,城镇工矿建设用地整治取得重要进展,土地复垦明显加快,土地整治保障体系更加完善。七是毫不动摇严守耕地红线。2002年,党中央、国务院印发了《全国国土空间规划纲要(2021—2035年)》,明确18.65亿亩耕地和15.46亿亩永久基本农田保护目标任务。2022年,党的二十大报告提出,"牢牢守住十八亿亩耕地红线,逐步把永久基本农田全部建成高标准农田"。通过采取"稳住总量、优化布局、压实责任"等一揽子措施,全国耕地持续快速减少的态势得到初步遏制,耕地得到了较好的保护,为广大农民利用土地发展农业生产,增强农业生产保障能力提供了基本的物质条件。

（4）建立土地流转与征收制度。土地流转是农村拥有土地承包经营权的农户将土地经营权转让给其他农户或经济组织的行为。2004年,《国务院关于深化改革严格土地管理的决定》指出,"农民集体所有建设用地使用权可以依法流转"。同时,在多个省份进行农村建设用地使用权流转试验。2005年1月7日,农业部审议通过《农村土地承包经营权流转管理办法》,并决定从2005年3月1日起施行。该办法全面规范了农村土地使用权转让行为,较好地促进了农村土地使用权的交易。为了进一步推动农村土地使用权交易,2014年,中共中央办公厅、国务院办公厅印发了《关于引导农村土地经营权有序流转发展农业适度规模经营的意见》(以下简称《意见》),并发出通知,要求各地区各部门结合实际认真贯彻执行。《意见》提出用五年左右时间基本完成土地承包经营权确权登记颁证工作,为发展农村土地流转创造条件。现在我国农村社区在土地流转方面有这样一些交易方式：土地互换、土地出租、土地入股、宅基地换住房、承包地换社保、股份合作等。这些土地使用权交易方式极大地提高了农村土地使用效率，使土地发挥了更大的生活保障效能。对于农地征收方面，也建立了相应的补偿制度。《中华人民共和国土地管理法》规定："国家为了公共利益的需要，可以依法对土地实行征收或者征用并给予补偿。"《中华人民共和国宪法》第十条也规定："国家为了公共利益的需要，可以依照法律规定对土地实行征收或者征用并给予补偿。"《中华人民共和国土地管理法》对征地补偿作了明确规定："农村和城市郊区的土地，除由法律规定属于国家所有的以外，属于农民集体所有；宅基地和自留地、自留山，属于农民集体所有。""征收土地应当依法及时足额支付土地补偿费、安置补助费以及农村村民住宅、其他地上附着物和青苗等的补偿费用，并安排被征地农民的社会保障费用。征收农用地的土地补偿费、安置补助费标准由省、自治区、直辖市通过制定公布区片综合地价确定。制定区片综合地价应当综合考虑土地原用途、土地资源条件、土地产值、土地区位、土地供求关系、人口以及经济社会发展水平等因素，并至少每三年调整或者重新公布一次。征收农用地以外的其他土地、地上附着物和青苗等的补偿标准，由省、自治区、直辖市制定。对其中的农村村民住宅，应当按照先补偿后搬迁、居住条件有改善的原则，尊重农村村民意愿，采取重新安排宅基地建房、提供安置房或者货币补偿等方式给予公平、合理的补偿，并对因征收造成的搬迁、临时安置等费用予以补偿，保障农村村民居住的权利和合法的住房财产权益。"这使得被征地农民原有生活水平不降低、长远生计有保障。

4.促进农村土地保障发展的基本策略

（1）加大农技推广和技能培训力度。要使土地保障产生发家致富、提高生活水平和改善生活福利的效能，就需要改造农业的传统经营方式，引入新的农业生产要素，将传统农业经营方式变成现代农业经营方式。改造传统农业，关键不是扩大经营规模，而是要实现技术变化。如何通过技术变化来改造传统农业，需要从供求的角度来考虑。供给是农户引进新技术的关键，政府和农业科学研究院要研究出适合本国条件的生产技术，并通过农技推广机构将其传递出去。从需求角度看，要使农户接受新生产技术，就必须使新生产技术给农户带来直接收益。这取决于新生产技术的价格和产量。新技术的价格越低，农户越有可能使用新生产技术；新技术带来的产量越大，农户越有可能使用新技术。

当然,农户使用新技术要有一定的知识,即要求农户有一定的人力资本。所以,人力资本是农户增收的主要源泉。要增加农户农业收入就要进行人力资本投资,包括使其接受教育、参加培训、掌握卫生健康知识等。农村社区实施土地保障,就要针对我国农村社区农业人力资本投资不足的问题,加大农技推广和技能培训的力度。

(2) 探索去内卷化经营的机制。农业内卷化是劳动边际效率递减状态下的生产行为,是农户劳动回报率极低甚至为零的生产行为。要改变农户的这种经营行为,根本条件是提高劳动生产效率,将农户家庭经营模式改变为企业化经营模式。其措施有:第一,在村内或乡内进行土地流转,鼓励农户把家庭经营变成家庭农场,或将农户组织起来,利用股份合作机制兴办村集体农场,并按照现代企业管理方式从事农业经营,以此提高农业劳动效率,克服农业内卷化现象。第二,大力发展农产品加工业,并以此为关键组建村集体农业公司,利用产业链的经营机制将农业生产、加工、销售三个环节结合起来,用加工企业的管理措施改变农户内卷化经营行为。第三,充分开发和利用农村社区的土地资源、景观资源、生态资源,大力发展农业旅游产业和乡村生态旅游产业,成立村集体农业旅游公司、乡村生态旅游公司,将土地、景观、生态转变为旅游资源,将农业生产变成旅游项目,使用效率管理模式经营土地。通过这些措施使农户的农业生产效率得到提升,增强农村土地的生活保障功能。

(3) 构建合理的农产品交易价格体系。加强农产品物流协调的建设,为农产品打开省内、国内交易市场提供物流条件。推行"一村一品""一乡一品""一县一品"农户生产模式,以县为单位组建农产品贸易公司,开展农产品国际贸易业务,把农户生产的农产品卖到国际市场上去。打破不良商家对农户交易的操控。深入开展农产品流通体制改革,为农户跨过村级零售商、乡级县级分销商甚至直接与全国性生产厂商合作提供便利,使农户能够分享农产品流通领域的正当利润。兴办农产品批发市场,开拓农村现代流通网络,大力发展"互联网+",加速农产品流通现代化。

(4) 着力改善农村社区劳动力结构。第一,合理组织农村剩余劳动力,避免因劳动力过量外流削弱农户生产和农业发展实力,为农业生产保留足够数量的优质劳动力,以健康持续地进行农业生产。第二,采取有力措施引导农村智力回流,即促使有知识和技能的劳动者把知识、技能带回农村。为此,农村社区要积极吸引以下人员：大中专毕业生、部队转业人员，以及伴随各级部门开展的"科技扶贫""三下乡""农村志愿者服务"等活动而暂时流动到农村的各类知识型人才；企业界成功人士和回乡创业的人才。推动农村智力回流要从增加农村吸引力、加大外界推力两方面着手，即在大力发展农村社区经济、提高农村自身吸引力的同时，也要通过各种政策、制度的创新来适当加大推力。智力回流是消除农民跨区就业流动负外部效应和改善农村社区劳动力结构的最根本措施。

（5）增强农地征收补偿制度的生活保障功能。按照生活保障原则设计征地补偿方案和补偿标准，给失地农民构造一张生活安全网。这样才有可能将失地农民家庭的未来生活成本和生活风险纳入失地农民征地补偿计算依据，才能保证失地农民获得与土地保障等值的补偿金；才能建立起失地农民生活保障的长效机制；才能帮助农民避免"因失去土地而失去生活"的人为风险。

（6）建立用集体力量克服农业弱质性的机制。第一，建立农民专业合作社将分散经营的农户组织起来，用群体的力量应对自然风险和市场风险。在规模上，将村级农民专业合作社组合起来，建立乡级农民专业合作联社；将乡级农业专业合作联社组合起来，建立县级农民专业合作联社，直至建立全国农民专业合作总社。在类型上，组建农业保险合作社，以应对农业生产的自然风险，保证农民的权益，增强农民以地为生的可靠性；组建农产品销售合作社，以增强农户销售农产品的话语权和议价权，改变农户在销售环节被操控和任人宰割的局面，保证农产品以正常的、合理的价格销售，确保农户得到应有的经营利益，改变农民以牺牲生活水平为代价维持经营的现状；组建农户金融合作社，帮助农户克服缺乏经营资金的困难，加强农户自身对农业生产经营的投资能力，采取措施吸纳农民手中的闲散资金，让农民以自愿入股的形式组建农民金融合作组织。第二，发展设施农业。这是利用现代工业技术装备农业，在可控环境条件下，采用工业化生产方式，实现集成高效及可持续发展的现代农业生产与管理方式。由于这种经营方式是农业经营者使用人工设施人为控制农作物生长环境或因素，能完全或部分地摆脱有限功能农业生产所受自然气候和土壤等条件的制约，使动植物获得适宜的生长条件，从而延长农作物生产季节、使农业产品实现工厂化连续作业，周年生产，获得高产高效农产品，满足社会对优质农产品的需求，促使农业和农民增产增收。

复习思考题

1. 分析农村社区营生保障的发展范型。
2. 农村社区就业保障有哪些特质?
3. 农村社区为什么要开展生活救助?
4. 介绍农村社区发展生活福利事业的理由。

第八章 农村社区生活消费

学习要点

马克思的消费理论,凯恩斯的消费需求理论,塞勒的心理账户理论,农村社区生活消费理念,农村社区生活消费结构,农村社区生活消费层次,农村社区生活消费方式,农村社区生活消费问题及其治理策略。

关键概念

农村社区生活消费、农村社区生活消费理念、农村社区生活消费结构、农村社区生活消费层次、农村社区生活消费方式、凡勃伦效应。

第一节 农村社区生活消费理论

生活消费是人类生活行为的重要内容,是农村社区的根生要素之一,也是农村社区人口从事生态产品和生计产品生产的目的。生活消费不仅对农村社区人口再生产,而且对农村社区生态环境和生计产业再生产,都有决定性意义。因此,必须加强农村社区生活消费体系的建设和生活消费行为的管理。

一、农村社区生活消费概念

消费一词最早出现在古希腊哲学家色诺芬(Xenophon)的《经济论》中,该著作说物品的有用性源自使用和交换,消费同时具有使用和交换的内涵。现今，人们通常将消费理解为对商品和服务的消耗与使用。马克思将生产分为生产资料生产部门和消费资料生产部门，将消费分为生产消费和个人消费。消费具有三方面属性：一是自然属性，这是消费的基础属性；二是社会属性，这是人类社会独特的消费模式；三是发展属性，即消费蕴含了人全面而自由的本质的发展。① 从维持人类生命的角度和从支撑农村社区持续发展的目的出发，界定农村生活消费概念，可将农村社区生活消费界定为：农村社区居民为了延存生命、发育成长、人口再生产，周而复始地消耗新鲜空气、洁净饮水、食物等天然生活资料和衣、食、住、行、用等人工生活资料的消费行为。之所以这样界定农村社区生活消费概念，是因为农村社区居民是一种不断进行新陈代谢的生命体，农村社区居民为了生存、恢复劳动能力以及追求全面发展，必须持续地消费来自生态环境的天然生活资料和来自生计体系的人工生活资料。

把握农村社区生活消费概念，需要注意以下几点。一是要明确生活消费的主体是农村社区居民，消费天然生活资料和人工生活资料直接以人为目的，体现人本主义基础。二是要理解生活消费是农村社区良性运行和持续发展的生活基础，没有持续的生活消费，农村社区居民的"新陈代谢"就无法进行，也就无法为农村社区的生态环境建设和生计体系建设提供劳动力。三是要理解生活消费是双轨运行机制，农村社区居民需要持续地建设社区自然生态环境，才能日复一日地获得优质天然生活资料；同时需要持续地建设社区生计体系，才能永久地获得丰足的人工生活资料。

生活消费在农村社区居民的生产、生活和维持农村社区运行与发展中有着十分重要的作用。首先，生活消费是农村社区居民赖以生存和发展的基础和前提。生活消费既是农村社区居民的基本属性，又是农村社区居民的基本活动，能满足农村社区居民的生存需要。马克思曾经说过，"在吃喝这一种消费形式中，人生产自己的身体"②，只有持续地进行生活消费，农村居民才能生存下去。其次，生活消费是农村社区居民生存的条件、目的和动因，也是农村社区居民的存在方式。最后，生活消费也是农村社区居民持续建设自然生态环境和生计体系的基本保障。

---

① 房尚文：《"生态消费"的马克思主义解》，复旦大学博士学位论文，2011年，第39、30页。
② 《马克思恩格斯选集》（第2卷），人民出版社1995年版，第8页。

二、农村社区生活消费相关理论

虽然专门研究农村社区生活消费的理论尚未形成,但是可以用以下几个有代表性的理论来解释农村社区生活消费行为。

1. 马克思的消费理论

马克思是19世纪最伟大的思想家、哲学家、经济学家之一。其著作《资本论》确立了政治经济学原理,包含了消费理论。

在延续农村社区居民生命和支撑农村社区持续发展的语境下,农村社区生活消费集中在天然生活资料消费和人工生活资料消费两大领域。故建设农村社区生活消费体系和管理农村社区生活消费行为,应以马克思的消费理论为指导。

(1) 马克思的生态消费理论

马克思的生态消费理论主要集中在《1844年经济学哲学手稿》等著作中。马克思的这部著作论述了环境问题、人与自然关系的异化、自然对人的作用等,内含生态消费理论。

第一,自然界是人类生活消费的基础。人类是自然界长期进化的产物,自然界"是人的无机的身体"[1],人与自然界持续不断的物质变换是人类社会存在的物质前提,"人靠自然界生活"[2],人不能脱离自然界独立存在。自然界为人类提供最基本的物质消费资料,"人在肉体上只有靠这些自然产品才能生活,不管这些产品是以食物、燃料、衣着的形式还是以住房等等的形式表现出来"[3]。自然界作为人类的生活消费的物质基础必须具有可持续性,人与自然界必须"处于持续不断的交互作用过程"[4],否则人类将走向灭亡。

第二,人与自然在社会中紧密结合。割裂人类社会与自然界去认识二者都不是"彻底的自然主义或人道主义"[5],马克思主张的"彻底的自然主义或人道主义"是"既不同于唯心主义,也不同于唯物主义,同时又是把这二者结合起来

---

[1] 〔德〕马克思:《1844年经济学哲学手稿》,人民出版社2018年版,第52页。
[2] 同上。
[3] 同上。
[4] 同上。
[5] 同上书,第102页。

的真理"①。人的实践活动使自然界成为人化自然,"社会是人同自然界的完成了的本质的统一,是自然界的真正复活"②。未来的高级社会是自然主义与人道主义的紧密结合,人与自然结合成为有机的整体。"共产主义,作为完成了的自然主义,等于人道主义,而作为完成了的人道主义,等于自然主义,它是人和自然界之间、人和人之间的矛盾的真正解决,是存在和本质、对象化和自我确证、自由和必然、个体和类之间的斗争的真正解决。"③

  第三,生活消费需求异化会伤害自然。自然界是满足生活消费需要的物质基础,"为了使自身得到满足……需要自身之外的自然界、自身之外的对象"④,"产品和需要的范围的扩大……屈从于非人的、精致的、非自然的和幻想出来的欲望"⑤,人的需要范围超出了自然的界限,"自然界失去了自己的纯粹的有用性,因为效用成了人的效用"⑥。需要异化必然导致人对自然更深层次的掠夺,"完全违反自然的荒芜,日益腐败的自然界,成了他的生活要素。他的任何一种感觉不仅不再以人的方式存在,而且不再以非人的方式因而甚至不再以动物的方式存在"⑦。生活消费需求的异化造成天然生活资料失去生活价值。"肮脏,人的这种堕落、腐化,文明的阴沟(就这个词的本义而言),成了工人的生活要素"⑧,特别给生活在社会底层的群体带来严重的伤害。空气污染导致"对于工人来说,甚至对新鲜空气的需要也不再成其为需要了"⑨。居住环境恶化,"明亮的居室,这个曾被埃斯库罗斯笔下的普罗米修斯称为使野蛮人变成人的伟大天赐之一,现在对工人来说已不再存在了"⑩。"人又退回到洞穴中居住,不过这洞穴现在已被文明的污浊毒气所污染,而且他在洞穴中也是朝不保夕,……如果他付不起房租,他每天都可能被赶走"⑪,食物安全缺乏保障。天然生活资

---

① 〔德〕马克思:《1844年经济学哲学手稿》,人民出版社2018年版,第102页。
② 同上书,第79页。
③ 同上书,第78页。
④ 同上书,第103页。
⑤ 同上书,第118页。
⑥ 同上书,第82页。
⑦ 同上书,第119页。
⑧ 同上。
⑨ 同上。
⑩ 同上。
⑪ 同上。

料的腐败使"人不仅没有了人的需要,他甚至连动物的需要也不再有了","光、空气等等,甚至动物的最简单的爱清洁习性,都不再是人的需要了"。① 生态环境污染剥夺了本属于人的自然,取而代之的是虚伪的人造的没有生命的物品,这些看似精致的商品替代了人本质的需要,其实质上是粗陋的、非人的需要。②

(2) 马克思的生计消费理论

马克思的生计消费理论主要集中在《资本论》《〈政治经济学批判〉导言》等文献中。马克思的这两部著作论述了生产关系、社会再生产等理论,认为社会再生产是由生产、分配、交换和消费环节构成的整体,内含生计消费思想。

第一,消费是社会再生产的重要环节。生产是生计最重要的来源。只有从事物质资料的生产,人类才有可能消费生活资料。"任何一个民族,如果停止劳动,不用说一年,就是几个星期,也要灭亡,这是每一个小孩都知道的。"③社会再生产分为生产、分配、交换、消费四个环节,这四个环节密切联系,相互制约、缺一不可。"生产制造出适合需要的对象;分配依照社会规律把它们分配;交换依照个人需要把已经分配的东西再分配;最后,在消费中,产品脱离这种社会运动,直接变成个人需要的对象和仆役,供个人享受而满足个人需要。因而,生产表现为起点,消费表现为终点,分配和交换表现为中间环节。"④

第二,生产与消费相互作用。一是生产对消费起决定作用。在社会再生产的每一个循环中,生产总是处于起点,并且对消费起决定作用。"没有生产,就没有消费"⑤,因为生产为消费提供人工生活资料,生产决定生活资料消费方式,产品诱发消费需求。二是消费对生产具有反作用。"没有消费,也就没有生产"⑥,因为:消费直接也是生产,消费再生产出人以及人的劳动能力;消费是生产发展的动力,"消费在观念上提出生产的对象,把它作为内心的图象、作为需要、作为动力和目的提出来"⑦;消费是生产的目的和归宿。

---

① 〔德〕马克思:《1844年经济学哲学手稿》,人民出版社2018年版,第119页。
② 马克思的生态消费理论这三大命题,根据房尚文:《"生态消费"的马克思主义解》(复旦大学博士学位论文,2011年)整理。
③ 《马克思恩格斯选集》(第4卷),人民出版社1995年版,第580页。
④ 《马克思恩格斯选集》(第2卷),人民出版社1995年版,第7页。
⑤ 同上书,第9页。
⑥ 同上。
⑦ 同上。

第三,消费与分配相互作用。一是分配决定消费。"在生产者和产品之间出现了分配,分配借社会规律决定生产者在产品世界中的份额,因而出现在生产和消费之间。"①人们只有拿到工资之后,才能去消费。收入分配是消费水平、消费结构以及消费方式的决定因素之一。二是消费制约分配。因为消费是分配的最终实现,分配是否合理最终受消费的检验,消费水平的状况制约着分配中的各种比例关系。

第四,消费与交换相互作用。"交换只是生产和由生产决定的分配一方同消费一方之间的中介要素"②,没有交换作为媒介,产品就不可能进入市场,消费者就无法买到产品,产品也就不会被消费。交换对消费有一定的引导作用和调节作用。

2. 凯恩斯的消费需求理论

约翰·凯恩斯是20世纪西方经济学界最有影响力的经济学家之一。1936年,他出版了《就业、利息和货币通论》一书,创立了现代宏观经济学的理论体系,实现了经济学的第三次革命。消费需求理论是该著作的主要思想。凯恩斯的消费需求理论是为解决就业问题而建立起来的有效需求理论。

(1) 社会的就业量取决于有效需求。有效需求指商品的总供给价格和总需求价格达到均衡时的总需求。当总需求价格大于总供给价格时,社会对商品的需求超过商品的供给,企业会增雇工人,扩大生产;当总需求价格小于总供给价格时,出现供过于求的状况,企业被迫降价出售商品,或一部分商品滞销,企业因无法实现最低利润而裁减雇员,收缩生产。故就业量取决于总供给与总需求的均衡点。短期内,生产成本和正常利润波动不大,因而企业愿意供给的产量不会产生大波动,总供给基本稳定。这样,就业量实际上取决于总需求,这个与总供给相平衡的总需求就是有效需求。

(2) 社会的有效需求由消费需求和投资需求构成,其大小取决于消费倾向、资本边际效率、流动偏好以及货币量。对此,凯恩斯总结出"三大基本心理规律"。第一,消费倾向指消费在收入中所占的比例,它决定消费需求。一般情况下,随着收入的增加,消费的增加赶不上收入的增加,呈现出边际消费倾向递减的规律,于是引起消费需求不足。第二,投资需求由资本边际效率和利息率

---

① 《马克思恩格斯选集》(第 2 卷),人民出版社 1995 年版,第 12 页。
② 同上书,第 16 页。

这两个因素的对比关系所决定。资本边际效率指增加一笔投资预期可得到的利润率,它会随着投资的增加而降低。从长期看,呈现资本边际效率递减的规律,于是引起投资需求不足。由于人们投资的前提条件是资本边际效率大于利润率,当资本边际效率递减时,只有利润率同比下降,才能保证投资不减,所以,利润率是投资需求的决定因素。第三,流动偏好是人们愿意用货币形式保持自己收入的心理因素,它决定了货币需求。利息率取决于流动偏好和货币数量,在一定的货币供应量下,人们对货币的流动偏好越强,利息率就越高,而高利息率将阻碍投资。这样在资本边际效率递减和存在流动偏好两个因素的作用下,投资需求出现不足。消费需求不足和投资需求不足造成大量的失业,形成生产过剩的经济危机。

(3) 政府干预经济是解决失业和复兴经济的最佳措施。"三大基本心理规律"既引起消费需求不足,又引起投资需求不足,使得总需求小于总供给,有效需求不足,导致生产过剩的经济危机和失业。这是无法通过市场价格机制调节的。因利率取决于流动偏好(货币的需求)和货币数量(货币的供给),储蓄与投资只能通过总收入的变化来达到平衡,需要政府采取赤字财政政策和膨胀性的货币政策来扩大政府开支,降低利息率,从而刺激消费,增加投资,以提高有效需求,实现充分就业。

3. 塞勒的心理账户理论

理查德·塞勒(Richard Thaler)是当代美国行为经济学、行为金融学、决策心理学专家,2017 年获得诺贝尔经济学奖。他将心理上的现实假设纳入经济决策分析,建立精神会计理论,解释人们如何通过在自己的头脑中创建单独的消费账户来简化财务的规律。他创立的心理账户理论是消费决策的创新,具有极强的理论解释力。1980 年,他在一篇论文中提出"心理账户"(mental accounting)概念,认为除了荷包这种实际账户外,在人的头脑里还存在着一种心理账户。心理账户是消费者在心理上对消费的分类记账、编码、估价和预算等过程,实际上,就是人们在消费时根据自己设定的某类物品消费额度的大小来决策要不要消费的权衡心理。1985 年,理查德·塞勒发表《心理账户与消费者选择》一文,揭出心理账户理论,系统分析了心理账户现象,以及心理账户如何导致个体违背最简单的经济规律。塞勒的心理账户理论利于农村社区建设与管理者分析农村社区居民的消费心理和消费行为。

（1）心理账户的运行阶段。小到个体、家庭,大到企业集团,都有或明确或潜在的心理账户系统。心理账户的运行过程分三个阶段:第一阶段是消费者将感知到的收益或损失合并到某个账户中;第二阶段是消费者对这些收益和损失进行心理的编码、标记和相应的收支分析;第三阶段是消费者对账户进行结算并关闭。

（2）心理账户的内在构成。1999年,塞勒发表《心理账户相关问题》一文,将心理账户分成三个部分:第一部分是对决策结果的感知及评价,心理账户系统提供了决策前后的损失—获益分析;第二部分是对特定账户的分类活动,根据来源和支出将资金划分成不同类别,消费有时受制于特定账户的预算;第三部分是账户评估频率和选择框架,消费者以每天、每周或每年的频率权衡账户。

（3）心理账户的运行情形。第一种情形是消费者将各期的收入或者不同形式的收入分在不同的账户中,不同账户收入不能相互填补。第二种情形是消费者将不同来源的收入对应于不同的消费倾向。第三种情形是消费者用不同的态度来对待不同数量的收入。实际上,绝大多数的人都会受到心理账户的影响,因此总是以不同的态度对待等值的钱财,并做出不同的决策行为。例如,人们会把辛苦赚来的钱和意外获得的钱放入不同的心理账户。一个人对辛苦赚来的钱会更精打细算,谨慎支出,但是意外获得的钱却更可能会被更轻松地花掉。

（4）心理账户的运行命题。一是消费者乐意支付小于心理账户的消费额度,不乐意支付大于心理账户的额度。二是消费额度小的心理账户可以通过某种引导转入消费额度大的心理账户。三是消费者乐意将一笔整钱储存起来,将零钱花掉。四是消费者乐意对一笔超过心理账户预期的消费额度进行分期支付。五是消费者乐意将心理账户之外的意外之财(额外所得)挥霍掉,而不愿意将劳动所得的收入花掉。

第二节 农村社区生活消费建设

生活消费是生活领域的一种行为,是重要的生活行为,对农村社区的良性运行和持续发展起关键作用。就其构成要素而言,农村社区生活消费包括生活消费理念、生活消费结构、生活消费层次、生活消费方式等方面。建设农村社区生活消费体系需要从这些方面入手。

一、农村社区生活消费理念

理念是思想和思维活动的结果,通常指思想、主意、见解,亦指表象或客观事物在人脑中留下的概括的形象。理念是实现目标、坚持原则的精神力量,是促使事业发展的精神保障。促进农村社区生活消费,必须注重农村社区生活消费理念的建设。

1. 树立节约的生活消费理念

挥霍性消费、奢侈性消费、炫耀性消费都是对生活资料的浪费,在新鲜空气、洁净饮水、安全食物等天然生活资料短缺的情况下,这些消费行为可以说是一种"犯罪"。对于农村社区来讲,社区自然生态环境是发展农业、生态产业的必要环境;社区的山水、土壤、植被、野生食物等生态资源都是农业生产必不可少的生产资源,是需要保护和建设的。如果因过度消耗天然生活资料或生态产品造成生态环境的破坏和生态资源的消失,无疑是自断生路的做法。所以,农村社区居民应该树立绿色消费理念。马克思指出:"奢侈是自然必要性的对立面。必要的需要就是本身归结为自然主体的那种个人的需要。"[①]资本主义生产"破坏着人和土地之间的物质变换,也就是使人以衣食形式消费掉的土地的组成部分不能回归土地,从而破坏土地持久肥力的永恒的自然条件。这样,它同时就破坏城市工人的身体健康和农村工人的精神生活"[②]。因而,农村社区居民不能掠夺式地消耗社区生态资源,不能毫无节制地攫取自然生态环境的一切,而应该秉持爱护自然生态环境的绿色消费理念,合理与适度地消费社区生态资源和天然生活资料。

2. 确立循环利用的生活消费理念

循环利用是将废品变为可再利用材料的过程。生活中必然要使用一些物品,物品使用一段时间后就要更换,更换下来的物品被视为废品。有些生活废品流向大自然会对社区生态环境造成污染。为了减少对社区生态环境的污染,

---

① 《马克思恩格斯全集》(第30卷),人民出版社1995年版,第525页。
② 《马克思恩格斯全集》(第42卷),人民出版社2016年版,第518—519页。

就要想办法对生活废品进行循环利用,确保农村社区居民使用过的生活物品重新回到资源池,变成其他物品重新利用。一是农村社区居民可以将原来的生活废品保存下来,用于其他生活领域,让其继续发挥价值。二是将生活废品回收,用于生产领域。马克思指出:"几乎所有消费品本身都可以作为消费的废料重新加入生产过程"[1],"所谓的废料,几乎在每一种产业中都起着重要的作用"[2],将生产排泄物转化为"同一个产业部门或另一个产业部门的新的生产要素"[3]。现今的科技,可以将生活废品变成生产资源。农村社区居民应该确立生活废品循环利用的消费理念,发展循环经济,变废为宝,降低生产成本,创造更多财富。

3. 培养绿色生活消费理念

绿色消费是符合生态文明的消费理念。2016年,国家发展改革委等十部门印发的《关于促进绿色消费的指导意见》指出:"绿色消费是指以节约资源和保护环境为特征的消费行为,主要表现为崇尚勤俭节约、减少损失浪费、选择高效、环保的产品和服务,降低消费过程中的资源消耗和污染排放。"党的十九大报告指出,"倡导简约适度、绿色低碳的生活方式,反对奢侈浪费和不合理消费"。习近平总书记指出,要"让老百姓呼吸上新鲜的空气、喝上干净的水、吃上放心的食物、生活在宜居的环境中、切实感受到经济发展带来的实实在在的环境效益"[4]。党的二十大报告强调,"倡导绿色消费,推动形成绿色低碳的生产方式和生活方式"。所以,要培养农村社区居民的绿色生活消费理念,并引导农村社区居民践行绿色消费理念。这对于满足农村社区居民对优美生态环境的需要、促进农村社区绿色发展、推动农村社区生态文明建设、构建美好生活具有重要意义。

(1) 在日常生活消费中尊重自然。农村社区居民要从根本上改变人与自然相对立的生产生活方式,实现人与自然和谐统一,尊重自然法则,讲究人道,追求"这种共产主义,作为完成了的自然主义,等于人道主义,而作为完成了的人道主义,等于自然主义"[5],以理性约束物欲和贪婪。减少污染物排放,尽量做

---

[1] 《马克思恩格斯全集》(第33卷),人民出版社2004年版,第288页。
[2] 《马克思恩格斯全集》(第46卷),人民出版社2003年版,第116页。
[3] 同上书,第94页。
[4] 习近平:《在省部级主要领导干部学习贯彻党的十八届五中全会精神专题研讨班上的讲话》,人民出版社2016年版,第20页。
[5] 〔德〕马克思:《1844年经济学哲学手稿》,人民出版社2018年版,第78页。

到绿色购买、绿色使用和绿色处置。

（2）在日常生活消费中追求食品安全。食用"零添加"食品，用控糖、控油、控脂标准选用纯天然、原产地食物，选用纯植物基因、无人工色素、零残留、零污染产品，消费成分天然、品质高的绿色健康产品。不攀比价格或品牌符号，从实用出发，适当消费确保生活质量。在消费活动中不追求快消品、快时尚、奢侈品，崇尚生活的持续性，强调物品的修复和重复使用。

（3）在日常生活消费中养成朴素的消费习惯。回归生活本真，反对奢侈的消费主义理念，拒绝华丽的包装和装饰，克制消费欲望，不追求生活用品的高附加值，崇尚生活的节俭与自然，养成朴素的消费主义观念。不在生活消费上搞攀比，不炫富，不进行炫耀性消费。

（4）践行低碳生活。低碳就是各种社会主体在生产和生活领域践行节能、降耗、减排、零污目标的活动过程。减少温室气体排放和空气污染，阻止气候恶化，仅靠经济部门和生产领域实行节能、降耗、减排、零污是不够的，还需要生活领域协同配合，倡导所有农村社区居民积极践行低碳生活。减少生活中因不必要的需求产生的二氧化碳排放量是阻止气候恶化的重要途径。低碳生活就是节能、降耗、废物回收利用的生活行为和生活习惯。践行低碳生活就是为了减少化石能源消耗、降低二氧化碳排放量、做到零污染，要倡导农村社区居民在生活中修建自然能住房、绿色出行、利用自然能、节约用电气水、回收利用废旧物品、绿化生活环境等各种消费低碳化行动。农村社区居民践行低碳生活有以下作用：第一，能减少日常生活中对煤炭等化石能源的依赖，提高能源使用能效，降低二氧化碳排放量；第二，空气质量得到改善、社区生态环境得到保护、生态产品质量得到提高、居民生活品质得到提升；第三，社区生活资源得到循环利用，生活成本得到降低，人与自然和谐相处，居民生活与生态环境共存共荣；第四，使社区低碳运行得到基本保障。可以说，践行低碳生活是农村社区居民养成绿色消费习惯的直接表现。

二、农村社区生活消费结构

消费结构指各种不同内容、不同形式的消费在消费总体中所占的比重以及它们之间的相互关系。消费结构有质量要求。消费结构的质指消费品要有质量保证、消费种类要有协调性、消费环境要好、消费能力要强、消费者要有满足感等。

消费结构的量指消费品种丰富、消费量适度、价值量实足等。农村社区生活消费结构就是农村社区有质量要求的、由不同消费内容和不同消费形式构成的消费比例关系。由于农村社区居民生活必然消费天然生活资料和人工生活资料，因此，农村社区生活消费结构至少由生态消费结构和生计消费结构两部分构成。

由于农村社区居民的生存、生活、发展离不开新鲜空气、洁净饮水、安全食物等天然生活资料，因此，农村社区生态消费结构是农村社区居民消费新鲜空气、洁净饮水、安全食物的比例构成。生态消费结构的形成源自农村社区居民的生态需要。生态需要关乎人的生存需要、享受需要和发展需要。满足生态需要必须消费生态产品，即消费新鲜空气、洁净饮水、安全食物等天然生活资料。生态消费就是着眼于生态需要、立足于生态环境、以生态产业为支撑、以生态文化为精髓的消费方式。这种消费方式，不仅以人的全面发展为中心，满足人的基本生存和发展需求，而且能够实现人与自然的和谐相处。[1]

一般而言，农村社区生态消费结构的消费品种类会保持原有格局，但是消费品质量会发生变化。纵观人类历史，随着人类生产能力的提高和社会形态的更替，农村社区生态消费结构呈恶化态势。在园艺社会，人类生产力非常落后，劳动工具和人类生活消费欲望都不足以伤害社区生态环境，原始居民能够从周边生活空间和生态环境中获得充足的天然生活资料。但是进入农业社会和工业社会之后，这种生态消费结构被化学农业和工业生产所破坏，出现水土污染、空气污染、生物多样性破坏、生态系统的平衡机制和自我调节功能被削弱，空气质量下降、水质恶化、安全食物减少，导致农村社区居民不再能从社区自然生态环境获得优质的、充足的天然生活资料。可见，加强农村社区生活消费结构的质量建设是十分必要的。

由于农村社区居民的生存、生活、发展离不开衣、食、住、行、用等人工生活资料，因此，农村社区生计消费结构是农村社区居民消费衣、食、住、行、用等人工生活资料的比例构成。生计消费结构的形成源自农村社区居民的生计需要。生计需要也涉及人的生存需要、享受需要和发展需要。满足生计需要必须消费生计产品，即消费衣、食、住、行、用等人工生活资料。生计消费就是着眼于生计需要、立足于生计条件、以社区经济为支撑、以谋生文化为精髓的消费方式。满

---

[1] 鲁长安：《我国发展生态消费面临的挑战及其对策》，《党政干部论坛》2009年第9期，第22—24页。

足生计消费需要,农村社区居民必须大力发展生计产业、发展社区集体经济、发展家庭经济,为生计消费奠定坚实的经济基础。

三、农村社区生活消费层次

生活消费层次就是受消费能力影响而出现的生活消费内容层化现象。为了划分农村社区生活消费层次,我们收集了一些具有代表性的相关文献,并将其中涉及的生活消费项目罗列出来。表8-1为根据文献总结出的我国部分地区农村社区居民生活消费开支项目。

表8-1 我国部分地区农村社区居民生活消费开支项目

分类依据	农村社区生活消费支出构成
国家统计局农村社会经济调查司	食品烟酒、衣着、居住、生活用品及服务、交通通信、教育文化娱乐、医疗保健、其他用品及服务
薛瑞等	食品、居住、衣着、交通及通信、设备及服务、医疗保健、文教娱乐及服务、其他商品及服务
刘猛、王桂荣、王慧军	食品、衣着、居住、文教娱乐及服务、家庭设备及服务、医疗保健、交通通信、其他商品及服务

资料来源:国家统计局农村社会经济调查司编:《中国农村统计年鉴2020》,中国统计出版社2020年版,第262页;薛瑞等:《山东省农村居民生活消费支出分析》,《山东农业大学学报(社会科学版)》2013年第4期,第13页;刘猛、王桂荣、王慧军:《河北省农村居民生活消费支出倾向分析》,《安徽农业科学》2010年第3期,第1479页。

依据农村社区居民生活消费开支的属性,可将我国农村社区居民生活消费开支项目分成六类:第一类为人工生活资料消费性开支项目,包括食品、衣着、房租、日耗水电费、生活日用品、交通费、通信费等;第二类为成员能力开发性开支项目,包括子女上学、子女课外辅导、参加技能培训等;第三类为生产资产积累性开支项目,包括购置农业生产工具、养殖耕牛、农业再生产等;第四类为生活资产积累性开支项目,包括生活耐用品、交通工具、通信工具、建(购)房等;第五类为缴费性生活开支项目,包括社保费用、财产保险、乡村统筹款、村提留款、集资摊派等;第六类为精神生活消费开支项目,包括旅游、文化娱乐、社交等。将这六类生活消费开支进行归纳可得出农村社区居民生活消费开支属性表。(见表8-2)

表 8-2　农村社区居民生活消费开支属性表

生活消费开支类型	生活消费开支属性
人工生活资料消费性开支	基本性生活消费开支
成员能力开发性开支	发展性生活消费开支
生产资产积累性开支	发展性生活消费开支
生活资产积累性开支	发展性生活消费开支
缴费性生活开支	扩展性生活消费开支
精神生活消费性开支	扩展性生活消费开支

就表 8-2 展开分析，衣、食、住、行、用等生活资料的消费属于维持生命最基本的生活消费，具有开支刚性和固定性的特点，在一定时期内消费量基本不变、无可节省，属于生存生活消费层。开发家庭成员的能力、积累家庭的生产性资产和生活性资产，都是为家庭的持续发展而采取的生计策略，属于发展性生活消费开支，具有开支弹性和储蓄性的特点，只能在满足基本生活消费的前提下，根据家庭生活消费资金结余情况进行安排，属于发展生活消费层。为克服和抵御家庭成员的生活风险而缴纳的社会保险和商业保险费用、为减少外部因素对家庭正常生活的干扰而缴纳的相关税款和意外事故处理费用、为满足家庭成员对精神生活的需求而形成的消费性开支，都属于扩展性生活消费，具有开支柔性和权宜性的特点，根据家庭遇到的外部情况、家庭成员的精神生活诉求以及家庭财务状况进行开支安排，属于享受生活消费层。由此可以说，农村社区居民生活消费开支项目扩增逻辑和生活消费开支上升层序共同造就了农村社区居民生活消费的层次。农村社区居民生活消费层次就是受农村社区居民的消费能力影响，出现的生存、发展、享受生活消费层化格局。（见表 8-3）

表 8-3　农村社区居民生活消费层次

生活消费层次	生活消费开支属性	生活消费层次名称
第一层	家庭基本性生活消费开支	生存生活消费层
第二层	家庭发展性生活消费开支	发展生活消费层
第三层	家庭扩展性生活消费开支	享受生活消费层

从第一层生活消费到第三层生活消费,反映了农村社区居民人工生活资料消费能力的提高。依据马斯洛需要层次理论,农村社区居民的消费需求存在着由低到高的层次。随着农户家庭收入的提高,当低层次的生活消费需求得到保障后,农户家庭必将追求更高层次的生活保障。根据陈永梅、肖志勇的研究,我国农村恩格尔系数在1995年以前为58%,到2000年降到49%,表明农户家庭更多地把大部分收入用于食品消费。进入21世纪后,农户家庭的食品、居住、生活用品的消费份额在下降,交通、通信、文教、娱乐消费在上升,农户家庭的生活消费逐渐向享受性生活保障发展。① 根据杜伟杰对1981—2018年浙江农村居民生活消费行为进行的研究,可以发现农户家庭的生存性生活消费比重一直在下降。具体来说,食品消费下降了25%,服饰消费下降了4.2%,住房消费下降了9.6%;而发展性和享受性生活消费比重不断在上升,如医疗、保健消费上升了6%,教育、文化、娱乐消费上升了8.6%。② 这些研究结论一定程度上证实了农村社区生活消费层次必将随经济发展和农户家庭收入增加发生结构性变化;必将依循生存生活消费层—发展生活消费层—享受生活消费层进步。建设农村社区生活消费体系需通过发展农村社区经济、不断增加农户家庭收入的途径提升农村社区居民生活消费层次。

四、农村社区生活消费方式

生活消费方式是人类进行日常生活消费所表现出来的行为样式。从词义上理解,生活消费方式指一个社会或一个社区的人消费生活资料所采取的手段、办法和形式。只要有人类存在,只要有生活消费,就存在生活消费方式。从外延来看,农村社区生活消费方式有广义和狭义两种理解。狭义的理解指农村社区居民采用什么手段、方法和形式进行天然生活资料和人工生活资料的消费;广义的理解则将农村社区居民在生产过程中对物质资料的使用也涵盖在内。

1. 农村社区生活消费方式类型

从社会主体角度分,农村社区生活消费方式可分为农民生活消费、打工族

---

① 陈永梅、肖志勇:《我国农村居民消费水平的变化特征与提升对策》,《农业现代化研究》2009年第6期,第664—667页。
② 杜伟杰:《居民消费结构升级机理、趋势及实证分析——以浙江省为例》,《统计与管理》2020年第1期,第4—8页。

生活消费方式、生意人生活消费方式、乡村知识分子生活消费方式、留守群体生活消费方式等等。不同的农村社区居民因工作、生产、劳动的环境和社会关系不同而存在差异，故在生活消费方式上有较大的差别并体现出不同特征。

从年龄角度来看，农村社区生活消费方式可分为农村少儿生活消费方式、青年人生活消费方式、中年人生活消费方式、老年人生活消费方式等。这四种生活消费方式是每一个农村居民必经的，也是每个农村社区居民社会化的重要内容。对任何人来讲，到了相应年龄段，应掌握此阶段的生活消费方式，才会拥有快乐的人生。

从生活消费对象看，农村社区生活消费方式可分为生态消费方式、生计消费方式、精神生活消费方式三种。生态消费方式取决于农村社区居民的生态环境建设程度和生态产品生产水平，取决于农村社区天然生活资料或生态产品的丰富程度。生计消费方式取决于农村社区生产力发展水平、社区生计产业和社区经济发达程度，取决于农村社区人工生活资料或生计产品的丰富程度。精神生活需求是人类区别于一般动物的根本点，农村社区居民的精神生活消费方式建立在农村社区物质生活水平之上，但并不与之成一一对应关系。在现实的农村社区环境里，往往存在一些人虽然过着富裕的物质生活，但他们的精神生活很贫瘠。

从生活消费性质看，农村社区生活消费方式可分为劳动生活消费方式、物质生活消费方式、精神生活消费方式、休闲生活消费方式。劳动生活消费方式是农村社区居民在生产劳动过程中表现出来的方法、手段和形式。物质生活消费方式是农村社区居民在享受物质生活上所表现出来的方法、手段和形式。精神生活消费方式是农村社区居民在享受精神生活上所表现出来的方法、手段和形式。休闲生活消费方式是农村社区居民为满足生命保健、体能恢复、身心调节需要而度过闲暇时光所表现出来的方法、手段和形式。

2. 农村社区生活消费方式解析

据上文可知，农村社区生活消费方式是由许多类型构成的复杂系统。为了进一步介绍农村社区生活消费方式，这里择其代表性类型做进一步的剖析。

（1）农村社区劳动生活消费方式

它是农村社区居民生存与发展的根本保证，由就业方式、劳动方式、劳动时间、劳动观念、劳动习惯等要素构成。

第一,就业方式。此要素关系到农村社区居民生活的基本保障和社区居民积极性的调动问题,有了确定的职业,农村社区居民及其家庭才有获得货币收入和实物收入的保证。在市场经济社会里,求职或就业必须进入市场。对一个社区而言,所谓的充分就业,就是说有基本劳动能力且有就业愿望的劳动者就业率不低于95%。在科技日益发达的现代化社会里,只有拥有一定科学知识、熟练技能的劳动者才有较大就业空间和较高收入的保证。第二,劳动方式。这是由社会分工来决定的,不同社会部门的劳动方式(或工作方式)不同。一般来讲,社区企业有固定的劳动场所,且多以体力劳动为主,尤其是劳动工具不先进的企业,体力劳动占比很高。随着科技发展,社会工作形式多样化程度在提高,尤其在当今时代,办公自动化、信息化和远程通信技术的发展,为劳动要素与劳动场所的分离提供了保证,引起了工作形式的变革,出现了居家工作的劳动方式。就企业而言,采取居家工作的以脑力劳动为主的知识密集企业居多;从学历上看,学历越高,居家工作的比例越高;从职位上看,职位越高的人居家工作的比例越高。第三,劳动时间。劳动时间会对社会生活的时间结构产生直接影响。劳动时间变短使个人可以自由支配的闲暇时间延长,从而为个人的全面发展创造了条件。第四,劳动观念。这是指农村社区劳动群体对劳动的态度和追求。一般而言,在生产力落后的时代,人们劳动的目的是生存。在生产力发达的社会里,人们的劳动目的才发生了变化,是为了发展。第五,劳动习惯。习惯是人们逐渐养成而不易改变的行为,是人类积久而成的一种生活方式。对于农村社区居民来说,其劳动习惯是从祖辈传下来的、被大家遵循的谋生方式,是社区及其居民世代更替、繁衍、昌盛、发展的重要保证。良好的劳动习惯不仅影响劳动速度,也影响谋生质量和财富的积累,每个农村社区居民应塑造和养成良好的劳动习惯。

(2)农村社区生态消费方式

生态消费方式是农村社区居民在享受天然生活资料或生态产品上所表现出来的方法、手段和形式,包括新鲜空气享用方式、洁净饮水享用方式、安全食物享用方式等三类要素。

第一,新鲜空气享用方式。新鲜空气是农村社区居民存活的必要条件,是农村社区居民需要消费的天然生活资料。人的生命离不开空气,优质的空气可以使人健康长寿,清新的空气跟负氧离子有关,负氧离子又被称为空气维生素。

据专家研究,负氧离子为人体神经系统、心血管系统、血液系统、呼吸系统、免疫系统提供诸多正能量。人体需要不断地进行气体交换,吸入氧气,呼出二氧化碳。人体吸收负氧离子,将呼吸的氧转化为人体内的血氧,血液携带血氧向全身输送能源,血氧的含量越高,心脏泵血能力就越强;心脏动脉的输血能力越强,血氧输送到心脑及全身的浓度就越高,人体重要器官的运行状态就越好。所以,人体吸收适量的负氧离子后,精神振奋,工作效率提高,睡眠质量得到改善。由于生态环境及其产生的新鲜空气属于公共产品,农村社区居民可以无偿享用新鲜空气。

第二,洁净饮水享用方式。成人体内的水分约占体重的60%—70%,儿童体内的水分约占体重的80%,一个人每天需要摄入水量约为2500 mL。人体内的液体统称为体液,它集中分布在细胞内、组织间和各种管道中,是构成人体细胞、组织液、血浆等的重要物质。人体内的任何一个细胞都要靠体液才能正常发挥作用。水是人体新陈代谢和生理活动的介质。没有水,人体就无法形成包括唾液、胃液、胆汁、胰液、肠液在内的消化液;没有消化液,营养素就无法被消化,也不能被吸收。水通过溶解体内的无机盐、有机化合物、酶和激素等各种营养物质,将脂肪和蛋白质等变成悬浮于水中的胶体,为人体所吸收;水将氧气运到人体所需部位,使养料和激素到达其作用部位,排除废物,不断促进新陈代谢。水能调节体温,天热时,人出汗,通过蒸发水分,带走一部分热量,降低体温,使人免于中暑;天冷时,水贮备热量,使人体温度保持正常状态。水不仅是人体的滋润剂,能滋润皮肤,还是人体的润滑剂,如体内一些关节囊液、浆膜液在各器官之间起润滑作用,使器官之间免于摩擦受损,保持运动的协调。水也是农村社区居民日常生活所必需的天然生活资料。人对水的需要仅次于氧气。人如果不摄入某一种维生素或矿物质,也许能继续活几周或若干年,但人如果没有水,就只能活几天。若一个人长期处于缺水状态,那么他的健康肯定要受到严重威胁,而且由于缺水,很容易导致脱水,一旦脱水,人就有生命危险。在水体没有被污染、水质优良且充分供给的情况下,农村社区居民也可以无偿享用洁净饮水。但是,假设某个地区的水体受到污染,水质劣化,必须加以净化才能饮用,在这种情形下,洁净饮用水成为稀缺性天然生活资料,成为商品,农村社区居民只能通过市场交换的方式消费自来水、瓶装净水。

第三,安全食物享用方式。顾名思义,安全食物就是长期正常食用不会对人类身体产生阶段性或持续性危害的食物。农村社区居民可以食用自己种植的蔬果、养殖的家禽等,这类食物基本上是无污染、无添加、安全的纯天然食品。如果购买市场上的食物,可以查看食品包装上的标识,尽量选择无公害农产品、绿色食品、有机食品等。

(3) 农村社区生计消费方式

生计消费方式是农村社区居民在享受人工生活资料或生计产品上所表现出来的方法、手段和形式。它涉及服饰消费、饮食消费、居住消费、通行消费和器用消费等五方面的具体内容。

第一,服饰消费。服饰消费方式随着时代变化而变化,不仅衣服的款式和质料在变化,人们对衣着色彩的追求也在变化。可以说,不同时代服装的变化反映了不同社区的文明程度对服装文化的影响。现如今服装已成为表达人们内心世界的特殊语言,农村社区居民着装不仅是为了保暖,更多是为了显示自我的个性与追求。人们可以从某人的着装上看出农村社区居民的职业、身份、修养和学识等。服装的符号化是服饰消费方式的文化内涵。中国历代的服饰是中国文化不可分割的组成部分,尽管只是一个侧面,但它是一定时期物质文明和精神文明的综合反映。中华服饰经过数千年的继承和创新,形成了以头衣(帽)、体衣(衣裤)、足衣(鞋)和装饰(包括发饰、各种金银珠宝、首饰以及一些附属用具,如手帕、扇子、拂尘、荷包等)为主的四大服饰种类。农村社区居民的穿着不同,也反映了社区的民俗风貌。在古代,农村社区居民通过"自织自制"方式穿着打扮;在当今时代,农村社区居民大多通过市场交换方式进行服饰消费。

第二,饮食消费。顾名思义,饮食消费方式包括饮品消费方式和食品消费方式。饮食消费是农村社区居民日常生活中最平常、最基本、必不可少的需求。自古以来,随着社会生产的发展,人民经济生活和文化生活的改善,人们的饮食消费方式不断变化,形成了千姿百态的饮食民俗和习惯。比如:有一日两餐、一日三餐的饮食消费方式;有主食、菜肴、饮品相结合的配餐消费方式;有讲究营养搭配的健康膳食方式;有川、鲁、粤、苏、湘、闽、徽、浙等不同菜系的烹饪消费方式。农村社区居民的饮食消费方式在平常居家饮食、节日饮食以及禁忌饮食上是有区别的。饮食消费方式也有文化意义,一般而言,农村社区居民把关心别人的饮食习惯看成对别人的尊重,把请客吃饭看成重要的交际方式。在中国农村社区,饮食消费方式具有复合功能。

　　第三,居住消费。居住消费方式是农村社区居民安身立业的重要保证,也是维系农村社区家庭生活的重要前提,是农村社区居民休养生息的条件。人有某种形式的住所,才能从事其他活动。居住消费方式的变化是人类物质文化发展的反映。从远古的"有巢氏"为防御猛兽和毒蛇的侵袭,教先民构木为巢开始,慢慢出现了住洞穴、住帐篷、住房屋等居住消费方式。人类对居住消费方式的创造反映了人类的进步和智慧。现在农村社区居民对住房的宽敞度、设施和布局、造型工艺、房屋朝向和采光通风以及四周的生态环境都有一定的要求。农村社区居民一般选择在生态宜居的地方建房居住,由于建房成本很高、耗时长、技术难度较大,无法靠个人力量完成,因此,自古以来,农村社区居民都以家庭为单位建房居住。

　　第四,通行消费。通行消费方式是农村社区居民实现人、物、信息的空间位移时所采用的手段、方法和形式,是人类的适应性需求选择。到目前为止,人类拥有步行、骑行、驾车、铁路交通、水路交通、航路交通等交通方式。人们根据劳动、旅游等现实活动的需要选择不同的通行消费方式。随着农村社区的发展和农村社区居民货币收入的增加,农村社区居民对通行的追求向快速方向发展。

　　第五,器用消费。器用工具是农村社区居民居家过日子必不可少的生活工具。随着社会进步,农村社区家庭的器用消费方式也在发生变化,主要表现在种类增加、质量优质化、功能自动化等方面。目前中国农村社区家庭大都拥有电视机、自行车、摩托车或私家汽车、洗衣机、冰箱、电饭煲等设施,这为农村社区居民生活、学习、工作等带来极大方便。

　　(4)农村社区精神生活消费方式

　　人类与一般动物的重要区别是人具有高级的精神生活需求。精神生活是指人们为了生存和发展而进行的精神生产和精神享受的活动,是提高人类自身素质的途径,包括世界观和人生观的确立、理想的选择、道德品质的修养,以及兴趣、信念、社交、爱情和知识学习与文化娱乐享受等。一般来讲,经济与社会发展水平不同、社会发展制度不同、人们受教育的程度不同、生存环境和文化素质不同,人们选择精神生活的内容也有区别。

　　第一,通过学习知识追求精神生活消费。学习知识是人类精神生活的主要内容。学习是满足人们精神需求的一个重要途径,农村社区居民可以通过学习收集自己需要的信息、掌握所需要的技术、丰富自己的精神世界。农村社区居民从学习中不断感到有所收获、有进步,从而获得快乐和心灵的满足。学习也能让农村社区居民体会到生活的乐趣,去学习音乐、舞蹈、绘画、电子多媒体技术、武术等都可以使人获得精神上的愉悦。学习也是农村社区居民开发大脑的手段。要使自己变得有活力、有文化、更聪明,就要不断地利用空余时间去学习,开发自己的潜力。现代社会是一个信息和知识迅速变更的学习型社会,农村社区居民也要终身学习。学习不仅是学生的专利,农村社区的学生家长为了提高业务水平和工作能力以及寻求更好的职业,也会利用空余时间学习外语、计算机技术、实用技术等;部分农村社区老年人为了消遣和精神享受,也会在家里看书读报、学习技艺。农村社区居民的学习内容是五花八门的,学习绘画、厨艺、电脑知识、专业技术,还有读小说、读科技书籍,等等。总之,通过学习这种途径,农村社区居民的精神生活得到了丰富。

第二,通过互联网进行精神生活消费。20世纪后半叶以来,互联网技术的发展为人类生活开辟了第二空间。互联网成为农村社区居民摆脱现实生活中的烦恼、寻找自我在现实世界中找不到的个人地位和价值的理想去处。网络生活已成为农村社区居民的一套新生活模式,进而为人类提供了一套新的行为模式。网络也进入了农村社区居民的许多现实生活领域,正在改变他们的学习方式、工作方式、娱乐方式、交往方式、教育方式、信息获得方式等。农村社区许多有求知欲望的人,通过用电脑上网浏览网页或观看视频了解科技知识和国内外的各种消息等内容,利用电子邮件向没见过面的老师求教,或通过在线交谈方式与专家学者进行交流。农村社区居民还通过网络与他人交朋友,与网友倾吐心里话、传递感情。这都使农村社区居民的精神需求得到了满足。

(5) 农村社区休闲生活消费方式

休闲时间是人们除去劳动时间用于消费产品和自由活动的时间。人不是机器,总得有调节身心的时间,因此,劳动者需要有充足的休闲时间。农村社区居民在闲暇时间中进行生活消费,参与社会活动和娱乐休闲,这是从事劳动后调节身心的过程,与劳动力再生产和必要劳动时间的补偿相联系。

第一,农村社区休闲生活消费种类。主要包括:日休闲、公休日(周末、节日、假日)休闲、其他休闲(奖励假期、非失业赋闲)等。随着社会生产机械化、自动化、信息化,农村社区劳动者从繁重的劳动中解脱出来,休闲时间不断增加。休闲活动主要有创造活动、收集活动、竞技活动、游戏活动等。属于休闲性创造活动的项目有发明、做手艺、制陶器、作曲、园艺、绘画等。属于休闲性收集活动的项目有收集文物、名人亲笔签名、钱币、昆虫标本、邮票、装饰品等。属于休闲性竞技活动的项目有体育竞赛、猜字谜、下象棋等。属于休闲性游戏活动的项目有骑马、跳舞、演戏、露营、钓鱼、徒步旅行、唱歌等。

第二,农村社区休闲生活消费特点。其一,休闲时间对休闲活动有制约性。日休闲的作用是每天劳动后的身体恢复,可以选择在家休息或在社区内进行娱乐活动。农闲时间是农村社区居民相对稳定的休息日,适合远距离旅游。其二,休闲生活具有相对性。在休闲内容上,从事不同职业的农村劳动者有不同选择。有的人喜欢休息;有的人喜欢外出旅游;有的人喜欢进行体育活动,如游泳、打球、登山等等。所以,在休闲活动上存在休闲主体的相对性。其三,休闲活动具有经济价值。从农村社区居民个人来分析,当一个人已经感到疲劳,无法工作时,休息是为了更好地工作,是提高工作效率的最佳途径。只有适当的休息或休闲才能创造更多财富。从社会方面来分析,农村社区居民在休闲过程中会产生一定的开销,从而带动了交通行业、旅馆业、饮食行业、旅游产品制造业的发展。

五、建设农村社区生活消费方式体系

要保证农村社区良性运行和健康持续发展,提高农村社区居民的生活品质,需要加强农村社区生活消费方式的建设。近年来,习近平总书记在不同场合强调推动形成绿色发展方式和生活方式是关系我国经济社会发展全局的一件大事。他提出:"倡导推广绿色消费。生态文明建设同每个人息息相关,每个人都应该做践行者、推动者。要强化公民环境意识,倡导勤俭节约、绿色低碳消费,推广节能、节水用品和绿色环保家具、建材等,推广绿色低碳出行,鼓励引导消费者购买节能环保再生产品,推动形成节约适度、绿色低碳、文明健康的生活方式和消费模式。"[①]党的二十大报告也提出"倡导文明健康生活方式"。

1. 建立科学的农村社区生活消费方式

科学的生活消费方式就是生活消费方式的科学化。建立科学的农村社区

---

① 习近平:《论坚持全面深化改革》,中央文献出版社2018年版,第338页。

生活消费方式,主要措施有三。

(1) 养成科学的生活习惯

农村社区居民生活要有规律,要遵循生产活动和自然界运动的规律,每周要保证一定的活动时间和充足的睡眠时间;饮食要有规律,要讲究营养结构,不要养成吸烟、酗酒的恶习。根据中国营养学会编著的2022年版《中国居民膳食指南》,饮食须遵循如下准则:第一,食物多样,合理搭配。坚持谷类为主的平衡膳食模式;每天的膳食应包括谷薯类、蔬菜水果、畜禽鱼蛋奶和豆类食物;平均每天摄入12种以上食物;每天摄入谷类食物应达200—300 g。第二,吃动平衡,健康体重。各年龄段人群都应天天进行身体活动,保持健康体重。食不过量,保持能量平衡。坚持日常身体活动,每周至少进行5天中等强度身体活动,累计150分钟以上;主动身体活动最好每天6000步。鼓励适当进行高强度有氧运动,加强抗阻运动,每周2—3天。减少久坐时间,每小时起来动一动。第三,多吃蔬果、奶类、全谷、大豆。蔬菜水果、全谷物和奶制品是平衡膳食的重要组成部分。餐餐有蔬菜,保证每天摄入不少于300 g的新鲜蔬菜,深色蔬菜应占1/2。天天吃水果,保证每天摄入200—350 g的新鲜水果,果汁不能代替鲜果。吃各种各样的奶制品,摄入量相当于每天300 mL以上液态奶。经常吃全谷物、大豆制品,适量吃坚果。第四,适量吃鱼、禽、蛋、瘦肉。鱼、禽、蛋类和瘦肉摄入要适量,平均每天120—200 g。每周最好吃鱼2次或300—500 g,蛋类300—350 g,畜禽肉300—500 g。少吃深加工肉制品。鸡蛋营养丰富,吃鸡蛋不弃蛋黄。优先选择鱼,少吃肥肉、烟熏和腌制肉制品。第五,少盐少油,控糖限酒。培养清淡饮食习惯,少吃高盐和油炸食品。成年人每天摄入食盐不超过5 g,烹调油25—30 g。控制添加糖的摄入量,每天不超过50 g,最好控制在25 g以下。反式脂肪酸每天摄入量不超过2 g。不喝或少喝含糖饮料。儿童青少年、孕妇、乳母以及慢性病患者不应饮酒。成年人如饮酒,一天饮用的酒精量不超过15 g。第六,规律进餐,足量饮水。合理安排一日三餐,定时定量,不漏餐,每天吃早餐。规律进餐、饮食适度,不暴饮暴食、不偏食挑食、不过度节食。足量饮水,少量多次。在温和气候条件下,低身体活动水平成年男性每天喝水1700 mL,成年女性每天喝水1500 mL。推荐喝白水或茶水,少喝或不喝含糖饮料,不用饮料代替白水。第七,会烹会选,会看标签。在生命的各个阶段都应做好健康膳食规划。认识食物,选择新鲜的、营养素密度高的食物。学会阅读食品标签,合理选择预包装食品。学习烹饪、传承传统饮食,享受食物天然美味。在外就餐,不忘适量与平衡。第八,公筷分餐,杜绝浪费。选择新鲜卫生的食物,拒绝食用野生动物。食物制备生熟分开,熟食二次加热要热透。讲究卫生,从分餐公筷做起。珍惜食物,按需备餐,提倡分餐不浪费。做可持续食物系统发展的践行者。如何科学健康地生活是农村社区居民需要重视的问题,农村社区居民应多学习营养学知识,养成科学的生活习惯。

(2) 合理安排生活消费结构

农村社区居民应制定出收入与消费支出的合适比例,做到量入为出,再安排好衣、食、住、行、用相关消费的比例。不因不合理的消费结构给自己和家庭生活造成困难与不便。但就世界范围来看,衣、食、住、行、用等各种消费并不是均衡的,往往要根据国情或家庭情况来安排。

(3) 充分利用时间

珍惜时间,在有限的时间里做更多的事,就是厚爱自己的生命。中国数学家华罗庚说过:时间是由分秒积成的,善于利用零星时间的人,才会做出更大的成绩来。东汉末期有一位大学者叫董遇,他上山打柴时都要带上书,有空就读。久而久之,他才学大涨,后来为《老子》做了训注,研究《左传》后,写成了《朱墨别异》。一些学子与他谈到没有时间读书时,他问为什么不用"三余"读书,众人不知何为"三余",他便说,"三余"就是"冬者岁之余,夜者日之余,阴雨者时之余"。[①] 意思是说,冬天冰天雪地,不能下地干活,是一年空闲下来的时间;夜晚不必下地劳动,是一天空闲下来的时间;阴天下雨,不方便耕作,也是空闲下来的时间。时间是事业和成就的一个基础,不充分利用时间,就等于放弃了自己的生活。俗话说,时间就是金钱。在市场经济环境里,浪费时间就是浪费金钱。中国有一句俗语:"一寸光阴一寸金,寸金难买寸光阴。"就是说时间宝贵,应该珍惜。时间还是农村社区居民生产生活的保证,所以,农村社区居民必须利用好自己的时间,使自己的生活充满价值和意义。

2. 建立健康的农村社区生活消费方式

健康是人的生活质量的根本保证。健康的生活方式是利于人的生理和心理健康,利于人生幸福的生活方式。健康的生活方式不仅体现在物质生活上,

---

[①] 常恕田:《厚爱时间》,《思维与智慧》2003年第1期,第13页。

而且体现在精神生活上。建立健康的生活消费方式,应该做到如下四点。

(1) 养成劳逸结合的生活习惯

劳动既是谋生手段,也是享乐的手段;是消耗体力精力的过程,同时也是促进人体新陈代谢的过程。不劳动不仅"衣无着",也不利于健康。但劳动不能过度,长期超负荷地工作,是对身体的一种透支,会造成过早衰老,也无法提高工作效率。提倡注意休息,但不是让自己懒惰。勤劳是使人健康长寿的法宝。如果一个人终日饱食,无所事事,不仅会思想空虚,还会导致生理紊乱、血脉不畅、肌肉萎缩、内脏器官功能衰退等。所以,农村社区居民要坚持劳逸结合,才有利于健康。

(2) 健康饮食

营养科学讲究食物疗法,建议尽可能少吃高盐、高糖、高脂肪的食物,防止摄入过高热量。健康是吃出来的,吃不仅是维持生存的必要手段,也是维系健康的有效途径。对健康而言,饮食分为"须食""禁食""少食""良好饮食习惯"等几部分。"须食"是一种营养至上的饮食之道,比如多吃蔬菜、水果、豆制品等。此外,补充钙质和微量元素也是十分必要的。"禁食"就是要求人们不吃、不饮一些对人体有害的东西,如高热量高脂肪高蛋白的"三高食品"、烈性酒等。"少食"就是要求人们少吃一些热量高的食品,如冰激凌、巧克力、西式快餐等。"良好饮食习惯"就是培养使自己健康的饮食习惯,如"少吃多餐""每天吃早餐""不偏食"等。

(3) 促进精神健康

在精神生活上要保持乐观、开朗的心情,防止忧郁和精神紧张。无数的事实证明,一个人如果长期情绪不佳,总是紧张、烦恼、忧伤、悲痛、愤怒、过度兴奋,会使其人体系统功能失调,甚至发生重病。不良的心理因素往往是心脑血管疾病、高血压的催命剂。精神是人体强大的指挥中心,但大多数人没有有效地利用起来。人类本来是可以通过精神活动来控制积极或消极情绪,确立自尊,改变身体状况,提高思维能力、记忆力、注意力的,但很多人没有做到这一点。相反,许多人患上了一些精神疾病,影响了自己的健康。为了培养人们的健康生活方式,提高人类生活的质量,加拿大华人医学专家谢华真教授提出了"健康商数"概念,并制定了测量人们健康商数的指标。健康商数(health quotient)简称健商(HQ)。这是一个全面的、综合的健康概念,它与智商、情商一样,是人的特征之一。健商指标包括自我保健、健康知识、生活方式、精神状态、生活技能等五部分。自我保健是指身心健康的方法,包括如何处理疾病和不适,对自己身体和情感状态认识程度,性格是否乐观等。健康知识包括对健康本身、医疗保健系统和健康维护问题的理解,它是检测个人的风险意识和监测健康的工具。生活方式指是否有吸烟、喝酒等不良生活习惯,以及日常饮食、锻炼和日常起居等方面的情况。通过对这些习惯进行分析,可以得出有关个人健康状况的重要信息。精神状态是用来检测人的思维、心理、情感状态、个人信念和紧张程度的。生活技能反映一个人的家庭和工作环境、社会照顾、社群支持、个人习惯、人际关系和主要生活技能等。如果人人都重视生活方式和健康问题,人类的工作效率会大为提高,寿命也可能会延长。

3. 建立文明的农村社区生活消费方式

文明的生活消费方式就是能促进农村社区居民与农村社区进步的先进的生活消费方式。文明的生活消费方式不仅体现在物质生活消费方式上,而且体现在精神生活消费方式上。文明的物质生活消费方式表现在文明生产和文明消费两个方面。文明生产要求农村社区劳动者爱岗敬业,工作认真负责,按科学规律和生产纪律生产产品,最终保证产品的规格、数量和质量要合格。文明消费要求农村社区居民的消费水平与社区生产力水平、家庭经济收入相适应,反对铺张浪费,也反对"守财奴"的行为。文明的精神生活消费方式表现在思想建设的文明和文化建设的文明两个方面。思想建设是坚持用先进理论和思想武装自己的头脑,坚持唯物主义和无神论,提高对鬼神迷信和歪理邪说以及伪科学的分辨力、抵制力。文化建设就是要发展科学、教育、文化、艺术、广播、电视、互联网、体育、图书馆、博物馆等各项文化事业。建设文明的生活消费方式既是农村社区居民个人的责任,也是农村社区的责任。对于文化建设而言,若没有政府的投入,是无法提高农村社区居民的精神生活质量的。

第三节 农村社区生活消费管理

由于农村社区的生活消费还存在一些问题,仅靠建设途径不足以解决农村社区的生活消费问题,还需要借助有效的管理措施进行治理。

第八章 农村社区生活消费

一、农村社区生活消费问题

现今中国农村社区的生活消费行为受到多种因素的影响，呈现出一些问题，主要表现在如下方面。

1. 消费出现攀比趋势

现在农村社区一些家庭中所有成员都外出打工，一年下来也能挣到一些钱，部分人觉得有炫耀的本钱了，在建房、买车、操办红白喜事等消费上，产生了攀比心理，忽略了自己真正需要的，而更在意"面子"，失去了消费理性，不再考虑住房、通行、饮食、服饰消费的实用性、经济性，而是追求房子要建大的，车子要买贵的，食物要吃好的，服装要买高档的，办酒席要排场大。这体现了当今农村社区生活消费中的一些过度消费和攀比性消费等非理性消费现象。这种消费是丧失主体性的消费，不是人的真实生活消费需求，而是意义缺失的生活消费需求，是消费者不能主宰自己消费行为的体现。

2. 居民生活消费行为受广告牵引

广告成为农村社区居民购买生活用品的媒介。消费主义在农村社区蔓延，农村社区居民不是作为具体的人在消费具体的商品，而是作为社会人在消费，由消费所获得的满足需要在社会中进行衡量。在广告的鼓吹下，"一个本来过得不错的人也会觉得自己过于寒酸"①。广告制造消费偶像操纵社会消费心理和行为，冲击农村社区传统消费伦理和价值判断。② 一些农村社区居民陷入过度消费中无法自拔，堕落为消费享乐主义者，消费成为目的，而不是为了满足实际需求。笛卡尔认为理性是人类生存的基础，然而，在当今农村社区，一些人的消费心理发生了变化，消费水平成为衡量幸福的唯一标准，消费者的理性逐渐丧失。

3. 休闲生活消费出现异化现象

受消费主义影响的一些农村社区居民的闲暇时间成为其消费时间，他们无法按照自己的意志自主享受闲暇时光，他们的闲暇时间、情趣和消费受他人控制和社会支配，他们的休闲生活需要服从他人需要和社会需要。休闲生活异化

---

① 〔美〕E. 弗洛姆:《生命之爱》，罗原译，工人出版社 1988 年版，第 31 页。
② 房尚文:《"生态消费"的马克思主义解》，复旦大学博士学位论文，2011 年，第 56—57 页。

的消费缺乏主体,缺乏参与感,人们只是机械地、被动地参与休闲活动,无法产生内心的愉悦,不可能获得真正的满足。① 受消费主义浸润的农村社区,人与人的关系异化成消费关系,真正亲密的交往难以建立,人们无法在休闲生活中获得满足感。

4. 生态化消费模式难以推行

现在许多农村社区居民的生态保护意识还比较淡薄。作为消费主体,许多农村社区居民没有意识到自己的消费行为会对社区生态环境产生影响,更多是为自己着想,首先想满足自己的消费需要和欲望,认为对生态环境的保护是国家、政府、社区、他人的责任与义务。一些农村社区居民尤其是一些打工返乡的青年人热衷购买奢侈品,比如皮革,为满足购买奢侈品的欲望,高消费成了目的,动物保护便成了空谈。一些社区居民在消费上随心所欲,根本不考虑节约用水问题,生活用水浪费现象比较严重;不考虑保护野生食物再生能力问题,往往竭泽而渔式地采集野生食物,造成野生食物物种越来越少;不考虑植被的多样性和茂密程度,随意砍伐树木,造成植被释氧量的减少和空气质量的下降;甚至以捕食野生动物为傲为荣,因为这些村民认为"物以稀为贵",吃野味俨然成为一种炫耀资本。不良消费成为与生态保护力量相抗衡的主要问题。一些农村社区消费者缺乏绿色消费观念,缺乏保护生态环境的责任感,不会将生活消费行为融入社区生态环境保护与建设实践中,导致生态化消费模式难以在农村社区推行和普及。

二、农村社区生活消费问题治理策略

生活消费是生活行为的重要内容,是农村社区生活的重要组成部分,是农村社区根生系统中的一方支柱和子系统,对农村社区生态子系统、生计子系统以及整个根生系统协同运行、持续发展起着重要作用。所以,农村社区必须针对生活消费问题实施有效的治理。

1. 培育农村社区居民形成科学的生活消费观念

生活消费观念是生活消费行为的理念先导。一般而言,农村社区居民的生

---

① 房尚文:《"生态消费"的马克思主义解》,复旦大学博士学位论文,2011年,第56—57页。

活消费行为受其生活消费观念支配,科学的、合理的消费观念对规范农村社区居民的生活消费行为具有重要指引性作用。如果农村社区居民的生活消费观念畸形则会误导其生活消费行为。因此,治理农村社区生活消费问题,首先要培育居民形成科学的生活消费观念。生活消费对农村社区自然生态环境和生计产业系统有重要影响,因此需要培养农村社区居民形成适度生活消费观念、绿色生活消费观念、文明生活消费观念。习近平总书记指出,要形成"节约适度、绿色低碳、文明健康的生活方式和消费模式"①。(1)培育农村社区居民的适度生活消费观念,使农村社区居民养成勤俭节约、简约适度的生活消费习惯,自觉抵制超支、超量消费,破除保守陈旧和奢华铺张的极端消费理念,并以自身消费支付能力为依据,既反对消费不足,又反对过度消费,合理引导农村社区居民拒绝奢侈消费观,拒绝浪费。(2)培育农村社区居民的绿色生活消费观念,使农村社区居民自觉承担起生活消费的生态责任,将自身的生活消费行为限制在生态环境承载能力范围内,形成社区居民依靠环境生存、环境依靠社区居民保护的生活意识,实现生产发展、生活富裕、生态良好的"三生共赢"互动格局。(3)培育农村社区居民的文明生活消费观念,倡导生态消费与生计消费并重、物质消费与精神消费协同、劳动消费与休闲消费搭配,自觉抵制炫耀性消费、攀比性消费行为,促进村风文明,提升居民自我品格,实现生活价值,提高居民生活消费的精神境界。②

2. 引导农村社区居民自觉践行绿色生活消费方式

绿色生活消费方式是指公民经由价值选择和自我认同所构建的、能兼顾达成生活消费目标与减少生态环境破坏的消费方式。2022 年 1 月,国家发展和改革委员会等七部门印发了《促进绿色消费实施方案》。该方案明确:"到 2025 年,绿色消费理念深入人心,奢侈浪费得到有效遏制,绿色低碳产品市场占有率大幅提升,重点领域消费绿色转型取得明显成效,绿色消费方式得到普遍推行,绿色低碳循环发展的消费体系初步形成。到 2030 年,绿色消费方式成为公众自觉选择,绿色低碳产品成为市场主流,重点领域消费绿色低碳发展模式基本形成,绿色消费制度政策体系和体制机制基本健全。"因此,必须引导农村社区

---

① 《习近平谈治国理政》(第 2 卷),外文出版社 2017 年版,第 396 页。
② 蒋玲:《消费引领美好生活建构》,《天津大学学报(社会科学版)》2021 年第 5 期,第 429—435 页。

居民践行绿色生活消费方式。(1)需要乡镇政府、驻区企业、社区组织、社区居民等主体共同配合；基层政府应发挥引领作用；驻区企业应发挥主导作用；社区组织应发挥教育培训功能和推动作用；社区居民应发挥践行作用。(2)营造生态消费的社区氛围，树立社区生态消费价值观念，建立良好的社区生活消费风尚，将低碳消费发展成为生活消费时尚，提高社区家庭生活废品循环利用率，建立并推行社区可持续生态消费模式，确保绿色消费得以实现。(3)最终将农村社区建设成为绿色生活消费社区，社区居民及其家庭都应采用绿色消费方式，提升农村社区居民的绿色消费感知效力，建设农村社区绿色生活消费规制，并督促农村社区居民按照社区绿色生活消费规章制度进行消费。

3. 持续开展农村社区生活消费教育

看起来，生活消费似乎属于私人行为，是农村社区居民的生活权利，不应受到干扰。但是社区居民的不良生态消费行为也会破坏社区生态环境，不良生计消费行为会影响社区经济的发展。因而，需要对农村社区居民的生活消费行为进行必要的干预。最好的干预措施就是持续地开展农村社区生活消费教育。(1)利用社区学院或农民学校传播绿色生活消费理念、循环利用生活消费理念、节约生活消费理念；介绍适度、绿色、文明的生活消费方式；普及消费市场、消费环境、消费伦理、消费风俗等消费知识；宣讲国家消费政策和法规。通过这些手段使农村社区居民的生活消费心理逐渐成熟、消费行为趋于理性与务实、消费品位与消费质量得到提升。(2)组织农村社区居民生活消费培训班，轮训社区居民，组建农村社区生活消费学习圈，研讨生活消费与社区人力开发、生活消费与社区生态环境建设、生活消费与社区经济建设、生活消费与农村社区持续发展等主题，使农村社区居民生活消费趋于理性。(3)定期举办关于"善待自然千秋业，平衡生态万代功"的生态消费价值观、"一滴水，尚思源；一粒米，报涌泉"的生计消费道德观等生活消费教育主题活动，组织农村社区居民参与生活消费行为的交互式体验活动，举办生活消费知识竞赛，编印发放理性生活消费的宣传册①，在村部广告栏、办公楼墙面、居民住房墙壁等处彩绘生活消费系列宣传画，普及适度、绿色、文明的生活消费观念和方式。

---

① 蒋玲：《消费引领美好生活建构》，《天津大学学报(社会科学版)》2021年第5期，第429—435页。

4. 抑制农村社区居民的炫耀性生活消费行为

生活消费需要是人最基本的需要,随着生产力发展和社会整体消费水平提高,呈现上升规律。美国制度经济学奠基者、经济学家、社会学家托斯丹·凡勃伦(Thorstein B. Veblen)在1899年出版的《有闲阶级论》中,提出炫耀性消费概念,研究炫耀性消费行为,指出生活消费方式竞争与消费者身份地位相关。他提出商品价格定得越高越能受到消费者的青睐(即凡勃伦效应)。凡勃伦效应开辟了生活消费方式研究的社会心理学路径,为挥霍性消费、奢侈消费和消费主义蔓延提供了理论基础。凡勃伦认为高度社会化的工业社会,金钱代替政治权力成为获得荣誉的基础,而金钱力量的主要表现形式是有闲和对商品财物的明显浪费。工业社会的消费群体被淹没在琳琅满目的商品海洋中,企业通过广告和文化产业制造公众舆论,控制社会心理谋取利益。[①] 进入工业社会以来,中国农村社区居民也深受时代消费环境的影响,产生了生活消费上摆阔气、撑门面、搞攀比的炫耀性消费心理,出现了追求名牌、频繁请客送礼、建豪宅、购豪车、办豪华婚宴等挥霍性、奢侈消费行为。这种消费,消费者不是看中它的使用价值,而是看中它的炫耀价值。炫耀性生活消费脱离了生活实际和消费本真,扭曲了生活消费价值观,造成生态资源和财富的浪费,产生了不合理的生产导向,诱导产生带有歧视性的对比心理,滋生消费虚荣效应,也不利于社会和谐公正,危害极大,需要政府、商家、社区组织、社区居民相互配合采取有效措施加以抑制。(1)就政府而言:第一,应努力营造健康的生活消费文化氛围。要规范网络营销环境,禁止扭曲生活消费价值观和易产生错误生活消费导向的恶意广告,营造良好购物环境。第二,消除财富积累过程中的不公平、不规范、不合法现象,倡导勤劳致富,严厉打击不法商业行为。第三,建立生活消费政策体系,包括建立合理的商品定价体系,实行生活消费阶梯定价制度,扩大生活消费税征收范围。总之,政府要用法律手段控制炫耀性消费,给炫耀性消费者画下一条消费警戒红线。(2)就商家而言:要承担治理生活消费问题的社会责任,不制作和发布炫耀性消费广告,不生产高仿奢侈品,而应生产货真价实的产品,不给消费者制造虚幻满足感。(3)就社区组织而言:第一,发展社区集体经济,用公益基金发展社区生活福利。第二,要培育农村社区家庭的理财理念,以及农村

---

① 房尚文:《"生态消费"的马克思主义解》,复旦大学博士学位论文,2011年,第16页。

社区居民的勤俭观念,引导社区居民合理消费。第三,对农村社区居民进行合理消费的道义劝说,尤其要开展对进城务工人员的生活消费教育,促使其形成理性消费观念。由于生活消费具有私人性,炫耀性消费尚未有法规约束,故农村社区居民较容易形成炫耀性消费,这需要社区村"两委"干部多做工作。(4)就社区居民而言:第一,要克服炫耀心理,塑造理想化的自我形象。其实,炫耀心理源于自卑,只有自卑者才会想通过炫耀产生满足心理。炫耀只是一种虚幻的优越感。第二,不要看重和追求消费符号,因为消费符号产生的愉悦、兴奋、身份、地位、优越感等缺乏劳动、事业、成就基础,并不牢靠。第三,在消费时,不要在意什么样的品牌更吸引人、什么样的款式更流行,不要购买不实惠、不实用的高仿奢侈品,而应根据自身需求和消费能力理性消费。

复习思考题

1. 如何依据马克思的消费理论治理农村社区生活消费问题?
2. 农村社区生活消费与其生态环境建设、生计体系建设有何内在关系?
3. 如何建设科学、健康、文明的农村社区生活消费体系?
4. 哪些因素容易引发农村社区出现炫耀性生活消费趋势?
5. 如何治理农村社区生活消费问题?

第九章 农村社区文化

学习要点

农村社区文化的含义、特征与功能,新中国农村社区文化的变迁,中国农村社区文化建设策略。

关键概念

文化、农村社区文化、农村社区文化建设。

第一节 农村社区文化理论分析

界定农村社区文化是建设农村社区文化的逻辑前提,从实践角度解读农村社区文化利于农村社区文化建设与管理。

一、文化的含义

关于文化,中外学者从不同学科、不同层次及不同视角进行过考察。在中国,文化一词源于《易经》:"观乎天文,以察时变;观乎人文,以化成天下。"它在中国古籍文献中是文治和教化的总称,有形而上精神层面的意义。在西方,文化一词起源于拉丁语中的 cultura,由 colere 派生而来,原意是耕作土地、饲养家畜、种植庄稼。15 世纪,它的含义开始引申为对人的品行智能的培养,几近于"文化"的中国古义。最早对文化做出现代定义的是英国人类学家爱德华·泰勒（Edward B. Tylor），他在《原始文化》中认为，"文化，就其在民族志中的广义而言，是一个复合的整体，它包含知识、信仰、艺术、道德、法律、习俗和个人作为社会成员所必需的其他能力及习惯"①。于此，泰勒强调了文化的精神因素。英国人类学家马林诺夫斯基从文化功能回溯文化形态，获得与泰勒不同的认识，扩大了文化的内涵。马林诺夫斯基在《文化论》中提出："文化是指那一群传统的器物、货品、技术、思想、习惯及价值而言的，这概念实包容着及调节着一切社会科学。我们亦将见，社会组织除非视作文化的一部分，实是无法了解的；一切对于人类活动、人类集团及人类思想和信仰的个别专门研究，必会和文化的比较研究相衔接，而且得到相互的助益。"②显而易见，这个定义兼具文化的精神与物质形态，且将社会组织归为文化的组成部分。

用结构功能理论研究文化是英国人类学的传统。英国人类学家阿尔弗雷德·拉德克利夫-布朗（Alfred R. Radcliffe-Brown）认为，文化是一定的社会群体或社会阶级在与他人的接触交往中习得的思想、感觉和活动的方式。文化是人们在相互交往中获得知识、技能、体验、观念、信仰和情操的过程。他强调文化只有在社会结构发挥功能时才能显现出来，如果离开社会结构体系就观察不到文化。③ 例如，父与子、买者与卖者、统治者与被统治者的关系，只有在他们交往时才能显示出一定的文化。法国人类学家列维-斯特劳斯（C. Lévi-Strauss）反对从作为个体的人出发来考察文化，要求注意文化的普遍的永恒的特性。他认为人类文化最普遍的特点就是想去表示意思，文化是作为其根基的人类心灵结构的象征的（符号的）表达。④ 美国文化人类学家阿尔弗雷德·克罗伯（Alfred L. Kroeber）和克莱德·克拉克洪（Clyde Kluckhohn）于1952年出版了《文化：关于概念和定义的探讨》，分析考察了160多种文化的定义，然后对文化下了一个综合定义："文化存在于各种内隐的和外显的模式之中，借助符号的运用得以学习与传播，并构成人类群体的特殊成就，这些成就包括他们制造物品的各种具体式样，文化的基本要素是传统（通过历史衍生和由选择得到的）思想观念和价

---

① Edward Burnett Tylor, *The Origins of Culture*, Harper and Brothers Publishers, 1958, p. 1.
② 〔英〕马凌诺夫斯基：《文化论》，费孝通译，华夏出版社2001年版，第2页。
③ 邓玉函：《从共生到共享：中华民族共同体意识的文化理路探析》，《思想战线》2023年第1期，第105—114页。
④ 黄颂杰：《文化与心灵——评列维-斯特劳斯的结构人类学》，《学术月刊》1993年第2期，第28—34页。

值,其中尤以价值观最为重要。"①克罗伯和克拉克洪的文化定义为现代西方许多学者所接受。

吴文藻指出:"文化最简单的定义,可以说是某一个社区内的居民所形成的生活方式,……也可以说是一个民族应付环境——物质的、概念的、社会的和精神的环境——的总成绩。这样的文化可以分为四个方面:一、物质文化,是顺应物质环境的结果。二、象征文化,或称'语言文字',系表示动作或传递思想的媒介。三、社会文化,亦简称为'社会组织',其作用在于调节人与人间的关系,乃应付社会环境的结果。四、精神文化,有时仅称为'宗教',其实还有美术、科学与哲学,也须包括在内,因为它们同是应付精神环境的产品。精神的文化是文化的结晶,是各个特殊的文化系统相别的枢纽……精神文化固为文化的重心,但不是独立的,而是与文化其他方面如物质文化、象征文化、社会文化交互作用,互相维系的。"②实际上,"文化是一个有机的整体,发生作用时,不是局部的,而是全部的,当然不容加以人为的机械的分割"③。

马克思主义者把文化分为广义和狭义两种。广义的文化是人类在社会历史实践中创造的物质财富和精神财富的总和,包括精神文化、制度文化和物质文化。狭义的文化专指精神文化,即社会意识形态以及与之相适应的规章制度、政治和社会组织、风俗习惯、学术思想、宗教信仰、文化艺术等。

上述各种文化定义,正如《墨子·尚同》中所言:"一人一义,十人十义。"定义互有长短,反映了近现代人类学家和社会学家等对文化认识的历史过程。从社会学的视角看,我们认为:文化是指在社会历史发展过程中,在社会交往中,人们为了满足生存需要,集体创造、共同享有、后天习得的生产方式、生活方式的总和,包括语言、符号、价值观念、规范体系、物质产品、行为方式等等。

二、农村社区文化的含义

理解农村社区文化,除把握文化含义外,还需理解什么是社区文化。"社区文化"(community culture)一词由美国学者梅森(O. T. Mason)首先提出。社区

---

① 参见 A. L. Kroeber and C. Kluckhohn, *Culture: A Critical Review of Concepts and Definitions*, Vintage Books, 1952。
② 吴文藻:《人类学社会学研究文集》,民族出版社1990年版,第145—146页。
③ 同上书,第146页。

文化的研究,在我国是从20世纪80年代中期开始的,对社区文化的定义,学界有不同理解。张健和任剑认为:"社区文化是指在特定区域内的社会生活共同体所反映出来的有关人的行为模式、社区习俗、生活方式、价值观念、思维走向等文化现象的总和。"①郑杭生认为:"社区文化包括物质生活方式和精神生活方式两方面。前者主要是指人们衣食住行以及工作和娱乐的方式;后者主要包括人们的价值结构(追求、期望、时空价值观等)、信仰结构和规范结构(风俗、道德、法律等)诸方面。"②毕天云认为:"社区文化是指社区居民在长期的生产和生活过程中产生和形成的并为社区居民分享的思想价值观念和行为规范的总和。"③孟固和白志刚认为:"社区文化是社区成员为保护、改善聚居地的条件、形态、氛围,并使自己与之相融而形成的精神活动、生产方式和行为规范的总和。"④

对于农村社区文化,多数学者习惯在已有对"社区文化"的界定的基础上加上"农村"二字。赖晓飞和胡荣认为,社区文化是我国新时期兴起的一种社会文化形态,农村社区文化建设作为农村社区建设的重要方面,已不仅是一种文化娱乐、文化设施,还影响和包容着人们的行为规范、民情习俗、信仰观念、人际关系等。⑤张桂芳认为,农村社区文化就是由居住在农村的一定地域范围(非严格的行政区划)内的人们,由一定的纽带和联系而形成的共同价值观、生活方式、情感归属和道德规范等。从形态视角出发,农村社区文化可分为三个层次:物质文化、制度文化和观念文化。三者缺一不可,相互联系,相互促进,构成社区文化统一体。⑥

吴理财认为对农村社区文化的理解需采取"经验性研究",经验性研究根源于社会实践,在理解的基础上对社会实践做出阐释。他认为,农村社区文化是"一群农民日常生活所共同享有的处境化经验及其价值规范"⑦。可从如下方

---

① 张健、任剑:《论城市社区文化的功能与发展》,《学术交流》2001年第1期,第86—89页。
② 郑杭生主编:《社会学概论新修(第三版)》,中国人民大学出版社2003年版,第280页。
③ 毕天云:《社区文化:社区建设的重要资源》,《思想战线》2003年第4期,第85—88页。
④ 孟固、白志刚:《社区文化与公民素质》,中国社会出版社2005年版,第4页。
⑤ 赖晓飞、胡荣:《论社会资本与农村社区文化建设——基于CGSS 2005调查数据的分析和思考》,《西南政法大学学报》2008年第6期,第116—120页。
⑥ 张桂芳:《试论转型期农村社区文化建设》,《兰州学刊》2004年第5期,第213—214页。
⑦ 吴理财:《处境化经验:什么是农村社区文化以及如何理解》,《人文杂志》2011年第1期,第143—147页。

面理解:(1)农村社区文化是一种在地性文化。在地性具有本地性、地方性和区域性等多种意涵。(2)农村社区文化具有特定的社会适应性。每种具体的农村社区文化只适应特定农村社区的社会生活需要,与该社区特定的物质条件和生产方式相统一。(3)农村社区文化跟农民的日常生活相关联,不是脱离日常生活的独立实体。尽管农村社区文化生成后有一定独立性,但这种独立性也只是相对生活于其中的个体而言。即便如此,个体行动虽然一方面受制于该社区文化,另一方面却也在某种程度上实际地影响着该社区文化。(4)农村社区文化是生活经验的表征。经验是一种实践性知识,因此农村社区文化是农村社区日常生活实践理性的表现,跟该社区的居民的生产和生活相联系。这种实践性知识是长期累积的结果,在当地反复进行实践,并被实践所检验、印证和改造。传统农村社区里的长老有很高的威望和权力,这是因为他们人生阅历丰富,拥有应付该社区生产、生活几乎一切状况的实践知识或生活经验。如果该社区成员脱离这种生产和生活实践领域,这一农村社区文化对其就失去作用。譬如,一个农民进城务工后,如果他的工作脱离农业生产,其生活的重心转向城市的话,原有农村社区文化和社会资本无益于他现今的工作和生活,对他产生不了规制或约束作用,其行为必然脱离原来社区的道德生活,处于一种"脱域"状态。(5)农村社区文化是一套经验体系,既包括具体的生活经验知识,也包括与之相应的意识形态和价值规范。所谓的意识形态,实际上是一种论证性话语,它常常论证并维护着某一社会结构的合理性。严格地说,农村社区文化本身具有一定的层次结构:基础层次是一套生活经验知识,还有与这套经验知识相适应的意识形态和价值规范。意识形态论证该套生活经验的合理性,价值规范则规约人们按照这套经验知识去行动。(6)农村社区文化呈现特定性。由于生活经验体系是有层次的,农村社区文化也因此具有特定性。某一具体的社区生活经验只是符合该社区生活需要的经验,与该社区处于不同地域环境并采取不同生产方式的社区则表现出不同的文化形态。譬如,华南农村文化与华北农村文化有差异,农业文化与游牧文化相区别。

我们认为:农村社区文化是由农村社区居民在社会实践过程中创造出来的一切物质的、精神的、规制的成果总和,包括物质文化、精神文化、风俗习惯、村规民约、生活方式、行为模式等。

三、农村社区文化的类型

农村社区文化是内涵丰富的体系,由众多子系统组成,其形态表现各异。一般说来,据不同标准,可将农村社区文化划分为不同类型。①

1. 农村社区文化的形态类型

以文化形态分,农村社区文化可分为四类。(1)农村社区物质文化。农村社区物质文化是农村社区成员共同维护的自然环境与共同创造的人文环境的结合,是社区精神物质化、对象化的具体体现,包括农村社区的村貌、休闲娱乐环境、生活环境、文化设施和活动场所、文化产业和文化网络以及关于居民衣食住行的用品等。农村社区物质文化带有浓厚的乡土色彩。(2)农村社区行为文化。这类文化是通过农村居民行为表现出来的文化,是农村社区居民在交往、学习、经营、生活、娱乐等活动中产生的文化。这些活动反映出农村社区的风尚、精神面貌、人际关系范式等文化特征,动态地勾勒出社区精神、社区理想等。活动是文化的重要载体之一,我国目前许多农村社区文化建设都围绕社区活动来开展。(3)农村社区规制文化。这类文化是农村社区居民在生活、交往、学习、娱乐等活动中形成的,与社会观念相适应的规章、制度、公约、伦理道德等。它是农村社区居民价值观的外在表现,对农村社区文化活动持久健康地开展有一定约束力和控制力。(4)农村社区观念文化。它是农村社区居民在长期的社会活动中培养形成的人生观、价值观、社区意识(法治意识、科学意识、市场意识、公德意识、参与意识等)、审美、艺术修养、生活情趣等,也称社区精神。农村社区精神是农村社区文化的核心,是农村社区居民的精神支柱和活动源泉,存在于每一个社区成员的内心世界,支配社区居民的生活目标和生活方式的形成。它是以农村社区居民为主体的区域亚文化,是农民在长期的历史进程中创造和形成的精神文明的总和。在农村社区文化系统中,物质文化是基础,行为文化是载体,规制文化是保证,观念文化是灵魂和核心。物质文化、行为文化、规制文化都是观念文化的外在体现。观念文化对物质文化、规制文化具有引领和提供生命力的作用。

2. 农村社区文化的要素类型

以文化要素分,农村社区文化可分为八方面。(1)农村社区环境文化。环

---

① 参见于显洋主编:《社区概论》,中国人民大学出版社2006年版。

境文化不仅涉及自然景观,而且是社区文化的重要内涵。(2)农村社区民俗文化。这是指农村居民的风俗习惯,包括饮食衣着、待人接物、婚丧嫁娶、宗教信仰等。(3)农村社区文艺文化。这是指农村居民从事的业余文学艺术活动。(4)农村社区体育文化。这是指农村居民为了保持身体健康而进行的体育活动。除了太极拳、秧歌、气功等传统体育项目,农村社区也出现了广场舞、篮球等新型体育项目,还增添了篮球场、健身器材等体育场地和设施。(5)农村社区教育文化。这是指除学校教育之外的其他教育。在农村社区,社区教育主要是幼儿教育,成人教育和职业教育的发展还不是很完善。[①] (6)农村社区农业科技文化。这包括各个农业生产领域和各个生产环节的农业文化。(7)农村社区心理文化。这包括居民思维方式、社会心理、情绪、个人偏好、理想等。(8)农村社区制度文化。这包括以文字形式确定的各种制度、规章、法规、民约等。

3. 农村社区文化的性质类型

以文化属性分,农村社区文化可分为三类。(1)某些农村社区文化元素是在农村社区共同体中间逐渐凝聚起来的相同文化体验和认识。生活在同一农村社区的人们之间会建立各种基本联系,这些联系往往是面对面的、直接的、充满感情色彩的、亲密无间的、非正式的、初级的和自然本色的。农村社区居民的行为取向正是对农村社区初级社会联系的自然认同(即文化认同),包括两个方面:一是其他人对该社区文化共性的认识和文化标识性的总体把握,二是居民对本社区共同文化的感知和理解。(2)某些农村社区文化元素是农村社区特殊的文化传承。农村社区文化包括全部传统文化遗产、民俗等,是农村社区文化资源的总和。任何一个农村社区在历史发展过程中,都会形成自己独特的文化。这种文化凝聚着农村社区居民的集体智慧和创造精神,其中富有特色的优秀成果经过当地居民祖祖辈辈的创造、筛选、加工、充实和提高,成为能集中体现农村社区居民价值观念、情感因素和审美心理的文化精品。所以,农村社区的建筑、民俗、风土人情、技艺等都是农村社区文化的重要内容。(3)某些农村社区文化元素是农村社区群众的文化艺体活动。农村社区文化的另一层含义便是农村社区范围内的文化艺体活动。这包括文化艺体实践和文化艺体活动。通常情况下,文化设施越先进、越丰富,农村社区的文化就会越发达。

[①] 同春芬、党晓虹、王书明编著:《农村社区管理学》,知识产权出版社2010年版,第71—72页。

四、农村社区文化的特征

农村社区与城市社区相比,它的区域性、乡土性特色更为明显。几千年的农业文明,孕育出乡土中国的过去和现在。乡者,故乡也;土者,民间也。一方水土养一方人,也滋生一方的乡土文化。正如费孝通在《乡土中国》所说,中国乡土社会的基础结构是一种"差序格局",是一个"一根根私人联系所构成的网络",个体是社会关系中类别的基础。将家庭各个成员联系起来的基本纽带便是亲属关系。五代以内同一祖宗的所有父系后代及其妻,属于一个亲属关系集团,称为"族"。族最重要的特征就是同一族人都有共同的血缘关系。当一个血缘社群繁殖到一定程度,对土地的需求会不断扩大,因此在血缘结合的基础上,出现了更高层次的结合——地缘的结合。但不管是血缘的结合还是地缘的结合,农村社区总是不能脱离一定的地域,往往受自然环境直接支配,农村聚落点受社会生活的基本要素——主要是土地和人口的支配,总是限定在一定规模或空间的范围内,不仅农作物的种植带有地域性,而且人与人之间的关系也带有地缘的色彩。农村人口散居在广大的地域上,人口密度相对较低,人口流动率低。

农村乡土性特点的直接体现是,农民很少与外界交流。这使得农村社区文化较封闭,社区传统文化占主导地位,如家族观念、祭祀仪式等。但随着电视、电脑和网络等传播媒介的普及,农村社区文化的闭塞性有所改善,农村居民开始受到城市文化的影响,尤其是年轻一代的农村居民,极易被新潮文化影响。

由于上述诸特征的影响,农村居民心理趋于保守型和情感型,地方观念重,乡土观念浓,推崇家庭至上及祖先崇拜。除以祖先崇拜为基础的家族祠堂、鬼神信仰外,最能集中反映村落民间信仰的就是村落中建造的各类庙观。在传统农村社区居民的现实生活中,几乎每个村落都有敬奉各类神灵的神庙,村民对神的信仰构成了他们共同的价值观念。每年岁时年末,在村落庙观举行地域性的各种民间庙会文化活动及隆重的祭祀仪式等会吸引全体村民广泛参与,成为村落中的一件大事。神庙相对于家族祠堂来说更能整合区域的不同力量,是本村落与其他村落之间互相接触、往来的主要途径;各类庙会在村落生活中占据重要的地位,神庙作为地域性的组织成为村落历史发展线索的表征,与村落息息相关,构成村民的信仰中心。

五、农村社区文化的功能

由于共同生活需要人类创造文化,文化在它所涵盖的范围内和不同的层面发挥重要功能。农村社区有丰厚的地域文化积淀,这种历史悠久的社区文化因乡土气息浓郁,易被社区成员所接受,所以在农村社区发挥着不可估量的作用。农村社区文化不仅影响社区居民一生中的各个时期,还影响着其生活的众多方面,其功能主要体现在以下几方面[①]:

(1) 价值导向和行为规范功能。农村社区文化影响并制约着农民的价值观念和行为方式。农村社区文化的产生和发展依赖农村居民所居住的自然环境和赖以谋生的方式。农村社区文化的主导性价值取向对农村社区居民的价值观念和行为方式有不可忽略的作用。农村社区文化的形成也是一种信息互动过程。当农村社区居民潜意识中的道德观念和现实情况发生碰撞时,农村社区居民在讨论和评价的过程中,会逐渐形成一个大致赞同或反对的意见。这种意见就是农村社区文化中的道德规范因素,主导着农村社区居民的价值选择,使农村社区居民的正确行为得到肯定和鼓励,不良行为受到抑制并得到及时纠正,引导农村社区居民做出正确的行为选择,起到规范农村社区居民行为的作用。

(2) 提高农村社区凝聚力功能。农村社区文化渗透到农村社区居民生活的方方面面,沟通农村社区居民的感情,培养和激发农村社区居民的群体意识,从而提高农村社区凝聚力。农村社区文化鲜明的地域性特征通过农村社区居民的生活习惯及其言行特点得以表现,从思想上和心理上对农村社区居民起着维系作用,有助于农村社区居民对自己的社区产生认同感和归属感,甚至自豪感,进而激发责任感,将自己的感情和行为与所属社区联系起来,提高社区凝聚力。

(3) 传承农村传统文化功能。随着生产力发展和生产方式改变,农村由传

---

① 王霄:《农村社区建设与管理》,中国社会出版社 2008 年版,第 132—137 页。

统社会向现代社会转变,农村社区文化也随之越来越开放,但农村社区传统文化的影响依旧不容忽视。这种传统文化是农村社区长期保存、积累和传承的成果,对民族文化具有重要的历史意义。农村社区文化传承功能不仅使农村社区原有人文精神和优秀品质得以保存,且在此基础上不断适应社会变迁做出相应的调整,吸收外来文化的精华部分,并继续流传。此外,农村社区文化不仅影响着当代农村社区居民,且影响和塑造着下一代。

(4) 优化人际关系功能。人际关系是人与人相处、交往所遵循的道德规范和能达到的境界的外在表现。农村社区的单位是村落,其人际关系网络主要以血缘关系为纽带,构建在一定的地域范围内,所以血缘和地缘融为一体成为农村社区文化的基础,农村社区人际关系依据约定俗成的礼俗进行调节。农村社区各种传统文化活动,如秧歌、龙灯等,易于把农村社区居民吸引到一起,有助于农村社区居民进入更广阔的交际空间,增强了农村社区居民之间的联系。同时,范围更广的农村社区文化活动不仅可以促进本社区成员的交流沟通,而且有助于增强各农村社区间的联系。

(5) 整合功能。整合是指用正确的理论来规范人们的行为,用合理的制度和法律约束人们的行为,以此来保障社会的稳定有序。农村社区文化可以使农村社区更加团结。生活在农村社区的人成分十分复杂,他们的道德观念、价值观念甚至生活习惯都有差异,但农村社区文化可使一个社区的道德、风俗、价值观念基本趋于一致。故农村社区文化在社区整合中发挥重要作用,有助于农村社区居民达成共识,真正使农村社区居民对本社区有认同感、归属感、责任感。

(6) 娱乐与教育功能。社区文化具有陶冶人、教育人的功能。农村社区经常举行各式各样的文化活动,农村社区居民参与越广泛,农村社区整体文明水准就越高。这是因为,通过文化活动,农村社区居民能够发现自身的才能并充分发挥自己的聪明才智,创造出更丰富的农村社区文化。

(7) 经济功能。农村社区文化一般不带经济色彩,但在一些具有独特文化的社区,却会产生直接和间接的经济效益。如具有独特自然和人文景观的社区,成为乡村旅游目的地。乡土民俗、民居和生活使农村社区成为对城市居民有强烈吸引力的旅游度假目的地。特别是当前在重建农村集体经济的过程中,文化往往成为一个很好的切入点。正是文化的凝聚力,引导出了经济的合作。

第二节 中国农村社区文化的变迁与认同危机

中国的农村社区文化不是一成不变的,农村社区文化的变化造成了农村社区的文化认同危机。

一、新中国农村社区文化的变迁

新中国成立后,农村社区文化有了很大变化。尤其是 20 世纪 80 年代以后,农村社区文化发生了巨变。

1949 年 10 月中华人民共和国成立,农民当家做了主人。全国范围的土地改革,废除了地主阶级封建剥削的土地所有制,实行农民的土地所有制,社会主义集体经济在农村占主导地位。社会主义制度的确立,是中国历史上最伟大最深刻的变化,构成社会主义新文化产生的基础。以社会主义制度为中心的政治文化深入人心,以爱国主义、集体主义为中心的道德文化在农民思想上占主导地位,社会主义建设中农民们将爱国家、爱集体、爱社会主义化为实际行动,为中国社会主义工业化做出巨大的贡献。但几千年来形成的农民深层文化结构,如农民的价值观念、思维方式和行为取向等基本上没有发生实质变化。

1978 年的改革开放是一场巨大的社会变迁,逐步破除了城乡二元社会结构,尤其是农村的封闭。家庭联产承包责任制、创办乡镇企业和"民工潮",使农村社区文化发生了变化。家庭联产承包责任制带来了生产的社会化、科学的生产工艺、新的产品经济结构、市场的交换关系和社会分配。乡镇企业的发展和"民工潮"改变了农民与土地的关系。农民开始摆脱土地的束缚,农村开始发生真正意义上的文化变革。

1978 年以前,城乡二元社会结构泾渭分明,城市是工商、文化中心,农村则在结构、人口、文化上有很强的同质性。改革开放后,农村率先引入市场经济机制,纯农业的社区结构开始分化,农民依靠自己的力量使农村形成了独特的工业、农业、商业、服务业等产业结构。农业产业结构和社区结构的分化,对中国农村和农民具有决定性意义。农村社区分化的实质是农村产业结构的分化。农村社区结构是农村社会体系的骨架,农村社区分化反映出农民生活基本格调的变化。

农民通过向城市的流动和与城市交往全方位地接受现代文明。"交往是引起现代化的关键因素。'正是交往的压力,带来了传统社会的土崩瓦解。'新的思想从外界进入乡村并在农民之间蔓延。……交往就像从大社会中射出的一道光,照进他们与世隔绝的社会,使传统的农民逐渐开始步入现代世界。"① 现代城市和工业文明培育出农民的现代性,培养了农民的风险意识、商品意识和市场观念,开阔了农民的眼界,打破其行为保守性和心理封闭性,提高了农民的自我效能感。

生产力的发展、生产方式的改变、社会体制的渗透、改革开放的推进、生活态度的更新,促使我国农村社区由传统社会向现代社会过渡。社会的法律规范和政治规范已经渗透到村落共同体中,传统的礼俗在大多数场合降到次要地位,法理的因素在乡村生活中明显上升。农村社区文化由传统走向世俗,农民向开放、进取、理性、效能型的社会人转变。但同时也要看到,传统的影响仍不可忽视。由于我国地区差异很大,农村社会结构分化和社会文化世俗化发展存在不平衡现象。

二、中国农村社区文化变迁带来的认同危机

随着现代化的快速推进和知识经济的蓬勃发展,充斥着现代元素的大众传播工具迅速普及,传统农村社区文化受到巨大冲击。在传统与现代的碰撞下,农村社区出现了新的文化认同危机,农村社区的文化认同趋向衰落。② 其表现为三方面。(1)农村社会分层带来社区文化认同危机。家庭联产承包责任制的实行使得广大农民获得生产经营上的自主权和对自己劳动产品的支配权,于是一些善于经营的农民就依靠自己的智慧和勤劳获得了更多的经济收益,与此同时会有一部分人由于种种原因经济收益较少。另外,拥有自主生产经营权的农民可从事非农行业。这都会导致农民经济收益上的分化,所从事行业的分化。据冲突理论,社会分层带来社会主体的分化与异化,进而造成他们利益的分化

---

① 〔美〕埃弗里特·M.罗吉斯、拉伯尔·J.伯德格:《乡村社会变迁》,王晓毅、王地宁译,浙江人民出版社1988年版,第309—310页。
② 吴理财:《农村社区认同与农民行为逻辑——对新农村建设的一些思考》,《经济社会体制比较》2011年第3期,第123—128页;贺雪峰:《当代中国乡村的价值质变》,《文化纵横》2010年第3期,第87—92页。

与矛盾,分化的阶层之间必然存在社区文化的认同问题。(2)农村人口流动带来社区文化认同危机。改革开放以来,城乡二元户籍制度的日益松动和城市用工制度的改革,吸引了大量农民进城从事第二、三产业工作,实现了农民在城乡间的自由流动,改变了农村社区的封闭性状态,使得大量农民突破长期的地域限制,与农村社区疏离,社区中的村民逐渐趋于分散化,农村社区呈现出萎缩态势,社区发展陷入"空心化"窘境。在这种情势下,农村社区很难产生文化认同。(3)村民功利世俗的价值观带来社区文化认同危机。改革开放以来,在市场经济和家庭联产承包责任制的联合冲击下,理性的经济利益原则和个人主义的价值观迅速渗透到农村社区中,部分村民开始执着于追求个体经济利益。而与此同时,农村社区中传统文化的内生规则,包括道德约束、舆论制约对村民的规范能力不断削弱。个人意识的过度膨胀使得农村社区蜕变为个体相互分离的原子化状态,村民陷入了疏离、孤立、分散的境地,这种状态下的村民很难产生农村社区文化认同。

第三节　当今中国农村社区文化建设策略

为了保证农村社区文化建设取得成效,有必要采取如下三方面的农村社区文化建设策略。

一、瞄准农村社区文化建设的目标定位

明确农村社区文化建设的目标定位主要体现在如下方面。

1. 建立健全农村公共文化服务体系

当代农民群体存在着两种文化消费需求:一种是基本的公共文化需求,满足的是他们作为社会主义劳动者的基本文化诉求,对于整个农村地区具有共性;另一种是享受型文化需求,满足的是农民群体中较高层次的文化消费和自我实现的需要,具有较强的个性。由于存在这两种不同的文化需求,所以事实上,在当代农村社区文化建设中也存在着"公共实现模式"和"市场实现模式"两种满足方式。满足基本公共文化需要是政府的职责,满足享受型文化消费需求是文化市场的功能。因此,必须区分政府和市场的职能。政府应引导农村社

区文化市场服务体系发展,满足农民个性化和较高层次的文化消费需求。

2. 满足农民群众的公共文化需要

当前政府介入农村社区文化建设的重要途径是建设农村社区公共文化服务体系,从而为广大农民群众提供基本的公共文化产品,因此,必须对何为"基本公共文化产品"进行界定。界定农村"基本公共文化产品"的方法和途径就在于找出不同地域、不同年龄、不同文化层次、不同信仰的人群所具有的共同的文化需求。[①] 通过对不同农民群体的文化需求差异进行比较,东、中、西部地区农村社区的文化设施和文化活动需求尽管在个别项目和需求强度上有差别,不同年龄的农民群体的文化需求也稍有差别,但在整体上具有较高的一致性。根据当代中国东、中、西部农村不同群体的基本公共需求,可以初步确定当代我国农村社区基本公共文化产品供给范围。如在公共文化设施方面,文化活动室或图书室、电影放映室或电影院、有线电视或电视差转台、公共电子阅览室等文化设施是农民群体普遍的共同需求;在公共文化活动方面"文化下乡"、放电影、花会灯会歌会等传统娱乐项目是不同群体的共同需求。

二、明确农村社区文化建设任务

1. 建设农村社区公共文化设施体系

结合社会主义新农村的总体规划,推动县、乡、村公共文化设施和阵地的配套建设,构建县以下面向农村社区的公共文化设施支撑体系。坚持以政府为主导,以乡镇为依托,以村为重点,以农户为对象,建设县、乡、村公共文化设施和文化活动场所,构建农村社区公共文化基础设施网络。通过政府和社会的紧密结合,逐步形成以政府为主导,社会广泛参与,结构合理、发展均衡、网络健全、服务优质、覆盖整个农村社区的比较完备的公共文化设施体系。建设兼有体育健身与文化活动功能的村落社区文化活动场所。

2. 健全农村社区公共文化服务网络

农村社区公共文化服务网络建设要以文化工程项目为基点,加快推进农村

---

① 财政部教科文司、华中师范大学全国农村文化联合调研课题组:《中国农村文化建设的现状分析与战略思考》,《华中师范大学学报(人文社会科学版)》2007年第4期,第101—111页。

社区文化工程建设,健全农村社区广播电视、文化信息和电影服务网络,满足农村社区居民基本公共文化需求。不仅要确保中央业已确定的农村社区文化项目的建设与完成,还要建立保证这些项目长期正常运行的长效机制。如:推进智慧广电乡村工程建设,到2025年基本实现城乡广播电视基本服务均等化;以全国文化信息资源共享工程为基础,健全"人""机"配套的激励约束机制,开展农村社区数字文化信息服务;大力推进农村社区数字电影放映,探索农村数字电影发行放映新机制,逐步建立以数字化放映为龙头、以乡为重点、以村为基点、公共服务和市场服务相协调的农村社区电影放映体系。

3. 培养农村社区文化精英

农村社区是面向传统的重视记忆的区域社会,是重视经验和地方性知识的熟人社会。具有血缘性、聚居性、礼俗性、农耕性、稳定性的社区文化对农村社区的有序运行与持续发展有重要影响。因此,要高度重视农村社区的文化建设。20世纪30年代,梁漱溟在山东省邹平县搞乡村建设实验,就特别重视文化建设在乡村建设中的重要性。习近平总书记在党的十九大报告中指出:"文化是一个国家、一个民族的灵魂。"2018年,习近平总书记在主持中共十九届中央政治局第八次集体学习时谈道:"乡村振兴是包括产业振兴、人才振兴、文化振兴、生态振兴、组织振兴的全面振兴,是'五位一体'总体布局、'四个全面'战略布局在'三农'工作的体现。我们要统筹推进农村经济建设、政治建设、文化建设、社会建设、生态文明建设和党的建设,促进农业全面升级、农村全面进步、农民全面发展。"

乡村振兴,人是根本。农村社区文化建设离不开能人、带头人、领路人。由于农村社区的文化精英掌握着乡村社会的文化习俗资源,是农村社区发展的领导者、推动者和带头者,是振兴乡村文化的重要依靠,在社区生活中起着文化弘扬、文化教导、伦理指引、发起与组织民间民俗文化活动等方面的作用,因此,建设或振兴农村社区文化,就必须培育农村社区的文化精英。农村社区文化精英是在文化方面具有特别的资本和影响力,能够引领农村文化生活,保护和延续本土文化的文化能人。目前,留守农村社区的文化精英群体存在年龄偏大、知识结构与乡村高质量发展不对称、后继无人、文化生产乏力等现实问题。所以,我们主张通过国家公共财政引导的方式,在农村社区建立起具有本地化特征的农村社区文化精英队伍,使之成为农村社区文化的承载者和传播者。

4. 培育农村社区民间文化组织

通过民办公助、公办民助,以多种形式支持和鼓励农民自办文化团体,将农民培养成农村社区文化的建设主体。鼓励"农村文化大院""农村电影队""农村业余剧团""农家书屋"等项目的发展。鼓励农民从事文化经营活动,允许其以市场运作的方式开展形式多样的文化活动。奖励农村社区的文化保护、开发项目。以此改善当代农村社区的文化落后状况。

5. 支持农村社区经营文化产业

地方政府应鼓励农村社区采取集体开发、招商开发、个体开发、共同开发等灵活多样的开发模式,经营文化产业;国家可从政策、法规、税收、信贷、技术、人才培养等方面扶持农村社区发展文化产业。

三、建立健全农村社区文化建设的支持体系

我国大多数农村社区经济较落后,财政基础薄弱,仅靠自身力量难以全面建设好社区文化事业,特别需要国家建立健全农村社区文化建设支持体系。

1. 体制支持

(1) 实行农村社区文化建设重心下移机制。改革乡镇政府建设和管理农村社区文化事业的模式,在行政村范围内建设农村社区公共文化服务体系,建设相应的文化设施,开展相应的文化活动。建设村级文化交流平台,将村落社区公共文化服务场所建设纳入农村社区公共文化服务体系。

(2) 实行农村社区文化资源整合机制。将分散在各部门的农村文化建设资源集中使用,在县或乡一级整体"打包"下拨至行政村一级。盘活农村社区文化资源存量,将农村社区已有的"村村通"等相关硬件设施、废置的村小学校舍、农村党员远程教育网络等文化资源整合后加以综合利用,使农村社区公共文化的有限资源实现效益最大化。

(3) 实行城乡社区文化建设一体化机制。城市社区始终处于现代化的主导和中心地位,而农村社区文化处于边缘地位。这种状况不利于国家的可持续发展。因此,我们必须充分认识城乡社区文化建设的重要性和紧迫性,把统筹城乡社区文化建设的理念贯穿国家文化设施布局、文化经费投入、文化活动安

排、文化产品生产等各领域,并在政策和投入等方面向农村社区倾斜。建立城乡社区互动、互利双赢、协调发展的社区文化建设统筹体制,促进农村社区文化事业大发展。

2. 资金支持

国家公共财政投入是改变农村社区文化落后状况的主要途径之一。但仅靠国家财政支持是不够的。在促进农村社区文化事业发展上,需要激发政府和社会的积极性,要在农村社区文化建设中引入"公办民营"和"民办公助"等多种资金支持模式。"公办民营"是政府搭建基础平台,吸收社会力量参与,政府与社会两种力量通过整合形成合力,共同改变农村社区文化发展落后的状况。"民办公助"则是以民间力量为主体,公共财政予以补贴奖励,引导民间力量服务于农村社区文化建设。这两种农村社区文化建设的资金支持模式一定程度上解决了公共文化投入责任主体不明、效率不高的问题。所以,国家公共财政投入和利用民间资金相结合是比较有效的农村社区文化建设资金支持机制。

3. 政策支持

由于中国是行政主导型社会,国家行政体系发挥有效作用是农村社区文化建设取得良好效果的一种有力保证。所以,我国应该将农村社区文化建设事业纳入各级党委和政府的必要工作范围。加强各级党委和政府在农村社区文化建设上的责任,把农村社区文化建设纳入地方政府的经济和社会发展规划,纳入地方财政预算,纳入干部晋升考核指标,确保农村社区文化建设各项目标和任务的实现。

复习思考题

1. 如何理解农村社区文化?它具有什么特征?
2. 分析农村社区文化的类型与功能。
3. 分析社会转型期影响农村社区文化变迁的因素。
4. 分析当前我国农村社区文化建设的任务。
5. 如何建立健全农村社区文化建设的支持体系?

第十章　农村社区公共设施

学习要点

农村社区公共设施概念，农村社区公共设施的功能，农村社区公共设施供给，农村社区生产设施标准化建设，农村社区生活设施建设策略，农村社区公共设施管理策略。

关键概念

农村社区公共设施、农村社区公共设施供给、农村社区生产设施标准化建设、农村社区生活设施建设、农村社区公共设施管理。

第一节　农村社区公共设施理论分析

公共设施是农村社区的物质要素之一，对农村社区运行与发展起重要作用，是农村社区建设与管理的重要对象。学界关于社区公共设施建设的研究较丰富。从20世纪20年代"邻里单位"概念的提出到30年代邻里单位社区规划思想在美国诞生，再到90年代"新城市主义"的提出，许多学者涉足这一研究领域，他们都将这种研究置于农村社区规划范畴，形成相对独立的研究体系，并取得大量研究成果。

第十章　农村社区公共设施

一、农村社区公共设施概念

从广义上理解,农村社区公共设施指一切为农村社区提供公共服务的设备或措施,包括农村社区治安绿化、医疗健身、文体教育、生活服务、卫生福利、公共房屋、乡规民约、组织管理设施等涉及社会管理、社会生活、社会福利三方面的内容。[①] 如幼儿园(托儿所)、小学、中学、中专甚至社区大学、职业培训机构、特殊学校等教育设施,卫生院、卫生站、防疫保健站等卫生保健设施,群艺馆、图书室、青少年活动中心、文化馆、影剧院和书店等文化娱乐设施,体育馆、运动场、游泳馆等体育设施,敬老院、儿童福利院等社会福利设施,商业街、商场、综合超市、便利店、餐饮店等商业服务设施,村委会、办事处、派出所、治安联防机构、人防用房、物业管理室、会议室、多功能社区活动中心甚至社区规章制度等等,都属农村社区公共设施范畴。另外,农村社区公共设施通常还包括以下方面:(1)道路交通设施,如乡村公路、公交场站、停车场、油气站等;(2)给排水设施,如给水泵站、污水泵站、雨水泵站等;(3)电力设施,如变电站等;(4)通信设施,如电话电报局、光纤宽带、移动通信基站等;(5)广电设施,如有线电视分中心、有线电视小区管理站等;(6)燃气设施,如液化石油气储配站、天然气门站、燃气抢修站等;(7)消防设施,如微型消防站、林区特勤消防站、消防培训基地等;(8)环卫设施,如垃圾转运站、垃圾填埋处理场等。

从狭义上理解,农村社区公共设施指为农村社区提供公共服务的基础设施、硬软件设备等物质条件,主要指称的是农村社区公共健身器材、通信工具、水电管网、诊所、影院、道路仓库、消防用具、场馆建筑等具体物质对象。人们一般所说的农村社区公共设施指的是其狭义概念。比如,农村社区中的绿地、道路、路灯、地下(上)线路和管道、停车场(库)、配电房(室)及电器设备、水泵房(室、井)、会所、门卫室、人防用房及设备、消防用房及设备、电梯、假山、健身娱乐设施、公告牌等,都属狭义公共设施。

由于农村社区地理位置的特殊性,农村社区和农业生产活动区域紧密相连,农业生产设施如农田水利、粮仓等也因此成为农村社区公共设施的一部分。另外,道路交通等基础设施既服务于社区成员生活,也服务于农业生产。因此,

---

① 陈伟东、张大维:《社区公共服务设施分类及其配置:城乡比较》,《华中师范大学学报(人文社会科学版)》2008年第1期,第19—26页。

狭义的农村社区公共设施又与通常讲的农村基础设施概念有密切联系。所谓农村基础设施,是指为农村社会生产和居民生活提供公共服务的工程技术类设施,是用于保障农村地区经济社会活动正常进行的公共服务系统,是农村社会赖以生存发展的一般物质条件。农村基础设施一般包括:交通设施、农田水利设施、水电通信设施、基础教育设施、医疗基础设施、文化基础设施等。

二、农村社区公共设施的功能

公共设施是满足人们公共需求和公共空间选择的设施,其社会功能在于为农村社区社会活动的开展提供技术性支持条件。农村社区公共设施既具有直接的社会服务功能,其作为社区经济基础又能产生更深远的影响。

1. 为农村社区生活提供便利

第一,净化美化居住环境,比如放置公共垃圾桶、种植绿植、修建假山水池和乡村小公园等。第二,方便日常生活,比如修建商店、健身器材、水电设施、公路、通信设施等。第三,提供健康的精神生活和发展性服务,比如设置文化室、图书室、学校等。第四,提供安全与保障,比如修建物业室、诊所、互助中心等。

2. 为农村社区生产提供服务

农村社区的农田水利设施(如水利灌溉设施、水库、河道、机井等)、道路设施(如乡村公路、桥梁、机耕道等)以及货场、冷库、仓库等,都直接为农业生产服务。

3. 有助于提升农村社区整体品质

第一,可获取最大的社会效益。利于树立塑造现代化的、高度文明的新农村形象,充分展示现代社区"一切为社区成员,为社区每一个人"的价值理念。第二,容易迅速凝聚人气。大大降低社区常住人员的生活开支,同时吸引更多外来人口居住,从而保持社区地块的土地资源价值甚至房价水平,增加社区税收,提升社区公共财政能力。第三,有利于消弭贫富差距带来的社会冲突或对抗。免费公共设施越多,意味着社会财富分配越公正,经济收入低的人群会从中分享到农村经济高速增长带来的成果,从而放弃或减轻仇富心态,促进社会和不同阶层的和谐。第四,有助于提升人的素质。人们在接受公共设施免费服务的过程中,感受到最多的是现代文明的舒适温馨,从而强化了人们的现代公共意识,使人们养成良好的消费习惯,利于构筑农村社区健康的精神家园,打造文明的现代乡村精神,提升社区品牌价值。

三、农村社区公共设施供给

鉴于公共设施对于农村社区具有特殊功能,农村社区应加大公共设施的供给和建设。

1. 农村社区公共设施

公共设施是由社会公众享用或使用的公共产品。公共经济学所定义的公共设施是一种公共产品。公共产品具有与私人产品或劳务显著不同的三个特征:效用的不可分割性、消费的非竞争性和受益的非排他性。凡是可由个别消费者占有和享用,具有可分性、竞争性和排他性的产品就是私人产品。介于二者间的产品称为准公共产品或俱乐部产品。

在农村社区公共设施中,公共产品普遍存在。比如乡村公路、环境绿化的使用过程就具有非排他性,任何人也不能排斥别人使用。乡村公共文化与信息设施的使用就具有非竞争性,个别人使用与许多人使用的成本差别不大。即使对农田水利设施和一些休闲娱乐设施而言,使用效用也不好明确分割。特别是水电气等公共设施,属于自然垄断行业,村民或个别供应商无力提供,也需要公共部门积极发挥作用。针对覆盖面广、需求迫切的公共设施,农村社区要勇于承担供给任务或组织统筹工作,满足村民日益增长的生产生活、物质文化等多种需求。

2. 农村社区公共设施供给的理论分析

理论上讲,纯公共产品需由公共部门供给;俱乐部产品需社会统筹,使用者须承担部分使用成本。在农村公共设施供给中,要区分纯公共产品和俱乐部产品,以及全域性(区域性)和局域性(邻里性)公共产品。相对而言,农村社区公共设施中的纯公共产品主要有环境绿化设施、医疗诊所、幼儿园、道路交通以及其他基础设施,需由政府统一提供。俱乐部产品包含的范围非常广泛,其供给可通过社会统筹方法。所谓全域性公共产品和局域性公共产品是相对而言的。第一,全域性公共产品是指覆盖较大区域的公共设施,其空间范围较广,由全社区成员共享。主要有区域性图书馆、信息网络中心、区域性文物馆及展演中心、专门医院、区域体育场馆、区域文艺中心、区域文化中心、健康与信息咨询服务中心等。第二,局域性公共产品指小区的公共设施,覆盖的空间范围较小,与部分社区成员距离很近,主要有户外开放场地、邻里绿地、小型运动设施、小区活动中心、儿童游戏场地、幼儿园、公共厕所、消防站、变电所、垃圾站等。

全域性与局域性公共产品的提供会涉及农村社区不同管理层次及统筹涉及面。经济学的实证分析表明,依托社区公共设施提供的公共服务是整个社会公共服务的一部分,性质上不同于具有社会导向的公民个人服务或私人服务(如心理咨询治疗、职业咨询、家政服务、身心保健等)。无论是全域性公共设施,还是局域性公共设施,它们主要的服务对象都是有着公共需求或者共同偏好的群体,如社区的老人群体、儿童群体、妇女群体、外来流动人口群体等。凭借和依托农村社区公共资源,社区提供的公共服务会越来越普及,社会成员的受益面会更广、受益人数会越来越多。

第二节 农村社区生产设施标准化建设

生产设施是农村社区发展社区经济的基本条件,自然成为农村社区特别需要的公共设施。

标准化指为在一定的范围内获得最佳秩序,对实际的或潜在的问题制定共同的和重复使用的规则的活动,包括制定、发布及实施标准的过程。农村社区生产设施建设引入标准化有丰富的内涵及深刻的现实意义。

一、农村社区生产设施标准化建设内容

生产设施指直接服务于农业生产的基础性设施。比如,农业建筑设施、机械设施、水利设施、科研设施等。由于社区生产设施建设标准化既包含局部设施建设,又包含整个农村社区生产设施的统一配套工作,因此,农村社区生产设施标准化包括技术及配置标准化等具体内容。

第一,生产设施的技术指标要实现标准化。这既是农村社区生产设施建设标准化的重要内容,又是整个农村社区生产设施建设标准化的基础和前提。如道路交通设计时要尽量采用最新的国家等级标准,堤坝房屋设计施工要参考国家防洪抗震和消防新规程。要尽量优化技术参数,做到安全科学、切实可行。比如,建筑面积、空间距离、容量功率等指标都要有明确参数标准。

第二,从农村社区规模上,实现生产设施配置标准化。由于现代工业生产

的特点,上下游产品之间存在技术上的接口问题,农村社区公共设施的配套问题务必应高度重视,特别是新旧技术兼容问题。如计算机与一些终端设施之间的连接问题、水电气与土木工程施工的配合问题等都不应忽视。农村社区生产设施配置总量还应与社区人口数量、社区开展活动规模和社区等级相适应,不能所有社区一个样。比如,消防器材人均配备量、活动中心密度、各类服务机构覆盖率等,都应实施标准化。

二、农村社区生产设施标准化建设意义

1. 利于实现农村社区规划科学性、管理规范性和设施使用可靠性

第一,生产设施标准化建设利于实现农村社区规划和设计的科学性与合理性。传统上,城市社区建设由市政工程部门、资质企业专门负责;而农村社区建设依靠"土方法",缺乏现代科技的有力支撑,导致既浪费宝贵的土地资源,有些地方甚至还隐藏消防等严重安全隐患。大力推进农村社区生产设施标准化将对提升农村社区规划建设科学化水平具有重大意义。第二,生产设施标准化有利于社区实现规模经济,并为管理规范性提供基础和动力。根据经济学理论,标准化可以产生规模经济效应、节约生产成本。第三,生产设施标准化对于提高农村社区生产效率,提高公共服务质量,特别是促进社区管理相应规范化、科学化具有重要作用。当然,标准化可以增加农村社区生产设施使用上的可靠性、方便性和安全性。在现实中,使用上的安全可靠是衡量农村社区生产设施功能水平的重要标准,也是考量农村社区提供公共服务水平的最终依据之一。

2. 利于推进农业现代化、农村城镇化、社会服务均等化

农业现代化是我国现代化建设事业的重要组成部分,农村社区生产设施标准化对于推进农业现代化具有十分重大的意义。第一,可以抵御各种自然灾害的影响,并极大地提高农业劳动生产率。现代农业有从"平面式"向"立体式"发展的趋势,通过利用各种农作物在生长过程中的"时间差"和"空间差"进行合理组装,精细配套,可组成各种类型的多功能、多层次、多途径的高优生产系统。这就需要农业生产设施密切配合,做到生产设施种类齐全、技术标准。第二,农村社区生产设施标准化对于推动农业工业化、多功能农业的经营发展也具有重要的意义。生产设施的标准化有利于提高农村社区生活的现代化水平,推进农村现代化。特别是,社区生产设施和服务的改善,将有助于实现农村城

镇化,从而稳定农村人口数量,缓解大城市扩容压力。农村社区生产设施标准化还有助于实现社会服务均等化。地区差别一直是我国经济社会发展不平衡的主要原因之一,生产设施标准化建设将有助于缓解社会服务不均等态势。当然,彻底统一标准和完全实现服务均等具有逐步性和过程性,必须充分尊重区域差异的客观现实性。

三、农村社区生产设施标准化建设条件

基层政府推动标准化的意识和决心是农村社区生产设施标准化的制度前提。这是因为生产设施的供给者主要是地方政府,并且由于标准化的实施的涉及面广,也需政府统一组织、领导、监督、协调。同时农村社区标准化生产设施的设计、安装和维护需要相应的技术条件和实施条件。特别是,如果缺乏对口设计人才、施工队伍和维护管理人员,农村生产设施标准化就无法实现。农村社区生产设施标准化还要求用户在使用设施过程中提高自身素质。标准化意味着更高的科技含量,如果村民使用不当,则生产设施标准化的最终价值就无法实现,这会制约农村社区生产设施标准化工作的深入开展。还要注意生产设施标准化与因地制宜的关系。由于农村社区所处地理位置、所面临的环境千差万别,比如有的地处平原、有的在丘陵地区,有的地方水利资源良好、有的地方大牲畜资源丰富,有的地方原有生产设施布局情况复杂,所以生产设施标准化特别需要因地制宜,不能千篇一律。

在实践中,农村社区生产设施标准化建设总会遇到各种问题。比如,社区领导推动标准化的意识不强,措施不力;缺乏因地制宜标准化设计和维护人才;农民对待标准化态度消极,有的甚至有抗拒心理等。所以,要加强对社区工作人员和农民生产设施标准化意识的教育。通过反复讲解标准化的好处及其发展趋势,使社区工作人员和农民改变态度、形成共识、提高积极性,形成一支农村社区生产设施标准化规划设计、组织施工和管理维护专业队伍,保证农村社区生产设施达到标准。

特别是,各级政府要在农村社区生产设施标准化方面加强规范指导、加大投入,从政策、人才、财力等方面予以支持引导。比如,农田水利设施是农业生产的重要基础设施,是农村经济社会发展的基本保障条件,也是农村社区生态文明建设的重要支撑系统。在实践中,可以在政府统一领导下,因地制宜采取有效措施,通过加大投入,以农田水利设施标准化建设来推进农业现代化建设。

第一,要明确目标,在标准上求统一。我国大多数地方农村,人多地少,水资源时空分布不均,农田水利设施仍然是农业农村建设中的薄弱环节。政府必须高度重视农田水利工作,根据当地具体实际,制定出关于开展农田水利标准化建设的指导意见,通过建立和推行科学、统一的建设标准,大力开展农田水利标准化建设,增强农业综合生产能力。

第二,加大投入,在政策上加强保障。为实现目标,建立健全公共财政对农田水利投入的稳定增长机制。明确规定新增建设用地土地有偿使用费等土地整治资金,用于农田水利基本建设和保护方面的支出比例。同时,从标准化的管理机制上解决农田水利标准化建设中工程监管体制以及基层水利服务体系中存在的问题。积极推进流域水利服务机构建设,加强乡镇农业公共服务中心的水利服务功能,明确公益性职能。通过政策导向、资金扶持,推广成功经验,确保农田水利设施长期发挥效益。

第三节 农村社区生活设施建设

生活设施是满足农村社区居民生活需要的物质条件,也是农村社区特别需要的公共设施。由于地理环境的差异,农村社区生活设施建设须走多样化道路。

一、农村社区生活设施建设意义

农村社区生活设施是指直接满足社区居民生活和福利需求的公共设施,比如餐饮娱乐、运动健身、文化休闲、卫生保健设施等。农村社区生活设施建设模式指生活设施的种类、风格、特色等方面的特征,比如采用中式、西式还是中西结合式,突出"绿色社区"还是"和谐社区""人文社区"等主题概念。农村社区生活设施建设模式多样化有以下意义。

1. 发挥社区公共设施服务功能

由于人们的生活需求具有高度的主体性特征,单一化生活设施建设模式不利于真正满足居民的实际需要。要真正发挥农村社区生活设施的功能,就必须在建设模式上实现多样化。以医疗设施为例,由于医务人员数量偏少、缺乏全科医生,农村社区医疗站点的服务内容往往仅限于诊治一些普通疾病,其预防保健功能并未充分体现出来。

2. 满足居民丰富多彩的生活需求

随着农村经济的发展和农民消费观念的转变,对农村社区生活设施建设模式多样化的需求已越来越迫切,主要表现为农民医疗保健服务需求增加、精神文化类消费需求增长、对物质类消费品的品种和质量要求越来越高。根据发展经济学,经济发展到一定阶段以后,恩格尔系数会降低,社会消费需求会向非生存性、非基本性的高级化方向发展。特别是,社会老龄化是一种世界性趋势,随着我国社会老龄化趋势越来越明显,老年人生活需求对农村社区生活设施建设要求越来越高。老年人具有日常生活、护理保健、运动休闲、精神文化等多种需求,甚至需要社区建设老年大学等公共设施。另外,现代农村早已不是传统的封闭社会。许多不同社会阶层的人居住在农村社区,他们的需求与城市社区居民并无差别,对新兴生活方式有极大兴趣。比如,目前我国社会中的农民工是一种特殊的社会现象,农民工对国家经济建设做出了重要贡献,长期在城市工作的经历对返乡农民工的生活观念和消费意识产生了巨大影响,他们的生活需求也是建设农村社区生活设施时应考虑的重要问题。

3. 提升社区居民生活品质与树立社区品牌

农村社区是农村居民生活的基本单元,是农村居民对美好生活的寄托场所。生活服务设施是农村社区运行与发展的基石,是农村社区居民正常生活的重要保障,是提高农村社区居民生活品质的必要条件。建设农村社区生活服务设施对增强农村居民的获得感、幸福感、安全感具有重要意义。公共交通设施、充电桩、加油站、路灯、自来水设施、燃气供给设施、通信设施、便利店、药店、诊所等生活服务设施为农村社区居民提供了物质生活上的便利;污水处理站、生活垃圾收集清运站、生态环境保护和恢复设施、全域绿化设施、化粪池、人造景观等生活服务设施为农村社区居民提供了和美宜居的生活条件;天眼工程、防火设施、灾害避险场所、社区警务室等社区安全设施为农村社区居民创造了安全和谐的生活环境;娱乐设施、文化广场、生态休闲走廊、图书室等生活服务设施丰富了农村社区居民的精神文化生活。完善的、功能齐全的社区生活服务设施使农村社区居民的日常生活更加便捷、舒适、安全和丰富,是落实党的坚持以人民为中心的根本执政理念和惠民政策的体现。这些设施不仅提高了农村居民的生活品质,而且使社区真正地变成农村居民的幸福家园,打造了社区品牌。

二、农村社区生活设施建设策略

根据国情,我国农村社区应采取如下策略开展生活设施建设。

1. 从整体特色和具体服务内容等方面入手

打造社区整体特色是农村社区生活设施建设模式多样化的首要途径。整体特色可以从宏观上体现社区的多样化。另外,因为整体特色必须从具体生活设施方面体现出来,比如"和谐社区"必须体现在周到而丰富的大众可及类生活设施上,"绿色社区"必须体现在可持续发展类生活设施上,"运动社区"则必须在现代化的体育运动场馆和丰富的运动设施上体现出来。所以,突显整体特色对于农村社区生活设施建设模式多样化意义重大。农村社区生活设施建设模式多样化还体现在具体服务内容的多样化上。比如,既可以设立传统医疗站点,还可以吸引部分外来投资建设内容更为丰富的现代化保健康体中心。不仅可以设立老年人活动中心,还可以根据条件创设老年文体队伍,比如老年人时装表演队、秧歌队等。建设农村社区生活设施最好是在具体服务方面做出特色,扩大影响,形成品牌。

2. 按社会要素细分消费群体

在建设多样化的农村社区生活设施过程中,要细分消费群体。为此要加强调查、统计,按年龄、文化程度、性别、职业、民族等要素区分人群细化需求。这样才能有的放矢,提供多样化的、切合不同群体实际需要的生活设施。同时要加强科学的动态预测,准确把握不同发展阶段的社会需求,及时调整和丰富生活设施的品种和服务内容。如:对于儿童,要有幼儿园、婴幼儿商店、游乐场所等生活设施;对于青少年,要有小学、青少年宫等生活设施;对于成年人,要有购物中心、文体健身、餐饮娱乐等生活设施;老年人的生活需求更是必须高度重视,要设立棋牌室、无障碍设施等。特别是,要有能体现现代生活时尚的设施,以满足富裕农民、返乡民工、高学历者的需求。要结合现代科技文明特点,大力建设满足农民精神文化需求的生活设施,比如铺设网络宽带、构筑数字影院等。

3. 充分突出地域文化特色

在建设多样化农村社区生活设施过程中,要引起充分重视的是保留、体现、突出社区所在的地域文化特征。地域文化是实现农村社区生活设施建设模式多样化的有利条件。比如民族特色、传统文化特色甚至农业产业特色,都是可以利用的天然优势和资源。我国地域辽阔、民族众多、历史悠久,有丰富多彩的文化宝藏。[①] 在现代化过程中,农村文化也在经历着变革,但一部分传统文化在今天仍具有强大的生命力。在农村社区生活设施建设过程中必须考虑农村文化的多样性,并积极利用这种多样性为社区特色建设服务。就休闲娱乐、健身运动设施而言,可以多采用体现当地传统特色的建筑场馆、设备器材和服务内容。如,二人转、花鼓戏、秧歌、相声、评弹、武术等各具地方特色,可以因地制宜融入社区生活设施服务内容,有针对性地搞建设,这样的建设模式既有群众基础又能彰显文化含量。

第四节 农村社区公共设施管理

建设农村社区公共设施是手段,使之发挥效用,造福农村社区居民是最终目标。为此,农村社区需要加强农村社区公共设施的管理。

一、农村社区公共设施管理的必要性

在阐述农村社区公共设施管理措施前,需要知晓对农村社区公共设施进行管理的原因和基本内容。

农村社区公共设施如果疏于管理,会直接造成安全隐患、使用不便和利用率低下等后果,从而威胁社区和谐、影响居民生产生活、加重公共负担,最终影响社区形象和公共设施的供给。比如,农村社区中,电力线路老化、道路失修、公共建筑消防设施不足、健身设备不当或过度使用等问题就比较常见。如果不及时处理,会严重影响居民生活,甚至影响社区稳定。还有一类常见问题是对村民疏于管理。比如,一些村民因装修或维修需要,擅自开启如井盖、电箱门、水表总闸等公共设施;随意使用、损坏、拆动小区内的消防设施、设备;砍伐、攀折花木,践踏草坪,向绿化地倾倒生活污水、杂物;在道路路面、楼宇间及楼梯平台等公共场所随意晾晒谷物、衣服和堆放杂物;私自接引和改变各类管线设施、

---

① 刘兴豪主编:《农村社会学》,中国人民大学出版社2004年版,第285—291页。

设备;私自挖掘道路进行施工;等等。这类问题给农村社区公共设施管理带来了挑战,应加强对村民的教育管理。总之,良好的公共设施管理不仅对于提高设施使用效率、降低供给成本,而且对于农村社区的社会和谐稳定、广大村民的安居乐业具有重要意义。

二、农村社区公共设施管理策略

有效管理农村社区公共设施,使之对社区居民生产和生活发挥应有的效能,需要农村社区不断创新公共设施经营管理方式,对公共设施进行科学化和规范化管理。

1. 推动农村社区公共设施经营管理方式创新

从世界范围来看,公共设施免费使用是大势所趋。但这种做法要完全成为现实,还有赖社会经济发展、农村社区管理进步、农民素质提高这些前提条件。没有这些条件,或者在这些条件还不完全具备的情况下,免费使用农村社区公共设施,要经历一个过渡阶段,在这个过程中对部分公共设施适当进行商业化运作和有偿使用是必然的。在我国现阶段,农村社区的经费虽然比过去有了很大的提高,但要完全负担公共设施免费使用的成本还不具备条件。特别是,由于社区财力有限,即使政府在农村社区投资兴建了不少公共设施,其后续的管理和服务也经常"跟不上",不少免费公共设施的服务质量不佳。实践证明,适当收费会大大提高公共设施的使用效率和服务水准。农民可能一时接受不了收费,但微小量的收费也许可以成为撬动农村社区公共设施管理中"公地悲剧"死结的有力杠杆。

2. 推进农村社区公共设施管理科学化与规范化

首先,政府要加强对农村社区公共设施建设的立法和监督工作,加强调研和政策咨询。只有这样,农村社区公共设施管理才会有法可依。比如,目前我国一些农村社区教育设施"缺位"。部分小区教育设施用地被挤占、教育用地预留的位置差,使学校建设无法正常进行。所以,应通过立法的形式,规范社区教育配套设施的建设,比如规定社区公共配套设施建设内容、标准、质量保证、交付时间,以及明确政府监督管理部门的职责等,禁止随意侵占公共设施用地。同时,农村社区要大力推进公共设施的科学管理水平,包括必要时实行管理工作的委托外包。要加大对公共设施管理专业人才的培养培训力度,加强防损监测网络和管理信息系统建设。并且,要注重对作为公共设施使用者和消费者的村民的教育与培训工作,比如,通过培训,促使村民形成爱护和正确使用消防器材的意识、帮助村民树立环境卫生意识,将最终有助于社区公共设施的管理。再者,还要规范农村社区公共设施管理制度,落实岗位制,实行责任制,做到有章可循。比如设立专职消防管理员,建设稳定的物业管理队伍,制定切实可行的公共设施管理条例,严格实行责任追究制度等。

复习思考题

1. 农村社区公共设施的概念、功能分别是什么?
2. 农村社区生产设施标准化建设的内容、意义与条件分别是什么?
3. 农村社区生活设施建设的意义和策略分别是什么?
4. 简述农村社区公共设施管理的策略。

第十一章 农村社区组织

> 📜 **学习要点**
>
> 农村社区组织的类型和功能,社区基层党组织与村委会的关系,农村社区管委会与村"两委"的关系,农村社区中介组织的特质,农村社区非营利组织的特质,建设农村社区持续发展型社会组织的缘由。

> 📜 **关键概念**
>
> 农村社区组织、村民自治、农村社区中介组织、农村社区非营利组织、农村社区持续发展型社会组织。

第一节 农村社区组织理论分析

农村社区组织是农村社区的主体要素,对农村社区活动和社区发展起特殊作用。

一、农村社区组织概念的内涵和外延

农村社区组织指在农村社区内有目的、有计划地建立起来的满足一定功能的各种团体和机构。[①] 它是农村社区的基本要素,为满足农民的各种需要而生,

---

[①] 余素芳等:《社会主义新农村建设中的农村社区组织建设研究》,《江西农业大学学报(社会科学版)》2006年第4期,第65—67页。

发展农村社区组织是我国农村社区建设的必然。目前我国农村社区组织大部分是在政府主导下建立起来的。据农村社区组织的作用形式,将其分为以下几类。①

1. 农村合作经济组织

农村合作经济组织是农民为在农业生产经营中保护自己的经济利益或实现更大经济利益而形成的经济组织。可分为两类:农村社区合作经济组织和专业合作经济组织。(1)农村社区合作经济组织是指以乡镇、行政村区域为范围,以农村土地集体所有制为基础,在农村实行家庭联产承包责任制的过程中形成的集农业生产经营和管理为一体的社区综合性合作经济组织。(2)专业合作经济组织是指农民在市场竞争中为了追求经济利益、维护共同利益,按照自愿、公平、民主、互利等原则,通过共同经营活动建立起来的经济组织。包括各种专业合作社、专业协会、专业技术协会、联合协会等。

2. 农村政治组织

农村政治组织是协调乡镇政权与农村社区居民关系的综合性农村社区治理组织,包括乡镇政府和农村基层党组织。这类组织是我国行政体系在农村社区的延伸,起着贯彻党和国家方针政策、进行农村社会综合治理的行政职能。

3. 农村社区自治组织

农村社区自治组织指我国农村实行村民自治后设立的村民委员会。村民委员会是我国农村居民的社区性群众团体,主要履行村级社区的自我治理功能。其基本职责在于协助乡镇政府开展工作,支持和组织农民依法发展各种形式的合作经济和其他经济,承担本村生产的服务和协调工作以促进农村生产建设发展,保障本村村民合法的财产权和其他合法的权利和利益。

4. 农村社区文化组织

农村社区文化组织指以满足农村社区居民各种精神文化需求为目标,以开展各种文化活动为基本内容的农村社区组织,包括农村中小学校、科技文化组织、农民文娱组织等。这类组织可以提高农村居民的科学文化知识,促进农村社区开展健康活泼的文化娱乐生活,有助于推动农村乡风文明建设和精神文明建设。

---

① 张雅静、洪传春:《论福建省农村社区组织发展的战略选择》,《安徽农业科学》2007年第35期,第11623—11625页。

二、我国农村社区组织的演变与发展

新中国成立前,家族、宗族、邻里、民间精英与具有基层政权性质的乡里组织(如乡里、里甲、保甲等),在基层社会治理中一直扮演着重要角色。新中国成立以后,保甲制度被废,宗族组织受到挤压。20世纪50年代中期以后,在党和政府的动员下,农民先是在农业生产中组成互助组,后来又相继成立初级农业合作社和高级农业合作社。1958年,全国普遍建立"政社合一"的人民公社。人民公社集工、农、商、学、兵于一体,政经合一,成为党和政府对农村实施全面管理和控制的全能型行政组织。

改革开放后,随着1980年9月中共中央75号文件的发布,家庭联产承包责任制迅速推广。后来,人民公社制度解体,农村出现组织管理上的"真空"。1980年,广西壮族自治区出现我国第一个村民自治组织——村民委员会。1982年底,村民委员会这一说法被正式载入我国宪法。1987年11月,第六届全国人民代表大会常务委员会第二十三次会议通过《中华人民共和国村民委员会组织法(试行)》,对村民委员会的法律地位、职责、设立的原则、组织构成、工作方式、成员选举等作出规定。按照该法规定,村委会既是村民自我管理、自我教育、自我服务的基层群众性自治组织,又要协助乡、民族乡、镇的人民政府开展工作,而且应支持和组织村民发展各种形式的合作经济,承担本村生产的服务和协调工作,促进农村社会主义生产建设和社会主义商品经济的发展。村民委员会是一种集行政性、社会性与集体经济管理于一身的综合性群众自治性组织。1998年11月,第九届全国人民代表大会常务委员会第五次会议通过《村民委员会组织法》,2010年做进一步修订,2018年再次修正,为村民委员会职能的完善提供了法律保障。

村党支部等党组织是中国共产党在农村的基层组织。1998年的《村民委员会组织法》较试行法增加"中国共产党在农村的基层组织,按照中国共产党章程进行工作,发挥领导核心作用;依照宪法和法律,支持和保障村民开展自治活动、直接行使民主权利"等内容。此后,全国农村社区普遍建立支部委员会和村民委员会在讨论重要问题上的"两委联席会议"制度,较好地处理了党的领导和村民自治的关系。2010年修订后的《村民委员会组织法》将上述内容修改为"中国共产党在农村的基层组织,按照中国共产党章程进行工作,发挥领导核心作用,领导和支持村民委员会行使职权;依照宪法和法律,支持和保障村民开展自治活动、直接行使民主权利",2018年的修正法沿用了此说法。

随着农村经济发展和市场化改革的深入,除村民委员会具有集体经济管理职能外,农村社区还兴起了其他类型的集体经济组织,主要有村办企业和社区专业合作经济组织。后者是农民在市场经济条件下基于自愿、互助、民主、公平建立起来的合作经济组织,是农业产业化经营的重要组织载体。尽管其经营活动范围不局限于本村和邻村,但作为农村社区发展的重要支持力量,农村合作经济组织是农村社区组织的重要构成部分。

除了上述组织外,按要求,农村一直有共青团、妇联、民兵组织这些群团组织。近年来,随着农村经济、社会的发展,老年协会、村民互助会、文体类团体等民间组织开始活跃;在一些城市周边的农村社区,政府还设置了社区服务站。

三、农村社区组织的功能

农村社区组织代表并维护农民利益,服务农民是农村社区组织最根本的功能。

1. 完善村民自治制度

20世纪50年代兴起的人民公社是我国农村唯一的社区组织形式,其功能主要是执行国家行政指令。20世纪80年代,人民公社制解体,村民委员会开始成为农村社区的主要组织。但村民委员会成立之初仍是以执行上级命令为主,直至80年代末我国部分地区试行村民自治,村民委员会才开始转变职能,真正成为农民的自治组织。1998年,《村民委员会组织法》的颁布标志着村民委员会的自治职能得到法律承认和支持。在全面推行社会主义新农村建设的今天,包括村民委员会、农村社区经济合作组织和农村社区文化组织在内的各种农村社区组织从政治、经济、文化等多个角度进一步体现了农民的主体利益,成为村民自治制度的延伸、补充和深化。

2. 协调配置公共资源并为村民提供公共产品

土地、水、山林等是我国农村最基本的资源,由于公共资源具有外部性特征,因此必须有相应的社区组织来协调,实现资源的合理使用。此外,农村社区基础设施建设是影响农业发展的主要因素,而这类公共产品显然是单个农户无法独立提供的。这就需要村民委员会起好带动组织作用,为社区做好修路、水利、通电、治安、卫生、兴办教育等公共事业。

3. 提高农村资源配置效率并协助农民进入市场

不同农村地区具有不同的资源优势。由于农民无法充分掌握市场信息,这就需要社区组织引导其利用社区资源优势以增加农业收入。社区组织要成为农户和市场以及从事农产品销售、农业生产资料供给、信贷、运输、能源及其他服务项目的机构之间的纽带,消除农民进入市场的壁垒和障碍。作为社区成员和市场进行交易的中介,农村社区组织如各种合作经济组织,可以通过向农户提供生产经营方面的更多信息,减少信息的不对称性对农民生产和经营的影响。此外,农村社区组织采取"集体行动",提供生产、加工、销售一条龙服务,既降低了农民经营风险、减少了成本,又增强了农民的市场竞争力。

4. 为农民就业和增收创造更多机会

农村剩余劳动力的存在是农民增收难的主要影响因素之一,社区组织可通过组织农民参加职业培训,提高农民就业能力,实现外出就业。由社区领办的各种企业,直接为社区内不断增加的剩余劳动力提供就业机会。这既可提高劳动生产率,又可增加农户的非农收入。一些社区中介组织使农民的资源配置权和生产经营权得到充分发挥,增强农民市场竞争力以保证其收益的增加。通过中介组织的联合经营,依靠集体力量引进和推广先进技术,还能有效降低农产品的产业成本。同时,农村社区组织作为农民利益的代表,尽力维护农民合法权益,抵制各种不合理收费,在直接降低农民负担的同时也间接增加了农民收入。此外,保护农民的合法收入也是提高农民收入的有效手段。

5. 助推社会主义新农村建设

社会主义新农村建设涵盖物质文明、精神文明、政治文明和生态环境建设等诸多方面。而当前农村社区建设滞后于城市社区建设,村庄布局缺乏科学规划指导,管理和社区服务功能薄弱,基础设施建设较落后。而农村社区组织除了自治的功能外,另一项基本功能就是为村民服务,因此农村社区组织发展、完善并充分发挥其功能是十分必要的,农村社区组织是农村社区发展的关键因素,是新农村建设的助推器。

第二节　农村社区党组织与村民自治的关系

农村社区坚持党的领导与实施村民自治制度之间的关系,是《村民委员会组织法》颁布以来农村社区组织建设的新课题。

一、村民自治

1988年6月1日,《中华人民共和国村民委员会组织法(试行)》开始在全国范围内试行。这使基层农村政治权力结构发生变化,由原来自上而下的、一元化权力结构,转变成基层政府权力与村民自治权力并存的"国家与社会"或"乡政村治"格局。① 村民自治是在党的领导和乡镇政府的指导下,村民按照党的方针政策和国家法律法规,通过直接选举村民委员会的干部,参与决定村级的重大事务,参与村务管理,监督村民委员会的工作和村委会干部的行为,是村民自我管理、自我教育、自我服务最直接的民主体现。村民自治包括民主选举、民主决策、民主管理和民主监督四部分内容。其中民主选举是村民自治的基础,民主决策是村民自治的核心,民主监督是村民自治的生命,而村民自治过程表现为民主管理。村民自治本质上是一种民主化的村级治理,是我国基层民主政治的重要实践形式,是发展社会主义民主的基础性工作,也是社会主义民主政治的有机组成部分。村民自治在中国基层民主中占有十分重要的地位,村民自治建设是我国民主政治建设的历史性突破,对农村治理和社会主义新农村建设产生了深远影响。

二、农村社区党支部与村民委员会的关系模式

行政村党支部是中国共产党在农村的基层组织,而村民委员会是社区基层群众性自治组织。党的领导与村民自治的关系表现为农村党支部与村民委员会之间的关系。二者关系有如下表现模式。

1. 村"两委"一体化

村"两委"一体化,即实行"村党支部与村委会两块牌子,一套人马",由村

---

① 王海胜:《当代中国村民自治问题研究》,吉林大学博士学位论文,2011年,第95页。

党支部书记兼任村委会主任。这种模式也包括部分交叉的情况,比如由党支部副书记或委员任村委会主任,党支部的多数成员也是村委会委员等。潘允康通过实地调研发现这种模式又包含两种情况:一是"两委"的自然合一,即在村民委员会选举中,党支部的成员得到群众的拥护,又被选为村委会主任或委员;另一种情况是"两委"的人为合一,即没有认真施行《村民委员会组织法》,没有进行民主改革,仍然以各种方式确定原党支部的干部为村委会干部,由原党支部行使村委会的各种职权。① "两委"一体化使"两委"的矛盾和冲突不复存在,却面临着是否能真正推动农村的民主化进程与改革的问题。比如,人为的"两委合一",职能不分,既不利于加强和改善党对村民自治的领导,又容易伤害村民自治的原则,滞缓农村的民主化进程。

2. 村"两委"分工合作

村"两委"分工合作是目前一部分农村党支部和村委会关系的现状。多数采取这种关系模式的农村党支部和村委会目标一致,齐心协力,团结协作,分工明确。这种模式可预防农村党支部和村委会"两委"班子不和的现象发生。一般明确党支部主要负责党建、领导精神文明建设、组织社区发展规划等工作,明确村民委员会主要负责社区经济、日常村务、社区建设等工作。这种模式既发挥了党在农村的核心领导作用,又保证了村民依照宪法和法律开展自治活动,直接行使民主权利,符合农村政治体制改革和基层民主建设的需要。

3. 村"两委"互不干预

这种关系模式指农村社区党支部和村委会在组织成员的安排上互不重叠,且村"两委"互不干预对方的工作。这种关系模式虽不普遍,但也的确存在。这种关系模式容易造成村"两委"的矛盾和纠纷。一般而言,"两委"不和的主要原因在于对权力的争夺,由于存在权力寻租的可能,为获取更多的人权和财权,"两委"可能会明争暗斗,主要表现为村委会做事不与党支部沟通商量,我行我素,而党支部对村委会工作采取消极否定态度。显然,这会给村民自治和基层民主建设带来极大的伤害。

---

① 潘允康:《"二元"体制下村民自治的理性思考》,《社会科学研究》2003年第3期,第17—21页。

三、农村社区党支部与村委会协商关系的营造

《村民委员会组织法》规定:"中国共产党在农村的基层组织,按中国共产党章程进行工作,发挥领导核心作用,领导和支持村民委员会行使职权;依照宪法和法律,支持和保障村民开展自治活动、直接行使民主权利。"因此,村党支部在村民自治中处于领导核心地位,村民自治必须坚持党的领导,不能脱离党的领导。农村党支部与村委会之间是领导与被领导关系,村民自治是党领导下村民自我管理、自我教育、自我服务的行为,村委会必须在党支部的领导下开展工作,这是我们正确认识和处理"两委"关系必须始终坚持的重要原则。而基层党组织在农村中的作用具体体现在两个方面:一是要按照党的章程进行工作,二是要支持和保障村民自治。要正确处理党的领导和村民自治的关系,即处理好"两委"关系,须把握好党的领导、人民民主和依法治村这三项原则的有机统一。①

1. 准确强化党支部的核心领导地位

党支部要领导和支持村委会依法开展工作,村委会必须把自己置于党支部领导之下,定期向党支部汇报工作和反映民意,属于村委会职责范围内的事情要主动负责做好。村内的重大事项未经党支部和村委会会议研究,不能提交村民会议或村民代表会议研究。在具体的农村事务管理上,要充分发挥党支部和农村党员的带头作用,逐步实现从注重行政管理手段向注重运用法律、经济和教育等手段转变,积极探索村级事务管理的新模式。

2. 党员干部要发挥模范带头作用

要注重在优秀村委会成员和村民小组长、村民代表中吸收发展党员,不断为农村基层党组织注入新生力量。基层党组织和党员要带头学法、用法,做依法治村的带头人。同时充分发挥党员在发展经济、科技示范、扶贫济困和农村各项工作中的先锋模范作用,在参与管理农村事务中树立良好形象,取得群众的信任和支持。要强化党员教育管理,重点加强对农村党员、村"两委"成员的教育,通过开展理论学习,交流思想,使其充分认识党员所应具备的先进性,树

---

① 任艳妮、吕翔:《完善党组织领导下的村民自治运行机制——以陕西省S县为例》,《西北农林科技大学学报(社会科学版)》2008年第3期,第5—8页。

立为民服务的意识,思想上存在的偏差得到及时纠正。同时,对村委会成员进行有关工作程序和知识的教育,使他们提高工作能力和水平,自觉在党的领导下开展自治工作,切实提高新形势下领导村民自治工作的能力。

3. 选好"一把手",配备好村"两委"班子

加大村党支部成员"两推一选"力度,公开选拔村党支部领导班子成员特别是党支部书记。党支部通过支持其成员当选村委会委员的方式实现党对村民自治组织的领导。党支部领导班子成员与村民委员会成员交叉任职,村党支部书记与村委会主任"一肩挑"。只有这样,才能使政权领导通过党的领导深入农村基层,实现固本强基。

4. 构建村"两委"协商配合机制

明确村党支部书记为行政村一把手、负责驾驭全局,明确村民委员会主任和其他村"两委"成员的具体分工,使其摆正各自的角色定位,调动和激发班子成员的工作积极性。按照中国共产党的民主集中制原则,规范村级议事决策程序,落实党务、村务、财务公开制度,杜绝支部书记或村民委员会主任独断专行,只有经过村"两委"协商会议的决议才能生效。如浙江省慈溪市建构村党组织领导下的自治、法治、德治相结合的乡村治理体系,该市的白沙路街道西华头村从2013年开始试点开展村级事务协商民主治理模式,凡是涉及村经济、民生等重大事项和关系村民切身利益的重大问题,都以协商民主的形式来共同讨论实施,有效地解决了一系列社区实际问题和遗留问题。该村先后被评为浙江省民主法治村、浙江省善治村等。①

5. 行政村书记主任"一肩挑"

为加强党的全面领导,充分发挥党组织在农村社区的领导作用,巩固党在基层的领导政权,提升党对农村各项工作的领导力、组织力,建立并实行行政村党支部书记与村委会主任"一肩挑"制度。村"两委"成员交叉任职,实现加强党的领导与完善村民自治的有机结合,强化农村社区领导效能、促进村"两委"班子协调运转。该模式在操作上,要预防"一肩挑"的同志产生权力腐败意识和出现"一言堂"与家长制作风;要明确村"两委"成员工作职责;加强制度设计,

---

① 林露、楼佩:《聚焦、聚力、聚集 慈溪市构建农村社区治理新模式》,《中国社区报》2021年2月26日,第3版。

用制度规范权力运行和党务、村务、财务工作的开展;加强岗位履职能力培训,提高村"两委"的管理能力和服务能力;建立定期考核机制,加强干部管理,实行优胜劣汰和"能强者上,能弱者下"制度,促进社区治理精英化。以此增强村"两委"干部的责任心和使命感,为乡村振兴和农村社区建设以及建构和谐社区提供坚强的组织保证。这种模式近年得到广泛推广,基本上在全国各地农村社区都得到了普及。

第三节 农村社区管委会与村"两委"的关系

在农村社区建设中,许多地方的农村社区为贯彻村民自治制度和《村民委员会组织法》,在社区内部成立了社区管理委员会。农村社区出现了社区管委会、村党支部、村委会共存的权力组织格局。

一、农村社区管委会的发展现状

民政部于2006下半年在全国部署了"农村社区建设"的试点工作,作为深入推进社会主义新农村建设的途径,一些地区如浙江舟山、四川宜宾等开始在农村社区中推行"社区管理委员会"体制。

以浙江舟山为例①,舟山市在并村设社区后,重新组建村党组织(社区党组织)、村民委员会、村经济合作社,在此基础上,设立"社区管理委员会"。社区管委会一般有3—5人编制,人员经费和工作经费由市、县(区)、乡(镇)三级财政承担。舟山市委当年制定的文件规定:"管委会主任由乡镇(街道)党委、政府按干部任用程序决定选任。"事实上,管委会主任也是村(社区)党组织的书记,管委会其他成员则由村"两委"的其他主要干部担任。对于"社区管委会"的职能,舟山市委文件规定:社区管委会作为为民办实事的长期机构,在社区党组织的领导下,对本社区区域"履行统一的服务、管理职能"。具体包括:动员和组织群众完成政府依据法律、法规和国家政策下达的各项任务,如公共卫生、征兵、社会保障、殡葬等各项社会事务;统筹规划建设本社区的公益设施,兴办、管理本社区的公共事务和公益事业;做好社会治安综合治理工作,调解民间纠纷,维

---

① 李勇华:《管委会PK村委会——对浙江舟山农村社区管委会体制的调研》,《农村工作通讯》2009年第2期,第51—53页。

护社会秩序;组织开展就业培训、扶老托幼、助残帮困、法律援助、全民健身等各种为民办实事的事务;向政府反映群众意见、要求和建议;处理其他上级交办的事项。从舟山农村社区管委会职能可见,管委会实际上是乡镇的派出机构,对所辖社区(即新建村)实行统一的管理。

从浙江舟山农村社区管委会的实践看,"管委会"体制反映了新形势下国家政权重返农村基层的现实要求。从立法看,"乡政村治"体制下作为国家政权体系的国家政权机构只到乡镇一层,未能直达村一级,村民委员会作为群众行使"社会自治权"的基层组织,与乡镇政府只是"指导、支持、帮助"和"协助"的关系。同时,由于村委会治理"公共事务"的范围极其宽泛从而导致其实际权力较大,形成了一些国家法律、司法、行政都难以进入的"独立王国"式的"失控村"和"专制村"。建立"管委会"体制,就是为"消除新农村建设的体制性障碍"或"村民自治组织的局限性","直接架起政府与农民之间的桥梁,把党和政府的方针政策贯彻到底";避免税费改革后由于"无钱办事""无人办事"导致"治理真空"。[①] 随着新农村建设的推进,越来越多以国家名义出现的公共事务将进入乡村,而这些又是村委会往往难以全面协助政府办理的,需要由政府直接委托工作人员办理,因而"管委会"的出现是农村社区建设的必然,其正是国家政权"下沉"到广袤的农村,在国家最基层的农村建立的政权式或准政权式国家权力的延伸。

此外,"管委会"体制在某些方面也是对"村委会"模式的修正。村民自治制度从20世纪80年代试行至今取得了很大成就,但不得不承认,村民自治制度还存在一些问题。其中最大的问题之一是村民委员会"行政化",使得村民委员会与"基层群众直接自治"的内在追求渐行渐远。这在治理事务上直接表现为,村委会村务、政务"一肩挑",角色混杂,政社不分,导致村务可推、政务难违,村委会大部分精力用于承接政务,导致乡村关系"剪不断、理还乱"。由此,全国许多地方的村委会运行摆脱不了传统的行政模式,表面自治化、实质行政化,村委会只是乡镇政府的下属机构,难以发挥自治功能。而浙江舟山的"管委会"模式,从职能设置上来看就是为了把村民自治组织承担的行政职能剥离出来,交由乡镇(街道)下派的社区管理委员会承担。因此,农村社区管委会的设置可在

---

① 李勇华:《管委会PK村委会——对浙江舟山农村社区管委会体制的调研》,《农村工作通讯》2009年第2期,第51—53页。

一定程度上理顺"基层政权"与"自治组织"、"行政"与"自治"的关系,促进村民自治制度的深化和完善。

二、农村社区管委会与农村党组织、村委会之间的关系

新型农村社区组织应该包括党组织、村委会、管理委员会、综合服务中心及各类社会组织等,但理顺各类组织之间的关系,是农村社区组织建设中必须解决的重要问题。若职责不清、关系不顺,则有可能出现社区组织名实不符的情况,给农村社区建设带来困难。

1. 农村社区管委会与农村社区党组织

农村社区党组织是党在农村社区的基层组织,是党在新型农村社区全部工作和战斗力的基础,是农村社区各类组织和各项工作的领导核心。其职责在于:贯彻执行党的路线方针政策和上级党组织及本级党员大会的决议,讨论决定本社区经济建设和社会发展中的重要问题;整合本社区各类资源,团结、组织党员干部群众,协调社会各方面力量;发展农村社会事业,组织开展社会公益、互助服务;领导本社区群众性自治组织和其他各类组织,支持和保证它们依法充分行使职权;负责本社区干部的教育管理监督,统筹推进本社区党支部建设;抓好自身建设,对本社区的党员进行教育、管理、监督和服务,做好发展党员工作。可见,农村社区党组织是包括农村社区管委会在内的其他组织的领导组织,其与社区管委会存在"领导"和"被领导"关系,社区管委会必须在党组织的指导下开展工作。

2. 农村社区管委会与村委会

从现有大多数农村社区管委会与村委会的关系来看,其表现为一种"领导"与"被领导"的上下级关系。以浙江舟山为例,管委会相当于在原本实施村民自治制度的同一个建制村内插入的一个乡镇派出机构,加上这个派出机构的负责人又担任了作为村级各类组织"领导核心"的村党支部的书记,所以人们会担心甚至质疑"管委会"体制是否冲击、瓦解乃至取代了"村民自治"的法定制度。①

---

① 李勇华:《管委会 PK 村委会——对浙江舟山农村社区管委会体制的调研》,《农村工作通讯》2009 年第 2 期,第 51—53 页。

然而从管委会本身的职责考虑,其应是为村民提供政府性公共产品和服务而设置的行政组织[①],其职责表现为以下方面:完成乡镇政府布置的任务;召集和主持农村社区居民会议,定期向农村社区居民会议报告工作,执行新型农村社区居民会议的决定,完成新型农村社区居民会议提出的各项任务,教育、引导居民遵守新型农村社区居民会议的决定;组织实施辖区内建设规划和重点项目建设,指导村民住宅建设;统筹管理辖区内村民集体所有的土地和其他财产;支持和组织村民依法发展各种形式的合作经济和其他经济;管理辖区内的公共事务和公益事业,为村民提供基本公共服务和生产生活服务。而按《村民委员会组织法》规定,村民委员会不是国家一级机关机构,而是"基层群众性自治组织",其主要职责是"办理本村的公共事务和公益事业,调解民间纠纷",只是"协助"乡镇政府办理政务,其是自治组织而非行政组织,在社区公共服务和产品的提供上,主要是为村民提供村庄性公共产品和服务。[②]

因此,农村社区管委会与村委会之间并不构成"领导"与"被领导"的上下级关系,管委会只是乡镇和村之间"指导、支持、帮助"和"协助"关系的自然延伸。[③] 农村社区管委会主要承担社区范围内政府性公共产品与服务供给的"服务"职能,而村委会则主要承担社区范围内供给村庄性公共产品与服务的职能。在我国目前农村社区建设阶段,这两类服务还难以明确划分:落实政务,仍旧离不开村委会的协助;治理村务,也不能缺少管委会代表政府的支持。因此,今后在很长一段时期内,仍然会出现农村社区管委会和村民委员会双方合作治理社区的情形,只不过二者主要负责的事务性质有所不同。

第四节 农村社区中介组织与非营利组织

近些年,随着农村社区建设和农村市场经济的发展,农村社区兴起了一些中介组织和各种非营利组织,它们成为农村社区重要的社会力量,在促进农村社区经济和公共事务发展过程中发挥了重要作用。

[①] 李勇华:《农村社区管委会:对村民自治的除弊补缺——公共服务下沉背景下农村社区管委会体制的实证研究》,《学习与探索》2009年第2期,第76—80页。

[②] 同上。

[③] 李勇华:《管委会PK村委会——对浙江舟山农村社区管委会体制的调研》,《农村工作通讯》2009年第2期,第51—53页。

一、农村社区中介组织

了解农村社区中介组织,不仅需要知晓其含义,还需认识它的基本特点,分析它的类型构成。

1. 农村社区中介组织的特质

农村中介组织是我国特有的概念,其大致对应于国际经济合作界的合作组织、合作社、合作经济概念。在国际合作经济界,有 cooperatives(合作社)、farmer cooperatives(农民合作社)、agricultural cooperatives(农业合作社)、rural cooperatives(农村合作社)和 cooperative organization(合作组织)等称谓,不过常见的为前三者,后二者极少见到。[①] 农村中介组织指的是农村社会、市场与政府之间的中间性组织,本身不生产和经营任何商品,其功能主要是为农村发展提供信息服务,维护农村社会和谐。它具有志愿性、非政府性、非政治性和互益性等特征。[②] 而农村社区中介组织是改革开放以来,随着经济和社会的变迁,在各种原有的农村社会组织逐渐变化、分化、衰败和解体的过程中,产生出来的新的中介组织形式。[③] 它是指以农村社区居民为成员、以农村社区地域为活动范围、以满足农村社区居民的不同需求为目的,在政府扶持和村委会指导下,在法律法规允许范围内,由农村社区居民自主成立或参加、介于社区主体组织(社区党组织和村民委员会)和居民之间,以及居民和居民之间的组织。

与其他农村社区组织和城市社区中介组织相比,农村社区中介组织的特点是:

(1) 自发性。农村社区中介组织的发育虽然离不开政府的扶持,但其产生的动因是村民的利益诉求和表达,因而带有强烈的内生性和自发性特点。

(2) 民间性。农村社区中介组织是农村社区居民出于经济、社会和道德等多种动因而自愿成立的组织,它诞生和成长于基层社会,有强烈的非政治化和

[①] 李华君:《农村中介组织网络模型及其治理研究》,华中科技大学博士学位论文,2010年,第5页。

[②] 唐兴霖、王立军:《我国农村社会中介组织:理论、功能与发展建议》,《行政论坛》2007年第3期,第80—84页。

[③] 史传林:《农村新型中介组织发展与和谐社会构建》,《社会主义研究》2007年第1期,第77—79页。

非官方化色彩。在体制上独立于政府,在经费、人员、活动方面有很强的志愿性。当然,其必须接受政府的监督和管理,要在法律允许的范围内自律诚信地开展相关活动,必要时可以接受政府资助,吸收政府人员参加活动,同时对政府行为进行监督。

(3) 服务性。农村社区中介组织的基本功能在于为社区提供公共产品和公共服务。因而,农村社区中介组织,无论经营什么项目,都是为农民、农业、农村社区服务的组织。而由于目前大部分农村社区中介组织还处于政府主管与市场运营相结合的准政府状态,因而其还承担着一部分社会管理和公共服务职能。农村社区中介组织通过自身所提供的公共产品和服务实现对社区的管理和服务。

(4) 中介性。农村社区中介组织的中介性是由其本质决定的,它介于政府与农村社区、政府与市场、政府与企业之间,发挥着承上启下的中介作用。此外,农村社区组织往往还承担着沟通农村和城镇的作用。

(5) 公共性。农村社区中介组织往往表现为群众团体,代表一些社会公民或者某一类社会组织的利益,具有较为广泛的社会联系,在一定程度上承担着社会公共职能。因此,从其职能的角度来看,农村社区中介组织具有公共性的特点,它是组织成员利益的代表。

(6) 现代性。农村社区中介组织是在社会主义市场经济体制下发展起来的,与计划经济体制下的传统农村组织有着本质区别。农村社区中介组织在产生时就应有产权清晰、责权明确的制度安排;建立在契约关系而非宗族血缘关系的基础之上;组织内部依据理性的制度和规则运行,具有科学合理的内部治理结构和科层制度;组织成员之间人格地位平等;组织成员崇尚自由、平等、公正、法治的价值目标,具有竞争、服务、效率等现代理念。

(7) 单一性。中介组织目前大概有四种类型:文体活动型、社区维权型、社区服务型、社区救助型。我国农村社区建设尚处在起步阶段,目前的农村社区中介组织也主要集中在生产服务领域,另有一些合作组织,也主要是以为农民提供市场服务为主要目标。与多样化的城市社区组织相比,我国农村社区中介组织类型和功能还较为单一。

2. 农村社区中介组织的类型

有学者将中国农村社区中介组织分为四类①：

（1）政治表达型中介组织。它介于农民与政府之间，是农民向政府表达政治诉求的载体，对国家农业立法和政府的公共政策施加影响。这种组织在西方国家比较常见。在我国，农民的政治表达一般是通过村民委员会、村党支部和群团组织来实现的。

（2）市场服务型中介组织。主要包括农产品行业协会和农民专业合作经济组织等。这类组织有三种生成方式：一种是纯粹由农民自觉自愿发起成立的；一种是大型农产品加工企业组织兴办的；一种是政府扶持和帮助农民发起设立的。它们是市场经济和社会分工不断发展的结果，在政府、企业、农户等市场主体之间起中介作用，能有效保障市场主体的合法权益，降低市场交易费用，提高市场运行效率。

（3）要素服务型中介组织。主要是指那些为农民生产经营和日常生活提供资本、科技、法律、财务、信息、人才、劳动力和房产等生产要素服务的中介组织。如农村社区专业技术协会、农业科技成果转化中心等科技中介组织，以及律师事务所、会计师事务所、职业介绍所和劳动力市场在农村社区设立的分支机构及代理机构等均属于农村社区要素服务型中介组织。

（4）社区服务型中介组织。主要是指向农民提供除政治经济服务以外的社会公共服务的组织，其最大特点是不以营利为目的。如以提高农民福利为目的的公益性、互益性组织——老年人协会、志愿者协会、慈善基金会、社区互助组、红白理事会、扶贫协会、妇女协会、残疾人协会、合作医疗机构等；以休闲或文化体育娱乐为主的读书会、养花协会、秧歌队、体育协会等。

3. 农村社区中介组织的作用

在新农村建设中，农村社区中介组织的作用主要体现在以下方面：

（1）农村社区中介组织起安全阀的作用

和谐社会是广大人民群众能够充分表达自己利益诉求的社会。当前我国农民的一些利益诉求没有很好地得到表达，农民工工资和子女教育问题以及受

---

① 史传林：《农村新型中介组织发展与和谐社会构建》，《社会主义研究》2007年第1期，第77—79页。

歧视等问题都是农民与社会相冲突的表现。而我国农民当前尚无完善的利益诉求机制和畅通的意见表达渠道,农民的利益诉求必须通过农村社区中介组织才能合理表达。农村社区中介组织的发展,减缓了农民与政府、农民与市场之间的直接冲突,起到了安全阀①的作用。但是需要注意的是,农村社区中介组织的安全阀功能也只是暂时减缓冲突,并不能从根本上解决社会冲突。

(2) 农村社区中介组织起协调剂的作用

农村社区中介组织是"协调剂",能改善政府、企业与社区居民间的沟通关系,发展现代农业。经济体制改革之后,中国农村和城市先后产生了大量游离于传统单位组织体系之外的多元利益主体,这些多元利益主体掌握了自由流动的社会保障资源和自由活动的空间,政府与这些多元利益主体之间形成了权力真空和信息的堵塞。因此,政府需要有中介组织起到信息沟通的桥梁作用,并帮助政府维护市场与社会秩序,从而减少政府的社会管理成本、提高政府的效率。而作为发展现代农业的另外两个主要参与者——企业和农户,他们都有着追求自身收益最大化的倾向,尤其是单个的农户、个体户、私营企业等。这些新的利益主体在激烈的市场竞争中需要有新的组织形式来维护自己的利益,农村社区中介组织的产生和发展在很大程度上顺应了这种需求。

(3) 农村社区中介组织起服务器的作用

农村社区中介组织的"服务器"作用体现在农业经济服务和农村公共事业服务两方面。市场经济充斥着大量错综复杂的信息,供求关系变化多端,难以掌握,加上市场调节功能的增强,使得农产品在生产、供应、销售各环节出现时间差,农民仅靠自己的供销渠道难以应对。这需办事公正、流程成熟、行动快捷、熟悉情况、收费低廉的中介机构去代理。随着对外开放格局的形成和市场经济体制的完善,市场竞争更加激烈,农村社区不同需求层次的利益主体迫切需要农村社区中介组织为其提供如联合、促销、培训等多种服务。此外,尽管随着公共财政覆盖农村的各项政策相继出台,国家财政对"三农"投入空前增长,但总的来看,政府对农村公共事业的投入还不够。这需农村社区自发成立一些

---

① 美国社会学家刘易斯·科塞(Lewis Coser)认为,安全阀(制度)指的是将敌对情绪转移给替代对象的制度(或为这种转移提供替代手段的制度)。安全阀(制度)可以使冲突不表现出来。这种安全阀(制度)是可以为人们提供排解敌对情绪和进攻情绪的制度。安全阀(制度)通过阻止其他方面可能的冲突或通过减轻其破坏性的影响,从而维护整个社会系统,构建和谐社会。(参见唐兴霖、王立军:《我国农村社会中介组织:理论、功能与发展建议》,《行政论坛》2007年第3期,第80—84页。)

以提供公共服务为目的中介组织,以有效促进公共事业的发展。如我国农村社区的老年协会,在承担农村老人福利事务的同时,改善了农村社区的治理环境。以湖南浏阳沙市镇桂花桥村的老年协会为例,其在组织老年人进行娱乐活动、保健卫生活动的同时,还负责组织全村的公益活动,如主持红白喜事仪式,组织村民进行文艺演出,负责调解纠纷等。可见,农村社区中介组织在一定程度上弥补了基层政府职能的缺失,助推农村公共事业发展。

(4)农村社区中介组织起资源库的作用

农村社区中介组织在一定程度上能平衡社会资源在农村的配置。农村社区中介组织作为政府、农民与市场的中间地带,在配置社会资源、推动农村生产力水平提高、推进农村经济持续快速健康发展方面都可发挥积极作用。首先,农村社区中介组织信息集成度高,可以有效地整合社会资源,拓展沟通交流渠道,提供各种社会服务,推动社会各界广泛关注与促进农业的产业化、市场化与高效化,提高农业综合生产能力。其次,农村社区中介组织能够通过社会捐助,动员社会各方面的资源参与农村发展,将筹措到的民间资金用于农村社会公共事务,有助于弥补政府用于农村发展方面的资金不足,改善现代农业的发展环境。最后,农村社区中介组织能动员社会的力量组织更多的民众参与科技兴农,并成为农业农村科技发展的主体,配合政府、支持政府、监督政府搞好农村的科技建设工作,实现科技赋能乡村振兴。

二、农村社区非营利组织

了解农村社区非营利组织,不仅需知晓其含义,还需认识它的基本特点,分析它的构成类型。

1. 农村社区非营利组织的特质

非营利组织被认为是 20 世纪最深刻的组织革新与社会变革之一。"小政府,大社会"目标模式的提出和市场经济体制的建立,为我国非营利组织开创了巨大的生存与发展空间。国内外研究者和相关机构从法律、组织的资金来源、组织的"结构与运作"和组织特征入手对非营利性组织给出不同定义。[①] 综合各方定义,我们把非营利组织定义为不以营利为目的,主要开展各种志愿性、

---

① 王建军、曾巧:《我国社区非营利组织建设中的问题及对策分析》,《社会科学研究》2003 年第 3 期,第 110—113 页。

公益性或互益性活动的非政府组织。从非营利组织的定义发现,它与社区组织有紧密关联,社区组织一般指聚集在一定地域范围内的社会群体与社会组织,社区组织是构成社区的基本细胞。就农村社区而言,非营利组织指在农村社区范围内由社区居民组成的各种组织,它是以本社区成员为主体,以本社区区域为主要活动场所,遵守国家法律、法规和社会公德,以自我管理、自我教育、自我服务为主要活动目的,由社区居民自发形成的非营利性群众团体队伍或组织。

农村社区非营利组织在发育、发展中,由于其特定的内涵和公共服务功能,具有与社区其他类型组织不同的特征。主要表现在如下方面:

(1) 非营利性。非营利意味着组织的利润不能分配给所有者和管理者,也不能在组织成员内部进行分配。非营利组织的功能是实现社会公益,而不着眼于营利,因此这一点将农村社区的非营利组织与其他商业性中介组织区别开来。

(2) 组织性。组织性意味着组织有内部规章制度(可以是不成文的)、有负责人、有经常性活动。农村社区一些非正式的、临时性的、随意性的群体不能算作非营利组织。

(3) 非政府性。非政府性意味着农村社区非营利组织在体制上独立于政府,既不是政府的一部分,也不受政府官员的直接领导,是具有民间性质的自组织形态。

(4) 自治性。自治性意味着农村社区的各种非营利性组织是自己管理自己的,既不受制于政府和企业,也不受制于其他非营利组织。农村社区非营利组织应该是农民自己的组织,具有独立性,组织成员平等参与组织的管理决策,组织成员与领导层由选举产生,其中农民应该占大多数。

(5) 志愿性。志愿性是指组织的创建和运行是依契约并在自治的基础上进行的,成员的加入和退出完全遵循自愿原则,不受外来强制与干涉。组织成员是自愿地参与组织的领导、计划、经营、管理等活动的。

(6) 公共性。所谓公共性是指农村社区非营利组织不是为某些特定对象或群体的利益服务的,其着眼的应该是整个社区的公共利益,表现为一种公共服务性。

2. 农村社区非营利组织的类型

按农村社区非营利组织的服务对象来分,可将其分为两大类:奉献于组织成员的共益性非营利组织和奉献于社会的公益性非营利组织。①

我国农村社区共益性非营利组织的内涵与国际合作社联盟所规定的合作社内涵基本一致,包括我国农村社区传统的农业合作社、农村供销合作社、农村信用合作社。目前我国农村社区共益性非营利组织指各种各样的农村专业合作社,有两种类型。一是协会型。这是在技术服务、生产、加工、储运、销售等环节上从事专业生产的农民联合起来建立的社团性合作经济组织。这类协会不以营利为目的,利益关系较松散,主要围绕一种主导产品的发展为农民提供生产前、生产中及生产后服务。二是专业合作社。它是合作经济组织的典型形式,是以为社员服务、保护劳动者利益为宗旨组织起来的合作经济组织。其性质是劳动者自愿联合的组织,实行一人一票制,进行民主管理;入股只是取得了社员资格,想要分红则要受到限制(按社员与合作社交易量分红)。合作社不以营利为目的,把所获得的利润,按交易量返还给农民,这是合作社与其他经济组织相区别的重要特征。

我国农村社区公益性非营利组织分布于社保和教育领域。如我国部分农村社区设置的农村合作医疗站就是典型的非营利组织。而一些社区中的扶贫救济、社会优抚安置、捐资助学等非营利活动多由社区的非营利性组织负责开展。如济南市长清区万德镇的"绿星之家"就是一个以农村残障人士为服务对象,为农村残障人士提供资源并帮助他们改善现状的农村民间非营利组织,是一家具有残疾人创业性质的助残机构。

3. 农村社区非营利组织的作用

尽管我国农村社区非营利性组织规模有限,但其在推动农村政治经济发展方面起着十分重要的作用。

(1) 推动农村经济发展

首先,农村社区非营利组织提高了农民进入市场的组织化程度。农村社区一些专业合作组织使懂技术、懂市场的农村专业大户的带动作用得到了有效发挥,使农业科技信息、产销渠道在组织内部进行共享,帮助农民克服封闭的、分散的经营方式,实现农户分散的小生产与千变万化的大市场的对接。其次,提升农民的市场意识。农民在农村社区非营利组织的带动下,在集体闯市场的过

---

① 王长寿:《中国农村非营利组织发展研究》,西北农林科技大学博士学位论文,2003年,第26页。

程中,经历商品经济和市场经济的洗礼,学会经营、谈判等技巧,增强了自身的商品意识、市场意识、竞争意识。再次,促进农业产业化经营。在农村,许多非营利经济组织是一个小"龙头",直接带动农户,调整农业产业结构,同时又是龙头企业和农户之间的重要中介,既维护农民利益,又降低龙头企业与众多分散农户连接交易的成本。最后,加快农业技术普及。一些农村社区非营利组织根据市场需求引进和推广新产品、新技术,针对性强,可以有效地促进农产品结构的优化和质量的提升。

(2) 直接为农民提供公共服务和保障

由于基层政府财力、人力有限,农村社区所需部分公共产品供给不足,非营利组织在这方面可以发挥巨大作用。非营利组织在政府不能进行有效管理和市场不愿管理的公共事务领域,如教育、卫生、社会福利、扶贫救济以及救灾等领域,发挥着重要作用。如专为农村妇女服务的非营利组织开展的农家女百事通、生命危机干预社区项目、扫盲项目、打工妇女服务项目等,解决了农村妇女面临的诸多困难。这类组织能深入社区,贴近农民大众,在扶危济困、帮助困难群体方面也能发挥特殊作用。这类组织还能有效监督政府的公共权力运作,协同政府做好公共服务和公共管理,化解农村社区矛盾。如大批农村剩余劳动力进城务工带来的子女入学、农民工权益保障等社会问题的解决都离不开非营利组织。

(3) 促进社区管理和培育新型农民

我国农村人口多,经济发展水平差异大,农民文化素质相对较低。农村社区非营利组织能培育农民的责任、自治、参与、决策、协作、民主意识,提高农民参与经济、政治、文化生活和社会管理的能力,扩大农村社区自治权。同时,作为一种社区自治机制,农村社区非营利组织在培养新型农民、提高农民素养上也扮演着重要角色。非营利组织的一个特点是社会参与性强,扎根农村社区,有广泛的群众基础,可通过积极的社会动员,鼓励、支持农民进行自我管理、自我行动和自我约束。不仅从生产技术上,还从思维方式、生活习惯上改造农民,提高农民的文化素质,打破农民的小农意识,培养新型农民。

(4) 促进农村乡风文明建设

乡风文明、村容整洁是新农村建设的基本要求。改革开放以来,广大农民的物质生活获得极大发展。但农民的文化生活不充裕,有些地区还存在赌博、封建迷信等活动。农村社区非营利组织是农民自我组织、自我管理、自我完善的组织,能传播先进文化,使农民形成与乡风文明相适应的习惯与意识,既"治贫"又"治愚"。目前,我国农村社区非营利组织围绕农村产业化、商品化生产,以推广、应用、普及先进科学技术为中心,通过科技培训、科普宣传、科技示范、技术交流等活动冲击旧思想、旧观念,促进农民科学文化素质提高和思想观念改变。科技致富可以提高农民对文化、科技的渴求,带动青年形成学技术、学文化的良好社会风气,减少打架斗殴、赌博、偷盗等现象,使社会治安更加稳定。

（5）农村社区非营利组织能够有效沟通政府与农民

农村社区非营利组织作为一种利益表达机制,在政府与农民之间发挥着纽带作用,是政府和农民的沟通桥梁。一方面,各种农村社区非营利组织可以及时把组织成员对政府的要求、期望、建议、批评集中起来,转达给政府。另一方面,又可以把政府的意图和对相关问题的处理意见转达给社区成员。农村社区非营利组织在这一利益表达和利益协调过程中,可以有效缓解不同利益群体的矛盾,尤其是农民群众与政府及其他组织的矛盾,推动政府与社区成员的合作,共同促进社会公平与稳定。

第五节 农村社区持续发展型社会组织

农村社区持续发展型社会组织是旨在促进农村社区持续发展的社会组织,需要政府、农村社区加以重点建设。

一、农村社区持续发展型社会组织的定义

农村社区持续发展型社会组织,是由农民自发组织成立,或者是在政府推动和支持下组建,由农民构成的,旨在促进农村社区民力、生态、生计、民生等四大要素持续发展的农村民间组织,主要由农村民力发展社会组织、农村生态发展社会组织、农村生计发展社会组织和农村民生发展社会组织等构成。

农村民力发展社会组织是根植于农村社区,由农民自发组织成立或在政府推动和支持下组建,由农民构成的,以发展社区教育、开展技能培训、改善居民健康状况、增强居民体能为公益业务,从开发人力角度促进农村持续发展的民间组织。农村生态发展社会组织是根植于农村社区,由农民自发组织成立或在

政府推动和支持下组建，由农民构成的，以发展生态产业、保护生态环境、建设生态文化、提供生态福利为公益业务，从强化生态功能的角度促进农村持续发展的民间组织。农村生计发展社会组织是根植于农村社区，由农民自发组织成立或在政府推动和支持下组建，由农民构成的，以发展社区经济、提供就业帮扶、参与生活救助、提供劳动福利为公益业务，从建构生计体系角度促进农村持续发展的民间组织。农村民生发展社会组织是根植于农村社区，由农民自发组织成立或在政府推动和支持下组建，由农民构成的，以提供更多优质天然生活资料、保障人工生活资料供给、消除社区贫困现象、开展生活福利服务、倡导健康文明科学低碳生活方式为公益业务，从实施民生保障角度促进农村持续发展的民间组织。

将农村民力发展社会组织、生态发展社会组织、生计发展社会组织、民生发展社会组织等四类农村民间组织称为农村社区持续发展型社会组织，其根由在于农村社区的民力、生态、生计、民生等四大要素具有恒存性、持续发展性。只要农村民力发展社会组织开展民力开发业务活动，农村生态发展社会组织引导村民践行正外部性生态行为，农村生计发展社会组织参与社区谋生体系建设，农村民生发展社会组织开展民生保障项目，就会有力地推动农村社区的持续发展。①

二、建设农村社区持续发展型社会组织的缘由

中共中央、国务院印发的《乡村振兴战略规划（2018—2022年）》中"振兴基础"一章明确提出国家将"坚持绿色生态导向，推动农业农村可持续发展"。由谁来推动农业农村持续发展？笔者认为，社会组织与政府、市场主体共同推动农业农村持续发展是比较明智的选择。因为当今的农村社会组织在推动农村经济发展、民主巩固、社会和谐、文化繁荣以及生态文明等诸领域，发挥着无可替代的作用，已经成为促进农村全面发展的重要力量[2]；在促进农村经济发展、繁荣社会事业、参与社会治理与服务、开展公益活动等方面都具有不可替代的

---

① 谷中原：《乡村振兴背景下的农村持续发展型社会组织建设》，《湖湘论坛》2020年第1期，第5—12页。
② 吕方：《再造乡土团结：农村社会组织发展与"新公共性"》，《南开学报（哲学社会科学版）》2013年第3期，第133—138页。

重要作用①。

就当今中国社会而言,行政干预正逐渐从农村社区"退场",农民之间缺少横向联结,村落整合能力降低,农民与政府和市场对接困难,村落社会的"原子化"状态明显,需要农村社会组织参与治理。《乡村振兴战略规划(2018—2022年)》提出要"坚持农民主体地位","充分尊重农民意愿,切实发挥农民在乡村振兴中的主体作用,调动亿万农民的积极性、主动性、创造性"。据此,中国农村社区应将社区居民的力量整合起来,建立持续发展型社会组织,使亿万中国农民通过持续发展型社会组织参加与可持续发展有关的事务②,为农村社区的持续发展贡献自己的力量。

党的十九大报告提出,当今中国社会的主要矛盾已经转化为人民日益增长的美好生活需要和不平衡不充分的发展之间的矛盾。这种矛盾在农村体现得尤为突出。因此,要加大农村社区生态系统和生态环境建设的力度,加强农村社区生计体系和社区经济建设的投入,以保证广大农民的美好生活需要得到满足。建设农村社区生计体系和改善农村社区生态环境,有赖于农村社区民力的提高。可以说,农民越有能力,农村社区的生计能力就越强大、农村社区生态环境就越优质,农民的生活就越富裕和美好。这便是农村社区民力、生计、生态、民生等四大持续发展性要素之间的发展逻辑,也是国家解决农村社会主要矛盾的实践策略。故国家推动农村社区持续发展型社会组织的建设是十分必要的。③

三、农村社区持续发展型社会组织的功能

不同的持续发展型社会组织在促进农村社区持续发展中的功能不同。

1. 民力发展社会组织的功能

一方面,社区教育组织、劳动技能培训组织、科技服务组织等民力发展社会组织通过邀请政府部门、科技企业、科研院校等专家学者到本社区,以培训会、

---

① 门献敏:《在社会治理体系创新中提升农村社会组织公共服务能力》,《学术交流》2014年第8期,第186—191页。

② 文雷:《如何引导农村社会组织参与环保》,《环境保护》2011第24期,第44—45页。

③ 谷中原:《乡村振兴背景下的农村持续发展型社会组织建设》,《湖湘论坛》2020年第1期,第5—12页。

宣讲会、讨论会等形式为农民教授生产经营技能,使农民掌握农村社区经济发展最新动态。另一方面,社区医务室等民力发展社会组织通过开展疾病预防知识宣讲、健康义诊、卫生保健物品发放、残障人员康复等活动,为农村社区居民劳动能力的持续提升提供保障。不同农村社区民力发展社会组织在提升乡村劳动力素质和劳动能力上发挥不同功能,包括价值引导、知识供给、教育指导与服务,以及提高社区劳动者就业能力、促进社区居民自我发展和自我完善、为社区居民过上美好生活创造文化环境等功能。

2. 生态发展社会组织的功能

生态保护志愿组织、大自然保护协会、环保义务巡逻队、生态产业协会等农村生态发展组织,通过各类媒体平台、志愿者服务队发动农村居民开展环保宣传、义务植树、水源保护等活动,动员社会各界的爱心人士及企业加入生态环境保护。重庆市"百镇千村万户"生态环保宣传教育活动,通过群众喜闻乐见、寓教于乐的方式,围绕乡村振兴战略、环保宣传、农村环境综合治理、生活方式绿色化、环境污染投诉等内容,深入开展环保知识宣传活动,提高了农村居民的环保意识,助力乡村生态振兴。陕西省"秦岭生态环保志愿行动计划"通过发动各市秦岭生态环保志愿者服务队,制作宣传展板,深入农村社区展开宣传,发放宣传手册、环保袋,宣传秦岭生态保护。由此可知,生态发展社会组织在促进农村社区生态环境建设和发展生态产业中发挥了重要功能。

3. 生计发展社会组织的功能

一方面,农业协会、专业合作社等农村生计发展社会组织积极与科技研发企业、科研院校等机构合作,充分运用大数据、传感网、云服务等现代信息技术为本社区农业生产、管理、销售进行技术链接,为社区居民提供气象预报、农资查询、技术顾问、远程指导等各种服务。另一方面,充分发动社区知识分子、农民企业家、复员军人等人才力量,组建生活互助组织、社区服务组织等生计发展社会组织,重点帮扶老弱病残孕、失业人员、农民工等特定群体,充分发挥该类组织在回乡创业、产业扶贫、卫生健康、生活互助、留守人员关爱等方面的作用。如四川省智慧农业科技协会,其主要任务是整合资源、嫁接优势、疏通渠道,充分利用大数据、云计算、智库、互联网、电商和物流网等高科技手段为本地区的乡村企业、农业基地、经济合作社、生态农庄等提供智慧服务,助推农村社区加快智慧农业的发展。

4. 民生发展社会组织的功能

民生行动组织、低碳生活组织、水资源保护组织、社区生活服务组织等农村民生发展社会组织，一方面通过发展社区经济、生态产业等进行组织自身创收，另一方面通过政府部门、爱心企业、公益基金会等筹募资金，根据社区发展情况，将资金分门别类进行使用，以达到促进民生福祉改善的效果。这类组织在脱贫攻坚、救济困难群众、资助农村教育等诸领域成为农村社区的重要力量。如福建省福州市长乐区鹤上镇的东平村老年协会，经常组织力量打扫社区卫生、开展老年人送温暖活动、为孤寡老人做家务并与之谈心、宣扬尊老爱幼美德，成为东平村重要的社会组织。可见，民生发展社会组织在促进农村社区民生事业和发展农村社区民生项目中发挥着重要功能。[①]

四、农村社区持续发展型社会组织的建设策略

1. 孵化农村社区持续发展型社会组织

（1）建立农村社区持续发展型社会组织孵化基地

孵化基地应为参加农村社区持续发展型社会组织孵化和培训的成员建立学习与实践的交流平台。这类平台应包括社会组织工作站、文化长廊、公益人士聚力空间、项目服务部、孵化办公室、创意梦工厂、公益加油站、公益展示区等功能区，并为这类组织提供个性化培训服务。同时，帮助这类组织拓展与高校、爱心企业和其他公益组织的联系，通过每周例会、专题培训、专项活动、外出学习等形式，提高入驻孵化基地的农村社区持续发展型社会组织的操业能力，有效推动农村社区持续发展型社会组织的发展。

（2）选定孵化对象

孵化基地应着力在民力、生态、生计、民生等领域培育和扶持有引领性的持续发展型社会组织。着重选择社区教育组织等农村民力发展社会组织、生态保护志愿组织等农村生态发展社会组织、生活互助组织等农村生计发展社会组织、民生行动组织等农村民生发展社会组织作为孵化对象，并采取多种措施将其培育成农村社区持续发展的社会力量。

---

① 谷中原：《乡村振兴背景下的农村持续发展型社会组织建设》，《湖湘论坛》2020年第1期，第5—12页。

(3) 提供农村社区持续发展型社会组织运行的硬件设施

政府有关部门应主动积极地、有计划地为农村持续发展型社会组织提供办公场地、办公设备、外联设备以及其他组织所需的物质工具,使组织拥有开展业务的硬件条件。同时,也可以动员企事业单位、慈善人士等社会力量力所能及地为组织提供执业所需的物质设备。

(4) 建设农村社区持续发展型社会组织运行的软件因素

主管单位应为正在孵化的农村持续发展型社会组织聘请社会工作专业人员,为组织提供个性化培养模式和辅导方案,并在项目申报、方案策划、活动组织、财务风控等方面提供智力帮助。同时,提供组织系统能力建设、系统化管理、季度评估与督导等执业指导。支持知识分子、农民企业家、复员军人等人才参加农村社区持续发展型社会组织建设。

(5) 严格农村社区持续发展型社会组织孵化出壳流程

农村社区持续发展型社会组织入壳孵化,可以一年为一个孵化培育期,以增强该类组织的"造血"功能。主管部门以及孵化基地应依据组织规模是否足量、团队执行能力是否达标、组织架构是否完善、公益项目是否充足等评价标准,对被孵化的社会组织进行出壳评审,达到标准后,才能办理转出手续,颁发执业证书。只有严格孵化出壳流程,才能保证出壳的农村社区持续发展型社会组织具备较强的执业能力。

(6) 政府购买农村社区持续发展型社会组织提供的服务

政府主管部门实施农村持续发展型社会组织孵化工程,就应为初创期或成长期的该类组织提供执业资源、发展平台和能力培训。[①] 但这还不够。要提高孵化出壳的农村持续发展型社会组织的业务能力,还需要政府主管部门采取"政府购买服务"的方式扶持农村持续发展型社会组织成长和壮大。因为"政府购买服务"方式是社会组织获得政府资金支持的市场机制,有利于增强农村社区持续发展型社会组织的执业能力。

2. 加大农村社区持续发展型社会组织孵化出壳后续扶持力度

(1) 完善农村社区持续发展型社会组织建设与运行的法律法规

农村社区持续发展型社会组织自身的发展和其参与乡村振兴事业应有相

---

① 谭志福:《公益孵化器:正确的诊断与错误的药方——兼论地方政府在社会组织培育中的角色》,《中国行政管理》2014 年第 8 期,第 62—66 页。

关的法律法规支撑。将农村社区持续发展型社会组织建设纳入法治轨道是实行乡村振兴战略的必然选择。国家应尽快填补农村社区持续发展型社会组织的法律盲区,使农村持续发展型社会组织更好地与政府和市场进行协同,获得更大的发展空间。[①]

(2) 加强对农村社区持续发展型社会组织执业的引导和扶持

目前,我国农村社区持续发展型社会组织发展经验不足、服务能力不强,需要政府对其进行适度引导和扶持。政府应根据地区实际情况和组织特点,制定发展规划,对四类农村持续发展型社会组织的服务内容进行有重点的培育和扩充。尤其需要政府主管部门通过财政支持、信贷支持途径为农村社区持续发展型社会组织的发展提供执业经费保障。

(3) 加强农村社区持续发展型社会组织的能力建设

农村社区持续发展型社会组织以实现乡村持续发展为目标,开展乡村振兴公益事业。只有加强和规范能力建设,才能发挥农村社区持续发展型社会组织的执业能力。首先,加强人才队伍建设。一方面,广泛吸纳农村社区乡贤群体及高水平的管理人才和技术人才;另一方面,通过加强组织内部人员的业务培训,提高其业务素质和能力,选拔骨干人才。其次,完善组织架构和规章制度,提升管理水平。[②] 农村社区持续发展型社会组织应完善组织章程,建立民主决策、民主协商、社务公开、财务公开、监督举报等制度,让农民广泛参与农村社区持续发展型社会组织运行的各项事务。

3. 推动农村社区持续发展型社会组织的主体化建设

农村社区持续发展型社会组织主体化,是该类组织为获得持续发展能量,主动从农村社区争取必要规模的社区居民支持,构建执业团队的过程。这是农村社区持续发展型社会组织自我发展的措施之一。只有——农村民力发展社会组织,在开展提高居民身体素质、劳动技能、文化素质等公益业务时;农村生计发展社会组织,在开展融资、销售、运输、技术、信息等领域的生产服务指导,提高乡村企业或农村经营户的市场竞争力,对老弱病残孕等困难群体实施生活救助时;农村生态发展社会组织,在开展治污宣传、义务植树、生态修复、制定生

[①] 徐顽强等:《社会管理创新视角下农村社会组织发展困境和路径研究》,《广西社会科学》2012年第6期,第115—118页。

[②] 同上。

态文明公约、环保培训、经营生态产业等活动时;农村民生发展社会组织,在开展为社区贫困者募集生活物资、提供更多优质天然生活资料、保障全体居民衣食住行用等生活需求、开展生活福利服务、倡导健康文明科学低碳生活方式等公益业务时——有明确的目的性、计划性、主动性、积极性、自控性,才能使组织自身得到持续发展。

4. 注重农村社区持续发展型社会组织的结构化建设

农村社区持续发展型社会组织结构化,是农村社区的民力、生态、生计、民生要素为了获得持续发展能量,主动与其他要素建立稳定的、重复的、均衡的内在联系,改变孤立无援状态的过程。其实现机制主要是建立外部关联网。以生态发展社会组织为例,组织的发展不仅取决于自身各种内在因素的复杂性,而且仰赖其内在因素同外部环境之间的关系网。农村生态发展社会组织必须将外部环境当成组织本身的发展条件,并使外部环境成为自我参照程序的必要关联网。农村生态发展社会组织需要得到农村生计发展社会组织生产资源的支持,需要农村民力发展社会组织提供合格的人力资源,需要农村民生发展社会组织消费社区的产品。同样,农村生计发展社会组织也需要得到农村生态发展社会组织生态资源的支持,需要农村民力发展社会组织提供合格的人力资源,需要农村民生发展社会组织消费社区的产品。因此,为达到协同开展乡村公益事业的目的,农村社区持续发展型社会组织需要建立外部关联网,即实现各类农村社区持续发展型社会组织的结构化,从而使其自身获得发展空间。

5. 强化农村社区持续发展型社会组织的功能化建设

农村社区持续发展型社会组织功能化,是农村社区持续发展型社会组织展示自我能力、显示自我价值、发挥特殊功能的过程。如农村生计发展社会组织为了在农村社区获得持续发展的能量就应实现功能化,展现出自身的社会价值,发挥出不可替代的社会功能,包括保护生态环境的产业功能、提升劳动者素质的人力功能、供给生活资料的生活保障功能等。具体来说,农村生计发展社会组织的功能化主要体现在发展社区经济、发展生态产业、保障天然生活资料供给和人工生活资料供给等方面。当其他农村社区持续发展型社会组织认识到自身的生存离不开农村生计发展社会组织时,农村生计发展社会组织的功能化就显现出来了。又如农村生态发展社会组织要获得持续发展的能量,也应实现功能化,包括实现提升劳动者身体健康的民力功能、提供感官享受的产业功能、供给优质天然生活资料的生活保障功能等。具体来说,农村生态发展社会组织的功能化主要体现在:(1)提高社区碳汇能力,促进碳汇交易;(2)供给优质生态产品,包括净化空气和提供洁净饮水、天然景观、安全食物等。当其他农村社区持续发展型社会组织认识到自身的生存与发展需要农村生态发展社会组织发挥出特殊功能时,农村生态发展社会组织的功能化就显现出来了。总的来讲,只有农村社区发展型社会组织发挥出自己的特殊功能,其才有进一步发展的空间。[1]

复习思考题

1. 农村社区组织有哪些主要类型?
2. 在农村社区组织建设中应如何处理党的领导和村民自治的关系?
3. 如何处理农村社区管委会与村委会的关系?
4. 农村社区中介组织在农村社区建设中的主要作用是什么?

---

[1] 谷中原:《乡村振兴背景下的农村持续发展型社会组织建设》,《湖湘论坛》2020年第1期,第5—12页。

第十二章　农村社区服务

学习要点

社区服务理论，农村社区服务概念、特点和功能，农村社区服务体系的构建。

关键概念

农村社区服务、农村社区服务体系。

第一节　社区服务理论

社区服务是社区建设和管理的重要内容，也是衡量社区发展水平的一个标志。社区服务依靠什么理论指导，是值得深入研究的问题。

一、西方国家社区服务理论

社区服务理论是在社区服务实践基础上形成的成果，西方社区服务发展早，有较成熟的理论体系，包括多中心理论、第三部门理论等。

1. 多中心理论

多中心理论是以美国印第安纳大学政治理论与政策分析研究所的文森特·奥斯特罗姆(Vincent Ostrom)与埃莉诺·奥斯特罗姆夫妇为核心的一批研

究者,在对发展中国家农村社区公共池塘资源进行实证研究的基础上最早提出的。

奥斯特罗姆等人把社会治理模式看作多中心的政治体制,其特点是存在许多决策中心,它们在形式上相互独立——无论它们是真的独立运作,还是构成相互依赖的关系体系。多中心政治体制是权力分散和管辖交叠的基础,是一种有序关系的体制,不会引起混乱的事务状态,因为真正混乱的状态是难以持久存在的。多中心的政治体制可能存在单中心的因素,单中心政治体制也可能存在多中心的因素。[①]

公共产品或服务的提供与生产相分离有重要意义,它是产生多中心秩序的基础。就生产者而言,多中心秩序打破了福利供给的政府垄断。政府、企业、第三部门多元化参与生产可替代性服务,可产生类似于市场竞争的局面,提高福利生产效率。这种准市场机制营造的多主体间竞争—合作关系,是多中心秩序的核心。多中心理论强调个人或者社群在可替代的公共服务生产者之间进行选择。不同的公益产品能够由不同规模的组织来最有效地生产。多中心秩序还强调公民的积极参与。如教育和警察服务等公共服务领域,要求公民(消费者)积极地协作生产来补充在形式上称为生产者的投入。多中心秩序理论隐含着分权和参与的理念,这与福利多元主义相切合,是对福利供给的现实模型的进一步探讨。

2. 第三部门理论

第三部门的概念是20世纪80年代以来,随当代西方学术界对国家—市场—社会的三元结构以及市民社会理论的不断探讨发展起来的,也是对"全球结社革命"的理论响应。在国家—市场—社会的三元模式架构中,政府以强制权力提供公共产品,但由于其官僚制的组织结构,易产生高成本、低效率和寻租现象,即"政府失灵";企业的逐利本性也会带来市场波动、垄断和不公平的现象,即"市场失灵"。第三部门是对以上"公益真空"的现实反应。在经济与文明进步的同时,人们也越来越愿意组织起来,提供那些政府难为、市场不为的公共产品和服务。因而,第三部门在功能上有类似政府部门的公共责任,在机制上却有类似私人部门的运作方式,可以在保证公益宗旨的同时,整合社会资源,

---

[①] 〔美〕迈克尔·麦金尼斯主编:《多中心体制与地方公共经济》,毛寿龙译,上海三联书店2000年版,第72页。

增加福利服务供给。第三部门理论认为,政府不再是社会唯一的权力中心,社会主体日趋多元化,各种得到公众认可的第三部门以及私人组织都可能成为不同层面的权力中心;政府正在将其部分职能转移给其他公共机构或者私人组织,政府与第三部门和私人组织在处理公共事务时的关系趋于平行,后者将在社会事务中扮演更为主要的角色。第三部门作为非政府公共部门,在克服"搭便车"行为、官僚机构惰性以及政府对市场的无限干预等方面具有积极意义。

二、中国社区服务三阶段理论

我国社区服务发展较晚,社区服务理论尚在完善中。理论上来说,我国社区服务经历了从互助型社区服务,到福利性与经营性相结合的社区服务,再到产业化社区服务三个阶段。

1. 互助型社区服务

互助型社区服务是在不同时期对社区服务所做的定义基础上逐渐形成的。1984年在漳州会议上,民政部明确提出"社会福利社会办"的方针。但在当时,社会福利的具体内容是什么、"社会福利社会办"如何实现等问题的答案都很模糊,同时,福利的色彩也基本限定了社区服务的内容是针对社会中的特殊成员,以成员间互助性的服务形式展开。1987年,民政部在大连召开的社区服务座谈会上将社区服务表述为,"在政府的倡导下,发动社区成员开展互助性的社会服务活动,就地解决本社区的社会问题"。从这个表述中可以看出,在这一阶段,社区服务的主体是政府,其内容为社区成员间互助性的社会服务活动,其目标为社会问题的就地解决。同年,在武汉召开的全国城市社区服务工作座谈会上对社区服务的内容做了进一步补充:"社区服务是指在社区内为人们的物质生活和精神生活所提供的各种社会福利与社会服务。"较上一表述来说,这个定义把社区服务的对象扩大到全体社区成员,在内容上突破互助性服务活动的限制,把提供能够满足社区内居民的物质生活和精神生活需要的社会性服务当作社区服务的任务之一。但此阶段我国社区服务实践的功能主要仍在于针对民政特殊对象提供社区福利服务。在此阶段,社区服务的特点是带有强烈的福利色彩,服务对象范围太窄,并不能真正满足所有社区成员对社会化服务的需求,而且这一阶段社区服务的开展仍主要由政府主导,并没有真正实现"社区服务社会办"的目标。

2. 福利性与经营性社区服务

福利性与经营性相结合的社区服务是我国社区服务发展的第二个阶段。该阶段的社区服务主要由社会福利服务和便民利民服务两部分构成,具体分为三个层次:第一层是福利性服务,主要是针对民政特殊对象提供的无偿服务;第二层是邻里互助服务,主要是由群众团体发起,群众自愿参与的服务,一般表现为义务性服务或微偿性服务;第三层是便民利民服务,这是为全体社区成员提供的社区性社会化服务,主要是营利性的有偿服务。此时,社区服务已经突破了扶弱济困、提供家庭服务的原有界限,更多地具有现代化社会服务的性质。这种经营性服务与福利性服务并存的方式,展示出一条"以服务养服务、以服务兴服务"良性发展的路子。此阶段社区服务的特点是:服务的对象扩大到全社区成员,服务的内容也大大拓展并与市场结合。福利性与经营性相结合的社区服务在强调社区服务福利性的同时,其经营性与市场价值也受到重视。这样,一个市场手段与非市场手段相结合,无偿劳动、低偿劳动和有偿劳动相结合的较为完整的社区服务体系就基本建立起来了。

3. 产业化社区服务

随着社区服务的逐渐发展,产业化社区服务是社区服务发展的方向和趋势。经营性社区服务不但满足了社区居民的需求,而且创造了巨大的市场价值。这样,社区服务便获得了一个更大的发展空间——可以将社区服务业作为一个产业来经营,使其成为第三产业的一个重要部分。1993年,民政部等14部委发出《关于加快发展社区服务业的意见》,提出把发展社区服务业纳入我国第三产业发展规划,以适应社会主义市场经济的需要。这在当时有较大的现实意义。首先,满足居民不同层次的需求。从根本上看,只要人们的物质生活和精神生活存在大量需求,社区服务就有存在发展的空间。因此,作为第三产业的社区服务业有着广阔的市场前景。其次,拓展就业空间,有效缓解社会的就业压力问题。作为第三产业的社区服务业具有多元性、持续性、稳定性、发展性的特点,有较强的吸纳劳动力的能力。对于一些失业人员来说,社区服务业所提供的各种就业岗位无疑意味着一个巨大且极具潜力的劳务市场。最后,促进社区认同感的建立,增强社区的整合功能。社区服务建设对于增强社区的整合功能起到重要的作用:通过社区资源的有效配置,服务设施的完备建设,使社区成员对社区产生满意感和归属感,并在提倡全员参与、志愿参与的服务过程中,不同的社区成员间获得了相互了解与认同的机会,形成一定的社区共同性。社区服务业的产业化建设正在进行中。2021年,国务院办公厅印发《"十四五"城乡社区服务体系建设规划》,提出以习近平新时代中国特色社会主义思想为指导,在党委统一领导下,健全社会力量参与社区服务激励政策,推动社区与社会组织、社会工作者、社区志愿者、社区公益慈善资源联动,以村(社区)为基本单元,以村(社区)居民、驻区单位为对象,以各类社区服务设施为依托,以满足村(社区)居民生活需求、提高生活品质为目标,以公共服务、便民利民服务、志愿服务为主要内容,开展社会力量参与社区服务行动。我国的社区服务业在政府引导,各部门配合及全社区的积极参与下,逐步建成了一个投资主体多元化、服务对象社会化、服务队伍专业化、服务网络实体化、服务分工精确化、组织管理行业化的产业化发展格局。①

第二节 农村社区服务的特质

构建合理且恰当的农村社区服务体系,首先需要弄清楚农村社区服务的内涵和特殊功能。

一、农村社区服务概念

掌握农村社区服务的内在规定性,仅了解农村社区服务的定义还不够,需要多角度了解农村社区服务的特性。

社区服务是工业化、现代化的产物,起源于西方,国外也称其为"社区照顾"。英国的社区照顾是当代西方发达国家社区服务工作的一个范例,它作为一种运动开始于20世纪50年代,其具体形式主要有:(1)由地方政府出资兴办社区服务中心;(2)开办社区老年公寓;(3)实行家庭照顾;(4)设立短期护理机构——暂托处;(5)提供上门服务;(6)开办社区老人院,集中收养生活不能自理又无家庭照顾的老年人。②

我国的社区服务正式兴起于20世纪80年代。1986年,民政部倡导在城市开展社区服务。1993年,民政部等14部委联合发布了《关于加快发展社区服

---

① 参见肖艳:《关于我国社区服务理论发展的分析与思考》,《求实》2000年第11期,第31—32页。
② 肖方仁:《国外社区服务经验简介》,《合作经济与科技》2007年第14期,第66—67页。

务业的意见》,提出社区服务是新时期探索社会福利社会办和职工福利向社会开放的一条新路子,要大力扶持社区服务业,建立充满活力的社区服务业运行机制,加强社区服务行业管理。2006年,《国务院关于加强和改进社区服务工作的意见》出台,提出推进社区就业服务、社区社会保障服务、社区救助服务、社区卫生和计划生育服务、社区文教体服务、社区流动人口管理和服务、社区安全服务,不断改进政府公共服务方式。2007年,国家发展和改革委员会、民政部制定《"十一五"社区服务体系发展规划》,对"十一五"期间中国社区服务业体系的发展作出规划,明确指导思想和发展目标,提出重点任务以及政策与保障措施。

随着社区服务的开展,一些学者对社区服务进行了界定。李学举将社区服务界定为政府、社区居委会以及其他各方面力量直接为社区成员提供的公共服务和其他物质、文化、生活等方面的服务。① 陈雅丽将社区服务界定为由政府、社区组织、志愿者等所提供的具有社会福利性和公益性的社区社会服务以及社区居民之间的互助性服务。② 徐长春认为社区服务是指一个社区为满足其成员物质生活与精神生活需要而进行的社会性福利服务活动;是以社区全体居民参与为基础,以自助与互助为主的社会公益活动。③ 刘珺认为社区服务主要是由社区居委会、公益性组织及社区志愿者提供的,并表现出明显的公共性、公益性、非营利性特征的服务形态。④ 颜德如、孔庆茵强调我国社区服务从一开始就承担着福利公益性服务和便民服务的双重任务,发挥着社会保障和社会服务的双重职能。社区服务可以分为两大类,即公益性、福利性的社区公共服务和经营性、市场化的商业服务,前者主要包括居民的社区养老、社区救助、社区治安等公共生活必需品,后者主要包括小区物业管理、家庭设施维修、保洁、照看儿童的家政服务等。⑤

有学者在社区服务的范畴内,界定了农村社区服务的概念。刘燕生认为:"农村社区服务是指在政府统一规划和指导下,以一定层次的农村社区组织(乡

---

① 李学举:《一篇指导社区服务的重要文献》,《中国民政》2006年第6期,第6—9页。
② 陈雅丽:《国外社区服务相关研究综述》,《云南行政学院学报》2007年第4期,第173—176页。
③ 徐长春:《中国社区服务业现状及发展对策》,载徐伟主编:《加快服务业发展问题研究》,社会科学文献出版社2011年版,第118—126页。
④ 刘珺:《社区服务业发展目标、路径与政策》,《经济与管理》2011年第7期,第10—15页。
⑤ 颜德如、孔庆茵:《我国社区服务的定位、国外经验借鉴及其完善的基本路径》,《理论探讨》2018年第3期,第148—154页。

镇或村委会)为主体或依托,以自助—互助的广泛的群体群众参与为基础,既突出重点对象,又面向全体社区成员,用服务设施和服务项目来增进公共福利、提高生活质量的区域社会性服务。"①

我们认为,农村社区服务是指在政府的引导和扶持下,以农村社区为基本单位,以农村社区的居民为服务对象,以提高社区居民的生活质量为目的,通过开发、使用社区资源,开展的各种社会福利服务和便民服务活动。

二、农村社区服务的特点

农村社区服务有如下特点。第一,福利性。农村社区服务的目的是满足本社区居民的物质生活和精神生活需要,有些服务是不能通过货币购买的,而且提供者也不会从中获利,因此这种服务具有很强的公共性。农村社区服务是由农村社区整体提供,以社会效益为主,不以营利为目的,带有很强的公益性,这也是农村社区服务的本质特征。第二,互助性。农村社区服务是社区与居民之间的互助服务以及居民之间的互助服务。在农村社区服务的过程中,仅仅依靠村委会是不够的,很多农村社区建立了社区服务中心,还有各类社会团体和志愿者组织也发挥了很好的作用,填补了农村社区中的一些服务盲点。本社区内的居民也在积极地参与到社区服务中,社区内的活动需要居民的广泛参与,大多数居民既作为社区服务的客体存在,也作为社区服务的主体存在,可以说社区服务也是一种互助服务。第三,地缘性。农村社区服务是一种属地式的服务,它的地缘性包含两方面意思。一是指"就近就地开展社区服务,主要满足本社区居民的物质生活和精神生活的需要"②。农村社区服务只能存在于本社区内,超出本社区的范围,这些社区服务组织和社区服务设施也就失去了便民的作用。二是指这种农村社区服务由于不同社区地域性特点的差别及本社区自然条件和人文条件等要素的影响,社区服务的水平存在差距,社区服务模式的选择在具体做法上也是各具特点,都是依照各自区域化、专业化和社区资源分布状况的不同而选择不同的社区服务模式。③

---

① 刘燕生主编:《社会保障事典》,当代中国出版社1998年版,第521页。
② 徐永祥:《社区发展论(修订本)》,华东理工大学出版社2021年版,第198页。
③ 同春芬、党晓虹、王书明编著:《农村社区管理学》,知识产权出版社2010年版,第166—171页。

三、农村社区服务的功能

社区服务以服务人、保护人、培育人、造福人为宗旨,以社会特殊群体为重点,面向全体社区居民,广泛动员社会力量,为提高人民生活质量,健全社会保障制度,促进社会主义精神文明建设,实现经济社会总体发展目标做出贡献。同时,随着我国改革开放的日益深入,社会的各个方面都在发生变化:政府的许多职能要向社区转移;社会化的服务也转向社区;随着经济社会的发展,服务需求种类和层次在不断增加。因此,社区服务在我国的政治、经济、社会、文化方面都具有不可忽视的功能。

1. 生活保障功能

这一功能是由福利性这一社区服务的本质特征所决定的。农村社区服务向农村孤寡老人、儿童、残障人士以及贫困户等困难群体提供基本的社会救助服务以及生活供养、疾病康复等服务,这是农村社区服务的首要服务。另外,农村社区服务还为全体农村居民的生活环境、卫生环境、治安环境等提供基本保障,使他们所处环境的条件得到不断改善。

2. 社区整合功能

农村社区服务中心为农民提供全方位的服务,不仅使农村社区居民拥有了共同的利益基础,而且为他们提供了情感交流的机会和场所,使其在交往中找到共同点,进而融洽彼此之间的关系,并加强了他们对农村社区的归属感和依赖感。而且,农村社区志愿互助服务的开展使得农村居民能够互相帮助,增进人们之间的联系和信任,营造出良好的社区氛围和人文环境。随着农村社区服务水平的不断提高、服务内容的不断扩展,社区服务的整合功能将进一步增强。

3. 社区稳定功能

农村社区服务有利于化解社会矛盾,促进社区稳定。社区服务能够最大限度地调动全社会的参与,使不同参与者发挥各自积极的力量,同时解决了农民的生活困难,有利于加强社会稳定。农村社区服务工作通过发动和组织社区居民开展各种服务互动,建立社会福利服务网络,在一定程度上满足了农村社区居民日益增长的多种需要,提高了农民的生活质量,使病有所医、老有所养,降低了犯罪率,缩小了贫困范围。同时,通过农村社区服务调节人们的社会关系,把不稳定因素消解在社区之内、萌芽之中。有效地减少了社会结构变革过程中社会保障体系发展滞后等带来的某些暂时失衡现象,增强了基层组织的凝聚力,稳定了农村社区,较好地充当了社会调节和社会预防的安全稳定器。

4. 社区发展功能

农村社区服务为农民生产经营过程提供产前、产中、产后服务,同时农村基本公共设施的建设和基本公共服务的开展,为农村经济的发展和农民生产活动的开展创造了条件。农村社区服务业以其广大的范围、众多的服务项目提供了一些就业机会,也创造了一定产值,同时农村社区产业化的发展也大力推动了第三产业的发展。

第三节 农村社区服务体系建设

一般而言,随着农村社区的发展,社区服务项目将日益增多,逐步形成有别于城市社区的服务体系。

一、农村社区服务体系释义

在传统计划经济体制下,中国县以下地方政府的主要社会职能之一,是为农业的生产活动和农村的人民生活直接提供各种服务。在政府的组织体系中,通常设立有两类服务机构:一类是根据农业经济活动的需要而设立的各类生产和流通服务机构,其业务包括农业技术服务、农业机械服务、林业生产和技术服务、水利建设服务、畜牧兽医技术服务、生产资料供应服务、农产品采购与调运服务;另一类是根据农民生活需要而设立的公益事业机构,其业务包括广播电视服务、文化艺术服务、医疗卫生服务以及基础教育服务等。[①] 这些服务机构的布局、组织与运行方式,对当时中国农村经济发展和社会稳定发挥了十分重要的作用。

1978年中国的农村改革开始,后来随着人民公社解体,农村基层经济社会组织发生了根本性变化,家庭再度成为经济活动的基本单元,与此同时,政府不再对农业生产活动、农产品以及农业生产资料利用等实施直接计划管理,市场逐步成为农业资源配置的主导力量。原有农村生产和农民生活服务体系迅速

---

① 徐小青主编:《中国农村公共服务》,中国发展出版社2002年版,第2页。

瓦解。真正意义上的农村社区服务建设开始于20世纪90年代中后期。在市场经济的发展下,农村剩余劳力大规模向城市转移,随之改变了农村的收入水平和生活结构,农民的价值观念发生很大变化,这些变化给农村的发展带来一系列问题,包括养老问题、医疗问题、教育问题、留守儿童问题和农民工这个特殊群体的问题等日益严重,单靠传统的方式提供服务已不能满足农村居民的生活与发展的需要。加之城市化进程的加快,市场力量逐渐深入农村社区,农村社区服务的提供主体也在增加,改变了过去的单一模式,一些社会组织积极地参与农村社区服务。近几年,随着国家对"三农"问题的关注,相继出台了一系列的政策来解决农村的问题,农村社区服务得到了相对快速的发展。

2021年底,国务院办公厅印发《"十四五"城乡社区服务体系建设规划》,明确指出:"城乡社区服务体系,是指党委统一领导、政府依法履责、社会多方参与,以村(社区)为基本单元,以村(社区)居民、驻区单位为对象,以各类社区服务设施为依托,以满足村(社区)居民生活需求、提高生活品质为目标,以公共服务、便民利民服务、志愿服务为主要内容的服务网络和运行机制。"与城市社区服务相比,农村社区服务功能不能局限于成员生活服务,应定位于为农业生产、农村发展、社会管理和农民生活提供全方位的服务,以促进农村社区经济转型发展和现代化、农村社会和谐稳定为目标;既要体现对农村社区居民基本公共服务的公平性、对社会困难群体服务的福利性,又要体现对农村社区市场经济主体服务的经营性。① 因此,农村社区服务体系是由党委统一领导、政府引导支持、社会多元参与,以农村社区设施为基础,以社区组织为基本力量,以社区成员为服务对象,以满足成员生产、生活所必需的基本公共服务、市场化服务和志愿互助服务为目标的服务网络体系及运行机制。

二、农村社区服务体系的构建

社区服务是农村社区建设的核心内容。我们要结合农村生产、生活特点,以农民需求为导向,逐步构筑起基本公共服务、市场化服务、志愿互助服务相互衔接的农村社区化服务体系,努力缩小城乡社区公共服务差距,真正使农民群众困有所助、难有所帮、需有所应。

---

① 詹成付、王景新编著:《中国农村社区服务体系建设研究》,中国社会科学出版社2008年版,第19—20页。

1. 基本公共服务

(1) 基层政府提供的公共服务。在农村社区服务体系中,政府始终处于主导地位。目前农村社区的纯公共产品主要有:农业发展战略研究、农村环境保护、农业发展综合规划及信息系统、农业基础研究、大江大河治理等。准公共产品有:农村义务教育、农村公共卫生、农村社会保障、农村道路建设、农村医疗、中低产田改造、乡村电网建设、农村文化馆等。由县、乡镇政府提供的政府公共服务主要包括:

第一,农村社会保障。虽然农村社会保障的主体应包括政府和社会群体以及个人,但当前保障提供的主体仍然是政府。由政府提供的社会保障服务包括:农村社会救济(包括农村最低生活保障、农村扶贫、农村老弱病残救助、农村大病医疗救助、农村灾民紧急救助);农村社会保险(包括农村社会养老保险、农村合作医疗、农村生育保险,目前尚欠缺的农村失业保险和农村工伤保险);农村社会福利(包括农村五保户福利,农村未成年人、妇女、老年人福利,农村公益事业);农村优抚安置(包括农村社会优待、农村社会抚恤、农村社会安置等);社会互助与个人储蓄积累则是农村社会保障的重要补充。①

第二,基础设施建设及教育、卫生、文化、社会治安、环境保护等公共事务。包括农村义务教育、职业教育、乡土文化、道路、水利、电力、通信等基础设施规划、社会秩序等。通过村落社区建设,发展村落公益事业,整治村落环境卫生,提升生活质量和精神文化生活品位等。

(2) 农村社会组织提供的公共服务。我国的基层政权定位于乡镇,在乡以下则实行村民自治,群众自己处理和管理关系到自身利益的基层社会事务。村委会是村民自我管理、自我教育和自我服务的基层群众性自治组织,村民自治的范围是村,即与农村居民生活联系十分密切的社区。

第一,村委会提供的公共服务。包括:①村民生产活动的服务和协调,即协调农业生产、为农业服务。这是由村委会的社会管理、经济管理、文化教育的职责所决定,村委会在村民经济活动方面承担本村生产的协调和服务。②就业指导和服务。为农村剩余劳动力提供就业指导和信息服务。③公共设施和公共安全。组织建设修桥铺路等关系村民利益的公共设施;调解民事纠纷,维护社会治安。④环境保护与公共卫生。⑤老、残、弱福利服务。开展优抚救济,在医

---

① 刘豪兴主编:《农村社会学》,中国人民大学出版社 2004 年版,第 379—386 页。

疗护理、心理疏导等方面发挥作用。如举办各种老年人活动与教育中心，为老年人提供养老服务、健康服务、休闲娱乐服务、法律咨询服务、日常生活服务、收养收托、康复医疗等。⑥文化休闲服务。建立基本的文化娱乐设施和场所，开展农村社区文化服务，组织社区居民看书看报、学习科技知识、进行科学健康的娱乐活动，营造良好的文化氛围，引导社区居民采取健康文明的生活方式。⑦生活便利服务。举办为农村居民服务的生活服务网点，为方便农村居民生活提供各种无偿和有偿服务。⑧社区教育。社区教育是为村落社区的全体成员提供的教育服务，如开展老人和妇女扫盲、妇女健康知识普及、法治教育、农村技能培训、农村文化教育等活动。

第二，农村社区中介组织提供的公共服务。除了村委会外，应该发展和培育各种类型的群众性、中介性民间组织，如农村行业协会、村民代表议事会、群众性环境保护组织、流动人口协会、老人协会、农民协会、农民专业技术协会等，为社区居民提供信息服务、技术服务、物资服务等。

2. 市场化服务

发展市场化服务，完善服务规划，制定服务措施，鼓励和支持各类组织、企业和个人开展社区服务业务，创办农村经营实体。通过投资入股、合作经营等形式，进社区兴办便民超市，提供农资供应、农机维修、邮政通信、金融保险等在农业生产前、农业生产中、农业生产后和生活方面全方位的服务项目，切实满足农村居民多样化、个性化消费需求。对开办商业性服务项目的经营实体，社区要积极提供平台，创造条件，简化审批手续，维护其合法权益，积极落实各项优惠政策。农村市场建设、农村金融服务业以及连锁化的农村现代流通网络的发展，除了方便农村社区居民生活、提升居民生活质量之外，对整个农村经济的发展也产生了推动作用。

3. 志愿互助服务

在农村社区，存在着以个人为中心，以一群特定对象为外围，在某项事务上的互助圈，这是农村社区服务与城市社区服务的一大区别。培育志愿互助服务，鼓励和支持驻区单位、社区居民和社区志愿者广泛开展包括便民利民、助老扶幼、扶残助残、纠纷调解、环境保护等群众性自我服务，以及婚丧互助、盖房互助、（农忙时）换工互助、安全互助、救灾扶危、扶贫济困等事缘性互助，为居家的孤寡老人、残疾人、优抚对象、低收入家庭、留守儿童等群体解决生活中遇到的各种困难。志愿互助服务是农村社区服务不可或缺的重要部分。可以通过倡导社区居民和驻区单位开展社会捐赠、互帮互助,对社区困难群体实行辅助性生活救助,并充分利用社区公益性服务设施,方便社区成员生活。有条件的社区可以根据居民需要,建立热线电话救助网络、社区智能服务网络等服务载体,开展自助互助服务。

复习思考题

1. 国外社区服务理论对我国有哪些可借鉴之处?
2. 从农村社区服务体系建设的总体状况来看,我国农村社区服务的全面发展应着重哪些方面的建设?需要从哪些方面努力?

第十三章　农村社区治安

📖 学习要点

农村社区治安的含义，农村社区治安相关理论，农村社区治安综合治理的内容，农村社区治安综合治理的措施，农村社区人民调解，农村社区"三调"联动体系，农村社区矫正的措施。

📖 关键概念

农村社区治安、农村社区治安综合治理、农村社区人民调解、"三调"联动体系、社区矫正。

第一节　农村社区治安理论

农村社区生活秩序中一个重要的方面是治安秩序。治安直接关系到农村社会稳定、农村公共安全和农村居民的生命及财产安全。

一、农村社区治安释义

了解农村社区治安理论须先了解治安和农村社区治安的概念。

1. 治安含义

治安可以从广义和狭义两个角度理解。广义上的治安是一种静态的治安，是指通过治理在整体上实现符合统治阶级意志和利益,并由一定社会规范加以调整的一种安全、有序、稳定的社会状态。① 也就是指国家的有效治理和社会秩序的安宁。狭义上的治安是一种动态的治安,是指一个国家特定的主管机关依法进行的旨在实现一种安全、有序、稳定的社会状态的管理活动。② 也就是一种以警察力量为主体所实施的管理与维护社会公共安全秩序的行政活动,即公安部门依法实施的治安管理。在我国,对公安部门所实施的治安职能活动的理解包含两个层面:一是指公安机关依法维护社会治安秩序的全部职能活动,既包括其所担负的治安行政管理职能活动,也包括预防、侦查和打击犯罪行为的刑事执法职能活动;二是专指我国公安机关的治安部门为了维护社会治安秩序、保障社会生活正常运行而依法实施的行政管理活动。③

2. 农村社区治安含义

农村社区治安的概念是在改革开放后,农村社区社会秩序、治安事件问题日益突出的背景下提出的。随着中国社会转型的加剧,农村社区人员流动量增大、不良社会风气侵入农村社区、农村社区邻里纠纷和矛盾增多,对农村社区治安造成严峻挑战。当前农村社区存在的问题包括:偷盗现象时有发生;抢夺妇女首饰、挎包,偷盗农户粮食、牲畜等物品的行为;宗族恶势力攫取不正当利益,扰乱社区生产生活秩序;封建迷信和赌博活动仍有一定市场;等等。为此,农村社区须依靠公安力量,广泛动员社区居民积极参与,以全时空、全方位的巡逻防控为基本勤务模式,建立统一指挥、反应灵敏、协调有序,集预防、打击、控制、管理等功能于一体的社区治安综合防控体系。因此,我们将农村社区治安概念界定为:农村社区依靠公安机关警力和社会资源,对社区内出现的各种危害社区居民人身安全和财产安全的不良行为予以预防、打击、控制、治理的工作机制。

二、农村社区治安相关理论和措施

1. 国外的相关理论

(1) 转型理论。转型理论将犯罪与社会变迁、社会结构的转型结合在一

---

① 侯惠勤等:《冲突与整合——如何认识我国社会主义改革实践过程对人们思想的影响》,中国人民大学出版社 2003 年版,第 24 页。
② 沈远新:《中国转型期的政治治理若干问题与趋势》,中央编译出版社 2007 年版,第 31 页。
③ 邹千江:《冲突与转化:中国社会价值的现代性演变》,中国传媒大学出版社 2008 年版,第 1—21 页。

起,认为犯罪率的提高是日常生活变迁和社会冲突加剧的结果。"失范"理论和"现代化"理论是转型理论的主要阐释模式。法国社会思想家埃米尔·涂尔干(Émile Durkheim)提出"失范"术语,把它用来解释社会急剧变动时期人们各种脱离社会常规的行为,如自杀、犯罪等。社会学家艾森斯塔特(S. N. Eisenstadt)指出现代化进程会造成社会的结构性震荡,对既有社会秩序形成冲击,必然产生巨大混乱和层出不穷的犯罪。[1] 应用转型理论解释具体犯罪行为的代表人物马库斯·费尔森(Marcus Felson)认为,罪案的发生与现代人生活模式的变化有关。比如,现代社会夫妻双方都要工作,住宅无人看管的时间比较长,使之容易成为盗窃的对象。这是一个社会转型带来的诱发犯罪的结构性问题。费尔森还指出,由于科技发达和技术转型,便携式的昂贵的电子产品越来越多,这些电子产品容易成为犯罪分子的目标,使盗窃案、抢劫案发生的概率大大提高。[2]

(2)皮尔原则。1829年,在罗伯特·皮尔(Robert Peel)的推动下,英国议会通过了创建新警察制度的议案《大伦敦警察法》。同年10月,大伦敦警察部队创立。为了规范队伍管理,皮尔审定并促成议会颁布了《警察训令》,包括九条原则,即皮尔原则。皮尔原则第一条就明确规定了警察机构的基本任务是预防犯罪和维护社会秩序。[3] 皮尔原则提出后,在很长的时期里,并没有被西方警察理解和贯彻。一直到20世纪60年代,世界各国仍然沿袭着传统的法律化、军事化、职业化的警务思想,仍然把打击犯罪和维护治安作为警察的唯一职能。但是传统的警务思想和警务战略并没有成功地控制犯罪,相反,世界各国普遍的高犯罪率证明了传统警务工作的低效,从而造成公众对警察的信任危机。[4] 正是在这样一个背景下,西方警察在反思中重新开始关注皮尔原则,警察逐渐从以打击犯罪为主转变到以预防犯罪为主,从强调警察专业的特殊性转变为重视警民合作,从单枪匹马的行动转变为发动群众广泛参与,从警察行动被犯罪案件牵着鼻子走,转变到扎根社区预防犯罪,评价标准从强调高破案率转

---

[1] 陈周旺、申剑敏:《国外治安理论主要模式及其发展趋势》,《国外社会科学》2011年第3期,第81—88页。
[2] 李紫媚:《盗与罪:青少年犯罪预防理论与对策》,香港城市大学出版社2008年版,第7页。
[3] 刘静坤:《论皮尔原则与英国警务改革》,《江西公安专科学校学报》2006年第1期,第108—112页。
[4] 李华周:《英国预防和打击犯罪改善社会治安的新动向——新自由主义和第三条路线》,《公安研究》2003年第3期,第90—94页。

变为少发案。

（3）破窗效应。20世纪60年代末,美国斯坦福大学心理学家菲利普·津巴多(Philip Zimbardo)进行了一项有趣的实验。他找了两辆一模一样的汽车,把其中的一辆摆在中产阶级社区,而另一辆停在相对杂乱的街区,摘掉车牌,打开汽车顶棚。结果是,放在相对杂乱街区的车一天就被人偷走,而放在中产阶级社区的那辆车一个星期都无人问津。后来,津巴多用锤子把放在中产阶级社区的那辆车的玻璃窗敲了个大洞,结果仅仅过了几个小时,汽车就不见了。[1] 1982年,美国学者詹姆斯·威尔逊和乔治·凯林在其发表的《破窗:警察与社区安全》一文中首先提出"破窗效应"。[2] 这一概念代表了詹姆斯·威尔逊和乔治·凯林对无秩序行为、邻里关系淡漠和犯罪之间联系的论述和总结。他们认为,一扇破烂的窗户任其破损而不加修理是人们不关心这一财产的象征。长此以往,会使其他居民也不关心自己的财产,进而形成恶性循环,即房屋破损严重,房主开始搬迁,有些房子甚至被遗弃。逐渐地,社区的犯罪就会增加。他们指出,警察虽已把工作重点放在了这一过程的最终结果即严重犯罪上面,但警察打击犯罪的能力是有限的。所以,警察应在社区状况变糟之初,也就是最早出现无秩序行为和邻里关系淡漠的迹象时,就介入社区开展预防犯罪工作。

（4）零容忍理论。20世纪80年代,美国海关为控制毒品犯罪首先提出了"零容忍"惩罚政策,对毒品犯罪行为予以严厉惩罚,决不容忍。[3] 随后,这一政策也用于惩罚诸如种族歧视、性暴力等领域的违法行为,成为各国警务工作的一个重要策略。零容忍理论要求警察机关对于任何犯罪或扰乱公共秩序的行为,无论大小均一视同仁,依法强制彻底消灭或者打击,决不妥协。通过严格执法,使犯罪及扰乱公共秩序者认识到警察机关是认真的而有所收敛,一般大众也因警察的强制执法较往昔更愿意提供情报,并与警察合作。零容忍理论在发

---

[1] 黄豹、廖明会:《社会治安综合治理中的零容忍理论研究》,《中南民族大学学报(人文社会科学版)》2007年第27卷,第109—111页。

[2] James Q. Wilson and George L. Kelling, "Broken Windows: The Police and Neighborhood Safety," *The Atlantic Monthly*, March 1982.转引自李紫娟:《盗与罪:青少年犯罪预防理论与对策》,香港城市大学出版社2008年版,第7页。

[3] 黄豹、廖明会:《社会治安综合治理中的零容忍理论研究》,《中南民族大学学报(人文社会科学版)》2007年第27卷,第109—111页。

达国家早已经被高度重视和运用。

（5）理性选择理论。理性选择理论的理论假设是犯罪者都是完全理性的人，并且要对自身的理性行为负完全的责任。犯罪的发生归根结底与个体对于犯罪成本和预期的理性计算有关，而并非一个伦理问题。如果犯罪者认为通过犯罪手段获利的风险较低，犯罪往往就容易发生。如果通过各种制度手段提高犯罪的风险，就有可能相应降低犯罪的概率；同样，如果犯罪的获利很高，哪怕风险较大，有时候也会刺激犯罪行为的发生。所以，犯罪者对于犯罪获利的报酬和风险之理性比较，才是犯罪分析最重要的依据。理性选择理论虽然以个体理性为出发点，但不是一味强调个体偏好的意义，相反，理性选择理论更重视个体与外部环境之间的互动，因为对犯罪风险的分析往往是基于对外部环境的考量。这种外部环境既包括他人，也包括制度、环境等因素。

2. 国内的相关措施

治安综合治理是我国特有的解决社会治安问题的措施。党的十一届三中全会后，就维护社会治安秩序、保障经济建设顺利进行，提出了一些新的社会治安思路和原则，并随着改革开放的深入发展逐步确立和完善。1991年1月，全国社会治安综合治理工作会议在山东烟台市召开，确定了社会治安综合治理的工作方针、指导原则、工作范围、领导体制和工作制度。1991年2月和3月，中共中央、国务院和全国人大常委会先后作出《关于加强社会治安综合治理的决定》，前者提出：社会治安综合治理的基本任务是在各级党委和政府的统一领导下，各部门协调一致，齐抓共管，依靠广大人民群众，运用政治的、经济的、行政的、法律的、文化的、教育的等多种手段，整治社会治安，打击和预防犯罪，保障社会稳定，为社会主义现代化建设和改革开放创造良好的社会环境。1991年3月21日，中共中央决定成立中央社会治安综合治理委员会①，该委员会的职责任务是协助党中央、国务院领导全国的社会治安综合治理工作。2001年9月5日，中共中央、国务院公布《关于进一步加强社会治安综合治理的意见》，提出"要严格执行领导责任查究制度"。2016年2月，中共中央办公厅、国务院办公厅印发了《健全落实社会治安综合治理领导责任制规定》，并发出通知要求各地

---

① 2018年3月，中共中央印发了《深化党和国家机构改革方案》，不再设立中央社会治安综合治理委员会及其办公室，有关职责交由中央政法委员会承担。

区各部门遵照执行。2006年,我国开始施行《中华人民共和国治安管理处罚法》。2023年6月29日,国务院总理李强主持召开国务院常务会议,会议讨论并原则通过《中华人民共和国治安管理处罚法(修订草案)》,决定将修订草案提请全国人大常委会审议。8月28日,修订草案提请十四届全国人大常委会第五次会议审议。修订草案将社会治安管理领域出现的新情况新问题纳入治安管理处罚范围,将治安管理工作中一些好的机制和做法通过法律形式予以确认,对治安管理处罚程序予以优化、完善,旨在更好维护社会治安秩序。同年9月,中国人大网公布《中华人民共和国治安管理处罚法(修订草案)》,向社会公众征求意见。

第二节　农村社区治安综合治理

当前我国农村社区的治安问题,既有政治、经济、文化等宏观方面的原因,也有一些具体措施层面上的原因。要从根本上解决当前农村社区治安的问题,不能仅靠单一措施,还需要开展社区治安综合治理。

一、社会治安综合治理的界定

社会治安综合治理是中国特色的社会治安治理模式。社会治安综合治理概念有一个形成并不断完善的过程。1981年6月,中共中央批转的中央政法委《京、津、沪、穗、汉五大城市治安座谈会纪要》中首次提出"综合治理"的概念。1982年1月,中共中央在《关于加强政法工作的指示》中强调"必须加强党的领导,全党动手,认真落实'综合治理'方针"。1986年2月,全国政法工作会议明确提出:"社会治安综合治理实质上就是一项教育人、挽救人、改造人的系统工程。要做好这项工作,根本的方法是走群众路线。不能只靠哪一个部门,而是要靠全党全社会;不能只用哪一种方法,而是要用千百种方法;不能只抓一阵子,而是要长期坚持。"1991年2月,中共中央和国务院作出《关于加强社会治安综合治理的决定》,明确社会治安综合治理的工作范围主要包括"打击、防范、教育、管理、建设、改造"六个方向;要坚持打防并举、标本兼治、重在治本的原则,切实落实综合治理的各项措施;提出社会治安综合治理的基本任务是整治社会治安,打击犯罪和预防犯罪,保障社会稳定,为社会主义现代化建设和改革开放创造良好的社会环境。1992年10月,党的十四大把"加强社会治安综合治理,保持社会长期稳定"写入新修改的党章,社会治安综合治理成为全党的工作纲领。2001年9月,中共中央、国务院印发《关于进一步加强社会治安综合治理的意见》,提出"要进一步加强群防群治工作,建立和完善全社会的防控体系"。2004年9月,党的十六届四中全会通过的《中共中央关于加强党的执政能力建设的决定》提出要加强和完善社会治安综合治理工作机制。2006年10月,党的十六届六中全会通过的《中共中央关于构建社会主义和谐社会若干重大问题的决定》提出广泛开展平安创建活动,把社会治安综合治理措施落实到基层,确保社会治安大局稳定。2009年,公安部提出要全面加强社区防控网、街面防控网、视频监控网、单位内部防控网、区域警务协作网和"虚拟社会"防控网"六张网"建设,积极构建点线面结合、人防物防技防结合、打防管控结合、网上网下结合的社会治安防控网络。2012年11月,党的十八大报告明确提出"深化平安建设,完善立体化社会治安防控体系建设"。2015年4月,中共中央办公厅、国务院办公厅印发《关于加强社会治安防控体系建设的意见》,明确提出"以确保公共安全、提升人民群众安全感和满意度为目标,以突出治安问题为导向,以体制机制创新为动力,以信息化为引领,以基础建设为支撑,坚持系统治理、依法治理、综合治理、源头治理,健全点线面结合、网上网下结合、人防物防技防结合、打防管控结合的立体化社会治安防控体系"。2016年10月,习近平总书记就加强和创新社会治理作出重要指示:要完善社会治安综合治理体制机制,加快建设立体化、信息化社会治安防控体系。2017年10月,党的十九大报告提出"加快社会治安防控体系建设"。2019年10月,党的十九届四中全会提出"完善社会治安防控体系"。2022年10月,党的二十大报告设专章论述法治建设,为中国特色社会治安综合治理提出新的更高要求。①

故此,我们认为社会治安综合治理主要指调和诸多力量和资源、采用多种类型方法,去解决那些单一方面、一种手段和方法难以解决的复杂问题。社会治安综合治理要求由国家、省(自治区、直辖市)、市、区等各级党委、政府统筹兼顾,各有关部门充分发挥自己的职责,齐抓共管,"从群众中来,到群众中去",综合利用党的政治导向、经济基础、行政体系、法律规章、文化宣传教育等多种方

---

① 王占军:《新时代社会治安综合治理立法思考》,《中国人民警察大学学报》2023年第11期,第5—11页。

式,整治社会的秩序,打击和有效预防违法犯罪,完善社会秩序管理,化解社会矛盾,维护国家和人民的权益,保障社会稳定,促进社会和谐,为中国特色社会主义现代化的建设和我国改革开放创造良好的社会条件,推进中国特色社会主义事业的深入发展。[1]农村社区的治安环境不同于城市社区,城市社区的各项机制和防范措施相对比较成熟。公安机关应将更多力量投放在农村社区,深入研究分析农村社区社会治安现状,分析农村社区的社会治安综合治理存在的问题,提出科学解决和改善农村社区社会治安问题的对策。农村社会治安综合治理是一个系统工程,它涉及农村社会的多个领域,更需要社会多元主体的共同参与。[2]

二、农村社区治安综合治理的基本原则

1. 打防结合、标本兼治的原则

打与防相辅相成,不能顾此失彼。只有在打击的同时切实加强防范工作,并逐步建立起一套与社会主义市场经济相适应的防范体系,才能有效地遏制、减少犯罪。如果只打不防,就会出现"光打不防,越打越忙,光罚不教,难见成效,光处不管,难以改观"的被动局面。标本兼治是指社会治安综合治理工作中既要及时打击处理违法犯罪,消除产生违法犯罪的外在条件,又要从根本上减少和消除违法犯罪产生的内在原因。总而言之,就是要从治标和治本两个方面发挥每一项治理措施的双重作用。标本兼治不是打防结合的简单重复,而是打防结合的延伸,说明了社会治安综合治理手段的双重作用之间的关系。

2. "谁主管谁负责"的原则

落实"谁主管谁负责"的原则,是实现社会治安综合治理的核心。这项原则适用于农村社区各有关部门和各人民团体。各部门都要根据社会治安综合治理的任务、要求和工作范围,主动找准自己的位置,明确本部门、本系统的职责,切实承担起共同维护社区治安的社会责任。一旦发生问题,要严格追究有关部门、单位直接领导者的责任。

---

[1] 江世莱:《提升基层社会治理能力的"枫桥经验"实证研究》,《法律适用》2018年第17期,第11—20页。

[2] 董少平:《社会变革时期法律、道德、信仰的整合——我国社会治安综合治理的行为选择》,《中南民族学院学报(人文社会科学版)》2002年第6期,第15—18页。

3. 社会化原则

农村社区治安综合治理需要动员全社区居民积极参与。第一,能不能有效打击犯罪,控制社区治安局势,关键是看上级政法部门的打击力度如何。第二,社会其他部门发挥各自的自身特点,与政法机关相互配合、协调运作,消除自身内部存在的治安综合治理方面的隐患。第三,只有把农村社区广大群众组织起来,调动其积极性,才能真正实现农村社会长治久安。要从根本上打击和预防犯罪,就必须依靠和发动群众,从多方面消除产生违法犯罪的条件。

三、农村社区治安综合治理的内容

社会治安综合治理的主要目标是:社会稳定,重大恶性案件和多发性案件得到控制并逐步有所下降,社会丑恶现象大大减少,治安混乱的地区和单位的面貌彻底改观,治安秩序良好,群众有安全感。[①] 农村社区治安综合治理的目标与此相同。农村社区治安综合治理的主要内容是打击、防范、教育、管理、建设、改造。

1. 打击

打击惩治犯罪在治安综合治理中居于十分重要的地位,是首要环节。必须长期坚持"严打"方针,加大打击力度,抓住重点,集中解决最突出的治安问题,促进农村社区稳定。

2. 防范

预防犯罪可以避免和减少犯罪给农村社区造成的直接或间接损失,是维护农村社区治安秩序的积极措施,可以增强社区居民的安全感,使治安综合治理具有更广泛的群众基础,从根本上减少犯罪因素。因此,预防犯罪是强化农村社区治安综合治理的治本之策。

3. 教育

教育是治安综合治理的根本大计,是维护农村社区治安的战略性措施。一要充分发挥上级法治教育部门的作用,开展普法教育;二要落实对被判处监外执行的犯罪人员的帮教工作,促使其迷途知返;三要做好青少年违法犯罪的挽

---

① 《中共中央、国务院关于加强社会治安综合治理的决定》,http://www.ce.cn/xwzx/gnsz/szyw/200706/17/t20070617_11786835.shtml,2023 年 12 月 21 日访问。

救、感化、疏导工作,加强少年犯的思想转化工作。

4. 管理

管理是堵塞犯罪空隙的有效手段,是保障治安秩序的重要方面。加强管理可以发现在农村社区治安综合治理工作中存在的多种问题,并及时改正,防止犯罪的发生。特别是对重点场所、特种行业等易于发生违法犯罪的部位进行管理,真正做到不留死角、严格管理。

5. 建设

建设是落实治安综合治理措施的关键所在,是促进治安综合治理有效进行的力量保障。主要涉及两方面:一是组织建设,只有有一支过硬的治安综合治理队伍,才能更有效地进行农村社区治安综合治理;二是制度建设,即制定完善的治安综合治理规定,建立健全治安防范制度,督促检查执行情况。

6. 改造

改造是惩罚犯罪的目的,是教育人、挽救人的特殊预防工作,强调通过改造使那些曾经违法犯罪的人成为"守法"和"有责任"的公民,使他们吸取教训,懂法守法,减少再次危害社会的可能性。

上述六个方面的工作环环紧扣,相辅相成,缺一不可,不能有所偏废。

四、农村社区治安综合治理的措施

优化我国农村社区治安状况,需要采取如下措施。

1. 提高农村社区居民的文化素质和法治意识

随着社会主义新农村建设的开展,国家加大了对农村经济、文化和教育事业的投入,为农村社区治安综合治理创造了有利条件。基层党政组织要充分利用好政策提供的机遇和条件,采取切实可行的措施,用主流文化占领群众的思想阵地,在农村社区开展形式多样的法治教育,使广大民众增强法律意识、法治观念。

2. 加强农村社区治安综合治理组织建设

乡镇政府要担负起重要的领导责任,大量的工作要由政府去组织实施。在党委统一领导下,党政共抓,办事机构具体指导协调,各部门、各单位各负其责。乡镇要设立相应的社会治安综合治理领导机构,健全办事机构或配备专人负责。可以由上级选派一名有经验的公安、司法干部,到乡镇政府任副职,专抓社会治安综合治理工作。

3. 加强对农村社区治安综合治理的领导

搞好社会治安综合治理,领导是关键。社会治安综合治理措施落实到基层的主要标志是:基层党政领导重视,建立农村社区治安综合治理工作的议事制度;治安综合治理的领导机构和办事机构健全,有专人办事;建立一定形式的目标管理责任制;有群防群治队伍和严密的防范措施;把群众充分调动起来,使之敢于同违法犯罪作斗争;犯罪和社会治安问题较少,对发生的问题能及时处置。重点治理是迅速改变局部地区治安面貌的有效方法,要集中力量整顿治理好秩序混乱、治安问题较多的少数地区、村落、交通线段。

4. 发挥政法部门的职能作用

政法部门是人民民主专政的重要工具,是惩治违法犯罪,维护社会治安的专门机关。政法部门社会治安综合治理的任务是:第一,依法严厉打击严重危害社会治安的刑事犯罪分子,及时查处、取缔"六害"活动,坚决防止境外黑社会势力和丑恶现象侵入。第二,严格各项治安管理措施,检查指导基层治保组织、群防群治队伍的工作。第三,采取各种措施改变就案办案现象,尽力扩大办案的社会效果,并积极提出司法建议和检察建议,协助有关单位总结经验教训,健全管理制度,完善防范机制。第四,结合各自业务工作,开展法治宣传教育和维护国家安全的教育。第五,研究刑事犯罪和社会治安问题增多的原因及其规律,提出有效的对策。

5. 积极动员社区力量参与

一是要密切警民关系。提高社区民警密切联系群众、依靠群众的自觉性和主动性;要练好与群众交往的基本功,有意识地加深与群众的交流与联系,得到群众的理解与信任,使群众愿意主动反映区内有关治安问题的情况。二是建设一支高效的治安联防队。治安联防队是专群结合、加强社区治安综合治理的重要群众骨干力量。建立一支高效的治安联防队伍有助于维护社区治安综合治理的成效。三是完善社区内各种防范措施。可防性案件的发生往往是因为群众防范意识比较差,邻里之间缺乏相互关照。因此,要在社区中广泛进行防范宣传,定期通报发案情况和发案特点,提高群众的自防意识和邻里关照能力。

6. 治安打击与治安预防并举

农村社区治安综合治理中要使用社区调解、社区矫正等方法。一方面加强对人民调解工作的组织领导,依法积极疏导、调处各种民间纠纷,化解社会矛盾;另一方面,公安机关、法院和社区要相互积极配合,大力加强社区矫正工作,做好对轻微违法犯罪人员和刑满释放人员的帮教工作。特别是要加强对青少年的法治教育。对后进青少年应重点加强思想教育工作,会同家长、学校做好帮教工作,防止其走向犯罪深渊。对于那些被判处缓刑、管制的违法青少年,应成立专门的帮教小组,对他们进行严格的教育改造,防止他们再次犯罪。

7. 借鉴国外的成功经验

其他国家在社区治安方面的一些成功经验,我国可以在农村社区治安综合治理中借鉴推广,如治安预报、"邻里守望"、"软技术"预防等措施和方法。

(1) 治安预报。日本的乡村警察所,每年要向公众提供大量有关社会治安的宣传品,内容包括当前的犯罪趋势、犯罪的预防措施、居民的呼声和建议,以及其他关于本地或外地的对预防与控制犯罪有用的信息。通过这种方式,既把治安知情权交给了群众,实际上也给了群众治安参与权和监督权。因此,治安预报成为日本发动群众、依靠群众开展治安防范的重要举措。[①]

(2) "邻里守望"。"邻里守望"是西方社区警务模式的重要内容之一,它是指让一定区域内的居民联合起来、互相帮助,共同预防犯罪,改善当地治安状况。美国早在1972年就推行了"邻里监督计划",将其作为减少入室盗窃案件的一项特别措施。1982年,英国第一个邻里守望项目在切斯特郡莫林顿村建立。20世纪90年代,英国的邻里守望项目发展到8万多个,覆盖了400万个家庭。"邻里守望"在不同国家可能有不同名称,例如家宅守望、社区守望等,但其目的是相同的,即预防犯罪的发生,提高社区安全感,改进社区安全状况。[②] "邻里守望"的主要活动有:张贴邻里守望标志牌,印发邻里守望周报,定期召开讲座,组织各式各样的预防犯罪活动。西方邻里守望的实质就是通过提高环境的可见性来减少犯罪的机会,使公共空间中的陌生人处于住户或人们的监视之下。

---

① 詹肖冰、童新文:《"治安预报"飞入寻常百姓家》,《人民公安报》2002年9月26日。
② 李鑫:《中外社区治安管理对策的比较——以西方社区邻里守望和中国群防群治为例》,《四川警察学院学报》2010年第4期,第89—93页。

(3)"软技术"预防。这是英国警察一套行之有效的预防犯罪的方法。这种方法的核心思想及特点是:注重宣传教育,注重增强家庭的安全观与个人的防范意识,采用简单、经济的治安防范手段。以下做法虽然简单,但能起到事半功倍的效果。第一,贵重财产标刻法。组织居民在汽车、录像机、照相机、珍宝首饰等价值高的贵重物品的指定部位,标刻主人的名字、住所邮编。第二,预防犯罪警语。在社区张贴醒目、简要的安全警语,提高社区群众自我防范意识。第三,免费发放防范常识手册。公安部门免费发放简易宣传材料,如《预防犯罪实用技术手册》《怎样对抗匿名电话》《打击盗车贼》《保护你的子女》等。

第三节 农村社区治安调解

开展农村社区治安综合治理,需要多种方法并用,变重打击为重预防。社区调解是农村社区预防治安问题的重要手段和方法,开展社区调解是社会治安综合治理的必然选择。

一、社区调解释义

自古以来,有人的地方就有纠纷。调解是人们在解决纠纷的实践中慢慢摸索出来的一种有效方式。随着时代发展,在中国,这种解决纠纷的有效方式从零散的民间经验逐渐凝聚成为人民调解制度,并持续地发挥作用。

所谓调解就是"在第三方协助下进行的、当事人自主协商性的纠纷解决活动"[1]。我国的人民调解是指群众性组织以中立第三方的名义介入纠纷解决,不通过国家机关和严格的法律程序而是依靠社会力量促成当事人达成合意和解决纠纷的活动。[2] 1954 年,政务院颁布《人民调解委员会暂行组织通则》,标志着我国的人民调解制度作为一项法律制度正式确立。1989 年,国务院颁布《人民调解委员会组织条例》,对人民调解委员会的性质、任务、组织以及调解工作应当遵守的原则等作了明确的规定。20 世纪 90 年代,我国启动全国社区建设,社区人民调解制度随之建立起来。社区调解制度是在中国基层社区,由民众依

---

[1] 范愉:《非诉讼纠纷解决机制研究》,中国人民大学出版社 2000 年版,第 177 页。
[2] 宋明:《人民调解纠纷解决机制的法社会学研究》,中国政法大学出版社 2013 年版,第 21 页。

靠自身力量来调处纠纷、解决社会矛盾,从而达到维持基层社会秩序之治理目标的法律制度①;是社区调解委员会通过说服、疏导等方法,促使当事人在平等协商基础上自愿达成调解协议,解决民事纠纷的活动②。从政治角度考察,社区调解属于社区自治的范畴;从社会控制角度考察,社区调解属于社会控制中解决纠纷的社会救济;从法治角度考察,社区调解属于实现社会正义的"第一道防线",当社区居民在日常生活中发生各种摩擦和纠纷时,社区调解制度所具有的预警机制、排查调处机制、应急处置机制使其具有法院诉讼不能替代的作用。③为了完善人民调解制度,规范人民调解活动,及时解决民间纠纷,维护社会和谐稳定,我国于2010年8月通过并公布了《中华人民共和国人民调解法》(2011年1月1日起施行)。

二、农村社区人民调解

人民调解是一项具有中国特色和深厚中华民族传统文化内涵的制度,是我国人民独创的化解矛盾、消除纷争的非诉讼纠纷解决方式。人民调解被称为化解矛盾纠纷的"第一道防线",被国际社会誉为"东方之花"。

1. 我国人民调解制度的发展

人民调解制度最早可追溯到20世纪第一次国内革命战争时期的工农运动。从抗日战争、解放战争时期直至新中国成立之前,人民调解制度从萌芽、初具雏形,逐步得到发展,并初步形成了独具特色的人民调解制度。1954年3月22日,政务院颁布了《人民调解委员会暂行组织通则》,标志着人民调解制度作为一种法律制度在我国正式确立。该通则共十一条,全面系统地规定了人民调解委员会的性质、任务、组织领导、职权范围、工作原则、工作方法和纪律等。1989年6月17日,国务院公布了《人民调解委员会组织条例》,标志着人民调解制度的新发展,意味着人民调解是除诉讼程序外,运用得最广泛的一种纠纷解决途径。2011年1月1日起施行的《中华人民共和国人民调解法》规定:人民调解,是指人民调解委员会通过说服、疏导等方法,促使当事人在平等协商基础上

---

① 参见苏力:《送法下乡——中国基层司法制度研究》,北京大学出版社2011年版。
② 黄春英:《和谐社会背景下的社区调解制度探析——以江苏省江阴市蒲桥社区为例》,《湖北警官学院学报》2014年第9期,第150—152页。
③ 张荣艳:《社区调解研究综述》,《经济研究导刊》2015年第21期,第294—295页。

自愿达成调解协议,解决民间纠纷的活动。人民调解委员会是依法设立的调解民间纠纷的群众性组织。村民委员会、城市居民委员会设立人民调解委员会。2022年,全国人民调解组织共开展矛盾纠纷排查667万次,调解各类矛盾纠纷892.3万件,其中村调委会调解矛盾纠纷302.5万件,乡镇调委会调解矛盾纠纷138.9万件。截至报道时间,全国共有人民调解委员会69.3万个,其中村调委会49.2万个,乡镇调委会3.1万个,实现了全覆盖。①

2. 人民调解的原则和程序

(1)调解原则。在当事人自愿、平等的基础上进行调解;不违背法律、法规和国家政策;尊重当事人的权利,不得因调解而阻止当事人依法通过仲裁、行政、司法等途径维护自己的权利。

(2)调解程序。第一,受理纠纷。当事人可以向人民调解委员会申请调解;人民调解委员会也可以主动调解。当事人一方明确拒绝调解的,不得调解。基层人民法院、公安机关对适宜通过人民调解方式解决的纠纷,可以在受理前告知当事人向人民调解委员会申请调解。第二,调查分析纠纷情况。受理纠纷后,要深入进行调查,充分掌握材料,弄清纠纷情况,判明纠纷性质和是非曲直。这是正确、圆满调解纠纷的前提。人民调解委员会根据调解纠纷的需要,可以指定一名或者数名人民调解员进行调解,也可以由当事人选择一名或者数名人民调解员进行调解。第三,对当事人进行说服劝导工作。人民调解员可以采取多种方式调解民间纠纷,充分听取当事人的陈述,讲解有关法律、法规和国家政策,耐心疏导。在征得当事人的同意后,人民调解员可以邀请当事人的亲属、邻里、同事等参与调解,也可以邀请具有专门知识、特定经验的人员或者有关社会组织的人员参与调解。第四,促成当事人和解并达成调解协议。如果双方当事人已互谅互让,具备了达成调解协议的思想基础,调解人员应促成双方当事人达成调解协议。达成调解协议后,可根据需要或当事人的请求,制作调解协议书。在调解纠纷过程中,发现纠纷有可能激化的,应当采取有针对性的预防措施;对有可能引起治安案件、刑事案件的纠纷,应当及时向当地公安机关或者其他有关部门报告。调解不成的,应当终止调解,告知当事人可以依法通过仲裁、

---

① 周静圆、梁秋坪:《司法部:2022年全国人民调解组织共调解矛盾纠纷892.3万件》,2023年6月16日,https://www.hubpd.com/hubpd/rss/toutiao/index.html?contentId=3458764513822729823,2023年12月21日访问。

行政、司法等途径维护自己的权利。第五,调解协议的履行。在调解委员会主持下,依据法律、政策自愿达成的调解协议,对当事人具有法律意义上的约束力,当事人应当履行。

3. 农村社区人民调解工作的优势

(1) 调解机构数量庞大,具有解决大量纠纷的基础。人民调解在我国具有最为广泛的组织,拥有几十万个调解委员会,几百万的调解员,因此具有解决大量纠纷的基础条件。这一点是行政调解与法院调解所不能比拟的。

(2) 调解人员熟悉当地风俗习惯,有利于调解。由于人民调解员本身就来源于基层,熟悉本地群众的传统、风俗、习惯,在调解过程中,能够将法律与道德有效结合起来,将情感与法律融合起来,达到彻底解决纠纷的效果。

(3) 调解成本低廉。人民调解着重在调解委员会的主持下,主动、就近、及时地化解民间纠纷,用最短的时间、最低廉的成本来解决纠纷。

4. 农村社区人民调解工作面临的困难

(1) 组织体系不健全。许多农村社区没有建立人民调解委员会,或者虽然有人民调解委员会但形同虚设,需要完善人民调解组织体系:一是村民委员会设立人民调解委员会;二是乡镇、农村社会团体或组织根据需要可以设立人民调解委员会。

(2) 调解员整体文化程度低、专业水平不足。整体上看,调解人员的知识背景和专业技能远不能满足调解工作的现实需要。有的调解员只懂得当地风俗,对法律一窍不通。知识的有限性决定了调解案件范围的有限性,难以保障调解的质量和效率。提高调解队伍的专业化水平有两种基本途径:"内部升级"和"外部引入"。前者意指提高现有人民调解员的专业素质;后者指吸收外部专业人士参与调解,促进调解队伍的结构优化。

(3) 没有资金保障,影响调解人员的积极性。当前,农村社区调解资金投入不足,没有相应的奖励机制,难以调动调解人员的积极性。这造成调解队伍不稳定,阻碍了调解工作的进展。

三、构建农村社区"三调"联动体系

2021年8月,中共中央、国务院印发《法治政府建设实施纲要(2021—2025年)》,明确提出:"坚持'三调'联动,推进行政调解与人民调解、司法调解有效

衔接。"如果将三大调解机制予以整合,必能取长补短,实现功能上的互补和互动,有助于高效地解决农村社区的各种纠纷。

1. 人民调解与司法调解的衔接

(1) 庭前调解机制的建立。可以在法院设立庭前调解窗口,由有经验的法官和优秀的人民调解员来负责。对未经人民调解委员会调解的家事案件、小额的债务纠纷以及小额损害赔偿纠纷、邻里纠纷等一般民事案件和因民间纠纷引发的轻微刑事案件,立案庭应主动宣传人民调解工作的特点、优势,告知并建议当事人首先选择人民调解组织调解。当事人同意接受人民调解组织调解的,法院可将案件转移至调解委员会处理。现在全国很多法院已经开设了调解窗口,比如大连市、保定市等地法院均已开设了这一类的窗口,解决纠纷的效果显著。

(2) 构建诉讼中委托调解制度。案件进入诉讼程序后,对于有可能通过调解解决的,司法机关可以委托人民调解组织调解。法院也可以专门设置负责调解的法官与人民调解员一并进行调解。这样,一方面司法机关可以在保证公正与效率的前提下减少诉讼成本,节约司法资源,实现诉讼效益最大化;另一方面,人民调解组织通过参与司法调解,可以强化业务素质,提高业务水平。

2. 行政调解与司法调解的衔接

(1) 行政机关应更新理念,强化定分止争的能力和意识。为人民群众提供解决纠纷的渠道和办法,是行政机关依法行政、执政为民的义务所在。如果因为部门间的相互推诿,造成群众的困扰,从而导致矛盾激化,这是行政失职行为。从目前需要调解的纠纷的类型来看,相当一部分矛盾的发生,政府部门是难辞其咎的。因此,行政机关应更新理念,强化定分止争的能力和意识,而依法行政是从源头上防范矛盾纠纷的根本所在。

(2) 应立法明确行政调解协议的效力。对行政调解的法律效力规定存在缺陷,如当事人如果不履行行政调解达成的调解协议,也不用承担法律责任。应当在立法或司法解释中引入现代行政程序法的基本理念,给予行政调解有效的法律效力保障。

(3) 加强法院对行政调解协议的审查。对于行政调解中存在的有失公正的调解行为,如违反回避规定的,上级行政机关给下级主管部门调解的,严重违法调解的行政调解,法院应予以重新审查。

3. 人民调解与行政调解的衔接

当前我国农村有很多行政违法事件带来的民事权益纠纷,如果单纯由行政机关进行调解,有时会导致其工作量过大,有的调解时间拖延过长,耽误其他行政管理工作。现在全国很多地方已经逐渐推广行政调解与人民调解的结合。如河北省自2010年6月开始,凡是省内的交通事故,涉及民事赔偿的均由人民调解员参与调解;北京实行"警民联调",即人民调解员进驻公安派出所,设置"治安民间纠纷联合调处"。① 这种做法可以扩展到其他行政领域。在矛盾纠纷多发的领域可以考虑设置专门的行政调解机构或人民调解工作室,重点化解乡村的土地征用承包、环境污染、涉法涉诉信访等方面的突出矛盾纠纷。

第四节 农村社区矫正

社区矫正是开展社会治安综合治理的重要方法之一。我国为了推进和规范社区矫正工作,于2019年底颁布了《中华人民共和国社区矫正法》。社区矫正是以社区为基础的矫正罪犯的制度与方法,它既是教育刑思想的具体体现,也是刑罚经济原则的具体贯彻,更是刑罚社会化、个别化、人道化要求的具体落实。

一、社区矫正概念

社区矫正也称社区矫治。社区矫正定义起来比较困难,因为从社会的不同角度审视它,得出的结论是不同的。

社区矫正可分为狭义的社区矫正和广义的社区矫正。狭义的社区矫正强调对非监禁刑罚执行的活动,矫正对象是罪犯,场地是非监禁机构的社区,管理者是专门国家机关,矫正时间是刑事判决、裁定、决定确定且生效的期限,目的是矫正服刑罪犯的犯罪心理、意识、恶习,性质是非监禁刑罚执行活动。广义的社区矫正则不受此限。持广义社区矫正观点的学者认为,随着我国社会主义法治的发展,我国社区矫正的对象、场地、范围、性质都在逐步发生变化。因此,广

---

① 夏妍、齐蕴博:《论人民调解、司法调解、行政调解的有效衔接》,《河北师范大学学报(哲学社会科学版)》2010年第5期,第43—46页。

义的社区矫正是指将符合社区矫正条件的人员置于社区矫正机构内,由专门的国家机关,在相关社会团体和民间组织以及社会志愿者的协助下,在判决、裁定或决定确定的期限内,矫正其犯罪心理和行为恶习,并促进其再社会化的活动。广义社区矫正的对象不仅包括非监禁刑和监禁刑中适宜在社区服刑的对象,还包括行政处罚中的行政拘留、司法拘留人员。因此,社区矫正不是单纯的"社区刑罚",而是"社区制裁"。[①]

2003年7月,最高人民法院、最高人民检察院、公安部、司法部联合发出的《关于开展社区矫正试点工作的通知》第一次对"社区矫正"作出界定:"社区矫正是与监禁矫正相对的行刑方式,是指将符合社区矫正条件的罪犯置于社区内,由专门的国家机关在相关社会团体和民间组织以及社会志愿者的协助下,在判决、裁定或决定确定的期限内,矫正其犯罪心理和行为恶习,并促进其顺利回归社会的非监禁刑罚执行活动。"

在我国,用通俗易懂的语言表述,社区矫正是在社区,依据一定的程序,由专人负责,针对特定的违法犯罪者群体开展的综合性帮教工作。其要素有五:(1)在社区。地点的特殊性,是这项制度的根本所在,其最大的特点和制度要素就是在社区。(2)依据一定程序。社区矫正是法律体系的一个组成部分,要严格按照法律的规定进行,尤其要讲求程序的合法性,每一阶段都需要按法律规定的程序办事。(3)由专人负责。社区矫正是一项与全民都有关的事,但它毕竟是一项专门性工作,应由专人来负责协调管理,以体现司法行政的职权性。(4)针对特定的违法犯罪者群体,矫正对象范围是有明确界定的。(5)是一项综合性的帮教工作。社区矫正的内容就是对特定的对象进行帮助、教育,使其行为、思想有所改变,它需要依靠社会力量和多部门的配合来开展,所以说是一项综合的帮教工作。[②]

二、农村社区矫正的理论基础

作为一项新兴的制度,社区矫正有着深刻的理论基础。

---

① 王顺安:《社区矫正理论研究》,中国政法大学博士学位论文,2007年,第11—12页。
② 刘津慧:《我国社区矫正制度研究》,南开大学博士学位论文,2007年,第17—18页。

1. 刑罚上的复归理论

该理论认为,所有罪犯都是可复归的。监狱应该是一个提供矫正的地方,而不是一个惩罚罪犯、剥夺能力的场所。① 20世纪50年代到70年代,复归理论在美国十分盛行,成为美国社区矫正最直接的理论基础。深化的复归理论关注到了罪犯与其犯罪环境的关系,认为犯罪是社会诸多因素综合作用的产物,犯罪行为不仅仅是个人主观意志的选择,还是社会中诸多不良因素交互作用的产物,因此改造罪犯必须使其置于多种社会关系构成的特定环境中,同时具有从事多方面的社会实践的体验。对罪犯处理的重要方面是利用社区资源来帮助罪犯复归社会。社区矫正为罪犯提供了亲身接触社会、适应社会的机会,并能逐步使他们重新参与社会、顺利地回归社会,成为适应社会规范的劳动者。

2. 犯罪学上的标签理论

"标签理论"在20世纪60年代末兴起,并迅速成为犯罪学领域的主流理论之一。该理论运用互动观点来解释犯罪行为的形成过程,认为社会上存在的犯罪现象是社会互动的必然产物。根据此理论,违规者一旦被贴上"罪犯"的标签,就会在其心灵上打下耻辱的烙印,产生"自我降格"的心理过程,进而顺应社会对其的评价。"违规"甚至会被"合理化"而演变为行为人难以改变的生活方式,即某个人一旦被他人贴上标签,被描述为偏差行为者或犯罪者,他就会逐渐成为偏差行为者或犯罪者。负面的标签是使他人自我形象受到长期损害的重要来源。犯罪标签理论过分夸大了司法活动的任意性和刑罚的负面效应,但该理论也为学者们提供了新思路:将罪犯判刑入狱无疑是最深刻的"标签化"过程,代之以社区矫正措施可以减少这种"标签化"带来的副作用。在社区内进行矫正,可以减轻监狱机构对受刑人所形成的消极标签效果。标签理论不仅倡导将狱内矫正改为社区矫正,而且主张判令犯罪人通过支付赔偿金或其他方式对受害人进行赔偿,或者提供社区服务来补偿其犯罪行为所造成的损害。标签理论提出的上述刑事司法政策建议对社区矫正的刑事立法和司法活动产生了深远的影响。

3. 行刑经济化理论

从经济学的角度看,任何资源都是有限的,国家的司法资源也是如此。刑

---

① 〔美〕克莱门斯·巴特勒斯:《矫正导论》,孙晓雳等译,中国人民公安大学出版社1991年版,第130页。

罚是一种重要的犯罪控制手段，同时也是一种有限的社会资源。和经济的运行一样，刑罚的运行也需要核算效益与成本。行刑经济化讲求以最小的投入来获得有效预防和控制的最大社会效益。这一观念与社区矫正有着密切的联系。与社区矫正相比，监狱的花费昂贵，社区矫正能够大量节省行刑资源，更符合经济学上的成本—效益原则，有利于合理配置行刑资本，减轻国家在刑罚上的投入。当然，行刑经济化不能背离罪刑法定和罪刑相一致的原则。

三、我国农村社区矫正状况

2003年7月，最高人民法院、最高人民检察院、公安部、司法部联合发出《关于开展社区矫正试点工作的通知》，确定在北京、上海、天津、江苏、浙江、山东等六个省份的部分地区开展社区矫正试点工作。在前期试点基础上，为进一步规范社区矫正试点工作，2004年5月，司法部印发了《司法行政机关社区矫正工作暂行办法》，对司法行政机关开展试点工作的原则、任务、机构人员及其职责、工作流程等作出了具体规定。2005年初，上述四部门再次联合发文，将社区矫正试点范围扩大到涵盖东、中、西部的18个省（自治区、直辖市）。2009年9月，上述四部门联合发布了《关于在全国试行社区矫正工作的意见》，决定从2009年起在全国试行社区矫正工作。为依法规范实施社区矫正，上述四部门于2012年1月联合印发了《社区矫正实施办法》，该办法制定了社区矫正具体的可操作性规范。为了进一步推进和规范社区矫正工作，提高教育矫正质量，促进社区矫正对象顺利融入社会，第十三届全国人民代表大会常务委员会第十五次会议于2019年12月通过《中华人民共和国社区矫正法》。为保证《中华人民共和国社区矫正法》的贯彻实施，上述四部门于2020年6月联合出台了《中华人民共和国社区矫正法实施办法》。这些法规的颁布与实施，有力地推动了我国农村社区矫正工作的开展。

1. 社区矫正的适用对象

根据《中华人民共和国社区矫正法》，对被判处管制、宣告缓刑、假释和暂予监外执行的罪犯，依法实行社区矫正。因此，被判处管制、宣告缓刑、假释和暂予监外执行的罪犯是社区矫正的适用对象。社区矫正主体依据该法对社区矫正对象进行监督管理和教育帮扶。社区矫正对象应当依法接受社区矫正，服从监督管理。专门机关与社会力量相结合，采取分类管理、个别化矫正，有针对性地消除社区矫正对象可能重新犯罪的因素,帮助其成为守法公民。

2. 我国农村社区矫正的主要内容

我国农村社区矫正的主要内容有:一是依法做好日常监督管理。制定社区服刑人员报到、迁居、外出请销假、学习、会客等各项管理制度,成立由派出所、基层司法所、基层群众性自治组织、服刑人员家属、社会志愿者等组成的监督考察小组,通过与服刑人员定期见面、不定期走访、组织集体活动等方法,加强对社区服刑人员的管理。二是开展个案矫正。根据社区服刑人员的犯罪类型、年龄特征、生活状况和思想动态等情况,因人而异制订相应的矫正计划,并随着情况的变化不断调整完善,使矫正工作更富有针对性。三是组织社区服刑人员参加社区公益劳动,培养其正确的劳动观念和社会责任意识。公益劳动项目主要有打扫公共卫生、擦拭健身器材、绿地维护、植树造林等。四是科学使用心理矫正。引进心理分析、心理咨询等矫正手段,对矫正对象的不良心理进行疏导和纠正,增强矫正工作的科学性和有效性。五是开展帮困扶助。积极协调有关部门,为社区服刑人员提供就业和生活帮助,减少诱发其再犯因素。

3. 农村社区矫正存在的问题

(1) 观念问题。受传统思想影响,一些群众对社区矫正理念的认识和接受还需要一定的时日,在社区矫正的探索方面不热心,对管制、缓刑、假释等社区矫正刑种和相关刑罚制度的适用,仍然停留在过去的认识水平上。

(2) 部门间的衔接问题。社区矫正涉及法院、公安、民政、村民委员会等多个部门间的配合和衔接,在工作中难免有因部门间衔接不够好而造成的社区矫正不顺畅问题,在法律文书送达、人员接收、监管等执法环节中,各部门的衔接还需要进一步加强。

(3) 缺乏专业矫正社会工作者。首先是专业矫正社会工作者数量非常少,多数地区甚至没有专业矫正社会工作者。其次是专业矫正工作者普遍缺乏相关的专业知识。目前,试点地区的社区矫正工作者主要是从监狱、劳教所、基层司法行政部门抽调而来,还有一部分社会志愿者参与社区矫正的日常管理、教育活动。由于法律专业知识和社会工作能力相对缺乏,他们运用社会工作的理念开展教育、管理、帮助、服务的能力和技巧仍然需要在较长时间的实践中加以锻炼和提高。由于缺乏专门的执行机构与执行队伍,这反过来又大大制约了社区矫正的适用,从而导致社区矫正适用上的恶性循环。

（4）农村社区建设滞后。由于我国社区建设主要是政府推动型,这就使得社区居民的社区意识不够强,从而在接受、关心、推动社区矫正方面与社区矫正工作机构的互动不够。而且,目前我国大部分农村社区的配套设施还不能适应社区矫正的需要,如社区矫正过程中公益性劳动、职业技能培训所必需的场所、设备等还比较欠缺。

四、加强我国农村社区矫正的措施

我国农村社区居民对社区管理模式不甚了解,对于农村社区矫正方法,则更是陌生。为了保证社区矫正方法在农村社区治安综合治理上产生良好效果,我们应该采取如下措施。

1. 加强相关宣传

司法部门和基层社区、村委会应该加强对社区矫正的宣传,让民众了解社区矫正的含义、作用以及相关的法律法规。

2. 设立社区矫正机构

社区矫正的日常管理工作是由乡镇司法所具体承担,公安机关配合司法行政机关依法加强对社区服刑人员的监督考察,依法履行有关法律程序。但在司法行政部门内如何设置执行机构,尚没有明确规定。具体到地方的基层农村社区矫正机构,可由地方监狱管理部门支持协助,依托基层司法所设置,建立社区矫正办公室,领导和管理该辖区内的社区矫正工作。[①]

3. 加强社区矫正人员力量

社区矫正是需要理念和价值支撑才能够真正做好的一项工作,因此专业矫正工作者队伍的组建和参与,是社区矫正健康发展并取得实效的保证。社区矫正人员可分为三类。（1）行政事务人员。指在社区矫正中管理行政事务的人员。（2）社区矫正专业人员。指具有社区矫正所需社会工作、刑法学、心理学等相关专业知识,受过专门的社区矫正技能培训的专业人士,是社区矫正人员的骨干部分。（3）志愿者。指热心社区矫正事业,愿意贡献自己的业余时间来帮助社区矫正对象的公民。志愿者是开展社区矫正的重要支持力量,可以从事一些配合专业人员工作的辅助性工作。目前,农村社区矫正专业人员、志愿

---

① 刘津慧:《我国社区矫正制度研究》,南开大学博士学位论文,2007年,第156页。

者人员比较缺乏,限制了社区矫正工作的开展。

4. 重点抓好未成年人社区矫正工作

我国农村社区未成年人犯罪问题较为突出,未成年人罪犯的教育帮扶问题成为一个社会关注的话题。未成年人可塑性强,一般犯罪主观恶性较小,在罪案中轻型罪案居多,这种现实情况要求我们必须集中力量做好未成年罪犯的矫正转化工作。要大力培养青少年社区矫治社会工作者。社会工作的专业价值,如接纳、自决、个别化、尊重等,反映在现实中是一系列平等状态下的"润物细无声"的教育矫正理念和方法,不同于传统的强制力量下的惩戒与命令,较适用于对未成年人的教育帮助。

复习思考题

1. 农村社区治安的相关理论有哪些?
2. 什么是农村社区治安综合治理?其主要内容有哪些?
3. 怎样理解农村社区"三调联动"体系?
4. 加强我国农村社区矫正的措施是什么?

第十四章　农村社区管理现代化

▌ **学习要点**

农村社区现代化阶段,农村社区现代化任务,中国农村社区管理法治化的实现途径,促进中国农村社区管理科学化的措施。

▌ **关键概念**

农村社区现代化、农村社区管理法治化、农村社区管理科学化。

第一节　农村社区管理现代化理论分析

一个农村社区建立起来后,面临的问题就是如何有效地管理它,使其在满足社区居民生产生活需要方面发挥特殊功能,这也是建设农村社区的意义所在。为此,我们应研究农村社区管理问题。农村社区管理的基本要求就是管理现代化。农村社区管理现代化是社会现代化的必然趋势,农村社区管理现代化的任务是现代农村社区对社会现代化运动的理性回应。

一、现代化阶段

在国际学术界,现代化被用来描述人类近现代以来由生产力发展引发的生产生活变革、经济发展、社会适变的过程。中世纪后,欧美经历文艺复兴、启蒙运动、宗教改革、政治革命、工业革命、科学技术大发展、人口快速增长、工业化、城市化等重大历史变迁,由此引发世界现代化进程。从空间说,现代化是全球化,并非西方化,是一个先由西方扩展到东方,然后东方与西方相互影响的过程。

现代化是个时间概念,分为初级和高级两个阶段。20世纪中期以来,现代化呈现出与此前不同的面貌,很多西方学者指出现代化进入新阶段,提出"反思现代化""继续现代化""第二种现代化""新现代化""后现代"等理论。① 如英国社会学家安东尼·吉登斯认为,至今为止的现代化历史分为简单现代化和反思现代化两个阶段,其中反思现代化意味着风险社会的来临。德国社会学家尤尔根·哈贝马斯(Jürgen Habermas)对现代化批判颇多,但亦主张现代化是"尚未完成的事业",需要以"交往理性"取代"工具理性"。法国经济学家弗朗索瓦·佩鲁(Francois Perroux)指出,发展与增长不同,它不仅是国民生产总值的增长,而且是整体的发展、内生的发展和综合的发展。一切发展都是为了人的发展,是"为一切人的发展和人的全面发展"。② 以美国为例,其工业化的起点大致为1790年,完成时间大致是1960年前后。此后,美国社会进入新的发展阶段,沃尔特·罗斯托(Walt W. Rostow)称之为"追求生活质量阶段",丹尼尔·贝尔(Daniel Bell)称之为"后工业社会阶段",罗纳德·英格尔哈特(Ronald Inglehart)称之为"后现代化阶段"。③ 关于后现代,有学者指出:"后现代性并不是在现代性之后到来的一个阶段,它不是对现代性的补救——它是现代的。更确切地说,后现代视角也许最好被描述为现代性意识本身的自我反思。"④因此,可把后现代视为现代化更高级的阶段。

塞缪尔·亨廷顿(Samuel P. Huntington)提出现代化过程具有九个特点:一是现代化是革命的过程,这是直接依据现代社会与传统社会的比较而来的;二是现代化是复杂的过程,不能简单地将现代化过程归纳为某一种因素或某一个范围;三是现代化是系统的过程,一个因素的变化将联系与影响到其他各种因素的变化;四是现代化是全球的过程,现代化起源于15世纪与16世纪的欧洲,

---

① 〔德〕沃尔夫冈·查普夫:《现代化与社会转型》,陆宏成、陈黎译,社会科学文献出版社1998年版,第65页。
② 〔法〕弗朗索瓦·佩鲁:《新发展观》,张宁、丰子义译,华夏出版社1987年版,第3、11页。
③ 中国现代化战略研究课题组、中国科学院中国现代化研究中心:《中国现代化报告2004——地区现代化之路》,北京大学出版社2004年版,第78页。
④ 〔匈〕阿格尼丝·赫勒:《现代性理论》,李瑞华译,商务印书馆2005年版,第13页。

但现在已成为全世界的现象;五是现代化是长期的过程,现代化所涉及的整个变化需要时间消化;六是现代化是有阶段的过程,一切社会进行现代化的过程都有可能区别出不同水平与阶段;七是现代化是一个同质化过程,传统社会以许多不同类型存在,现代社会却基本相似;八是现代化是不可逆的过程,虽然在现代化过程的某些方面可能出现暂时的挫折与偶然的倒退,但在整体上,现代化基本上是个长期趋势;九是现代化是进步的过程,现代化的冲击很大,变化很深刻,代价与痛苦也很大,但从长远观点来看,现代化增加了全人类在文化与物质方面的幸福。①

二、农村社区现代化阶段

在现代化从初级到高级的发展中,世界各地农村社区经历了一个由繁盛到衰落再到复兴的过程。这反映出现代化冲破城乡之间的藩篱,打破此前城乡关系格局的旧平衡,建立新平衡和城乡一体化的历史过程。初级现代化阶段,农村地区普遍由繁盛陷入衰落,直到进入高级现代化阶段,农村地区才逐渐走向复兴。亨廷顿认为:"农村在发展中国家从传统转向现代化的进程中,它很特别,不是稳定的根源,就是革命的根源。"②

农村社区现代化是农村社区通过发展先进生产力促进社区生产生活方式变革、社区经济发达以及社区整体适变的过程。农村社区现代化建设可以吸引城市人口回流,促进农村城市化进程,同时也可以为城市提供优质的农产品和生态环境,促进城市农业的发展。这样可以促进城乡之间的交流和互动,协调城乡发展,缩小城乡差距,实现城乡共同发展。③

传统社会处于农业文明时代,城镇虽然占据战略要地,但只有依赖农村社区才能存在和发展,那时绝大部分人口都分布在农村社区,农村社区才是农业文明的根据地。中国古代重农抑商,农业被视为国家经济的根本。但传统农业社会由于地理、交通技术以及政治经济等原因,城乡交流十分有限,处于

---

① 转引自周毅:《现代化理论学派及其利弊分析》,《上饶师范学院学报(社会科学版)》2003年第2期,第36—42页。
② 〔美〕塞缪尔·P.亨廷顿:《变化社会中的政治秩序》,王冠华等译,生活·读书·新知三联书店1989年版,第267—268页。
③ 王彤、张长江:《乡村振兴战略背景下推进农村现代化发展的策略探究》,《山西农经》2023年第24期,第157—159页。

相对隔离的状态。

现代化进程开启后,人类由农业文明进入工业文明时代,创造出前所未有的巨大财富,城市化进程冲破了城乡之间的界限,社会朝向一体化方向发展,但城乡之间旧有平衡被打破,导致出现许多问题。马克思、恩格斯在《共产党宣言》中指出,资本主义一方面"创立了巨大的城市,使城市人口比农村人口大大增加起来,因而使很大一部分居民脱离了农村生活的愚昧状态",但另一方面,它"使农村屈服于城市的统治","把一切封建的、宗法的和田园诗般的关系都破坏了。它无情地斩断了把人们束缚于天然尊长的形形色色的封建羁绊,它使人和人之间除了赤裸裸的利害关系,除冷酷无情的'现金交易',就再也没有任何别的联系了"。① 德国社会学家滕尼斯在《共同体与社会》中也描述了现代化进程导致传统农村社区不断衰落的过程。

然而,在城市化、工业化进程中,农村社区仍然顽强生存,某些农村地区还成为人们向往生活的地方。随着现代化的急剧发展,居住拥挤、交通堵塞、环境恶化、能源危机、人际关系紧张等种种"城市病"出现了,人们更加渴望逃离钢筋水泥"丛林",回归大自然怀抱,重建人与人、人与自然和谐相处的世界。从1898年英国人霍华德(E. Howard)提出"田园城市"理论,到1933年雅典会议制定《雅典宪章》,1934年芬兰建筑师伊利尔·沙里宁(Eliel Saarinen)提出"有机疏散论",再到1976年美国地理学家布莱恩·贝里(Brian J. L. Berry)提出"逆城市化"的概念,越来越多的城市人口开始回流到郊区或者农村。如今在发达的西方社会,乡村已成为人们渴望回归的家园,乡村建设得十分宁静优美,不再破败凋敝。这表明城乡一体化进程获得了新的动力和性质,现代化进入新的阶段。

综上所述,现代化是个实现城乡一体化的进程。对应于初级现代化和高级现代化阶段,城乡一体化分为城市化和逆城市化两个阶段。第一个阶段中,由于工业化、城市化进程,城乡结构平衡被打破,农村社区迅速凋敝,此阶段是初级现代化阶段。第二个阶段中,过度城市化走向它的反面,乡村社区得以复兴,城乡结构实现新的平衡,此阶段是高级现代化阶段。

---

① 〔德〕马克思、恩格斯:《共产党宣言》,人民出版社1997年版,第32、30页。

三、农村社区现代化任务

没有农村的现代化,就没有中国的社会现代化。习近平总书记指出:"农村现代化既包括'物'的现代化,也包括'人'的现代化,还包括乡村治理体系和治理能力的现代化。我们要坚持农业现代化和农村现代化一体设计、一并推进,实现农业大国向农业强国跨越。"① 现代化是城乡社会一体化进程,现代化也是社会自治、法治和理性科学精神普及的过程。欧洲中世纪末期发生的文艺复兴、启蒙运动、宗教改革,使得国家从教会的专制统治中独立出来,17—18世纪英、美、法等国的资产阶级革命使社会和市场从国家的专制统治中解放出来。社会自治是农村地区管理现代化的重要任务。

但是,自治并非意味着混乱,而是与民主和法治紧密结合在一起,现代化也是法治化的过程。17—18世纪英、美、法等国的资产阶级革命最重要的成果,就是颁布、实施了《国民权利与自由和王位继承宣言》《独立宣言》《人权和公民权宣言》。"法治"与"人治"相对立。人治即某个人或某部分人掌握国家机器实行对其余人的统治,如实行皇帝个人专制或阶级压迫的制度。"人治"可依靠法律制度得以实现,但这不是"法治"。法治即"法律的统治",指依据法律治理国家和社会。法律是在长期的历史演进过程中,具有各种利益取向和价值偏好的公民相互协商而形成的一种具有强制性的社会规范,其目的是平等地保护每个人的自由和民主的权利。"法制"与"法治"是两个既有密切联系又有严格区别的概念。法制是指一国法律制度的总和,它包括立法、执法、司法、守法、法律监督的合法性原则、制度、程序和过程。而法治包括形式意义上的法治和实质意义上的法治。形式意义上的法治强调的是"依法治国""依法办事"的治国方式、制度及其运行机制。实质意义上的法治强调的是"法律至上""法律主治""制约权力""保障权利"的价值、原则和精神。这表明,"法治"与"法制"是有联系的,即法制是法治的前提,法治是法制的体现和保障。同时也表明二者是有区别的:法制是一个静态的概念,只要有法律制度存在就有法制存在,它既可以与"法治"相结合,也可以与"人治"相结合;而"法治根本之义在于权力制约和权利保障",它是相对于"人治"而言的,是与民主制国家相联系的,其基本要求

---
① 《习近平谈治国理政》(第3卷),外文出版社2020年版,第258页。

是依良法而善治。当今发达国家的乡村也是法治环境较好的地方,与经常发生凶杀、抢劫、欺诈等犯罪行为的城市相比,显得尤为宁静和谐。所以,法治与自治,都是农村社区管理现代化的重要任务。

综上所述,从现代化两个阶段看,世界各地的农村社区经历了一个由繁盛到衰落再到复兴的 U 形发展路径,而法治化和科学化是其管理的主要方向。故推进农村社区管理的法治化、科学化,也是当前我国农村社区建设和管理应追求的目标,是创新农村社区社会管理的主要原则。

2021 年 3 月,《中华人民共和国国民经济和社会发展第十四个五年规划和 2035 年远景目标纲要》指出:"展望 2035 年,我国将基本实现社会主义现代化";"把乡村建设摆在社会主义现代化建设的重要位置"。这是对我国现代化建设进程的引领性文件。2022 年 10 月,党的二十大报告指出:"中国共产党的中心任务就是团结带领全国各族人民全面建成社会主义现代化强国、实现第二个百年奋斗目标,以中国式现代化全面推进中华民族伟大复兴。在新中国成立特别是改革开放以来长期探索和实践基础上,经过十八大以来在理论和实践上的创新突破,我们党成功推进和拓展了中国式现代化。中国式现代化,是中国共产党领导的社会主义现代化,既有各国现代化的共同特征,更有基于自己国情的中国特色。"

第二节 农村社区管理法治化

农村社区管理法治化就是在农村社区建立起依法治国和依法办事的社区治理方式及运行机制,然后依据法律管理农村社区的各项事务。它是农村社区管理的发展方向,也是法治国家对农村社区管理的基本要求。

一、我国农村社区法治化现状

当前,我国正处于从初级现代化向高级现代化转型时期,高级现代化要求我们把法治建立在法制的基础上,法制应服务于法治的目的。党的十九大以来,虽然我国的法治乡村建设取得了一定成就,广大基层干部和农村群众的法治素质有所提高,农村社区依法治理的环境获得改善,但是我国农村社区法治建设还面临一些困境。

1. 基层干部法治意识淡薄

基层干部是党和国家路线、方针、政策的具体执行者,由于"创新"空间不大,就习惯了以"实干"和"实效"为原则,忙碌于田间地头,较少时间用于研究政策和法律。因此,农村干部对国家颁布的法律一知半解的不在少数。法律知识的缺乏直接导致的后果就是依法办事的意识淡薄,损害了人民群众的利益。

2. 农村社区司法机构不健全

在广大农村,往往有政府却无司法,一个中心法庭要管辖 2—3 个乡镇。经济越不发达的地方,管辖范围一般越大。群众想打官司,要跑上百里山路才能找到法庭,通过立案、开庭、判决、执行等程序,早已筋疲力尽。所以一些农村广泛地流传着"赢了官司输了钱"的民谚。大多数乡镇的司法助理员,由于没有编制,几乎都是兼职干部或社会招聘人员,自身并不懂得太多法律知识,没有能力普法和提供法律援助。

3. 农村社区居民依法自我保护意识不强

怕招惹麻烦、多一事不如少一事等心理在农村社区居民中普遍存在。有些农村居民在自己的利益受到不法侵害时,不通过法律的渠道来解决;要么怨天尤人,自认倒霉;要么借助家族势力,纠集本村家族成员聚众闹事;要么一味蛮干,不惜铤而走险;再或就是采取"私了"的办法。像种子问题、债务纠纷、征地拆迁等矛盾,当事人不去寻求法律援助,反而去上访或是采取过激行为,这样的事件在农村时有发生。

二、促进我国农村社区管理法治化的途径

我国农村社区实现管理法治化需要做好如下工作。

1. 加强农村法治宣传教育

建设社会主义新农村,农村法治宣传教育工作要突出"两个重点",即重点普法对象和重点普法内容。农村法治宣传教育的对象是一切有接受教育能力的农民,重点对象是村"两委"班子成员、村民代表和青少年。工作中,要针对不同普法对象,通过不同渠道,采取不同方式开展法治宣传教育,既要突出农村重点普法对象,使他们成为法治宣传教育工作的组织者、推动者和实践者,又要覆盖绝大多数的农民群众,增强农村普法的针对性,扩大普法覆盖面,提高普法效果。实践中,要具体抓好五个方面的法律法规的宣传学习:一是民主政治方面

的法律知识,如《中华人民共和国民法典》《中华人民共和国宪法》《中华人民共和国全国人民代表大会和地方各级人民代表大会选举法》《村民委员会组织法》等;二是基本国策方面的法律知识,如《中华人民共和国土地管理法》《中华人民共和国义务教育法》等;三是农业生产方面的法律知识,如《中华人民共和国农业法》《中华人民共和国农村土地承包法》《中华人民共和国种子法》《中华人民共和国森林法》《中华人民共和国渔业法》《中华人民共和国环境保护法》等;四是民事经济方面的法律知识,如《中华人民共和国劳动法》《中华人民共和国税收征收管理法》《中华人民共和国消费者权益保护法》等;五是维护社会稳定方面的法律知识,如《中华人民共和国刑法》《中华人民共和国预防未成年人犯罪法》《中华人民共和国治安管理处罚法》等。

2. 加强农村法律咨询服务

建设社会主义新农村,要进一步加强对基层法律服务机构和法律服务工作者以及公证人员的规范化管理,组织律师和基层法律服务工作者深入农村,面向农民特别是广大农村的困难群体,为解决"三农"问题提供及时高效的法律服务。做到"有问必答、有纠必解、有诉必帮、有困必助",定期在乡镇、村、社区开展现场法律咨询活动,真正送法上门。在公证业务方面,把满足基层农民在发展产业、生产生活消费等日常生活上的公证需求作为开展公证法律服务的主攻方向,积极引导农民借助公证手段调节经济关系和民事关系,维护合法权益,避免引发村民纠纷的各类因素。

3. 规范农村执法行为

其一,要严格依法制定涉及"三农"相关政策。政府各部门出台涉及"三农"的各类关于新农村建设的规范性文件,都要按照党中央、国务院的规定进行备案审查,杜绝侵害农民的"土政策"出台,从政策源头上防止侵害广大农民合法权益的现象出现,维护社会主义法治统一。要研究制定农村医疗保险、养老保险和农民工合法权益保护等方面的规范性文件,依法构建农民利益的保障体系。

其二,要搞好涉及"三农"的行政执法工作。一是规范行政执法工作。公安等与农村工作有关的各行政执法部门应严格依照权限履行行政许可、行政收费、行政处罚、行政确认、行政强制等职责,做到严格执法、公正执法、文明执法。二是积极探索综合执法的路子。对涉及农村执法职能较多的部门如安监、交警、农机、林业、农业、国土等部门可以考虑成立乡镇综合行政执法队,减少交叉执法和重复执法,确保农村的行政执法工作能顺利进行。三是加强乡镇公安派出机构建设,强化职能,壮大队伍,加大公安的执法力度。针对农村的实际,加大打击农村黄、赌、毒的工作力度,惩治村痞村霸,铲除农村的黑恶势力,为建设文明的乡风创建良好的社会环境。

其三,要搞好行政执法监督工作。一是搞好对行政复议案件的监督。行政许可、行政征收、行政处罚、行政确认、行政强制等的涉农涉法纠纷,不利于社会稳定,不利于和谐新农村的建设。要因势利导,引导农民充分运用行政复议这一法律武器,维护自己的合法权益。行政复议机关应充分发挥自身职能,依法受理行政复议案件,该立案的坚决立案,不属立案范围的要及时告知农民救济途径,要公平公正办案,该维持的维持,该撤销的坚决撤销,该变更的坚决变更,及时纠正不当的行政违法案件,维护农民的合法权益,使农民能得到及时的救济,实现平息争议纠纷,化解社会矛盾,维护社会稳定。二是组织好行政诉讼工作。对涉及"三农"的行政争议及纠纷、行政复议不能推诿敷衍,要引导农民依法维权,提起行政诉讼,利用法律途径依法解决行政争议。各行政机关要自觉接受司法、人大监督,积极组织行政应诉,认真落实和执行司法判决法律文书,有错必纠,有错必改,维护公平和正义,化解矛盾,维持农村和谐与稳定。

4. 完善村民自治制度

建设社会主义新农村,应加强农村基层民主政治建设,使村务管理逐步走向规范化、法治化。全面推行村民选举制度、村民议事制度、村务公开制度,把村里的重大事务和村民普遍关心的热点难点问题提交给村民议会或村民代表会议讨论决策,以充分发挥集体智慧,让广大农民直接或间接地参与村内事务的管理,提高决策的可靠性,最大限度地避免决策失误。同时要看到,农村工作错综复杂,涉及诸多矛盾,比如土地承包问题、土地流转问题、村务公开问题、宅基地使用问题等,这就需要制定出既符合国家法律规定又符合村情民意的村规民约,把农民的权利义务、各种组织的工作职责以及经济管理、社会治安等方面的要求规定清楚。在落实村规民约工作中,应在合法的前提下做到公开。尤其是在涉及农民自身利益的重要事项上,一定要以保证农村工作有序、办事有据、多数人满意为原则,使村规民约得以认真执行。①

---

① 中国法院网:《对农村法治建设的思考》,《吉林农业》2011年第8期,第90—91页。

第三节 农村社区管理科学化

农村社区管理科学化是农村社区管理现代化的主要方向,它是指在科学的发展观的指导下,从社会管理系统工程的角度出发,进行社会管理创新,构建切实可行、周密严谨、稳定高效的农村社区管理体制。

一、当前我国农村社区管理科学化的状况

第一,管理理念上存在的问题。一是缺乏主体意识和自治意识。一些农村社区尤其是经济落后的农村社区"精神短板"问题突出,干部习惯性被动地接受乡镇政府的安排;社区群众"等、靠、要"思想较为突出,缺乏主动性、积极性、参与性、创造性。二是社区干部"官本位"思想比较明显,不充分听取社区居民的意见和想法,没有贯彻落实"村民为本"的思想。三是缺乏自治、法治、德治三治融合理念,在实施村民自治制度过程中,忽视德治的"软约束"作用和法治的"硬约束"作用,过分看重行政手段的力量。四是缺乏协同治理理念,导致社区党组织、村委会、社区社会组织、社区企业、社区家庭等多种治理主体的权责关系不明确、沟通不及时,难以形成一个以共同利益为依托、以情感联结为精神纽带、以文化联结为内生功能的具有包容性的社会联结有机体。[1]

第二,管理主体上,重政府的作用,轻多元的参与。农村社区管理机构的性质本来是村民自治,要组织所有农村居民共同参与管理,是村民自我管理、自我教育、自我服务的机构。但在开展社区建设的实践中,经常只是召开一些社区积极分子参加的会议,广大农村社区的居民对社区活动的参与程度较低。由于计划经济的影响,乡政府、村党支部和村委会这些机构几乎负责农村社区所有公共事务,很少把这些事务转移给社会组织去承担,必然难以满足居民对公共服务多元化、多层次的需求。其原因在于农村社会组织发育不成熟,数量、规模比较小,公信力和质量都还比较低。社会组织作为政府、市场之外的第三部门,应扮演更重要的角色。

第三,管理方式上,重管制和控制,轻协商和服务。社会管理手段应该是多

---

[1] 张艳、曹海林:《社区治理共同体建设的内在机理及其实践路径》,《中州学刊》2021年第11期,第64—69页。

样化的、法律的、道德的、行政的甚至价值观念方面的,还有一些风俗习惯、规章制度都可以纳入管理的手段和方式。但是我们现在更多依靠的还是行政的手段,而对法治规范和道德建设方面重视力度还不够,也因此影响了干群关系和社区的稳定和谐。

第四,农村社区服务体系不健全,服务质量低。农村社区服务还没有形成完整的体系,教育、医疗、养老、文化娱乐、公共交通等方面都落后于城市社区。农村社区缺乏进行社区建设的社会工作者,现有的社区管理和服务人员缺少社会工作训练,导致社区服务质量不高,不能与时俱进。

二、促进我国农村社区管理科学化的措施

根据近些年我国农村社区建设经验,促进农村社区科学化管理,可以采取如下措施。

1. 加强农村社区领导协调机制建设

各级党委、政府要将农村社区建设纳入社会主义新农村建设总体规划,一同部署、一起考核、一体推进,切实加强对农村社区建设的规划指导、综合协调和督促检查,努力形成上下配合、相互协作的领导协调机制。党委、政府要将农村社区建设作为重要议事日程和重点议题,及时研究解决工作中的重点难点问题;将农村社区建设经费纳入政府年度财政预算,建立稳定可持续的资金投入机制;将农村社区建设工作成效作为各级领导班子和领导工作的考核内容。

更重要的是,按照党的十九届四中全会通过的《中共中央关于坚持和完善中国特色社会主义制度 推进国家治理体系和治理能力现代化若干重大问题的决定》中"建设人人有责、人人尽责、人人享有的社会治理共同体"的要求,在社区这一微观场域中,要营造多元参与、协商谈判、协同合作的社会团结。[①] 在农村社区治理过程中,要打破以行政力量为主的单轨制的治理格局,形成有共同体意识、产生共同承担责任的一致行动的社区治理格局,促使社区有序运行。

2. 加强农村基层组织建设

明确农村基层组织的职责,使组织建设与社区建设同步开展,使社区公共

---

① 李永娜、袁校卫:《新时代城市社区治理共同体的建构逻辑与实现路径》,《云南社会科学》2020年第1期,第18—23页。

事务的管理规范化、制度化。通过加强农村基层党组织、自治组织等组织建设逐步提高农村社区的自我管理水平。全面推进农村基层党组织建设,积极探索农村党建、企业党建、社区党建、社会组织党建等多种模式相融合的路子,充分发挥农村基层党组织推动发展、服务群众、凝聚人心、促进和谐的作用;加强农村社区群众性自治组织建设,进一步规范村党组织领导下的村民自治运行机制,深入推进村务公开和民主管理工作,推动农村社区建设按照民主化、科学化轨道发展。

3. 加强社会广泛参与机制建设

在推进农村社区建设和管理的实践中,仅仅依靠党委政府和村"两委"自身的力量是不够的,还需充分调动工商企业社会团体、民间组织等社会力量积极参与,充分发挥其动员群众、提供服务、反映诉求、规范行为的作用,积极拓宽农村居民参与社区建设的有效渠道。充分挖掘和发挥农村社区的各种人才资源,创造条件吸引社区人大代表、政协委员、企业家、经济能人、回乡创业人士、大学生村干部等积极参与社区建设,努力调动社区群众的积极性和创造性,最大限度地把各种力量凝聚到农村社区建设中来,共同致力于农村社区建设。

4. 推进社区管理队伍建设

社区管理者是社区各项工作开展的执行者,是社区工作的主体。一要开辟农村社区工作者任用新渠道,把工作能力高、服务意识强、思想作风硬、人民群众信得过的优秀人才选拔到社区管理队伍中来,尤其是要选配好农村社区党支部书记。在班子的其他成员配备方面,可采取公开招聘、民主选举等办法,选聘社区管理的工作人员,逐步实现社区管理专职化。二要建立完善农村社区工作人员的任用、考核、监督、待遇、奖励机制,形成科学的管理运行机制。三要重视培训教育,加强对社区管理者专业技能和职业道德的教育培训,不断提高社区管理者的整体素质、工作能力和服务水平。

复习思考题

1. 什么是农村社区管理法治化?其途径有哪些?
2. 什么是农村社区管理科学化?其措施有哪些?
3. 试析农村社区管理法治化与科学化的差别。

参 考 文 献

著作：

安国辉等编著：《农村新社区建设规划》，中国建筑工业出版社 2019 年版。
包美霞编著：《乡村文化兴盛之路——传承发展提升农耕文明》，中原农民出版社 2019 年版。
邓国胜主编：《乡村振兴研究（第 2 辑）：社会组织与乡村振兴》，经济管理出版社 2022 年版。
范叶超：《岁岁炊烟：中国乡村的日常生活与环境变化》，河海大学出版社 2021 年版。
费孝通：《江村经济》，北京大学出版社 2012 年版。
费孝通：《乡土中国》，北京大学出版社 2012 年版。
谷中原：《社区生计保障》，社会科学文献出版社 2019 年版。
韩芳编著：《新型农村社区建设与管理研究》，知识产权出版社 2017 年版。
贺雪峰：《监督下乡——中国乡村治理现代化研究》，江西教育出版社 2021 年版。
胡溢轩、童志锋等：《内生之美：美丽乡村建设的核心逻辑》，河海大学出版社 2021 年版。
黄蕾：《中国新型农村社区治理研究》，经济管理出版社 2020 年版。
黄生成编著：《中国新农村文化建设研究》，中国政法大学出版社 2017 年版。
李华：《中国农村人力资源开发理论与实践》，中国农业出版社 2005 年版。
李俊：《中国农村社区建设：制度、功能和文化》，人民出版社 2016 年版。
李雪娇：《政治经济学视域下中国农村生态环境问题研究》，中国社会科学出版社 2021 年版。
李阳：《重圩的村庄——环境治理与居民生计转型》，河海大学出版社 2021 年版。
梁义成、李树苗等：《中国农村可持续生计和发展研究——基于微观经济学的视角》，社会科学文献出版社 2014 年版。

刘刚:《乡村治理现代化:理论与实践》,经济管理出版社 2020 年版。

刘绍清主编:《中国农村文化扶贫研究》,团结出版社 2019 年版。

刘银喜、任梅:《农村基础设施供给中的政府投资行为研究》,北京大学出版社 2015 年版。

刘玉民主编:《村民自治与农村治安纠纷》,中国民主法制出版社 2014 年版。

刘振华:《农村地区社会治安防控体系研究》,中国人民公安大学出版社 2008 年版。

罗锋:《农村社区服务——体制空间与运行机制》,社会科学文献出版社 2021 年版。

潘屹:《家园建设:中国农村社区建设模式分析》,中国社会出版社 2009 年版。

戚学森主编:《农村社区建设理论与实务》,中国社会出版社 2008 年版。

乔忠主编:《村镇典型公共设施优化配置与运营管理研究》,中国经济出版社 2017 年版。

饶静:《农村组织和乡村治理现代化》,中国农业大学出版社 2019 年版。

宋惠敏:《乡村振兴与农民工人力资源开发研究》,河北人民出版社 2019 年版。

孙秋云、曹志刚编著:《社区与社区建设八讲》,华中科技大学出版社 2011 年版。

同春芬、党晓虹、王书明编著:《农村社区管理学》,知识产权出版社 2010 年版。

文余源:《城乡一体化进程中的中国农村社区建设研究》,中国人民大学出版社 2021 年版。

吴军民:《农村贫困家庭生计支持政策效应研究》,复旦大学出版社 2015 年版。

吴晓蓉:《新农村建设背景下乡村文化体系构建与管理研究》,中国商务出版社 2019 年版。

吴业苗:《农村社区化服务与治理》,社会科学文献出版社 2018 年版。

项继权等:《中国农村社区建设研究》,经济科学出版社 2016 年版。

肖立:《中国农村居民消费行为及影响因素研究》,科学出版社 2019 年版。

徐文兴主编:《农村人力资源开发与管理》,中国农业出版社 2006 年版。

薛强编著:《农村社会治安管理》,中国社会出版社 2010 年版。

杨贵华:《转型与创生:"村改居"社区组织建设》,社会科学文献出版社 2014 年版。

杨雪燕、罗丞、王洒洒:《生计与家庭福利——来自农村留守妇女的证据》,社会科学文献出版社 2018 年版。

余凤龙:《新时代农村居民旅游消费行为研究》,科学出版社 2019 年版。

袁方成、靳永广:《厚植"两山"根基 共建共治共享——新时代农村社区治理现代化的安吉经验》,华中师范大学出版社 2021 年版。

袁小平:《农村社区建设中的社会动员机制研究》,中国社会科学出版社 2020 年版。

张妍、连鹏灵、胡涛编著:《农村人力资源现状及开发》,中国社会出版社 2006 年版。

张燕农、张琪:《社区教育发展模式的理论与实践研究》,首都师范大学出版社 2011 年版。

张勇:《农村公共服务平台:服务与设施》,中国社会科学出版社 2017 年版。

朱国云主编:《社区管理与服务》,天津大学出版社 2010 年版。

〔德〕斐迪南·滕尼斯:《共同体与社会》,张巍卓译,商务印书馆 2019 年版。

〔美〕阿瑟·亨德森·史密斯:《中国乡村生活》,赵朝永译,上海社会科学院出版社2019年版。

〔美〕埃弗里特·M.罗吉斯、拉伯尔·J.伯德格:《乡村社会变迁》,王晓毅、王地宁译,浙江人民出版社1988年版。

论文:

卜艳芳:《农村文化资源传承的人才培养》,《农业经济》2021年第10期。

常亚轻、黄健元:《项目进村与社区回应:农村生态环境治理机制研究》,《河海大学学报(哲学社会科学版)》2021年第5期。

程勇:《农村社区组织建设路径探析》,《农业经济》2012年第4期。

段晓亮、王慧敏:《乡村振兴背景下农村生态环境治理的困境与对策》,《农业经济》2022年第4期。

谷中原:《乡村振兴背景下的农村持续发展型社会组织建设》,《湖湘论坛》2020年第1期。

管义伟:《农村社区建设:逻辑起点与人文关怀》,《社会主义研究》2011年第1期。

郭少华:《新媒体时代农村社区治理现代化研究》,《领导科学》2015年第26期。

韩喜平、王思然:《新中国成立以来农村社区治理的模式演进与现代化转型》,《江淮论坛》2021年第3期。

何军、张波:《农村社区治安的路径设计》,《西北农林科技大学学报(社会科学版)》2013年第4期。

何瓦特、唐家斌:《农村环境政策"空转"及其矫正——基于模糊—冲突的分析框架》,《云南大学学报(社会科学版)》2022年第1期。

黄俊祺:《农村人力资源开发政策的变迁与创新研究》,《农业技术经济》2020年第10期。

黄延廷、贾园园:《我国农村社区管理体制创新研究》,《农村经济》2014年第1期。

李长健、徐丽峰:《我国农村社区治安矛盾化解研究——以国外COPPS实践为视角》,《昆明理工大学学报(社会科学版)》2011年第2期。

李润国、姜庆志、李国锋:《治理现代化视野下的农村社区治理创新研究》,《宏观经济研究》2015年第6期。

李增元:《合作秩序与开放性、包容性治理:当代社会管理创新中的农村社区管理体制》,《社会主义研究》2012年第6期。

梁淑华:《3种典型农村社区管理模式对比研究》,《世界农业》2015年第1期。

林芳、刘振中:《农村公共设施建设体制改革效应——基于皖省农民"双重收益"比较的视角》,《经济与管理研究》2014年第11期。

刘秋丽:《农村人力资源管理的现状、障碍及其破解》,《农业经济》2020年第9期。

刘耀东:《行政合法性抑或社会合法性:农村社区服务类社会组织发展模式选择》,《中国行政管理》2017年第4期。

刘振中:《中国农村公共设施建设体制创新与社会公平》,《中国农村观察》2015年第3期。

陆琪:《中国农村消费行为影响因素的实证研究》,《宏观经济研究》2022年第1期。

吕思雅:《新时代背景下农村消费潜力的激发路径》,《农业经济》2022年第6期。

罗丞、王粤:《摆脱农村贫困:可持续生计分析框架的解释与政策选择》,《人文杂志》2020年第4期。

罗峰:《体制性空间下的农村社区服务——一个初步的解释框架》,《华中师范大学学报(人文社会科学版)》2018年第1期。

潘晶晶:《农村社区治安治理共同体的建构困境与进路——基于H省"一村一警"模式的考察》,《中国人民公安大学学报(社会科学版)》2022年第2期。

齐晓光:《农村社区治理困境与纾解——基于现代化维度的分析》,《青岛农业大学学报(社会科学版)》2022年第1期。

任彩银、甄兰:《基于大数据分析的农村消费认知》,《中国农业资源与区划》2021年第11期。

吴业苗:《农村社区服务模式的回顾与前瞻——从乡村建设运动到新农村建设》,《人文杂志》2015年第12期。

吴越菲:《乡村振兴背景下农村社区组织化的内在张力及其消解》,《西北农林科技大学学报(社会科学版)》2022年第5期。

许雅斐:《乡村振兴战略视域下农村文化建设研究》,《农业经济》2022年第7期。

许远旺、卢璐:《从政府主导到参与式发展:中国农村社区建设的路径选择》,《中州学刊》2011年第1期。

许远旺:《社区重建中的基层治理转型——兼论中国农村社区建设的生成逻辑》,《人文杂志》2010年第4期。

张燕娥:《农村人力资源开发与"精准扶贫"战略对接研究》,《农业经济》2018年第2期。

钟耀林、陈文华、梁良:《割裂与共生:农村生计互助小组培育过程中的关系重构》,《华东理工大学学报(社会科学版)》2022年第3期。

教师反馈及教辅申请表

北京大学出版社本着"教材优先、学术为本"的出版宗旨，竭诚为广大高等院校师生服务。

本书配有教学课件，获取方法：

第一步，扫描右侧二维码，或直接微信搜索公众号"北大出版社社科图书"，进行关注；

第二步，点击菜单栏"教辅资源"—"在线申请"，填写相关信息后点击提交。

如果您不使用微信，请填写完整以下表格后拍照发到 ss@pup.cn。我们会在1—2个工作日内将相关资料发送到您的邮箱。

书名		书号	978-7-301-	作者	
您的姓名				职称、职务	
学校及院系					
您所讲授的课程名称					
授课学生类型（可多选）		☐ 本科一、二年级 ☐ 高职、高专 ☐ 其他_____		☐ 本科三、四年级 ☐ 研究生	
每学期学生人数		_____人		学时	
手机号码（必填）				QQ	
电子邮箱（必填）					
您对本书的建议：					

我们的联系方式：

北京大学出版社社会科学编辑室
通信地址：北京市海淀区成府路205号，100871
电子邮箱：ss@pup.cn
电话：010-62753121 / 62765016
微信公众号：北大出版社社科图书（ss_book）
新浪微博：@未名社科-北大图书
网址：http://www.pup.cn